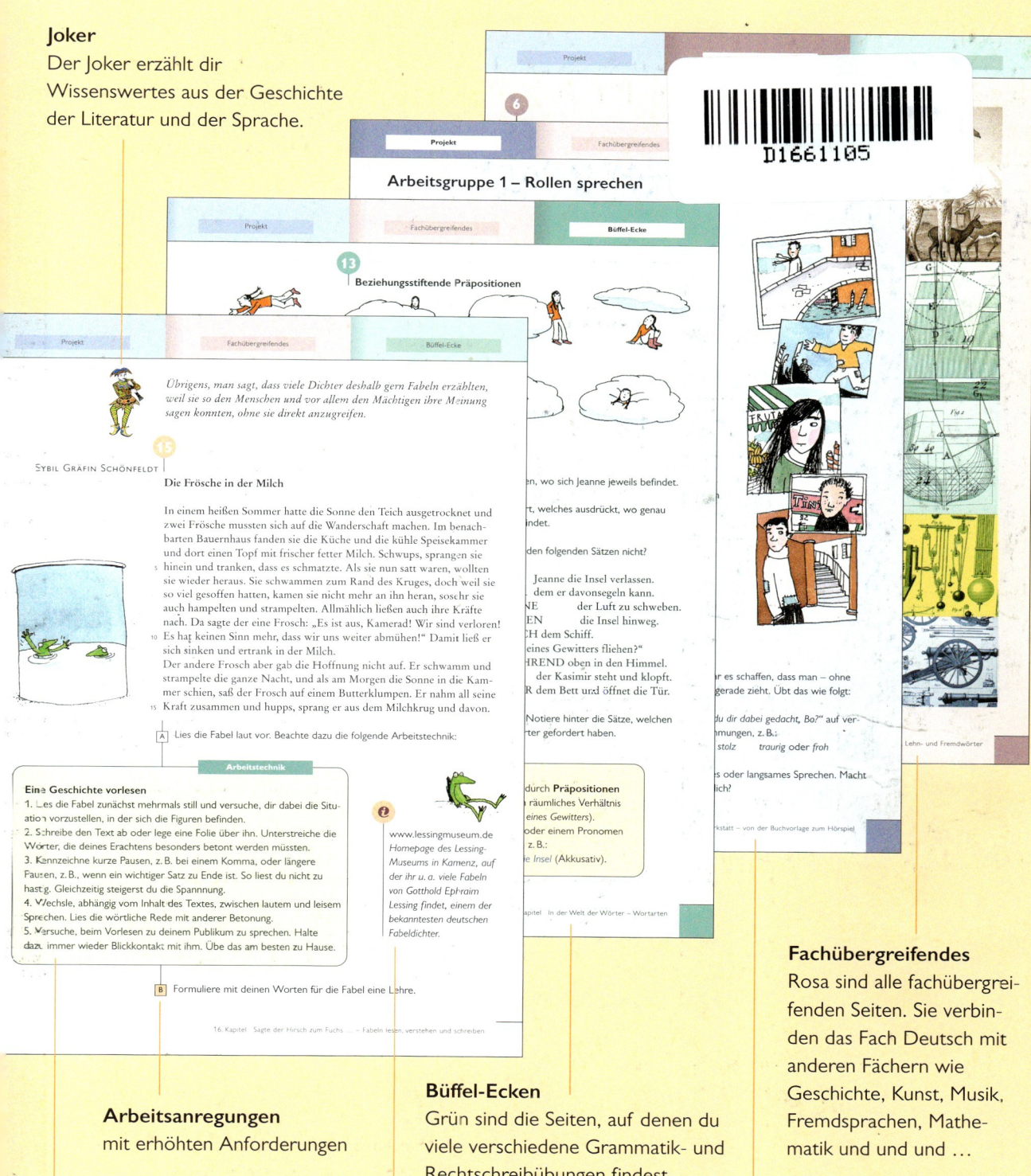

Joker
Der Joker erzählt dir Wissenswertes aus der Geschichte der Literatur und der Sprache.

Arbeitsanregungen
mit erhöhten Anforderungen

Arbeitstechnik
Unter dem Stichwort findest du Hilfestellungen zur Lösung von Aufgaben.

Büffel-Ecken
Grün sind die Seiten, auf denen du viele verschiedene Grammatik- und Rechtschreibübungen findest.

@ Internet
Wer mehr zum Thema wissen möchte, sollte dieses Zeichen beachten. Es verweist auf besonders informative Internetseiten.

Fachübergreifendes
Rosa sind alle fachübergreifenden Seiten. Sie verbinden das Fach Deutsch mit anderen Fächern wie Geschichte, Kunst, Musik, Fremdsprachen, Mathematik und und und …

Projekte und Freiarbeit
Blau sind Projektseiten und Freiarbeitskapitel. Hier kannst du allein oder im Team texten, dichten und gestalten.

Deutsch
plus

Herausgeber
CARSTEN GANSEL
FRANK JÜRGENS
KURT ROSE

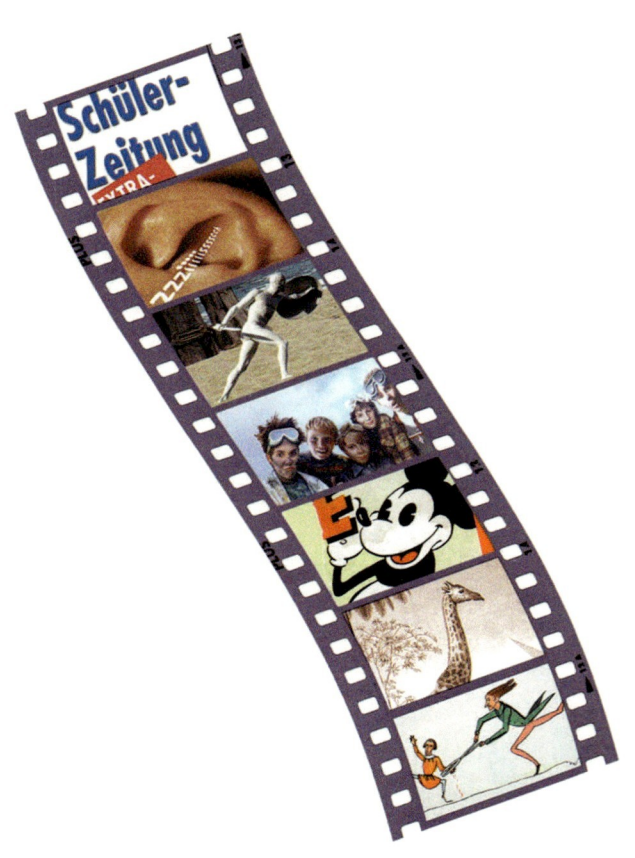

Deutsch plus 6

Cornelsen
Volk und Wissen

Autorinnen und Autoren
Constanze Ackermann Halle (Saale)
Simone Drücke Münster
Claudia Franke Herzberg/Elster
Carsten Gansel Gießen
Christina Gansel Greifswald
Ute Glathe Leipzig
Alexandra Herger Berlin
Irene Hoppe Berlin
Frank Jürgens Torgelow am See
Kurt Rose Greifswald
Adelbert Schübel Potsdam
Edith Sonntag Erfurt
Martin Steen Berlin

Unter Mitarbeit von
Thorsten Feldbusch Berlin
Dietlinde Thomas Berlin

Inhaltsübersicht

1. Kapitel
Mädchen und Jungen — 13
lesen, verstehen, vorlesen

Spielspaß und Lesevergnügen – Textaussagen verstehen — 14
Umgang mit Texten

Texte lesen und verstehen
Tabellen Informationen entnehmen

- Jim Heynen: Die Mädchen
- PISA-Tabelle: Ich lese … — 15

Worum geht es in dem Buch? – Lies doch mal vor! — 16
Umgang mit Texten

Den Inhalt eines Textes erfassen
W-Fragen beantworten
Vorlesen üben

- Cornelia Funke: Ein Fremder in der Nacht

Sprechen, Schreiben, Zuhören

Abschnittsüberschriften finden
Den Inhalt eines Textes schriftlich wiedergeben — 18

Sprechen, Schreiben, Zuhören

Einem Lesevortrag zuhören
Einen Lesevortrag vorbereiten — 20

Lesen Mädchen und Jungen verschieden? – Ein Gespräch — 21

- Jutta Richter im Interview

„Hechtsommer" – eine Geschichte lesen: mal flüchtig orientierend, dann verweilend — 22
Umgang mit Texten

Texten Informationen entnehmen
Einen Text überfliegen

- Jutta Richter: Hechtsommer

Umgang mit Texten

Fragen zum Textverständnis stellen und beantworten — 24

Sprechen, Schreiben, Zuhören

Einen Text kreativ schreibend interpretieren — 26

Wiederholung — 28

2. Kapitel
Schneller, höher, weiter! — 29
Sport im Radio: Sprechen und Zuhören

Rund um den Sport – eine Radiosendung vorbereiten — 30
Sprechen, Schreiben, Zuhören

Ideen für ein Sendemanuskript sammeln, einem mündlichen Vortrag zuhören

Mein Lieblingssport – eine Sportart vorstellen — 31
Nachdenken über Sprache

Einen schriftlichen Text in einen mündlichen umformulieren — 32

Sprechen, Schreiben, Zuhören

Einem Text zuhören
Einen Text sprechen
Einen Text ankündigen — 34

Es lebe der Sport – Lesekonditionstraining — 36
Umgang mit Texten

Texte lesen und verstehen

- Jakob Hein: Jawohl, mein Sportlehrer
- Christof Siemes: Das Wunder von Bern — 37

Umgang mit Texten

In einem fiktiven Text reale Bezüge entdecken — 38

Jaaa, sie schaffen es! – Wie sprechen Sportreporter? — 40
Sprechen, Schreiben, Zuhören

Texte sprechen, Lautstärke und Sprechtempo variieren

Nachdenken über Sprache

Sprachliche Mittel im Text entdecken — 42

- Guter Start von …

Wiederholung / Zusammenfassung — 44

Hauptlernbereich   Projekt-Kapitel   Fachübergreifendes   Systematische Erarbeitung

3. Kapitel
Spielen und Lernen am Computer 45
zuordnen, gliedern, beschreiben

Pirat oder Zoodirektor – Computerspiele 46
kennen lernen und zuordnen

Umgang mit Texten
Informationen vergleichen

Die Spiel-Experten – ein Spiel vorstellen und 48
einen Vorgang beschreiben

Sprechen, Schreiben, Zuhören
Aufbau einer Beschreibung erkennen

Nachdenken über Sprache
Aktiv und Passiv beim Beschreiben anwenden 50

Im Computerspiel gefangen – ein Kinderroman 52

Umgang mit Texten
Einen Romanauszug lesen
• René Appel: *Gefangen in Kids City*

Umgang mit Texten
Inhalte erfassen 54

Die richtigen Worte finden – 56
Situationen anschaulich beschreiben

Nachdenken über Sprache
Sprachliche Mittel des anschaulichen Beschreibens erkennen und anwenden

Üben mit Klick – ein Lernprogramm für die 57
Rechtschreibung

Nachdenken über Sprache
Groß- und Kleinschreibung üben 58

Mache es so! – Die direkte Aufforderung mit 59
dem Imperativ

Wiederholung / Zusammenfassung 60

4. Kapitel
Von lustigen Streichen und unglaublichen 61
Abenteuern
Geschichten lesen, schreiben, vortragen

Eulenspiegel und Nasreddin – zwei bekannte 62
Schelme

Umgang mit Texten
Schelmengeschichten lesen, verstehen, vergleichen
• *Wie Eulenspiegel in Magdeburg verkündete, vom Rathauserker fliegen zu wollen, und wie er die Zuschauer mit Spottreden zurückwies*
• *Nasreddin spielt Meister Reineke einen Streich* 63

Umgang mit Texten
Merkmale von Schelmengeschichten herausfinden 64
Einen Text vorlesen
• *Wie Nasreddin höchst billig zu einer Decke kam*

Unglaubliches von Münchhausen, dem Lügenbaron 65
• *Erich Kästner: Die wunderbaren Reisen und Abenteuer zu Wasser und zu Lande des Freiherrn von Münchhausen*

Umgang mit Texten
Merkmale von Lügengeschichten herausfinden 66

Käpt'n Blaubär – ein fantastischer Aufschneider? 68

Umgang mit Texten
Einen Handlungsort und Handlungsablauf beschreiben
• *Walter Moers: Käpt'n Blaubär*

Sprechen, Schreiben, Zuhören
Einen Text mit verteilten Rollen vorlesen 70

Wer wird Meisterlügner oder Meisterlügnerin? – 71
Eine Lügengeschichte schreiben

Nachdenken über Sprache
Mit Konjunktionen Sätze verknüpfen 72

Das Duell der Lügengladiatoren – eine Lügen- 74
geschichte mündlich vortragen

Sprechen, Schreiben, Zuhören
Eine selbst geschriebene Geschichte mündlich vortragen
• *Walter Moers: Käpt'n Blaubär*

Wiederholung / Zusammenfassung 76

5. Kapitel
In der Welt der Wörter – Wortarten 77
• *Erik Orsenna: Die Grammatik ist ein sanftes Lied*

Verliebte Verben 78
Stolze Substantive und anhängliche Artikel
Allerbeste Adjektive 80
Eingebildete Pronomen 81
Personal- und Possessivpronomen 82
Demonstrativpronomen 83
Relativpronomen
Klebende Konjunktionen 85
Beziehungsstiftende Präpositionen 87

Wiederholung 88

Hauptlernbereich   Projekt-Kapitel   Fachübergreifendes   Systematische Erarbeitung

6. Kapitel
Was Wörter über ihre Geschichte erzählen 89
Erb-, Lehn- und Fremdwörter

Ererbte Wörter – im Herkunftswörterbuch nachschlagen 90

Umgang mit Texten
Texten Informationen entnehmen
Wörterbuchartikel lesen lernen

- Wie Ludwig die Wartburg bekam

Fachübergreifendes: Geschichte 91

Nachdenken über Sprache
Aspekte der deutschen Sprachgeschichte kennen lernen 92

Vom Keller bis zum Dach – Lehnwörter 93

Im Museumsshop – Fremdwörter 94

Nachdenken über Sprache
Aspekte der deutschen Sprachgeschichte kennen lernen

Fachübergreifendes: Geschichte 95

Wiederholung / Zusammenfassung 96

7. Kapitel
„Benimm dich: Füße vom Tisch!" 97
Meinungen äußern und begründen

Nett wie ein Stein – Figurenverhalten bewerten 98

Umgang mit Texten
Auszug aus einem Kinderroman lesen

- Christine Nöstlinger: Das Austauschkind

Umgang mit Texten
Figurenverhalten befragen 100

Umgang mit Texten
Figurenverhalten aus der eigenen Sicht darstellen 102

„Ich finde, …" – Meinungen äußern 103

„Warum tust du das?" – Gründe angeben 104

Sprechen, Schreiben, Zuhören
Sich entschuldigen

Szenen des Alltags – Meinungen begründen 106

Sprechen, Schreiben, Zuhören
Situationen beschreiben
Meinungsbegründungen nachvollziehen und formulieren

Umgang mit Texten
Inhalte erfassen und beurteilen 108

- Klasse 6 a, Meißen: Respekt dem Respekt

Alles Knigge? – Benimm-Regeln und ihre Geschichte 109

Fachübergreifendes: Geschichte
- Adolf Freiherr von Knigge:
  Über den Umgang mit Menschen

Sprechen, Schreiben, Zuhören
Sich mit Situationen und Regeln kreativ auseinander setzen 110

- Bertolt Brecht: Was ein Kind gesagt bekommt

Meine Regeln sind besser als … – Vergleiche mit *wie* und *als* 111

Wiederholung / Zusammenfassung 112
- Ist gutes Benehmen heute noch „in"?

8. Kapitel
Erich Kästner 113
lesen, sehen, vorstellen

Damals wie heute – Erich Kästner über sich 114

Umgang mit Texten
Texten Informationen entnehmen

- Erich Kästner: Als ich ein kleiner Junge war

Kindheit in Versen – Erich Kästner als Lyriker 116

Umgang mit Texten
Gedichte lesen, interpretieren und vergleichen

- Erich Kästner: Verzweiflung Nr. 1
- Erich Kästner: Pädagogik spaßeshalber 117

Erich Kästner – der Kinderbuchautor 118

Umgang mit Texten
Texten Informationen entnehmen und notieren

- Ich war jung und hatte tausend Pläne …

„Das fliegende Klassenzimmer" – lesen und sehen 119

- Erich Kästner: Das fliegende Klassenzimmer

Umgang mit Texten
Einen Romanausschnitt lesen und mit der Verfilmung vergleichen 120

Sprechen, Schreiben, Zuhören
Einstellungen kennen lernen, ein Sequenzprotokoll erstellen 122

	Umgang mit Texten	
Einen Romanausschnitt interpretieren, Kameraperspektiven kennen lernen		124

Ullis „Mutprobe" – aus verschiedenen Perspektiven betrachtet — 125

Erich Kästner – ein Autorenporträt erarbeiten — 126

	Sprechen, Schreiben, Zuhören	
Eine Mind-Map oder einen Stichwortzettel zu einem Autorenporträt erstellen		

Wiederholung / Zusammenfassung — 128

9. Kapitel
Peng, krach, brr, hihi … — 129
Comics lesen, untersuchen und selbst gestalten

Über Comics weiß ich … – ein Fragebogen — 130

Umgang mit Texten
Genremerkmale herausfinden

Spirou hat eine Idee – einen Comic lesen und verstehen — 132

Umgang mit Texten
Einen Comicstrip untersuchen

• Tome & Janry: Die Abenteuer des kleinen Spirou

Von Sprechblasen zu Gänsefüßchen – wörtliche Rede kennzeichnen — 134

Nachdenken über Sprache
Zeichensetzung bei der wörtlichen Rede

Die Geschichte der Comics – einen Sachtext lesen — 136

Umgang mit Texten
Inhalte erschließen

Fachübergreifendes: Geschichte

Umgang mit Texten
Genremerkmale erkennen Inhalte erfassen

• Wilhelm Busch: Max und Moritz, 3. Streich

Das kann ich auch! – Comics erfinden und zeichnen — 139

• Jules Feiffer: Der Mann an der Decke

	Umgang mit Texten	
Genremerkmale erkennen Inhalte erfassen		140

	Sprechen, Schreiben, Zuhören	
Comics fortsetzen und zeichnen		142

Das Neueste vom Neuesten? – Mangas — 143
• *Nina Werner: „Tataaa"*

Wiederholung / Zusammenfassung — 144
• *Dik Browne: Hägar der Schreckliche*

10. Kapitel
BÜFFEL-ECKE – Rechtschreiben und Nachschlagen — 145

Wörter nachschlagen
• *Eugen Roth: Das Hilfsbuch*
Quiz: Was bedeutet dieses Wort genau? — 147
Falsch verwendete Wörter
Fremdwörter erkennen und richtig schreiben — 148
Fremdwörter mit den Endungen *-ik* und *-iv*
Fremdwörter mit den Endungen *-ieren* und *-tion*
Fremdwörter mit den Endungen *-ist*, *-tät* und *-ismus* — 149
• *Das reichste Model Europas* — 150
• *Musikstar*
• *Die meisten Weltrekorde an einem Tag* — 151
Groß- und Kleinschreibung üben — 152
Suffixe (Nachsilben) als Erkennungszeichen für Substantive
Begleiter als Erkennungszeichen für Substantive — 153
Substantivierte Verben — 154
• *Die schnellste Bewegung in der Natur*
Substantivierte Adjektive — 155
• *Die Großen und die Kleinen*

Wiederholung — 156
• *Regeln zur Groß- und Kleinschreibung – richtig oder falsch?*

11. Kapitel
Von Helden, Göttern und ihren Taten — 157
Heldensagen lesen, untersuchen, nacherzählen

Helden im Mittelmeer – die antike Sagengestalt Odysseus — 158

Umgang mit Texten
Eine Sagengestalt kennen lernen

• *Franz Fühmann: Irrfahrt und Heimkehr des Odysseus*

Umgang mit Texten	
Merkmale einer Heldensage kennen lernen Eine Heldensage lesen	160
In der Höhle des Kyklopen – eine Sage aus der *Odyssee*	161
• Franz Fühmann: Irrfahrt und Heimkehr des Odysseus	
Umgang mit Texten	
Eine Heldensage lesen Inhalte erfassen	162
Die Eingeschlossenen befreien sich – eine Sage nacherzählen	164
• Franz Fühmann: Irrfahrt und Heimkehr des Odysseus	
Umgang mit Texten	
Eine Heldensage lesen und wiedergeben	
Sprechen, Schreiben, Zuhören	
Eine Heldensage nacherzählen	166
Noch mehr starke Typen – die antike Sagengestalt Herakles	167
• Auguste Lechner: Wie Herakles die Äpfel der Hesperiden holt	
Umgang mit Texten	
Eine Heldensage lesen und nacherzählen	168
Sprechen, Schreiben, Zuhören	
Texten Informationen entnehmen Text-Bild-Vergleich	170
Fachübergreifendes: Geschichte/Religion	
• Einige griechische Götter kurz vorgestellt	
Wiederholung / Zusammenfassung	**172**

**12. Kapitel
„Wie komme ich von hier zum …?"
*Wege beschreiben*** — **173**

Im Labyrinth der Gassen – Orte und Richtungen angeben	174
Umgang mit Texten	
Auszug aus einem Kinderroman lesen	
• Cornelia Funke: Herr der Diebe	
Nachdenken über Sprache	
Lokalbestimmungen erkennen und verwenden	176
• Andreas Steinhöfel: Beschützer der Diebe	177
Sprechen, Schreiben, Zuhören	
Wege beschreiben	178
Wiederholung / Zusammenfassung	**180**

**13. Kapitel
Projekt: Hörspielwerkstatt
*Von der Buchvorlage zum Hörspiel*** — **181**

Die Ohren lesen mit – vom Roman zum Hörspielmanuskript	182
Umgang mit Texten	
Projektidee und Textgrundlage kennen lernen	
• Cornelia Funke: Herr der Diebe	
Umgang mit Texten	
Einen Romanauszug mit einem Hörspielmanuskript vergleichen	184
Umgang mit Texten	
Ein Hörspielmanuskript anfertigen	186
Wer macht was? – Arbeitsgruppen bilden	188
Sprechen, Schreiben, Zuhören	
Interessen ermitteln und Gruppen organisieren	
Arbeitsgruppe 1 – Rollen sprechen	189
Sprechen, Schreiben, Zuhören	
Den richtigen Ton treffen, Stimmungen erzeugen	190
Arbeitsgruppe 2 – Geräusche produzieren	191
Umgang mit Texten	
Textwirkungen durch Geräusche und Klänge unterstreichen	192
Arbeitsgruppe 3 – Klänge und Musik suchen	193
Fachübergreifendes: Musik	
Arbeitsgruppe 4 – Technik vorbereiten und Aufnahme organisieren	194
Sprechen, Schreiben, Zuhören	
Aufnahmen proben, Gruppenergebnisse zusammenführen	
Stopp, Pause, Vor- und Rücklauf – Projektauswertung	**196**

14. Kapitel
BÜFFEL-ECKE – Das Verb und seine Ergänzungen – die Satzglieder — 197

Was Verben leisten können
- *Woraus besteht die Milchstraße?*

Infinite (ungebeugte) Verbformen — 198
- *Wie wird eigentlich Schokolade hergestellt?*

Tempusformen (Zeitformen) des Verbs — 199
- *Wie hat man früher die Zeit gemessen?*

Aktiv und Passiv — 201
- *Woraus wird Papier gemacht?* — 202
- *Wozu braucht man eine Schleuse?*

Zur Funktion von Verben im Satz – das Prädikat — 203
- *Quiz*
- *Was ist ein Urwald?*

Subjekt und Objekt als Ergänzungen des Prädikats — 204
- *Außerirdische?* — 205

Die Adverbialbestimmungen — 206
- *Was macht das Gehirn?*
- *Woher kommen die Wellen?* — 207

Wiederholung — 208
- *Was ist ein UFO?*

---

15. Kapitel
Das war ein tolles Fest! Berichten — 209

Worum ging es eigentlich? – Von einer Sitzung berichten — 210

Umgang mit Texten
Einem Text Informationen entnehmen

Sprechen, Schreiben, Zuhören
Zweckgebundenes Berichten — 212

So war es auf dem Fest – für wen, was, wie berichten? — 213

Sprechen, Schreiben, Zuhören
Berichte bewerten — 214

Wiederholung / Zusammenfassung — 216

---

16. Kapitel
Sagte der Hirsch zum Fuchs … Fabeln lesen, verstehen und schreiben — 217

Alles Tiergeschichten? – Fabeln aus allen Zeiten — 218

Umgang mit Texten
Ein Genre kennen und verstehen lernen
- *Äsop: Die Teilung der Beute*
- *Martin Luther: Von dem Löwen, Fuchs und Esel* — 219

Umgang mit Texten
Genremerkmale herausfinden — 220
- *Gotthold Ephraim Lessing: Der Hirsch und der Fuchs*
- *Wilhelm Busch: Fink und Frosch* — 221

Dumme Gans, schlauer Fuchs? – Der Gebrauch der Adjektive — 222

Nachdenken über Sprache
Adjektive als Attributive, Prädikative und Adverbiale
- *Gotthold Ephraim Lessing: Der Löwe und der Hase* — 223

Ein komischer Vogel – Fabel und Sachtext vergleichen — 224

Umgang mit Texten
Texten Informationen entnehmen
Inhalte erschließen

Fachübergreifendes: Biologie
- *Gotthold Ephraim Lessing: Itzt will ich fliegen*
- *Ein klasse Läufer oder die Redensart: Den Kopf in den Sand stecken*

Eine Geschichte, zwei Lehren – Fabeln vergleichen — 226

Umgang mit Texten
Fabeln verstehen
- *Phädrus: Der Fuchs und der Rabe*
- *Gotthold Ephraim Lessing: Der Rabe und der Fuchs* — 227
- *Jean de La Fontaine: Der Fuchs und die Weintrauben* — 228
- *Gerd Künzel: Erfolg*

Fabelhaft selbst gemacht – in der Fabelwerkstatt — 229
- *Sybil Gräfin Schönfeldt: Die Frösche in der Milch*

Sprechen, Schreiben, Zuhören
Fabeln zu Bildern umformen und selbst verfassen — 230
- *Gotthold Ephraim Lessing: Der Hamster und die Ameise*
- *Gotthold Ephraim Lessing: Der Dornstrauch*
- *Der Pfau und das Entlein* — 231

Wiederholung / Zusammenfassung — 232
- *Äsop: Der Wolf und der Kranich*

17. Kapitel
Ich finde mich … 233
Gedichte lesen und schreiben

Höchst persönlICH – Gedichte einmal anders aufbewahren 234
Sprechen, Schreiben, Zuhören

Gedichtrollen gestalten
Gedichtvortrag vorbereiten

Woher komme ich? – Gedichte zum Vortragen vorbereiten 235
- Michael Ende: Ein Schnurps grübelt

Wer bin ich? – Wörter für Eigenschaften 236
Nachdenken über Sprache

Adjektive erkennen und verwenden

- Hans Manz: Ich
- Tom: glücklich 237
- Selma: zärtlich
- Maria: ängstlich
- Mirko: ungeduldig

Meine Familie und ich – Strophe, Vers, Reim 238
Umgang mit Texten

Genremerkmale erkennen

- Johann Wolfgang von Goethe: Vom Vater hab ich die Statur

Wen ich gern habe – Vergleiche ziehen oder to draw a comparison 239
Fachübergreifendes: Englisch

- Walter Dean Myers: Love that boy
- Walter Dean Myers: Hab ihn gern

Der Vogel Angst – sprachliche Bilder 240
Umgang mit Texten

Bildhafte Ausdrücke verstehen lernen

- Franz Hohler: Der Vogel Angst
- Laura: Angst 241

Von Erinnerungen und Wünschen – Gedichte nachahmen und fortsetzen 242
Sprechen, Schreiben, Zuhören

Schreiben nach Impulsen

- David: Das vergesse ich nie
- Anne Steinwart: Wünsch dir was 243
- Martin Auer: Alles kann man nicht sagen

Tagträume – Gereimtes und Ungereimtes, Haiku und Limerick 244
Umgang mit Texten

Inhalte und Formen erfassen

- Hermann Hesse: Eine schmale, weiße
- Hans Arp: Märchen
- Martina Sylvia Khamphasith: Am Tage träumen … 245
- Martina Sylvia Khamphasith: Tagträume laufen
- Jan: Es lebte ein Junge auf Rügen
- Irmela Brender: Limericks 246

Worte auf meinen Weg – gereimte Weisheiten 247
- Johann Wolfgang von Goethe: Lass nur die Sorge sein
- Frantz Wittkamp: Das Leben ist ein Jenachdem
- Josef Guggenmos: Albumvers
- Volksmund: Der ist glücklich auf der Welt

Wiederholung / Zusammenfassung 248

18. Kapitel
„Ich empfehle dir …" 249
Bücher kennen lernen, lesen, vorstellen

Was liest du? – Fragen stellen 250
Nachdenken über Sprache

Fragen untersuchen und unterscheiden

Sage mir, worum es geht – Klappentexte lesen 252
Umgang mit Texten

Texten Informationen entnehmen

- Christoph Hein: Mama ist gegangen
- Erik Orsenna: Die Grammatik ist ein sanftes Lied
- Gerhard Staguhn: Warum? fallen Katzen immer auf die Füße …
- Jerry Spinelli: Der Held aus der letzten Reihe

Von Anfang an – einen Roman Schritt für Schritt kennen lernen 254
Umgang mit Texten

Einen ersten Texteindruck gewinnen
Inhalte erfassen

- Jerry Spinelli: Der Held aus der letzten Reihe

Umgang mit Texten

Figurenverhalten vertiefend betrachten 256

Umgang mit Texten

Figurenverhalten vertiefend betrachten 258
Erzählperspektiven kennen

Wörtergeheimnisse – ein Grammatik-Roman 260
Nachdenken über Sprache

Konjunktionen kennen und anwenden

- Erik Orsenna: Die Grammatik ist ein sanftes Lied

Nachdenken über Sprache

Sätze überarbeiten 262

„Das solltest du lesen!" – Bücher vorstellen 263

Wiederholung / Zusammenfassung 264
- Jerry Spinelli: Taubenjagd

19. Kapitel
BÜFFEL-ECKE – Rechtschreibung – Schreibhilfen und Tipps finden — 265

Wörter mit ä, e, äu oder eu
- *Das verlassene Haus (Teil 1)* — 266
- *Das verlassene Haus (Teil 2)* — 267

Wörter mit x, chs, gs, ks, cks (der x-Laut) — 268
Wörter mit f, v, ph (der f-Laut) — 269
Wörter mit ent- oder end? — 269
Wörter mit -ig, -lich, -isch — 270
Kurzer oder langer Stammvokal? — 271
Kurzer Stammvokal – Doppelkonsonant? — 272
Langer Vokal – mit h oder ohne h? — 273
Wörter mit h am Ende der ersten Silbe (Dehnungs-h)
s oder ß oder ss? — 274
- *Mira Lobe: Deutsch ist schwer* — 275

Wiederholung — 276
- *Eine nicht sehr glaubwürdige Geschichte*

20. Kapitel
Freiarbeit – unsere Welt von morgen — 277

1. Station: Energiequellen der Zukunft beschreiben — 278

Umgang mit Texten

Sachtexten Informationen entnehmen und wiedergeben
Ökostrom, erneuerbare Energie – was ist denn das?
- *Erstmals zehn Prozent des Stroms aus erneuerbaren Energien*

Ein Windpark ist ein Park voll Wind? – Eine Windkraftanlage beschreiben — 279
Wie man ein Windrad selber baut – eine Bastelanleitung schreiben

Sprechen, Schreiben, Zuhören

Gegenstände und Vorgänge beschreiben — 280

Die Sonnenwärme messen – eine Experimentieranleitung bearbeiten
Umbau zum „ÖKO-Haus" – Bauwerke beschreiben

2. Station: Von der Nutzung erneuerbarer Energien lesen und berichten — 281
- *Europäische Biomasse-Tage der Regionen*
- *Landwirte müssen auch Energiewirte werden*

Sprechen, Schreiben, Zuhören

Berichten — 282

Was halten Sie von Windenergie? – Als Umwelt-Reporter unterwegs

Wind- und Wassermühlen – einen Exkursionsbericht verfassen
Du liebe Zeit(form)! – Einen Bericht korrigieren — 283

Nachdenken über Sprache

Sätze vervollständigen und verknüpfen — 284
Wie war das doch? – Aus Stichpunkten Sätze machen

3. Station: Geschichten von der Zukunft erzählen — 285
- *Rudolf Herfurtner: Harald auf dem falschen Gleis*

Sprechen, Schreiben, Zuhören

Geschichten weitererzählen, schriftlich erzählen — 286
Ein „Wortschatzkästchen" zum Erzählen — 287

4. Station: Die Welt von morgen braucht unsere Fantasie und unsere Kreativität — 288

Sprechen, Schreiben, Zuhören

Kreativ schreiben

Eine Fantasiereise unternehmen
Urlaub auf dem Mond? – Einen Reisewunschzettel schreiben — 289
- *Salah Naoura: Die fliegende Orange*

Sprechen, Schreiben, Zuhören

Stimmungen ausdrücken — 290
Parallelgedichte schreiben
- *Joseph von Eichendorff: Der Morgen*

„Mutproben" jetzt und später mal – eine Situation nachempfinden — 291
- *Shel Silverstein: Auf dem Sprungbrett*

Auswertung der Freiarbeit — 292

Anhang

Mini-Lexikon — 293
Autoren und Textquellen — 298
Texte unbekannter oder im Buch nicht genannter Autoren — 300
Bildquellenverzeichnis — 301
Verzeichnis der Sach- und Methodenkompetenzen — 302

Erstes Kapitel

Mädchen und Jungen
lesen, verstehen, vorlesen

Lesen Jungen und Mädchen die gleichen Bücher gern, z. B.:
*Kinderromane, Sachbücher, Fantasiegeschichten, „Liebesromane",
Sience-Fiction-Romane, Abenteuerromane, Tiergeschichten …?*
Versucht, es in eurer Klasse herauszufinden:
Zuerst schreiben alle Mädchen auf,
welche Bücher ihrer Meinung nach Jungen gern lesen,
und alle Jungen schreiben auf, welche Bücher
ihrer Meinung nach gern von Mädchen gelesen werden.
Lest euch eure Vermutungen vor und sprecht darüber,
wie es sich in eurer Klasse wirklich verhält.

| Sprechen, Schreiben, Zuhören | Umgang mit Texten | Nachdenken über Sprache |

Texte lesen und verstehen
Tabellen Informationen entnehmen

Spielspaß und Lesevergnügen – Textaussagen verstehen

1

Das Buch, aus dem der folgende Auszug stammt, hat den Titel: „Geschichten über die Jungs". Sein Autor lebt in den USA.

JIM HEYNEN

Die Mädchen

Die Mädchen hatten viel mehr Spaß. Sie hatten sich mit einer Decke, die sie über die Wäscheleine gehängt hatten, ein Zelt gebaut. Sie hatten Puppen. Sie hatten kleine, mit Maismehl verzierte Sandkuchen. Sie hatten sich fein gemacht und trugen alte Hüte, ja sogar Hutnadeln.
5 Sie hatten hochhackige Schuhe.
Es waren eine Menge Leute da – Vettern und Cousinen, Onkel und Tanten –, und auf den Picknicktischen standen eine Menge Gerichte. Ein Softballspiel war im Gange, und später würde es ein Tauziehen geben. Aber drüben, abseits der Picknicktische und der Spiele der Er-
10 wachsenen, hatten die Mädchen viel mehr Spaß. Ihr Spielhaus, ihre Kuchen aus Sand und ihre Verkleidungen waren das Beste von allem, und die Jungs wussten das.
Fragen wir doch die Mädchen, ob wir mitspielen können, schlug einer vor. Aber die anderen sagten: Was? Und hochhackige Schuhe anziehen?
15 Stattdessen rannte einer der Jungs hin und riss an der Decke, sodass sich eine Seite des Spielhauses in die Höhe hob. Und da saßen sie, für alle sichtbar, mit ihren Puppen und Matschkuchen und Verkleidungen im Kreis und hatten jede Menge Spaß.
Hört auf!, schrie eins der Mädchen, und dann kam ein Erwachsener und
20 sagte den Jungs, sie sollten Softball spielen und sich für das Tauziehen fertig machen.
Das taten sie dann. Sie schlurften missmutig davon, wie man es ihnen gesagt hatte, aber sie beschmierten den Ball mit Hundescheiße und spuckten auf die Stelle des Seils, die ihr Vordermann anfassen würde.

A Gib mit eigenen Worten wieder, worum es in diesem Text geht.

B Vermute, weshalb die Jungen „missmutig davonschlurften", während die Mädchen „viel mehr Spaß hatten".

| Projekt | Fachübergreifendes | Büffel-Ecke |

2

Habt ihr in eurer Klasse schon einmal festgestellt, ob es Unterschiede in den Freizeitbeschäftigungen von Jungen und Mädchen gibt? Findet es heraus.

A Legt gemeinsam eine Tabelle zu euren Lieblingsbeschäftigungen an. Ergänzt zunächst die linke Spalte senkrecht, z. B.:

	Mädchen	Jungen
Lesen	I	
Ins Kino gehen		I
Am Computer spielen		

B Gebt den Fragebogen in der Klasse herum und tragt jeweils bei *Jungen* oder *Mädchen* einen Strich auf der Zeile eurer Lieblingsbeschäftigungen ein. Ergänzt, wenn notwendig, die Tabelle in der linken Spalte.

C Wenn sich alle eingetragen haben, wertet ihr die Tabelle aus:
– Stellt fest, ob es Tätigkeiten gibt, bei denen nur die Jungen bzw. nur die Mädchen einen Strich eingetragen haben.
– Zählt zusammen, welche Tätigkeiten besonders oft von Mädchen oder von Jungen genannt wurden. Dabei müsst ihr aber berücksichtigen, ob ihr mehr Jungen oder mehr Mädchen in der Klasse seid.
– Haltet eure Ergebnisse schriftlich fest, z. B.: *In unserer Klasse gehen die Mädchen besonders gern ins Kino, während die Jungen vor allem …*

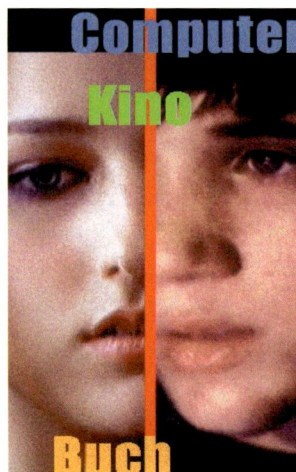

D Lies die folgende Tabelle. Sie enthält einige Ergebnisse aus einer internationalen Studie (PISA). Forscher haben herausgefunden, dass es auch beim Lesen Unterschiede zwischen Mädchen und Jungen gibt.

	Alle an der Befragung teilnehmenden Staaten zusammen		Deutschland	
	Mädchen	**Jungen**	**Mädchen**	**Jungen**
Ich lese nicht zum Vergnügen	23,3 %	40,1 %	29,1 %	54,5 %
Ich lese bis zu 30 Minuten täglich	31,7 %	30,0 %	30,4 %	23,7 %
Ich lese 1 bis 2 Stunden täglich	13,8 %	8,3 %	11,6 %	5,8 %
Ich lese mehr als 2 Stunden täglich	5,1 %	3,4 %	5,9 %	3,3 %

E Finde heraus, wer eher zum Vergnügen liest, Jungen oder Mädchen?

F In welchen Punkten sind Deutschlands Mädchen Spitzenreiter? Was kannst du zu den Jungen in Bezug auf die Dauer des Lesens sagen?

| Sprechen, Schreiben, Zuhören | Umgang mit Texten | Nachdenken über Sprache |

Den Inhalt eines Textes erfassen
W-Fragen beantworten
Vorlesen üben

Worum geht es in dem Buch? –
Lies doch mal vor!

3

In Cornelia Funkes Jugendroman „Tintenherz" spielen Bücher und das Lesen eine besondere Rolle. Der Roman stand 2004 auf der Auswahlliste zum Deutschen Jugendliteraturpreis.

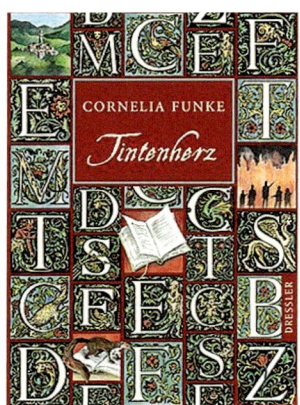

CORNELIA FUNKE

Ein Fremder in der Nacht

[…]

Es fiel Regen in jener Nacht, ein feiner, wispernder Regen. Noch viele Jahre später musste Meggie bloß die Augen schließen und schon hörte sie ihn, wie winzige Finger, die gegen die Scheibe klopften. Irgendwo in der Dunkelheit bellte ein Hund, und Meggie konnte nicht schlafen, so oft sie sich auch von einer Seite auf die andere drehte.

Unter ihrem Kissen lag das Buch, in dem sie gelesen hatte. Es drückte den Einband gegen ihr Ohr, als wollte es sie wieder zwischen seine bedruckten Seiten locken. „Oh, das ist bestimmt sehr bequem, so ein eckiges, hartes Ding unterm Kopf", hatte ihr Vater gesagt, als er zum ersten Mal ein Buch unter ihrem Kissen entdeckte. „Gib zu, es flüstert dir nachts seine Geschichte ins Ohr." „Manchmal!", hatte Meggie geantwortet. „Aber es funktioniert nur bei Kindern." Dafür hatte Mo sie in die Nase gezwickt. Mo. Meggie hatte ihren Vater noch nie anders genannt.

In jener Nacht – mit der so vieles begann und so vieles sich für alle Zeit änderte – lag eins von Meggies Lieblingsbüchern unter ihrem Kissen, und als der Regen sie nicht schlafen ließ, setzte sie sich auf, rieb sich die Müdigkeit aus den Augen und zog das Buch unter dem Kissen hervor.

Die Seiten raschelten verheißungsvoll, als sie es aufschlug. Meggie fand, dass dieses erste Flüstern bei jedem Buch etwas anders klang, je nachdem, ob sie schon wusste, was es ihr erzählen würde, oder nicht. Aber jetzt musste erst einmal Licht her. […] Und da sah sie ihn.

Die Dunkelheit war blass vom Regen und der Fremde war kaum mehr als ein Schatten. Nur sein nasses Gesicht leuchtete zu Meggie herüber. Das Haar klebte ihm auf der nassen Stirn. Der Regen triefte auf ihn herab, aber er beachtete ihn nicht. Reglos stand er da, die Arme um die Brust geschlungen, als wollte er sich wenigstens auf diese Weise etwas wärmen. So starrte er zu ihrem Haus herüber.

| Projekt | Fachübergreifendes | Büffel-Ecke |

30 Ich muss Mo wecken!, dachte Meggie. Aber sie blieb sitzen, mit klopfendem Herzen, und starrte weiter hinaus in die Nacht, als hätte der Fremde sie angesteckt mit seiner Reglosigkeit. Plötzlich drehte er den Kopf und Meggie schien es, als blicke er ihr direkt in die Augen. Sie rutschte so hastig aus dem Bett, dass das aufgeschlagene Buch zu Boden
35 fiel. […]
In Mos Zimmer brannte noch Licht. Er war oft bis tief in die Nacht wach und las. Die Bücherleidenschaft hatte Meggie von ihm geerbt. Wenn sie sich nach einem schlimmen Traum zu ihm flüchtete, ließ sie nichts besser einschlafen als Mos ruhiger Atem neben sich und das
40 Umblättern der Seiten. Nichts verscheuchte böse Träume schneller als das Rascheln von bedrucktem Papier.
Aber die Gestalt vor dem Haus war kein Traum.

A Was erfährst du über Meggie und den Fremden? Was haben Meggie und Mo gemeinsam? Notiere dir Stichpunkte.

B Beschreibe das Gefühl, das Meggie beim Anblick des Fremden hat, nutze dazu die entsprechenden Textstellen.

C Erfasse den Inhalt des Textausschnittes. Beantworte die W-Fragen schriftlich in Form von Stichpunkten:
– **Wer** spielt in dem Text eine Rolle?
– **Was** geschieht?
– **Wo** geschieht es?
– **Wann** geschieht es?
– **Wie** läuft die Handlung ab?

D Lies den Ausschnitt noch einmal. Überlege dir, wie du ihn vorlesen könntest, besonders die Stelle, als Meggie den Fremden erblickt. Probiere es.

4

Meggie, ihr Vater Mo und Tante Elinor geraten in Gefangenschaft des Räubers Capricorn. Meggie weiß nicht, was Capricorn wirklich will und was er von Mo verlangt. Dann belauscht sie in der Nacht ein Gespräch zwischen Mo und der Tante Elinor.

Sie wusste später nicht, wie lange sie geschlafen hatte. Vielleicht weckten sie ihre kalten Füße oder das stachlige Stroh unter ihrem Kopf. Auf ihrer Armbanduhr war es vier Uhr. Nichts in dem fensterlosen Raum verriet, ob es Tag oder Nacht war, aber Meggie konnte sich nicht vor-
5 stellen, dass die Nacht schon vorbei war. Mo saß mit Elinor neben der Tür. Sie sahen beide müde aus, müde und besorgt, und unterhielten sich mit gedämpften Stimmen.

1. Kapitel Mädchen und Jungen – lesen, verstehen, vorlesen   17

| Sprechen, Schreiben, Zuhören | Umgang mit Texten | Nachdenken über Sprache |

**Abschnittsüberschriften finden
Den Inhalt eines Textes schriftlich wiedergeben**

„Ja, sie halten mich immer noch für einen Zauberer", sagte Mo gerade.
„Sie haben mir diesen lächerlichen Namen gegeben – Zauberzunge.
10 Und Capricorn ist der festen Überzeugung, dass ich es wiederholen kann, jederzeit, mit jedem beliebigen Buch."
„Und – kannst du?", fragte Elinor. „Du hast vorhin doch nicht alles erzählt, oder?"
Mo antwortete eine ganze Weile nicht. „Nein!", sagte er schließlich.
15 „Weil ich nicht will, dass Meggie mich auch für so etwas wie einen Zauberer hält."
„Es ist also schon öfter passiert, dass du etwas ... herausgelesen hast?"
Mo nickte. „Ich habe immer schon gern vorgelesen, schon als Junge, und einmal, als ich einem Freund *Tom Sawyer* vorlas, lag plötzlich eine
20 tote Katze auf dem Teppich, steif wie ein Brett. Dass dafür eins meiner Stofftiere verschwunden war, habe ich erst viel später gemerkt. Ich glaube, uns ist beiden fast das Herz stehen geblieben, und wir haben uns geschworen und den Schwur mit Blut besiegelt, wie Tom und Huck, dass wir niemandem je von der Katze erzählen würden. Danach
25 habe ich es natürlich immer wieder versucht, heimlich, ohne Zeugen, aber es schien nie zu passieren, wenn ich es wollte. Es schien überhaupt keine Regel zu geben, höchstens die, dass es nur bei Geschichten passierte, die mir gefielen. Natürlich habe ich alles aufbewahrt, was herauskam, bis auf die Kotzgurke, die mir das Buch über den freund-
30 lichen Riesen bescherte. Sie stank einfach zu furchtbar. [...] Aber nie, Elinor, nie, wirklich niemals ist etwas Lebendiges aus einem Buch gekommen. Bis zu jener Nacht." Mo betrachtete seine Handflächen, als sähe er dort all die Dinge, die seine Stimme den Büchern entlockt hatte. „Warum konnte es nicht jemand Nettes sein, wenn es schon passieren
35 musste, jemand wie ... Babar, der Elefant? Meggie wäre entzückt gewesen."
O ja, das wäre ich bestimmt gewesen, dachte Meggie. Sie erinnerte sich an den kleinen Schuh und auch an die Feder. Smaragdgrün war sie gewesen, wie die Federn von Polynesia, Doktor Dolittles Papagei.
40 „Nun ja, ich sag dir, es hätte auch noch schlimmer kommen können."
Das war typisch Elinor. Als ob es nicht schlimm genug wäre, fern der Welt in einem verfallenen Haus eingesperrt zu sein, umgeben von schwarz gekleideten Männern mit Raubvogelgesichtern und Messern im Gürtel. Aber Elinor konnte sich offenbar tatsächlich Schlimmeres vor-
45 stellen. „Stell dir vor, Long John Silver hätte plötzlich in deinem Wohnzimmer gestanden und mit seiner tödlichen Holzkrücke ausgeholt", raunte sie. „Ich glaube, da ziehe ich diesen Capricorn doch vor. Weißt du was? Wenn wir wieder zu Hause sind, ich meine, in meinem Haus,

| Projekt | Fachübergreifendes | Büffel-Ecke |

dann werde ich dir eins dieser netten Bücher geben – *Pu der Bär* zum
50 Beispiel oder vielleicht auch *Wo die wilden Kerle wohnen*. Gegen so ein
Monster hätte ich eigentlich nichts einzuwenden. Ich werde dir meinen
bequemsten Sessel überlassen, dir einen Kaffee kochen, und dann liest
du vor. Ja?"
Mo lachte leise und für einen Moment sah sein Gesicht nicht mehr ganz
55 so sorgenvoll aus. „Nein, Elinor, das werde ich nicht. Obwohl es sehr
verlockend klingt. Aber ich habe mir geschworen, nie wieder vorzulesen. Wer weiß, wer das nächste Mal verschwindet, und vielleicht gibt
es selbst bei Pu dem Bären einen Bösewicht, den wir übersehen haben.
Oder was ist, wenn ich Pu selbst herauslese? Was soll er hier anfangen
60 ohne seine Freunde und ohne den Hundertsechzig-Morgen-Wald? Sein
dummes Herz wird ihm brechen, so wie das von Staubfinger zerbro-
chen ist."

A Lies den Ausschnitt leise. Finde für die einzelnen Abschnitte Zwischenüberschriften, z. B.:
Abschnitt 1 (Zeile 1–7): Meggie erwacht in einem dunklen Raum und belauscht ein Gespräch.

B Notiere Anworten zu den W-Fragen (↗ S. 17, Aufgabe C).

C Was erfährst du über die besonderen Fähigkeiten von Meggies Vater? Beschreibe sie mit eigenen Worten. Kennst du Bücher, aus denen Mo vorgelesen hat oder vorlesen soll? Nenne sie, erzähle von ihnen.

D Gib den Inhalt des Ausschnittes aus *Tintenherz* schriftlich wieder.

Arbeitstechnik

Den Inhalt eines Textes schriftlich wiedergeben
So kannst du vorgehen:
1. Beim ersten Lesen Wichtiges in Stichpunkten notieren (in einem eigenen Buch kannst du unterstreichen),
2. den Text in sinnvolle Abschnitte unterteilen, Überschriften finden,
3. mithilfe von W-Fragen den wesentlichen Inhalt des Textes in Stichpunkten erfassen,
4. die Stichpunkte mit eigenen Worten zu einem Text verbinden, im Prä-
sens schreiben, z. B. *Das Mädchen Meggie wacht vier Uhr nachts in einem fensterlosen Raum auf. Sie hört, wie sich ihr Vater Mo und Tante Elinor unterhalten. In dem Gespräch geht es um …*
5. einen Einleitungssatz schreiben, in dem der Autor oder die Autorin und der Titel des Textes oder Buches genannt werden.

| Sprechen, Schreiben, Zuhören | Umgang mit Texten | Nachdenken über Sprache |

Einem Lesevortrag zuhören
Einen Lesevortrag vorbereiten

5

Meggie probiert, ob sie so vorlesen kann wie Mo.

Als sie ganz sicher war, dass niemand kam, holte sie tief Luft, räusperte sich – und begann. Sie formte jedes Wort mit den Lippen, so wie sie es bei Mo gesehen hatte, fast zärtlich, als wäre jeder Buchstabe eine Note und jeder lieblos ausgesprochene ein Missklang in der Melodie. Doch
5 bald merkte sie, dass, wenn sie jedem Wort Aufmerksamkeit schenkte, der Satz nicht mehr klang und dass die Bilder dahinter verloren gingen, wenn sie nur auf den Klang und nicht auf den Sinn achtete. Es war schwer. So schwer. Und die Sonne machte sie schläfrig, bis sie das Buch schließlich zuschlug und ihr Gesicht in die warmen Strahlen hielt.

A Probiert in kleinen Gruppen, was Meggie versucht hat. Einer oder eine liest den Text oben vor und formt dabei jedes Wort mit den Lippen überdeutlich. Die Zuhörer sagen, wie dieses Vorlesen auf sie gewirkt hat.

B Was meint Meggie damit, dass die Bilder verloren gehen, wenn sie beim Vorlesen nur auf den Klang und nicht auf den Sinn achtet?

C Bereite den Text aus *Tintenherz* von Seite 17–19 zum Vorlesen vor.

Arbeitstechnik

Einen Lesevortrag vorbereiten
1. **Textgestaltung** (Inhalt und Stimmung eines Ausschnittes gestalten):
- Lies den Text leise. Stelle dir die Situation vor, in der sich die Figuren befinden, z. B.: *gefangen im dunklen Raum* oder *eine fröhliche Runde*.
- Enthält der Text Dialoge, dann überlege, in welcher Stimmung die beteiligten Personen sind und wie sie miteinander sprechen, z. B.: *freundlich, geheimnisvoll flüsternd, sachlich erklärend, drohend*.
2. **Lesetechnik** (Aussprache, Lesetempo, Lautstärke, Betonung):
- Probiere, wann du deine Stimme heben oder senken musst, wo Pausen sinnvoll sind, welche Lautstärke zu deiner Textgestaltung passt.
- Sprich deutlich, aber nicht überdeutlich, lies so langsam, dass man dir gut folgen kann, ziehe das Tempo an, z. B., wenn es spannend wird.

D Stelle dir vor, du hättest eine solche fantastische Fähigkeit wie Mo. Welche Figuren würdest du aus deinen Büchern „herauslesen"?

Lesen Mädchen und Jungen verschieden? – Ein Gespräch

6

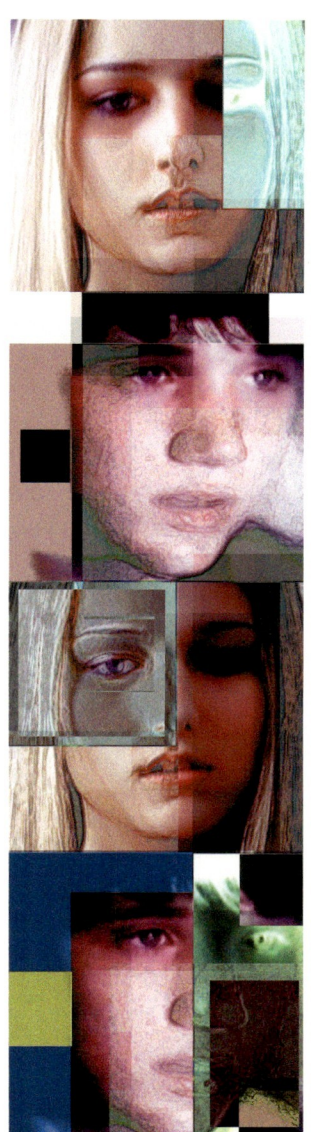

Mit der Autorin Jutta Richter wurde das folgende Gespräch geführt.

Frage Frau Richter, warum ist für Sie das Lesen und Schreiben so wichtig?

J. Richter Beides gibt mir die Möglichkeit, in andere Welten einzutauchen. Wenn die mich umgebende Welt z. B. unfreundlich oder erdrückend ist, kann ich auf schnellstem Wege im Kopf mithilfe einer Geschichte in eine andere Wirklichkeit gelangen, eine, die freundlicher oder schöner ist. Das hilft mir, das Leben und die Welt auszuhalten.

Frage Sie lesen oft vor Schulklassen. Reagieren Jungen und Mädchen auf Ihre Geschichten verschieden?

J. Richter Wenn ich darüber nachdenke, muss ich sagen „Nein", ich habe keine richtigen Unterschiede festgestellt. Außer: Mädchen sind nicht so schüchtern und fangen schneller mit dem Gespräch an. Jungen brauchen eine Weile, bis sie Fragen stellen. Aber die Qualität der Fragen unterscheidet sich nicht, sie sind genauso gut wie die von Mädchen. Und damit meine ich erstaunliche und ungewöhnliche Fragen.

Frage Was sind für Sie erstaunliche und ungewöhnliche Fragen?

J. Richter Vor kurzem fragte ein Junge aus einer 5. Klasse, ob ich, wenn ich an einem Buch arbeite, beim Schreiben der Geschichte auch weinen müsse. Ihm würde es beim Lesen manchmal so gehen.

Frage Und, was haben Sie dem Jungen geantwortet?

J. Richter Ja, natürlich. Ich glaube, man kann wohl nur bewegende Geschichten erzählen und andere bewegen, wenn die Geschichte einen selbst stark berührt.

Frage Kommen wir auf Ihr neues Buch „Hechtsommer" zu sprechen. Wie sind Sie auf die Geschichte gekommen?

J. Richter Wie ich auf alle meine Geschichten komme: Die Geschichten sind „verkleidete Wirklichkeit". Da ist immer ein Stückchen von eigenem Erleben drin oder von dem, was man einmal gefühlt oder gedacht hat, als man noch ein Kind war. In diesem Fall war es das Gefühl des Abschiednehmens: wie es ist, wenn man etwas Wichtiges verliert, etwas, an dem man sehr hängt, oder wenn eine Zeit zu Ende geht und man irgendwie spürt, dass es nie mehr so sein wird wie davor.

A Welche Erfahrungen macht die Autorin bei Gesprächen mit ihren Lesern?

B Was bedeuten Lesen und Schreiben für die Autorin? Wie entstehen ihre Geschichten? Notiere für dich interessante Aussagen.

| Sprechen, Schreiben, Zuhören | Umgang mit Texten | Nachdenken über Sprache |

Texten Informationen entnehmen
Einen Text überfliegen

„Hechtsommer" – eine Geschichte lesen: mal flüchtig orientierend, dann verweilend

7

Das Buch „Hechtsommer" von Jutta Richter erschien 2004. Es wurde ausgezeichnet mit dem Preis „Die besten 7 Bücher für junge Leser". Auf dem Buchumschlag kann man Folgendes lesen:

„Es war wie immer, es war, als wäre nichts geschehen."
Und doch verändert sich in diesem Sommer alles. Während Anna die Zeit anhalten will, versuchen Daniel und Lukas den Hecht zu fangen. Und hinter den heruntergelassenen Jalousien liegt Gisela, die Mutter der beiden, im Krankenzimmer und bekommt keine Luft. Wenn der Hecht gefangen ist, wird Mama wieder gesund, glaubt Daniel. Anna glaubt das nicht, aber Daniel und Lukas sind ihre Freunde. „Einer für alle und alle für einen", hat Gisela immer gesagt, und so soll es bleiben.

Jutta Richter erzählt vom letzten Sommer einer Kindheit, vom Hoffen und Traurigsein, von Freundschaft und Geschwisterliebe, die auch da noch trösten, wo Trost das Schwerste ist.

„Das Buch von Jutta Richter las ich mit großer Zuneigung. Eine Geschichte aus lauter Sommersätzen, durch die Rotfedern und ein wunderbarer Hecht flitzen. In der Traurigkeit, Angst und Aufbruch wechseln. Eine Geschichte, die ich als Leser bewohnen möchte." (Peter Härtling)

A Was erfährst du jeweils in den drei Abschnitten?

B Worum geht es möglicherweise in dem Buch? Was für eine Geschichte zu welchem Problem erwartest du?

C Lies noch einmal das Gespräch mit der Autorin Jutta Richter (S. 21). Was erfährst du von ihr zu dem Buch *Hechtsommer*?

D Kennst du schon andere Bücher von der Autorin Jutta Richter? Nenne sie und erzähle, worum es jeweils geht.

E Was stellst du dir unter dem Satz von Peter Härtling vor: Er möchte die Geschichte als Leser bewohnen? Welche Geschichten würdest du als Leser oder Leserin gern „bewohnen" und warum?

| Projekt | Fachübergreifendes | Büffel-Ecke |

8

A Überfliege zunächst den Anfang der Geschichte, d. h., lies nicht jedes einzelne Wort, jeden Namen genau.
Worum geht es? Erwartest du nach dem Lesen des Titels diesen Anfang?

Jutta Richters Jugendroman „Hechtsommer" beginnt so:

Es war so ein Sommer, der nicht aufhört. Und dass es unser letzter werden würde, hätte damals keiner geglaubt. Wir konnten es einfach nicht glauben. So wie wir uns auch nicht vorstellen konnten, dass es je wieder einen Winter geben würde, einen Winter, bitterkalt mit richtigem Schnee
5 und einer dicken Eisschicht auf dem Wassergraben.
Es war so ein Sommer, der nicht aufhört. [...] Die Sonne schien jeden Tag. Die Pfingstrosen setzten Knospen an, die Blütenkerzen der Kastanienbäume explodierten über Nacht. Gelb leuchtete das Rapsfeld und hoch über uns zerschnitten die Mauersegler den unendlich tiefen Him-
10 mel.
Nur das Wasser hatte noch seine Winterfarbe: schwarz und undurchsichtig, aber wenn wir uns lange genug über das steinerne Brückengeländer beugten, konnten wir doch die kleinen Rotfederfische erkennen, die sich knapp unter dem Wasserspiegel sonnten.
15 „Wasseraugen", sagte ich. „Vom langen Hingucken kriegt man Wasseraugen."
„Stimmt", sagte Daniel.
„Und dann kann man durchgucken und den Grund sehen, und da steht der Hecht!"
20 Lukas war ganz aufgeregt und seine Stimme wurde hoch und laut.
„Na klar! Und wenn wir den Hecht sehen können, brauchen wir nur noch eine Angelschnur und Hechthaken."
„Spinner", sagte Daniel. „Senke brauchste auch und Kescher!" „Warum denn?"
25 „Die Senke für den Köderfisch und den Kescher zum Rausholen. Der Hecht reißt die Schnur durch, wenn du den hochziehen willst."
„Und wofür der Köderfisch?", fragte Lukas.
„Zum Locken", sagte Daniel und spuckte ins Wasser. Neugierig schwammen die kleinen Rotfedern näher. Dann spritzten sie plötzlich
30 auseinander und waren verschwunden.
„Da ist er!", rief Lukas.
Und wirklich, eine Zehntelsekunde lang hatte auch ich, dicht unter der Wasseroberfläche, den silbrigen Fischbauch erkannt, bevor der Hecht wieder hinunterschoss in die schwarze, undurchsichtige Tiefe.

| Sprechen, Schreiben, Zuhören | Umgang mit Texten | Nachdenken über Sprache |

Fragen zum Textverständnis stellen und beantworten

35 Über uns flatterte krächzend ein Dohlenschwarm, und zwei Blesshühner trieben mit ruckenden Kopfbewegungen unter der Brücke durch. Die Sonne machte den Rücken ganz warm, und als das Wasser wieder glatt und ruhig war, sagte Daniel:
„Den kriegen wir! Wer Wasseraugen hat, der kann auch Hechte fangen!"

B Lies den Anfang der Geschichte nun genau. Beginnt der Sommer gerade oder geht er schon zu Ende? Suche entsprechende Textstellen.

C Was erfährst du über die in der Geschichte auftauchenden Figuren?

9

Im Folgenden erfährst du mehr von den handelnden Personen, vom Angeln und anderen Freizeitbeschäftigungen.

Das Angeln war nicht erlaubt. An den Uferbäumen hingen Schilder: Angeln verboten. Jedes Zuwiderhandeln wird bestraft. Der Eigentümer.
„Merkt der doch gar nicht!", sagte Daniel.
„Und wenn der Graf vorbeikommt? Oder der Verwalter? Oder über-
5 haupt einer?", fragte Lukas.
„Mann, dann sitzen wir einfach nur auf der Brücke! Die Angelschnur ist durchsichtig. Die Rolle passt in eine Hand! Faust machen, fertig!"
„Und was ist mit Mama? Mama will auch nicht, dass wir angeln!", sagte Lukas.
10 Daniel sagte nichts mehr, sondern starrte ins schwarze Wasser. Beim Verwalterhaus knallte ein Luftgewehrschuss, und die Dohlen flogen laut schimpfend über das rote Ziegeldach.
Lukas rückte näher an mich ran.
„Weißt du, dass die Humpelhenne jetzt vier Küken hat?", fragte er leise.
15 „Die sind erst vorgestern ausgeschlüpft. Der Daniel hat sie noch nicht gesehen, aber ich! Und Mama hat gesagt, dass sie mitkommt, und dann fängt sie eins für mich und dann darf ich es anfassen ... Soll ich euch die Küken mal zeigen?"
Ich nickte.
20 „Komm, Alter! Dein Bruder zeigt uns die Humpelhennenküken!"
Daniel rührte sich nicht.
„Ich will keine Küken gucken", murmelte er. „Ich will den Hecht! Küken gucken ist Babykacke!"
„Küken gucken ist Babykacke!", äffte Lukas ihn nach.
25 „Mein doofer Bruder will das nicht!"

| Projekt | Fachübergreifendes | Büffel-Ecke |

Die Pfauenhenne hatte nur noch einen Fuß. Das war die böse Erinnerung, die vom letzten Sommer übrig geblieben war.
Und jedes Mal, wenn die Pfauenhenne über den Hof humpelte, musste ich an diese Geschichte denken und ich schämte mich.
30 Denn eigentlich war ich schuld, dass die Henne nur einen Fuß hatte. Schließlich war ich die Älteste. Gisela hatte ins Krankenhaus gemusst, und ich hatte versprochen, dass ich mich kümmern würde. Nicht nur wie sonst, eine Stunde bei den Hausaufgaben helfen. Nein, richtig kümmern, damit Daniel und Lukas nicht allein waren an den Nachmittagen,
35 bis Peter von der Arbeit kam. Die Nachmittage waren lang, und wir vertrieben uns die Zeit bis zum Abend mit Rotfederfangen.
Die kleinen dummen Rotfedern konnte man mit Brot anlocken. Am liebsten fraßen sie Weißbrot, ganz frisches Weißbrot. Und davon war immer genug da in der Brottrommel in Giselas Küche.
40 Peter trug nämlich jeden Abend ein frisches Weißbrot in der Aktentasche nach Hause. Das hatte Gisela ihm aufgetragen, bevor sie losmusste.
„Und vergiss nicht, den Jungen immer ein Brot mitzubringen! Die sind hungrig nach der Schule! Und denk dran, Weißbrot essen sie am liebs-
45 ten! Vergiss das nicht!"
Wahrscheinlich wäre Peter ziemlich sauer geworden, hätte er gewusst, dass wir die Hälfte seiner Weißbrote an die blöden Rotfedern verfüttern, aber er ahnte ja nichts. Im Gegenteil, abends freute er sich immer, dass kein Krümel mehr da war.
50 Ich hatte heimlich gegrinst und gedacht, wie dumm Väter doch sind, weil sie noch nicht mal wissen, dass zwei Jungen nie im Leben ein ganzes großes Weißbrot aufessen können.

A Lies den Text genau und formuliere Fragen, wenn dir z. B. nicht klar ist, von wem gerade gesprochen wird oder wer mit wem spricht.

B Versuche, deine Fragen selbst zu beantworten, indem du die Textstellen noch einmal langsam liest.

C Vermute, ob der Erzähler der Geschichte eher ein Junge oder eher ein Mädchen ist. Suche Textstellen, die deine Vermutung stützen können.

D Wer will die Küken der Humpelhenne sehen und wer nicht? Wer bezeichnet sich als „die Älteste", gehört sie zur Familie von Gisela und Peter? Notiere, wer alles zu dieser Familie gehört und weshalb „die Älteste" sich um die beiden Jungen kümmern soll.

E Spielt die Geschichte in der Gegenwart oder in einer anderen Zeit? Untersuche den Text, ob er dafür Anhaltspunkte bietet.

Sprechen, Schreiben, Zuhören | Umgang mit Texten | Nachdenken über Sprache

Einen Text kreativ schreibend interpretieren

10

Schließlich gibt es eine Überraschung für die Ich-Erzählerin.

„Da liegt was für dich auf dem Tisch!", sagte sie, ohne sich umzudrehen. „Von Gisela!"
Es war ein rechteckiges Päckchen. Es war in Geschenkpapier gewickelt und mit einem roten Band verschnürt.

5 Ich hielt es in der Hand, drehte es hin und her und versuchte zu raten, was es sein könnte. Es fühlte sich an wie ein Buch.
„Nun mach es doch endlich auf!", drängte meine Mutter. „Willst du denn gar nicht wissen, was es ist?" Natürlich wollte ich wissen, was es war, aber es war doch viel schöner, erst mal zu raten.

10 „Du bist wie dein Vater!", sagte meine Mutter.
„Und du bist neugierig!"
„Werd nicht wieder frech!"
Wenn meine Mutter ein Geschenk bekam, riss sie sofort die Schleife ab und zerfetzte das Geschenkpapier. Sie konnte einfach nicht abwarten zu

15 sehen, was sie bekommen hatte.
Ich fand das fürchterlich, besonders wenn ich mir ganz viel Mühe gegeben hatte, das Geschenk schön einzupacken.
Mein Vater hatte seine Geschenke immer lange in der Hand gehalten. Er hatte sie abgetastet, vorsichtig geschüttelt, hin- und hergedreht und erst

20 dann hatte er behutsam die Knoten gelöst und die Klebestreifen entfernt. Meine Mutter hatte sich über ihn lustig gemacht und ihn ungeduldig angetrieben. Aber ich hatte es schön gefunden, dass er so vorsichtig war.

„Nun sag schon, was ist drin?", fragte meine Mutter. Sie leckte den
25 Holzlöffel ab und stellte sich neben mich. Ich wollte nicht, dass sie zuerst sah, was Gisela mir schenkte. Ich knibbelte an den Klebestreifen.
„Da kann man ja nicht zugucken!", stöhnte meine Mutter.
Ich hörte weg. Vorsichtig klappte ich das Geschenkpapier auf. Es war wirklich ein Buch. „Das Angelbuch für Anfänger", las ich. […]

30 Ich flüchtete in mein Zimmer. Dort drehte ich das Buch um und las den Rückentext. „Einsteigerwissen auf den Punkt gebracht", las ich.
„Das Angelbuch für Anfänger ist eine kompakte und kompetente Einführung in das ‚nasse Weidwerk'. Geschrieben von einem Praktiker für die Praxis. Das Buch vermittelt dem Anfänger alle wichtigen Informa-
35 tionen über die Angelfischerei und ist auch für den schon fortgeschrittenen Angler eine Fundgrube solider Informationen über Gewässer, Fische, Geräte, Angelmethoden und vieles andere."

Ich klappte das Buch auf und da fand ich den Brief.

Liebe Anna, mein Mädchen!

Ich wünschte, ich könnte jetzt neben dir stehen und dein Gesicht sehen, wenn du dieses Buch aufschlägst. Wahrscheinlich denkst du, ich hätte es lieber dem Daniel schenken sollen. Denn ich weiß ja, was du vom Angeln hältst. Und glaub mir, ich sehe die Fische auch lieber lebendig im Aquarium. Aber du weißt ja, wie Jungen sind, und du weißt auch, dass wir die beiden nicht vom Angeln abbringen können, denn wenn sie angeln, vergessen sie für eine Zeit alles andere.
Ich möchte nicht, dass ihr euch deshalb streitet. Im Gegenteil, ich wünschte mir, dass auch du mitmachen kannst. Ihr habt doch schon immer alles zusammen getan. Ihr seid zusammen in den Kindergarten gegangen und du erinnerst dich sicher an euren ersten Schultag. Und weißt du noch, wie ihr das Baumhaus gebaut habt? Eigentlich seid ihr drei wie Geschwister aufgewachsen und ich möchte, dass das so bleibt. Gerade jetzt, wo ich krank bin, wäre es gut zu wissen, dass ihr euch versteht.
Liebe Anna, ich weiß, dass das ein großer Wunsch ist, aber ich weiß auch, dass du ein wunderbares Mädchen bist. Eine Tochter wie dich hab ich mir immer gewünscht. Also, mein Mädchen, lies das Angelbuch und zeig den beiden, wie man es richtig macht. Und vielleicht macht es dir irgendwann genauso viel Spaß, den Hecht zu angeln wie Daniel und Lukas!
Lass dich umarmen.
Deine Gisela

Das war der erste und einzige Brief, den ich je von Gisela bekommen habe.
Und ich hätte ihr alles versprochen. Vielleicht weil sie mich mein Mädchen nannte, vielleicht weil ich hoffte, sie würde dadurch wieder gesund, und vielleicht weil Daniel Recht hatte und es wirklich einen Hechtgott gab, der allmächtig war und Wunder bewirken konnte, wenn man ihn vom ewigen Leben erlöste.

A Lies genau. Kläre Textstellen, die du nicht verstehst, durch erneutes Nachlesen oder Nachschlagen in einem Wörterbuch.

B Warum hätte die Ich-Erzählerin Gisela alles versprochen? Suche die Textstelle, die über Annas Gedanken Auskunft gibt.

C Schreibe auf, wie Anna ihrer Mutter erklären könnte, weshalb sie von Gisela dieses Geschenk erhalten hat.

Wiederholung

Vorlesen – Zuhören – Bewerten
Führt in eurer Klasse einen Vorlesewettbewerb durch. Beachtet, ausdrucksstarkes Vorlesen setzt ein gutes Textverständnis voraus. Orientiert euch an der Checkliste (unten), sie fasst wichtige Schritte für eine gute inhaltliche Auseinandersetzung mit einem Text zusammen.

A Wähle aus diesem Kapitel einen Romanauszug aus. Überlege, welche Schritte vor, während und nach dem Lesen eines Textes dir helfen können, den Text inhaltlich gut zu erfassen. Orientiere dich an der Checkliste unten.

B Überlege, welche Voraussetzungen für das Vorlesen eines Textes erfüllt sein sollten. Wiederhole, worauf du bei der **Textgestaltung** und der **Lesetechnik** achten musst. (↗ S. 20)

C Verständigt euch in der Klasse über Bewertungskriterien des Vorlesens. Für *Lesetechnik* und *Textgestaltung* können z. B. je 1–5 Punkte (1 Punkt = schlechter Vortrag/ 5 Punkte = ausgezeichneter Vortrag) vergeben werden. Macht euch beim Zuhören entsprechende Notizen, z. B.:

	Lesetechnik	**Textgestaltung**
Name des Schülers/der Schülerin: *Katja Muster*		
Text aus: *Jutta Richter, „Hechtsommer"*		
Anmerkungen:	*Aussprache undeutlich, Lautstärke gut eingesetzt*	*Grundstimmung gut gestaltet, Dialog sehr gut wiedergegeben*
Gesamteindruck, Bewertung:	*3 Punkte*	*4 Punkte*

Einen Text lesen – Checkliste

Vor dem Lesen:
Lies den Titel und den Klappentext des Buches. Überlege:
– In welcher Zeit spielt die Handlung, was weißt du über diese Zeit?
– Um welches Problem geht es möglicherweise?

Während des Lesens:
– Lies die Kapitelüberschrift und überlege, worum es gehen kann.
– Lies den Text genau und notiere Textstellen, die du nicht verstehst. Kläre diese Stellen durch: erneutes Nachlesen, Nachschlagen oder Nachfragen.
– Notiere wichtige Textstellen zur Handlung und zu den Figuren.

Nach dem Lesen:
– Beantworte dir die W-Fragen und fasse den Inhalt des Textes mit eigenen Worten zusammen. (↗ S. 17, 19)
– Überlege, was du im Text Neues erfahren hast.

Zweites Kapitel

Schneller, höher, weiter!
Sport im Radio:
Sprechen und Zuhören

Treibst du selbst gern Sport?
Für welche Sportarten interessierst du dich?
Was gefällt dir an ihnen?

Sprechen, Schreiben, Zuhören — **Umgang mit Texten** — Nachdenken über Sprache

Ideen für ein Sendemanuskript sammeln, einem Vortrag zuhören

Rund um den Sport – eine Radiosendung vorbereiten

1

Habt ihr Lust, einmal eine Sportsendung zu gestalten? Zum Beispiel bei „Radio Kakadu" – das ist eine Kindersendung im Programm von DeutschlandRadio Berlin. Sie wendet sich an Kinder bis zu 12 Jahren.
Diese Sendung hat einen Vogel – und zwar einen bunten, frechen, fröhlichen und schlauen zugleich. Der hat viel Unsinn im Kopf, ist ziemlich respektlos, neugierig, unternehmungslustig und voller Fragen. Wenn der Kakadu etwas wissen will, dann forscht er nach, bis er eine Antwort gefunden hat, zum Beispiel in der Sendung am Donnerstag. Der Donnerstag ist nämlich der „Rauskrieg-Tag", an dem ganze Schulklassen ins Studio kommen: Die Klassen überlegen sich ein Thema, zu dem sie in der Sendung „Kakadu" eigene Beiträge vorstellen. Wie wäre es also mit einigen Berichten über Sport, Sportler und Sportfans an eurer Schule?

Hört euch die Radiosendung „Radio Kakadu" oder eine vergleichbare Sendung an, macht euch Notizen zum Ablauf: Wie beginnt die Sendung, welche Beiträge werden von den Schülern gestaltet, was geschieht dazwischen?

A Überlegt euch gemeinsam, welche Beiträge über den Sport an eurer Schule in eine Radiosendung gehören könnten.

B Erstellt ein Manuskript für eure Sendung, das heißt: Notiert, wie ihr euch den Ablauf vorstellt. Orientiert euch dabei an dem folgenden Muster, ersetzt die Punkte … durch eigene Ideen und ergänzt das Manuskript.

Beginn der Sendung:	Musik (Lied zum Thema Sport) und Einspieler, z. B.: Stadionatmosphäre oder …
Moderator/Moderatorin:	Begrüßung der Zuhörerinnen und Zuhörer; Thema der Sendung nennen; was erwartet die Zuhörer in der Sendung … Überleitung zum ersten Beitrag
Erster Beitrag:	Marc stellt seine Sportart vor oder …
Moderator/Moderatorin:	Überleitung zum nächsten Beitrag
Zweiter Beitrag:	…

C Entwerft einen Text für den Moderator oder die Moderatorin. Beginnt z. B. so: *„Liebe Zuhörerinnen und Zuhörer von Radio Kakadu! Heute …"*

Übrigens: Moderatoren sind Leute, die z. B. im Rundfunk oder im Fernsehen durch eine Sendung führen, d. h., sie sagen die Beiträge an, sprechen Überleitungen, begrüßen Gäste oder führen auch Interviews.

| Projekt | Fachübergreifendes | Büffel-Ecke |

Mein Lieblingssport – eine Sportart vorstellen

Claudia, Hannes und Marc sind von der Idee einer eigenen Sportsendung im Radio begeistert. Sie wollen zunächst jene Sportarten vorstellen, die sie selbst betreiben.
Hannes ist ein Triathlet. Er hat im Radio schon einmal gehört, wie eine der besten deutschen Triathletinnen, Anja Dittmer aus Neubrandenburg, ihre Sportart vorstellte:

Liebe Zuhörerinnen und Zuhörer, wisst ihr überhaupt, was das Wort Triathlon bedeutet? Der Name Triathlon kommt daher, dass bei einem Wettkampf gleich drei Disziplinen zu absolvieren sind: Schwimmen, Radfahren und Laufen.
5 Damit könnt ihr euch sicher denken: Das Training ist zwar ziemlich vielseitig, aber auch sehr – ähm – sehr anspruchsvoll, denn man muss sich ja auf alle drei Disziplinen gleich gut vorbereiten.
Tja, Triathlon ist eine wirklich extreme Ausdauersportart.
10 Naja, und deshalb trainiere ich eigentlich jeden Tag. Auch wenn das manchmal – ähm – ganz schön hart ist und man sich auch an einigen Tagen eben überwinden muss.
Das Tolle an dieser Sportart ist aber: Man trainiert wirklich den ganzen Körper und ist deshalb total fit. Ich kann euch nur empfehlen, es auch
15 mit dieser Sportart zu probieren.

A Eine Schülerin oder ein Schüler liest den Text vor. Alle anderen hören mit geschlossenen Büchern aufmerksam zu und machen sich zu folgenden Punkten Notizen:
– Was erfährst du über die vorgestellte Sportart?
– Woran erkennst du, dass es sich um einen gesprochenen Text handelt?

B Schlage das Buch wieder auf. Überprüfe deine Ergebnisse von Aufgabe A. Konntest du die beiden Fragen umfassend beantworten? Ergänze, wenn notwendig, deine Notizen.

C Hannes, der den Beitrag der Triathletin ausgewählt hatte, will nun selbst seine Sportart vorstellen. Notiere Hinweise für ihn:
– Was könnte er inhaltlich zu seiner Sportart noch ergänzen?
– Was könnte er beim Sprechen vermeiden?

| Sprechen, Schreiben, Zuhören | Umgang mit Texten | Nachdenken über Sprache |

Einen schriftlichen Text in einen mündlichen umformulieren

3

Marc spielt in der Basketballmannschaft der Schule. Auch er will seine Sportart in der Radiosendung vorstellen. Er hat sich einen Text gesucht, den er gern vorlesen möchte.

Basketball ist ein Mannschaftsspiel, bei dem zwei Teams versuchen, einen Ball (Umfang: 75–78 Zentimeter, 600–650 Gramm schwer) in den gegnerischen Korb zu werfen. Das Spiel besteht aus 4 Spielperioden von je 10 Minuten und einer Pause von je 2 Minuten zwischen dem 1. und 2.
5 bzw. dem 3. und 4. Viertel sowie einer Halbzeitpause von 10 Minuten. Die effektive Spielzeit beträgt also 40 Minuten.
Die Körbe (Durchmesser: 45 Zentimeter) hängen in einer Höhe von 3,05 Meter. Sie sind jeweils von einer begrenzten Zone (Korbtreffer innerhalb dieser Zone bringen zwei Punkte) und von einer Drei-Punk-
10 te-Linie (Korbentfernung in Europa: 6,25 Meter) umgeben. Die ballführende Mannschaft (pro Team stehen fünf Spieler auf dem Feld) muss innerhalb von 24 Sekunden ihren Angriff abschließen, ansonsten wechselt der Ballbesitz. Ein Unentschieden gibt es im Basketball nicht. Ist der Punktestand nach Ablauf der regulären Spielzeit ausgeglichen,
15 schließen sich Verlängerungen von jeweils fünf Minuten an, bis ein Team mit mindestens einem Punkt Vorsprung gewonnen hat.

A Ein Schüler oder eine Schülerin liest den Text laut. Alle anderen hören zu. Notiert in Stichpunkten, was ihr über die Sportart erfahrt. An welchen Stellen gibt es beim Vorlesen bzw. Zuhören Schwierigkeiten?

B Vergleiche den Text mit dem Beitrag über die Sportart Triathlon. Wurde Marcs Text für einen Sprecher oder eine Sprecherin verfasst? Wo könnte Marc seinen Text gefunden haben? Begründe deine Meinung.

C Formuliere den Text so, dass man ihn gut vorlesen und beim Zuhören gut verstehen kann. Du kannst im ersten Satz z. B. so vorgehen:
– Überlege zuerst, welches Wort im Satz durch den in Klammern stehenden Einschub näher erläutert wird.
– Lies den Satz ohne den Einschub und überprüfe, ob der Satz trotzdem vollständig ist.
– Formuliere die Information aus der Klammer zu einem einfachen Satz um und füge ihn in den Text ein.
Beispiel: *Basketball ist ein Mannschaftsspiel, bei dem zwei Teams versuchen, einen Ball in den gegnerischen Korb zu werfen. Der Ball hat einen Umfang von 75 bis 78 Zentimetern und ist 600 bis 650 Gramm schwer.*

| Projekt | Fachübergreifendes | Büffel-Ecke |

4

Oberbegriffe verwenden

In den Texten über Triathlon und Basketball wurden diese Sportarten jeweils einer größeren Gruppe von Sportarten zugeordnet, z. B.: Basketball ist ein Mannschaftsspiel.

A Nenne weitere Sportarten, die mit dem Oberbegriff *Mannschaftsspiel* bezeichnet werden können.

B Überlege, welchen Begriffen Basketball noch zugeordnet werden könnte: *Wintersportart, Ballsport, Kampfsport, Hallensport, olympische Sportart*.

C Suche im Text auf S. 31 den Oberbegriff, dem die Sportart Triathlon zugeordnet wurde. Welche weiteren Sportarten gehören zu dieser Gruppe?

D Überlege, welchen Nutzen die Zuordnung einer dir unbekannten Sportart zu einem oder mehreren Oberbegriffen für dich haben könnte.

5

Claudia spricht ihren Text für die Radiosendung so:

Ich heiße Claudia. Ich spiele schon seit 4 Jahren Tischtennis und bin total begeistert.
Tischtennis wurde zwar auch schon vor mehr als hundert Jahren gespielt, aber bei Olympischen Spielen ist diese Sportart erst seit 1988 in
5 Seoul im Programm.
Tischtennis ist ein sehr schnelles Spiel mit Schläger und Ball.
Es wird von zwei Personen an einer Tischtennisplatte über ein Netz gespielt.
Es gibt aber auch ein Doppel. Gespielt wird um Punkte. Einen Satz ge-
10 winnt der Spieler, der zuerst 11 Punkte erzielt hat.
Und ein Spiel besteht aus drei Gewinnsätzen.
Beim Tischtennis kann man auch ziemlich ins Schwitzen kommen, aber sicher nicht ganz so wie beim Triathlon. Dafür kommt es in meiner Sportart auf etwas anderes an, nämlich
15 auf die Reaktionsschnelligkeit. Das muss natürlich trainiert werden, genauso wie zum Beispiel die Angaben. Außerdem sollte man beim Tischtennis immer hellwach sein. Um zu gewinnen, muss man den Gegner nämlich genau anschauen, ich meine natürlich beobachten. Weil, also: Nur so kann man
20 sich auf seine Spielweise einstellen und sich auch Tricks überlegen, um den Gegner auszuspielen. Wenn einem das gelingt, macht dieser Sport natürlich besonders viel Spaß.

| Sprechen, Schreiben, Zuhören | Umgang mit Texten | Nachdenken über Sprache |

Einem Text zuhören
Einen Text sprechen
Einen Text ankündigen

A Lasst eine Mitschülerin oder einen Mitschüler den Text vorlesen. Alle anderen schließen ihre Bücher und hören aufmerksam zu.

B Wie hat dir Claudias Beitrag gefallen? Hat sich Claudia in ihrem Text gut auf ihre Zuhörer eingestellt? Begründe deine Meinung.

C Was hast du über die Sportart Tischtennis erfahren? Versuche, möglichst viele Informationen aus Claudias Text mündlich wiederzugeben.

D Claudia hat sich beim Sprechen mehrmals korrigiert. Finde die Textstellen. Wie würdest du sie in einem schriftlichen Text verändern?

Merke

Ein **Sprecher** oder eine **Sprecherin** muss sich auf das Publikum einstellen. Mündlichkeit erfordert einfache und überschaubare Sätze. Oft werden Wörter oder Laute, wie z. B. *tja*, *ähm*, zum Verknüpfen von Gedanken oder zur Überbrückung einer Pause eingefügt. Auch Fehler kommen beim Sprechen vor, z. B. in der Wortwahl oder beim Verknüpfen von Sätzen, sie können aber sofort korrigiert werden.

6

Lisa und Jan stellen fest, dass das Zuhören gar nicht so einfach ist, wenn man nicht weiß, was einen erwartet. Anna meint, dass der Moderator oder die Moderatorin dafür Hilfen geben kann. Sie hat auch einen Vorschlag für die Ankündigung der Beiträge von Hannes und Marc:

Liebe Zuhörerinnen und Zuhörer, Hannes ist Triathlet. Er wird euch erklären, was das für eine Sportart ist und was ihm daran so gut gefällt. Danach stellt euch Marc seine Lieblingssportart vor. Er hält für euch eine Menge Informationen, z. B. über Körbe und die Spielzeit, bereit. Am besten, ihr macht euch Notizen, wenn ihr euch das merken wollt.

A Wie findest du Annas Moderation? Wie stellt sie die Zuhörerinnen und Zuhörer auf das ein, was sie erwartet, ohne viel zu verraten?

B Versuche es selbst. Schreibe einen Ankündigungstext für Claudias Beitrag. Überlege, was Claudias Beitrag von den anderen unterscheidet. Worauf würdest du die Zuhörerinnen und Zuhörer einstimmen?

| Projekt | Fachübergreifendes | Büffel-Ecke |

Fachwörter verwenden
In ihren Texten haben Hannes, Marc und Claudia Ausdrücke benutzt, deren Bedeutung nicht jeder kennt. Sie reichen die folgenden Erklärungen nach:

MARC *Als Korb bezeichnet man beim Basketball das an einem Ring befestigte Netz, in das der Ball geworfen werden muss. Als Korb bezeichnet man aber auch einen erfolgreichen Korbwurf.*

CLAUDIA *Im Tischtennis bedeutet Angabe, wenn der Spieler, der Angabe hat, den Ball mit dem Schläger auf die andere Seite schlägt.*

A Lies die beiden Worterklärungen. Bewerte sie nach Richtigkeit, Verständlichkeit und Ausdruck. Welche Veränderungen schlägst du vor?

ÜBEN, ÜBEN, ÜBEN   B Setze die folgenden Wörter richtig ein und erkläre ihre Bedeutung.
das Abseits, der Return, das Bully, der Salto, die Etappe

1. Der Schiedsrichter rief die Eishockey-Spieler zum ▬▬▬. 2. Der ▬▬▬ kam flach und platziert. 3. Die nächste ▬▬▬ wird die Rundfahrt entscheiden. 4. Er brachte den ▬▬▬ in den Stand. 5. Der Stürmer stand im ▬▬▬.

> **Merke**
>
> Im Sport gibt es, wie in anderen Spezialgebieten, z. B. in der Biologie oder Medizin, so genannte **Fachwörter**. Das sind Wörter mit einer für diesen Bereich genau festgelegten Bedeutung. Einem nicht so sachkundigen Publikum muss man Fachwörter verständlich erläutern.

C Erarbeite einen eigenen Beitrag, in dem du eine Sportart vorstellst. Trage den Text vor und lasse ihn von deinen Zuhörern einschätzen.

> **Arbeitstechnik**
>
> **Eine Sportart vorstellen**
> 1. **Inhalt:** Ordne die Sportart einem Oberbegriff zu, z. B. *Ballsport, Kampfsport*. Stelle die Anforderungen und die wichtigsten Regeln der Sportart ausführlich dar. Sage auch, ob du selbst diesen Sport aktiv betreibst und was dich an dieser Sportart fasziniert. Erkläre Fachbegriffe.
> 2. **Sprachliche Form:** Formuliere einfache, überschaubare Sätze. Sprich deine Zuhörer und Zuhörerinnen an.

Es lebe der Sport – Lesekonditionstraining

8

Nadine und Florian sind der Meinung, dass die bisher erarbeiteten Texte für die Radiosendung alle sehr ähnlich sind: Sportbegeisterte sprechen über ihre Sportart. Nadine und Florian möchten Bücher vorstellen, in denen Kinder mit ganz besonderen Beziehungen zum Sport vorkommen, so z. B. in Jakob Heins Jugenderinnerungen *Mein erstes T-Shirt*.

JAKOB HEIN

Jawohl, mein Sportlehrer

[…] Eine Stange, die im Prinzip waagerecht im freien Raum schwebte, hieß Reck. Nebenbei bemerkt, gibt es für mich kaum ein hässlicheres deutsches Wort. Reck. […] Es bedeutete für mich eine sichere Fünf. Mir war vollkommen unklar, wie man sich ohne technische Hilfsmittel auf
5 diese Stange begeben sollte. Für eine Eins musste man hochspringen, seine Hüfte an die Stange werfen und sich mit demselben Schwung einmal um die Stange drehen. Wenn es bei mir gut lief, stieß ich mir beide Hüftknochen heftig an dem Metall, meistens jedoch sah es so aus, als wollte ich unter dem Reck durchtauchen. Nach mehreren dieser Ver-
10 renkungen hievten mich zwei meiner Klassenkameraden auf das Gerät. Pro forma sollte es so aussehen, als ob ich absprang und sie mir nur leichte Hilfestellung leisteten. Beim ersten Mal fiel ich nach der Drehung wie ein nasser Sack vom Reck auf meinen Rücken. Es waren für mich schreckliche, nicht enden wollende Stunden der Erniedrigung.
15 […] Gut konnte ich in Sport immer nur die Sachen, für die es keine Zensuren gab. So konnte ich gut aus dem Schwimmbecken steigen, ausprusten und bescheiden auf den Fliesenboden gucken, als hätte ich gerade den neuen Weltrekord aufgestellt. Die Tropfen aus meinen Haaren ignorierend, begab ich mich mit festem, ruhigem Schritt zum Lehrer,
20 um meine Schwimmleistung mit ungenügend bewerten zu lassen. Ich konnte auch gut „flanken, flanken!" brüllen, während ich auf dem Posten des linken Außenverteidigers verschimmelte und wirklich jeder einzelne in meiner Mannschaft hoffte, dass der Ball nie über links kam. Gern ordnete ich auch mit kritischem Blick die Saiten meines Federball-
25 schlägers, mit dem ich keinen Ball über das Netz bekam. Aber B-Noten gab es keine in dieser grausam kalten Welt. […]

A Beschreibe, was der Erzähler in seinen Sportstunden erlebt hat und wie er darüber spricht. Um was für einen Erzähler handelt es sich?

B Ist es dir auch schon einmal so oder ähnlich ergangen? Erzähle von deinen Erlebnissen im Sportunterricht.

C Was meinst du: Sollte dieser Text in das Sendemanuskript für die Radiosendung aufgenommen werden? Begründe deine Meinung.

9

In dem Roman „Das Wunder von Bern" sowie im gleichnamigen Film geht es um einen Jungen, der zwar kein besonders guter Fußballer, dafür aber ein großer Fußballfan ist. Matthias Lubanski, ein 11-jähriger Junge aus Essen, hat nur einen Wunsch: Er möchte unbedingt zum WM-Endspiel des Jahres 1954 zwischen Deutschland und Ungarn nach Bern und dort einen Spieler der deutschen Mannschaft, seinen Freund Helmut Rahn, genannt „Der Boss", anfeuern. Obwohl sie keine Eintrittskarten haben, fährt Matthias' Vater mit ihm in die Schweiz. Durch eine Autopanne sind sie erst kurz vor Ende des Spiels am Stadion. Matthias versucht, irgendwie hineinzukommen.

CHRISTOF SIEMES

Das Wunder von Bern

[…] In Matthias' Bauch herrscht gewaltige Aufregung, längst sind seine Hände nass geschwitzt, und ab und an muss er im Laufen innehalten, um den Druck in seiner Kehle hinunterzuschlucken. Er schnürt am Zaun des Stadions entlang, doch obwohl kaum mehr als zehn Minuten
5 noch zu spielen sind, steht an jedem Eingang ein Ordner und beäugt argwöhnisch den rothaarigen Jungen, der irgendetwas zu suchen scheint. Matthias ahnt, dass es aussichtslos ist, durch einen der offiziellen Eingänge ins Stadion zu kommen. Fast hat er die Hoffnung schon aufgegeben und will sich, trotz all der Pfützen ringsum, einfach nur auf
10 den Boden setzen, als er die Gebäude rings um den Haupteingang des Stadions erreicht. Da, unter diesem Fenster, ist das nicht so ein Gitterrost, unter dem sich immer die Kellerfenster verbergen? Und vielleicht steht davon ja eins offen. Sich immer wieder umsehend, läuft Matthias zum Rost und späht hinab. Tatsächlich, das Fenster unter seinen Füßen
15 steht sperrangelweit offen. Wenn jetzt noch der Rost … Mit beiden Händen zieht er an dem Gitter, das mit einem Ruck nachgibt. […] Kahl ist der lange Gang in den Katakomben des Stadions, die Farbe blättert schon von den Wänden. Nichts spürt Matthias von der feierlichen Stimmung, die hier noch vor knapp anderthalb Stunden geherrscht hat, als
20 die beiden Mannschaften in zwei ordentlichen Reihen hinaus Richtung Spielfeld marschierten […]. Das Klackern der Stollen auf dem nackten Betonboden ist lange verklungen, Matthias hört jetzt nur noch den Tumult, den 60.000 Menschen veranstalten, und der hier unten noch dumpfer, noch bedrohlicher klingt als draußen vor dem Stadion.

| Sprechen, Schreiben, Zuhören | Umgang mit Texten | Nachdenken über Sprache |

In einem fiktiven Text reale Bezüge entdecken

Beklommen tastet sich Matthias immer weiter an der Wand entlang, einfach dem Verlauf des Ganges folgend, nicht wissend, wohin er wohl führt. Plötzlich öffnet sich links eine Abzweigung, an deren Ende eine Treppe in den regenbleichen Himmel zu führen scheint. Vorsichtig schreitet Matthias ihr entgegen, nimmt Stufe für Stufe, langsam schieben sich immer mehr Zuschauerreihen der gegenüberliegenden Tribüne in sein Gesichtsfeld. Und dann sieht er das Grün. Obwohl es immer noch regnet wie am Beginn der Sintflut, liegt für Matthias ein geradezu magisches Leuchten über dem Rasen. Keine fünf Meter vor seinen Füßen läuft eine weiße Linie vorbei, und als er den Blick langsam hebt, sieht er jenseits dieser Linie ein paar Männer in weißen und roten Trikots hin- und herrennen. [...] Dann entdeckt Matthias die Lederkugel. Sie rollt direkt auf ihn zu, ganz langsam, aber so zielstrebig, als würde er sie an einer Schnur zu sich ziehen. Als habe jemand einen zentralen Schalter umgelegt, kommt alles in Matthias mit einem Mal zum Stillstand. Das Grummeln in seinem Bauch ist plötzlich verstummt, auch der Lärm der 60.000 erstirbt, als stecke er mit seinem Kopf in einer Schüssel, und zu atmen wagt er auch nicht mehr. Nur sein Herz schlägt noch, so heftig, als poche jemand von innen mit einem Vorschlaghammer gegen seinen Brustkorb. Nur ein Gedanke hallt durch seinen leeren Kopf: Das ist der Ball des Endspiels der Fußballweltmeisterschaft. Das ganze Stadion, ach was, die ganze Welt schaut auf diesen Ball. Er liegt vor meinen Füßen. Das heißt, dass alle mich sehen werden. Und alle werden wissen, dass ich keine Eintrittskarte habe. Einen Moment, der ihm so lang vorkommt wie eine ganze Halbzeit, kann sich Matthias nicht rühren. Dann bückt er sich, steif, und nimmt den Ball auf. Als er den Blick endlich wieder auf den Platz richten kann, sieht er, wie der Boss sich aufrichtet und langsam auf die Seitenauslinie zugeht. Plötzlich stockt er. Kann das sein? [...]
Gedankenschnell fängt er den Ball auf, den Matthias ihm zugeworfen hat. Er legt ihn sich zum Freistoß zurecht und schießt zu Morlock. Bevor er sich in Richtung des ungarischen Strafraums in Bewegung setzt, schaut er sich noch einmal um. Nein, kein Zweifel, da steht Matthias Lubanski, [...] sein Freund und Taschenträger, sein Maskottchen. Kopfschüttelnd rennt der Boss los.

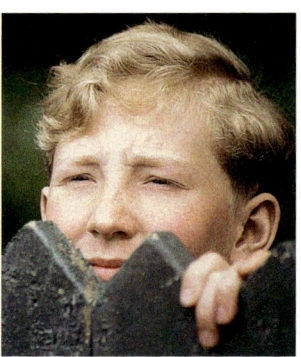

A Beschreibe, auf welche Weise Matthias ins Stadion gelangt ist. Was geht in Matthias vor, als er das Spielfeld erblickt?

B Vergleiche diesen Text mit dem von Jakob Hein. Welche Beziehung hat Matthias zum Sport?

| Projekt | Fachübergreifendes | Büffel-Ecke |

C Erzählt Matthias über sich oder wird über ihn erzählt? Wie nennt man einen solchen Erzähler?

10

Der Roman „Das Wunder von Bern" entstammt der Fantasie des Autors. Die meisten Figuren und Geschehnisse sind erdacht. Allerdings gibt es für den Roman und den Film einen realen Hintergrund: das WM-Endspiel zwischen Deutschland und Ungarn, das wirklich 1954 in Bern stattgefunden hat. Auch den Spieler, der in der 84. Minute das entscheidende 3 : 2 erzielte, hat es tatsächlich gegeben. Der Radioreporter Herbert Zimmermann schilderte diese Szene damals so:

Auf der Internetseite www.wunder-von-bern.de findest du jede Menge Informationen über das WM-Finale '54

Bozsik, immer wieder Bozsik, der rechte Läufer der Ungarn. Er hat den Ball – verloren, diesmal! Gegen Schäfer. Schäfer – nach innen geflankt. Kopfball. Abgewehrt! Aus dem Hintergrund müsste Rahn schießen. Rahn schießt – Tor! Tor! Tor! Tor! (Pause)
Tor für Deutschland! Linksschuss von Rahn! Schäfer hatte die Flanke nach innen geschlagen. Schäfer hat sich gegen Bozsik durchgesetzt. 3 : 2 für Deutschland, fünf Minuten vor dem Spielende.

A Wie heißt der Spieler, der sowohl im Roman als auch in der Original-Radioreportage vorkommt? Finde in dem Romanauszug weitere Textstellen, die auf das tatsächliche Geschehen Bezug nehmen.

B Lies den Auszug aus der Radioreportage noch einmal. Wie könnte der Reporter diesen Text gesprochen haben?

C Versuche, den Text selbst zu sprechen. Stelle dir vor, Millionen Zuhörer sitzen an den Radiogeräten – sie sehen das Spiel nicht – und du sollst ihnen den Höhepunkt des Spielverlaufs so vermitteln, als seien sie dabei.

D Überlegt, ob der Roman, der Film oder so eine Radioreportage in eurem Sendemanuskript für eure Sportsendung eine Rolle spielen sollen. Wenn ja, wie könntet ihr die Zuhörer und Zuhörerinnen darauf einstimmen?

Sprechen, Schreiben, Zuhören | Umgang mit Texten | Nachdenken über Sprache

Texte sprechen, Lautstärke und Sprechtempo variieren

„Jaaa, sie schaffen es!" – Wie sprechen Sportreporter?

Nach der Sprechprobe als Fußballreporter haben Martin und Anja die Idee: Sie wollen in der Sendung von „Radio Kakadu" als echte Sportreporter arbeiten und über die Wettkämpfe „Jugend trainiert für Olympia" oder über das kommende Schulsportfest berichten.
Anja kennt sich aus, sie hat die Radio- und Fernsehübertragungen von den Olympischen Spielen aufmerksam verfolgt und sogar einige aufgenommen.

11

Im Viertelfinale des olympischen Handballturniers war die Spannung beim Siebenmeterwerfen im Spiel zwischen Deutschland und Spanien kaum noch zu überbieten. Den letzten Wurf der deutschen Mannschaft beim Stand von 31:30 erlebte der Reporter so:

Oh, ist das eine Dramatik! 31:30 für die deutsche Mannschaft. Daniel Stephan gegen Barrufet*. Wird er es schaffen? Ja! Tor! Tor! Tor! Halbfinale! Deutschland spielt um die Medaillen mit!

* Barrufet: spanischer Torhüter

A An welchen Textstellen erkennst du, dass der Reporter wahrscheinlich sehr aufgeregt und nicht sicher war, wie das Spiel ausgehen wird?

B Versuche, den Text so zu sprechen, dass deine Zuhörer und Zuhörerinnen die spannende Spielsituation miterleben können.

C Schätzt als Radio-Publikum eure Mitschüler ein. Wer ist ein guter Sportreporter oder eine gute Sportreporterin? Einigt euch auf Bewertungskriterien, z. B.: *Wie wurden Lautstärke und Sprechtempo eingesetzt?* Notiert weitere. Begründet dann eure Einschätzungen.

Arbeitstechnik

Einen Sportwettkampf mündlich darstellen
- Sprich deutlich. Setze Pausen bewusst ein, um die Spannung des Wettkampfablaufs zu vermitteln.
- Erhöhe in sich zuspitzenden Situationen Lautstärke und Sprechtempo.
- Mit Fragesätzen, wie z. B.: *Wird er es schaffen?*, Ausrufen, z. B.: *Ja!, Tor!,* und Interjektionen, z. B.: *Oh!,* kannst du spannende Szenen des Wettkampfes den Zuhörern und Zuhörerinnen ausdrucksstark vermitteln.

| Projekt | Fachübergreifendes | Büffel-Ecke |

12

Wer ist der schnellste Mann der Welt? Diese wie immer mit großer Spannung gestellte Frage wurde auch beim olympischen 100-Meter-Finale der Männer 2004 in weniger als 10 Sekunden beantwortet.

Kein Fehlstart. Gatlin! Crawford! Wo bleibt Greene? Greene kommt. Obikwelu hält dagegen. Obikwelu und Greene. Und innen Gatlin! Justin Gatlin, wenn mich nicht alles täuscht! 9,85 Sekunden! Weltjahresbestleistung! Persönliche Bestleistung! Jawohl, Justin Gatlin ist Olympiasieger! Silber für Francis Obikwelu […], Maurice Greene holt sich Bronze.

Rang	Name	Sek.	Land
1.	Justin Gatlin	09.85	USA
2.	Francis Obikwelu	09.86	PRT
3.	Maurice Greene	09.87	USA
4.	Shawn Crawford	09.89	USA
5.	Asafa Powell	09.94	JAM
6.	Kim Collins	10.00	KNA
7.	Obadele Thompson	10.10	BRB

A Versuche, den Text schnell zu sprechen, du hast ca. 12 Sekunden Zeit.

B Wie gelingt es dem Reporter, den Lauf in so kurzer Zeit zu beschreiben?

C Sieh dir die Sätze genauer an. Wiederhole, woraus ein vollständiger Satz besteht. Schlage z. B. im Mini-Lexikon nach. Welche Sätze sind unvollständig? In welchen Sätzen kannst du die Zeitform bestimmen?

D Überlege dir, wie ein schriftlicher Bericht zu diesem Ereignis, z. B. für eine Zeitung am Tag danach, aussehen würde. Schreibe einen Entwurf in dein Heft. Formuliere vollständige Sätze, achte auf die Zeitform.

Merke

In einer **live gesprochenen Radiosendung** begleitet der Sprecher oder die Sprecherin das zur selben Zeit stattfindende Geschehen, weshalb er/sie das Präsens verwendet. Er/sie hat wenig Zeit zum Formulieren und verwendet deshalb ganz kurze, manchmal unvollständige Sätze und Ausrufe. Ein **schriftlicher Bericht** wird nach dem Ereignis angefertigt, weshalb er in einer Vergangenheitsform verfasst wird. Der Verfasser hat Zeit, seine Sätze zu durchdenken und zu ergänzen.

| Sprechen, Schreiben, Zuhören | Umgang mit Texten | Nachdenken über Sprache |

Sprachliche Mittel im Text entdecken

13

Anja hat noch eine Reportage vom 200-Meter-Freistil-Finale im Schwimmen der Frauen. Franziska van Almsick aus Berlin ging als Favoritin ins Rennen.

Guter Start von Franziska van Almsick, genauso gut von den Blöcken gekommen wie auch die anderen. Normalerweise schwache Reaktionszeit von ihr […]. Sie schwimmt wieder elegant, wie auch sonst die ästhetischste unter den 8 Finalistinnen, sie streichelt nahezu das Wasser.
5 Das sieht so ruhig und elegant aus. Aber ist es auch schnell genug? Franziska van Almsick liegt in Führung, wo es auf die erste Wende zugeht nach 50 Metern. Franziska van Almsick, ist das dein Rennen? Ist das das Rennen, das zum Olympiasieg führt? Nein, auf Bahn 6 in Führung Dana Vollmer. Ist vorne. Franzi liegt auf Position zwei. Beide
10 beäugen sich da im Wasser. Eine Traumgeschichte, jetzt Franziska van Almsick leicht in Führung […]. Nach 100 Metern liegt sie in Führung. 57,64. Sie ist in Führung, aber jetzt kommt Vollmer. Langsames Anfangstempo, aber jetzt muss Franzi dranbleiben, jetzt muss sie zeigen, dass sie ihren Traum von Olympia erfüllen kann. Noch sieht es gut aus,
15 noch sind die Arme nicht schwer geworden bei Franziska van Almsick. Es wird ein spannendes Finish werden. Jetzt muss sie durchhalten. Im Halbfinale auf den letzten 50 Metern sah es nicht gut aus, aber was kann sie jetzt noch zusetzen? Denk an deinen Traum, vergiss die Schmerzen, Franziska! Jetzt musst du durchhalten! Noch 30 Sekunden, dann bist du
20 vielleicht Olympiasiegerin! Aber auf Bahn 4 jetzt in Führung Federica Pellegrini aus Italien. Die Italienerin hat das Kommando übernommen, aber Franzi ist nach wie vor mit dabei, kämpft jetzt. Jetzt wird's ein bisschen unrunder bei ihr. Oh, das wird ganz spannend! Dana Vollmer ist an ihr dran in der Mitte, da wird's ein bisschen schwer. Ganz oben
25 Camelia Potec aus Rumänien ebenfalls mit dabei. Wer wird hier Olympiasiegerin? Sieht nicht so gut aus für Franziska van Almsick. Wird's 'ne Medaille? Ich glaub's nicht. In der Mitte Pellegrini, die Italienerin, aber Anschlag – und da Potec! Potec gewinnt! Das gibt's doch gar nicht! Und Franzi? Platz 5, Platz 5! Es hat nicht gereicht!

A Kannst du dir den Wettkampf während dieser Reportage gut vorstellen? Nenne Textstellen, die dir besonders gut, und solche, die dir nicht gefallen.

B Schreibe alle Adjektive und Verben heraus, mit denen beschrieben wird, wie die Sportlerin schwimmt und wie der Wettkampf verläuft.
Beispiele: *guter* Start, *schwache* Reaktionszeit, *sie schwimmt elegant* ...

| Projekt | Fachübergreifendes | Büffel-Ecke |

> **Merke**
>
> Um ein sportliches Geschehen für ein Publikum **anschaulich** darzustellen, verwendet man in einer Radioübertragung möglichst **treffende**, zum Teil auch **bildhafte Adjektive und Verben**, z. B.: *Sie schwimmt elegant. Sie streichelt nahezu das Wasser.* Mitunter feuern Reporter Sportlerinnen oder Sportler auch an, wenn sie diese gern siegen sehen möchten und das den Zuhörern auch vermitteln wollen.

14

Betätige dich selbst als Sportreporter.

Der Höhepunkt unseres Schulsportfestes war die 4-mal-100-Meter-Staffel der fünften und sechsten Klassen. Am Start waren für die Klasse 5a Maik, Katja, Robert und Luisa, für die Klasse 6a Tobias, Anika, Patrick und Marie sowie für die Klasse 6b Anton, Martje, Aaron und
5 Johanna. Nach den ersten 100 Metern führte die Klasse 5a. Maik übergab den Staffelstab als Erster an Katja. Doch Katja wurde schon nach etwa 50 Metern eingeholt von Martje aus der Klasse 6b. Doch beim zweiten Wechsel passierte ein großes Missgeschick: Aaron bekam den Staffelstab nicht richtig zu
10 fassen, der Stab fiel zu Boden. Damit war die Klasse 6b leider ausgeschieden, die Klasse 5a mit Robert lag wieder in Führung. Aber Patrick aus der Klasse 6a kam immer dichter an Robert heran. Beim dritten Wechsel waren die beiden Jungen fast gleichauf. Nun musste die Entscheidung zwischen Luisa
15 und Marie fallen. Die beiden kämpften um den Sieg. Fünf Meter vor dem Ziel lag Luisa für die Klasse 5a noch immer in Führung, aber mit letzter Kraft schaffte es Marie am Ende doch noch und kam mit einem hauchdünnen Vorsprung ins Ziel. Die Klasse 6a hatte damit das Staffelrennen gewonnen.

A Forme diesen schriftlichen Bericht so um, wie man ihn im Radio sprechen würde: kurze und knappe Sätze oder Wortgruppen, spannend und anschaulich dargestellt. Du kannst den Bericht auch ergänzen. Verwende das Präsens. Beispiel:
Am Start stehen für die 5a: Maik, Katja, Robert und Luisa, für die 6a: Tobias, Anika, Patrick und Marie, die vier haben schon mal gewonnen. Die 6b hat Anton, Martje, Aaron und Johanna aufgestellt. Es geht los! …

B Sprich deinen Text so, als ob du über das Ereignis live berichtest. Übe vor dem Fernseher: Schalte bei einer Sportübertragung den Ton ab und übernimm die Rolle des Reporters oder der Reporterin.

Wiederholung

15 Gestaltet eure eigene Sendung zum Thema „Sport".

A Überarbeitet noch einmal euer Sendemanuskript (↗ Seite 30). Entscheidet gemeinsam, welche Beiträge nun enthalten sein sollen, z. B. *Beiträge über eure Lieblingssportarten, Bücher über Sport, eine Sportübertragung über einen Wettkampf*. Legt die Reihenfolge eurer Beiträge fest.

B Verfasst jeder/jede einen Beitrag und übt das Sprechen. Am besten sprecht ihr euch eure Beiträge gegenseitig vor und korrigiert euch dann.

C Für eine Sportübertragung eignen sich z. B. eine Sportstunde, ein Wettkampf innerhalb der Schule oder auf einem Schulfest. Betätigt euch bei einem solchen Wettkampf als Reporter oder Reporterin und nehmt euren Text mit einem Aufnahmegerät auf. Spielt ihn eurer Klasse vor.

D Schreibt zu jedem Beitrag eine Ankündigung oder Überleitung, die ein Moderator, eine Moderatorin sprechen kann (↗ S. 43). Sucht die besten Texte aus und lasst diese von mehreren Schülerinnen und Schülern sprechen. Wählt eure Moderatoren oder Moderatorinnen aus.

E Nehmt eure Sendung mit Mikrofon und Kassettenrekorder auf. Schickt sie vielleicht an „Radio Kakadu" oder an einen Radiosender in eurer Stadt, der mit euch eine richtige Radiosendung produzieren könnte, die dann auch gesendet wird.

Zusammenfassung
– Generell muss sich ein Sprecher, eine Sprecherin auf die Zuhörer und Zuhörerinnen einstellen, sie ansprechen.
– Mündlichkeit erfordert einfache und überschaubare Sätze (↗ S. 31–34).
– Kleine Ankündigungstexte, die die Zuhörer auf den nächsten Beitrag einstimmen, erleichtern das Zuhören (↗ S. 34).
– Ein Sprecher oder eine Sprecherin sollte ein Geschehen spannend darstellen, damit die Zuhörer mitfiebern können. Dies erreicht man vor allem mit der Stimme (Lautstärke, Sprechtempo) (↗ S. 40).
– Ein Sprecher oder eine Sprecherin hat für die Schilderung des gerade stattfindenden Geschehens meist nur wenig Zeit, weshalb er/sie sich kurz und knapp ausdrücken muss – und natürlich im Präsens (↗ S. 41).
– Ein Sprecher oder eine Sprecherin muss das Geschehen sehr anschaulich wiedergeben, damit sich die Zuhörer und Zuhörerinnen ein genaues Bild machen können (↗ S. 42).

Drittes Kapitel

Spielen und Lernen am Computer
zuordnen, gliedern, beschreiben

Welche Computerspiele und Lernprogramme kennst du?
Was für Computerspiele gefallen dir?
Auf dem Markt gibt es unzählige Spiele der unterschiedlichsten Spielarten.
Vielleicht kennst du ja eines der folgenden Computerspiele.

Pirat oder Zoodirektor – Computerspiele kennen lernen und zuordnen

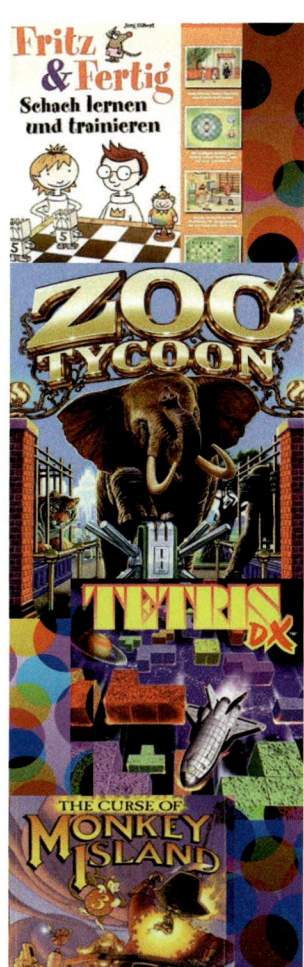

Fritz und Fertig: Ein kurzweiliges und dabei sehr lehrreiches Computerspiel, in dem das Schachspiel Schritt für Schritt erklärt wird. Dabei werden nicht einfach nur die Regeln vermittelt, sondern es werden auch anschaulich die Hintergründe erklärt. Obendrein gibt es noch jede Menge Spieltipps. Das Erlernen des Schachspiels ist eingebettet in eine kurzweilige Geschichte über das Königspaar Weiß, das sich auf ein großes Schachduell vorbereitet.

Zoo Tycoon: Dieses Spiel bietet die Möglichkeit, einen modernen Tierpark zu entwerfen, aufzubauen und zu leiten. Das Wohlergehen der exotischen Tiere muss dabei natürlich ebenso beachtet werden wie die Zufriedenheit der Angestellten und Besucher. Als Leiter des Zoos ist man aber auch für alle finanziellen Belange sowie die ständige Erweiterung und Verbesserung des Zoos verantwortlich.

Tetris: Hierbei handelt es sich um einen wahren Klassiker unter den Computerspielen. Seit Ende der achtziger Jahre lassen sich Millionen Spieler aus aller Welt von diesem simplen, aber faszinierenden Klötzchenspiel begeistern, das eine Menge Reaktionsvermögen und Geschicklichkeit erfordert. Tetris ist vor allem als Spiel für den Gameboy bekannt geworden.

Monkey Island: Bei diesem Spiel übernimmt man die Rolle eines jungen Burschen, der unbedingt Pirat werden will und auf einer Insel verschiedene Abenteuer erlebt. Es gilt auf Schatzsuche zu gehen, gegen den fiesen Geisterpiraten LeChuck zu bestehen und viele knifflige Rätsel zu lösen. Monkey Island ist eine ziemlich abgedrehte Piraten-Geschichte mit jeder Menge Wortwitz und Humor.

A Worin unterscheiden sich die genannten Spiele? Achte auf den Spielinhalt und die Art des Spielens.

B Notiere für mindestens drei Spiele Verben, die das Spiel bzw. das Spielen treffend umschreiben, z. B.: *Fritz und Fertig: erklären, lernen, …*

| Projekt | Fachübergreifendes | Büffel-Ecke |

2

Man kann Computerspiele verschiedenen Spielarten zuordnen. Einige bekannte und beliebte Spielarten werden hier kurz vorgestellt.

Reaktions- und Geschicklichkeitsspiele: Bei ihnen kommt es darauf an, zum richtigen Zeitpunkt den richtigen Befehl zu geben, damit beispielsweise die Spielfigur über ein Hindernis springt oder ein Gegenstand rechtzeitig an einen bestimmten Ort gelangt.

Abenteuerspiele (Adventures): Hier übernehmen die Spieler die Rolle und Steuerung einer fantastischen Figur wie zum Beispiel die eines Zauberers oder eines Kriegers und müssen mit ihr die verschiedensten Abenteuer bestehen.

Simulationen: Hier wird das Verhalten von technischen Geräten, wie zum Beispiel von Flugzeugen oder U-Booten, simuliert, also nachgeahmt. Besonders beliebt sind auch Simulationen von Fußballclubs oder Freizeitparks – die so genannten Managerspiele.

Lernspiele und Lernprogramme: Dazu gehören Computerspiele, die Wissen und Lerninhalte des Unterrichts spielerisch vermitteln, festigen bzw. üben.

Übrigens, Spiele, die Lerninhalte in unterhaltende und spielerische Situationen einbetten, werden oft als Edutainmentprogramme bezeichnet: education (Erziehung), entertainment (Unterhaltung).

A Ordne die auf der linken Seite vorgestellten Computerspiele den genannten Spielarten zu. Lege dazu eine Übersicht an.

Spielart	Spiele
Lernspiele und Lernprogramme	…
…	
…	

B Welche weiteren Computerspiele kennst du? Füge deiner Übersicht weitere dir bekannte Computerspiele hinzu. Versuche auch, die Spielart zu benennen.

C Sprecht darüber, welche Spielarten ihr bevorzugt.

Sprechen, Schreiben, Zuhören — **Umgang mit Texten** — Nachdenken über Sprache

Aufbau einer Beschreibung erkennen

Die Spiel-Experten – ein Spiel vorstellen und einen Vorgang beschreiben

3

Martin stellt der Klasse sein Lieblingsspiel vor.
Er hat seine Beschreibung in einzelne Abschnitte gegliedert.

1. Das Spiel, das ich euch vorstellen möchte, heißt Sim City 4. Sim City ist eine der ältesten und beliebtesten PC-Spieleserien.
2. Die Reihe wird von Electronic Arts herausgegeben. Sim City 4, das ihr hier seht, ist seit 2003 auf dem deutschen Markt.
3. Dieses Computerspiel funktioniert unter den Betriebssystemen Windows 98, ME, 2000 und XP. Das Spiel benötigt einen schnellen Prozessor mit mindestens 500 MHz, 128 Megabyte Arbeitsspeicher, ein Gigabyte Platz auf der Festplatte, ein CD-ROM-Laufwerk sowie eine Grafikkarte mit mindestens 16 MB RAM.
4. In Sim City 4 baut man seine eigene Stadt und formt die Landschaft drumherum. Man baut Häuser, Straßen und Fabriken. Die Bewohner der Stadt siedeln sich dann von selbst an. Berater sagen dem Spieler, wie er die Grundbedürfnisse der Bevölkerung zufrieden stellen kann. Wichtig sind zum Beispiel Gesundheit, Sicherheit, Umwelt, Verkehr und Bildung. Also müssen Polizeireviere, Schulen und Krankenhäuser gebaut werden. Ist man geschickt, so hat man bald eine funktionierende Großstadt unter seiner Kontrolle. Ist man weniger geschickt, kann man sich eine Menge Ärger mit seinen Bewohnern einhandeln. Außerdem können jederzeit Naturkatastrophen die Stadt bedrohen.
5. Für Sim-City-Neulinge ist das Spiel anfangs ganz schön schwer. Sobald man jedoch weiß, worauf man beim Städtebau achten muss, macht das Spiel aber richtig Spaß. Bei Problemen und Fragen helfen das Handbuch oder auch englischsprachige Websites weiter, auf denen man viele Tipps und Tricks erfährt.

| Projekt | Fachübergreifendes | Büffel-Ecke |

A Welche Angaben enthalten die einzelnen Abschnitte dieser Beschreibung?

B Notiere für jeden Abschnitt dieser Beschreibung eine Überschrift, die die wesentlichen Angaben des Abschnitts zusammenfasst.

C Wähle ein Computerspiel, das du gut kennst. Ordne alle Angaben, die du für eine Beschreibung brauchst, den entsprechenden Überschriften zu.

D Beschreibe mithilfe deiner Angaben das Computerspiel mündlich.

Merke

Zur **Beschreibung** eines Computerspiels gehören insbesondere sachliche Angaben zum Namen und Hersteller des Spiels, zur Spielart, zum Inhalt, zum Schwierigkeitsgrad und zu den Anforderungen an den Computer (Systemvoraussetzungen).

4

Bei manchen Computerspielen braucht man Hilfen. Die beiden folgenden Anleitungen beschreiben jeweils den Brückenbau in Sim City.

1. Eine Brücke wird gebaut, wenn genug Platz an den Ufern geschaffen wurde. Es kann keine Brücke gebaut werden, wenn direkt darunter Wasserleitungen oder U-Bahnen verlaufen. Der Bauversuch wird in diesem Fall mit einer Meldung abgebrochen. Beim Brückenbau zieht man wie gewohnt eine Straße über das zu überbrückende Gewässer, indem man mindestens vier Felder vor dem Ufer beginnt und mindestens vier Felder nach dem Ufer aufhört. Wenn das Ufer überschritten wird, wird die Baulinie rot. Wenn aber alles richtig gemacht wurde, wird sie vier Felder hinter dem Ufer wieder blau. Das zeigt an, dass die Brücke gebaut werden kann.

2. Du baust eine Brücke, wenn du genug Platz an den Ufern geschaffen hast. Du kannst keine Brücke bauen, wenn direkt darunter Wasserleitungen oder U-Bahnen verlaufen. In diesem Fall erhältst du eine Meldung, dass der Bauversuch abgebrochen wurde. Beim Brückenbau ziehst du wie gewohnt eine Straße über das zu überbrückende Gewässer, indem du mindestens vier Felder vor dem Ufer beginnst und mindestens vier Felder nach dem Ufer aufhörst. Wenn du das Ufer überschreitest, ist die Baulinie zunächst rot. Wenn du aber alles richtig machst, wird sie am anderen Ende vier Felder hinter dem Ufer wieder blau. Damit wird dir angezeigt, dass du die Brücke bauen kannst.

A Vergleiche die beiden Anleitungen. Wer führt jeweils die Handlung aus?

3. Kapitel Spielen und Lernen am Computer – zuordnen, gliedern, beschreiben

| Sprechen, Schreiben, Zuhören | Umgang mit Texten | Nachdenken über Sprache |

Aktiv und Passiv beim Beschreiben anwenden

B Im linken Kasten wird gesagt, was geschieht, nicht jedoch, wer die Handlung ausführt. Im rechten Kasten wird dagegen betont, wer die Handlung ausführt. Achte beim Lesen der folgenden Beispiele besonders auf die Verben.

!

Mehr zur Bildung von Aktiv und Passiv findest du in ↗ Kapitel 14, S. 201–202

> Eine Brücke wird gebaut, wenn genug Platz an den Ufern geschaffen wurde.

> Du baust eine Brücke, wenn du genug Platz an den Ufern geschaffen hast.

Nenne und bestimme die unterschiedlichen Verbformen, die die Handlung kennzeichnen.

Merke

Wenn du deutlich machen willst, wer die Handlung ausführt, verwendest du Verbformen im **Aktiv**.
Die Firma XYZ entwickelte im Jahre 2003 dieses Spiel.
Der Supermarkt verkauft es nun zum Sonderpreis.
Willst du betonen, was geschieht, nicht aber, wer etwas tut, verwendest du Verbformen im **Passiv**. Dabei kannst du weglassen, wer die Handlung ausführt.
Dieses Spiel wurde im Jahre 2003 entwickelt (von Firma XYZ).
Es wird nun zum Sonderpreis verkauft (vom Supermarkt).

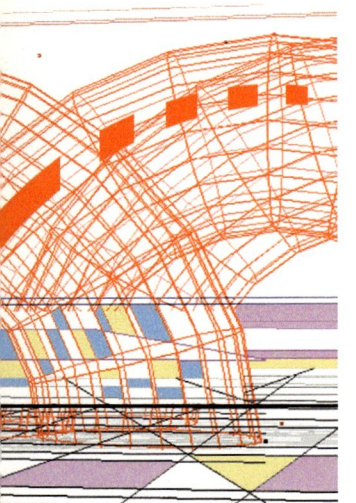

C Lege eine Tabelle an. Suche aus beiden Anleitungen zum Brückenbau alle Aktiv- und Passivformen heraus und trage sie ein.

Aktiv	Passiv
Du baust eine Brücke …	Eine Brücke wird gebaut …
…	…

D Unterstreiche in beiden Spalten die Verbformen.

ÜBEN, ÜBEN, ÜBEN **E** Schreibe folgende Aktiv- und Passivsätze in die jeweils andere Form um.
– Ein neues Computerspiel wird (von Firma XYZ) herausgebracht.
– Martin kauft es sofort.
– Leider stellt er ein Problem fest.
– Es wird (vom Hersteller) keine Anleitung mitgeliefert.
– Der Hersteller bietet die Anleitung nur im Internet an.

| Projekt | Fachübergreifendes | Büffel-Ecke |

5

A Sieh dir noch einmal die beiden Beschreibungen für den Brückenbau in Sim City auf den Seiten 48–49 an. Für welche Anleitung würdest du dich in folgenden Situationen entscheiden?
Begründe jeweils deine Wahl.
Du willst einem Freund den Brückenbau erklären. Beschreibung …
Du willst eine offizielle Spielanleitung schreiben. Beschreibung …
Du willst vor der Klasse den Brückenbau erklären. Beschreibung …

Merke

Vorgangsbeschreibungen und Spielanleitungen können in der persönlichen oder unpersönlichen Ausdrucksweise formuliert werden.
Soll der Handelnde direkt angesprochen werden, wird die **persönliche Ausdrucksweise** bevorzugt: *Du wählst den Schwierigkeitsgrad unter „Optionen" aus.*
Die **unpersönliche Ausdrucksweise** wird hingegen genutzt, wenn es unwesentlich ist, wer der Handelnde ist. Bei der unpersönlichen Ausdrucksweise werden die unbestimmten Pronomen *man* oder *es* verwendet: *Man wählt den Schwierigkeitsgrad unter „Optionen" aus.*
Du kannst auch das Passiv benutzen: *Der Schwierigkeitsgrad wird unter „Optionen" ausgewählt.*

B Beschreibe eine Aufgabe aus deinem Lieblingsspiel. Formuliere diese Beschreibung schriftlich in der unpersönlichen Ausdrucksweise. Benutze dabei das Passiv.

C Übertrage dieselbe Beschreibung in die persönliche Ausdrucksweise. Formuliere sie mündlich.

Arbeitstechnik

Vorgänge beschreiben
- Beobachte den Vorgang genau.
- Wähle die Schritte des Ablaufs aus, die wichtig sind.
- Achte auf die exakte Reihenfolge der Schritte.
- Beschreibe sie leicht verständlich, knapp und eindeutig.
- Erkläre notwendige Fachwörter.
- Beschreibe in der Zeitstufe der Gegenwart (Präsens).
- Verwende eine für den Zweck passende persönliche oder unpersönliche Ausdrucksweise.

Im Computerspiel gefangen – ein Kinderroman

René Appel

Gefangen in Kids City

Dieser Roman erzählt von den Abenteuern, die Sander und Maarten, zwei holländische Jungen, mit einem Computerspiel erleben. Sander wird vom Spiel aufgesogen und landet in der von ihm und Maarten im Computer erstellten Stadt. Bei seiner Ankunft begreift Sander schnell, dass er nicht willkommen ist. Nur dem Bewohner ZS gelingt es, Sanders Vertrauen zu gewinnen. Ihm erzählt Sander seine Geschichte.

ZS schaute ihn lächelnd an. „Dann erzähl doch mal – wie bist du hier gelandet? Das interessiert mich sehr."
„Ich weiß es nicht. Ich saß vor dem Computer. Mit Maarten konstruierte ich Samastadt, unsere eigene Stadt."
5 „Maarten?"
„Ja, das ist mein Freund, mein bester Freund. Wir saßen in seinem Zimmer am Computer." Sander sah es genau vor sich, wie sie sich unterhielten und Witze machten.
„Und was passierte dann?"
10 „Etwas Merkwürdiges, etwas mit meinem Körper. Als ob ich von innen nach außen, von vorne nach hinten und von unten nach oben gekehrt würde." Während er das erzählte, überfiel ihn wieder dieses komische Gefühl. „Und dann war ich irgendwo anders. Ich lag vor einem Computer, wie hingeschmissen. Es tat auch schrecklich weh."
15 „Aha, vor einem Computer. Das ist interessant. Das erklärt vieles."
„Wieso?" ZS lächelte wieder, als ob er sich über etwas köstlich amüsierte. […]
„Stand da irgendwas auf dem Bildschirm des Computers?"
„Ja, es war etwas mit ‚Digi'. ‚Digi' und dann kam noch etwas."
20 „War es vielleicht ‚Digitransform*'?" „Ja, das könnte sein." „Bingo", sagte ZS und machte eine unbeholfene Tanzbewegung.
„Was ist denn das, Digitransform?" Sander fiel wieder ein, was er früher schon Leute hatte sagen hören und was er auf diesem großen Bildschirm auf der Straße gesehen hatte. Irgendetwas stimmte nicht mit
25 diesem Digitransform, etwas war schief gegangen, so viel hatte Sander wohl verstanden.

* digital: Alle Dateien, die sich z. B. auf Computern oder CDs befinden, sind digital. Das heißt, alle Informationen wurden in Ziffernketten aus Einsen und Nullen umgewandelt.
transformieren: umwandeln, umgestalten, umformen

„Das würdest du gerne wissen?"

„Ja, unbedingt." Sander hoffte, jetzt des Rätsels Lösung zu hören.

„Also …", begann ZS. Er schien absichtlich so lange wie möglich zu
zögern, bevor er Sander erzählte, was los war. „Wir sprachen ja gerade
über das Speichern von Dateien im Computer."

Sander nickte.

„Und dass Samastadt völlig verschwinden würde, wenn ihr die Datei
löschen würdet. Weg! Futsch! Exit!" ZS schwieg und blickte vor sich
hin. „Wir in Digitalonien sind das übrigens gewöhnt. So ist unsere Welt
nun mal. Heute bist du was und morgen bist du nichts. Ausgeklickt. Im
Grunde einfach deleted. Verstehst du das?"

„Ja, ausgeklickt", sagte Sander mit
einer dünnen, zerbrechlichen Stimme.

„Gut; und nun gibt es hier Leute, die
diesen Gedanken schrecklich finden,
katastrophal. Den Gedanken, dass ihr
in eurer Welt mit einem Mausklick so
eine ganze Datei vernichten könnt.
Denn das ist es im Grunde:
vernichten. Also haben sich alle
klugen Köpfe vom DigiCenter an die Arbeit gemacht. Sie haben eine
neue Software entwickelt, Experimente gemacht, Programme korrigiert
und so weiter. Und dann haben sie es also versucht, und jetzt bist du
hier."

„Jetzt bin ich hier?" Sander verstand noch immer nicht allzu viel. Was
hatte denn er mit dieser Software und diesen Programmen zu tun?

„Ja, in Samastadt, in dem Dateibestand, den ihr selbst angelegt habt."

„Aber das gibt's doch nicht, das ist doch unmöglich!"

„Na, dann glaubst du es eben nicht." ZS wandte sich ab, als wäre er
sauer.

„Gut, also ich bin hier, in dem Computerprogramm, aber, aber wieso?
Was soll das alles, was ist eigentlich genau passiert und wie soll das jetzt
weitergehen und …"

„Ruhig, ruhig", sagte ZS. „Ich bin dein Freund, ich helfe dir, also reg
dich bitte nicht so auf. Das ist überhaupt nicht nötig."

„Aber warum bin ich hier?"

A Gib wieder, wie Sander seine Landung beschreibt und wie ZS sie ihm zu erklären versucht.

B Versuche selbst, auf Sanders letzte Frage eine Antwort zu geben.

C Lies auf der nächsten Seite den weiteren Verlauf des Gesprächs und achte darauf, wie ZS die Frage beantwortet.

| Sprechen, Schreiben, Zuhören | Umgang mit Texten | Nachdenken über Sprache |

Inhalte erfassen

7

„Denk doch mal scharf nach."
Sander versuchte seine Gedanken auf die Reihe zu kriegen. „Ich weiß es
nicht. Es ist so viel passiert. Ich kann einfach nicht mehr denken."
„Nun – einfach gesagt, bleibt ein Dateibestand eine gewisse Zeit lang
erhalten. In Kids City eben so lange, wie die Kinder Lust haben, damit
zu spielen. Und dann ist plötzlich Sense mit der Datei. Und auch mit
uns. Klar?"
Sander nickte.
„Das war der erste Schritt. Pass gut auf, jetzt kommt der zweite. Es wird
jemand hierher gebracht aus eurer Welt, und zwar durch Digitransform.
Er wird digitalisiert und in die Datei eingebaut. Na, und was passiert
dann?"
Sander verstand noch immer nichts. In der Schule ging ihm das auch hin
und wieder so. Irgendeine simple Rechenaufgabe, die er leicht kapieren
müsste, die aber aus welchem Grund auch immer seinen Horizont über-
stieg.
„Denk doch mal nach", fuhr ZS fort. „Wenn deine Leute erfahren, dass
einer der ihren hier in der Datei steckt, werden sie den dann löschen?
Werden sie dich wegklicken?"
Sander schüttelte den Kopf. „Also ihr habt, sie haben mich hier, man hat
mich hierher gebracht, um, also als Sicherheit, dass Samastadt bestehen
bleibt?"
Und nun begann ihm die schreckliche Wahrheit zu dämmern. Das bedeutete, dass er hier würde bleiben müssen! Er war ein Gefangener, eine
Geisel. Es handelte sich um ein Komplott von Samastadt gegen die echte
Welt, und er war das Opfer. Nun würde er sein restliches Leben in Sama-
stadt bleiben müssen.

A Erkläre, warum die Bewohner von Samastadt Sander zu sich geholt haben.

B Wie fühlt sich Sander nach dieser Erkenntnis?

8

Doch es treten noch weitere Probleme auf.

„Stimmt. Aber der Transformationsvorgang ist nicht ganz einwandfrei
verlaufen, so wie es aussieht. Ach ja, die Techniker, die kriegen auch
nicht immer alles so richtig hin." ZS plauderte ganz leicht und munter,
als drehte es sich nur um fehlendes Papier in einem Kopierer. „Sie
wussten nicht, wen sie hereingeholt hatten und wo diese Person, also

| Projekt | Fachübergreifendes | Büffel-Ecke |

95 du, gelandet war. Also suchen sie dich jetzt. Im Net wird wohl was darüber stehen. Komm, wir sehen mal nach." Er drängte Sander in eine Ecke des Zimmers, wo ein Computer stand, hämmerte kurz auf die Tastatur ein, und dann erschien folgender Text auf dem Bildschirm: *Digitransform erfolgreich. Aussehen und Aufenthaltsort der transfor-*
100 *mierten Person bislang noch unbekannt. Die Polizei von Samastadt bittet alle Bürger um Mithilfe. Halten Sie Ausschau nach dieser Person. Für Hinweise, die zur Ergreifung führen, ist eine Belohnung von einhunderttausend Samaflorinen ausgesetzt.*
Sander las diese Nachricht bestimmt dreimal hintereinander. Man such-
105 te ihn. Wie einen Verbrecher. Was war, wenn sie ihn finden würden, was passierte dann? Würde man ihn einsperren hier in Samastadt, für immer und ewig? Er merkte, wie er endgültig die Fassung verlor, und er konnte nichts daran ändern. „Und … und jetzt gehen Sie zur Polizei, wegen der Belohnung, stimmt's?" Er wagte ZS kaum anzusehen.
110 Der lachte auf. „Ach woher, warum sollte ich? […] Bei mir bist du sicher." ZS legte einen Arm um seine Schultern. „Oha, sieh mal, noch mehr Neuigkeiten über das DigiCenter. Verwüstet … Hardware im Eimer … […] Das ganze Transformprogramm ist futsch."
„Futsch?"
115 „Ja. Hier steht, dass die Software vernichtet wurde."
ZS deutete auf den Bildschirm, aber Sander konnte nichts mehr erkennen. Die Buchstaben tanzten vor seinen Augen. Das DigiCenter war zerstört und von dem war er abhängig. Von dort aus hatte man ihn nach Samastadt geschleust, und vielleicht hätte man ihn von dort aus auch
120 zurückschicken können, mit irgendeiner Rücktransformation von Samastadt in die reale Welt. Aber diese Möglichkeit bestand nun nicht mehr. Das Programm war ja futsch.

! Ob es schließlich gelingt, Sander in die reale Welt zurückzuholen, erfährst du, wenn du diesen Kinderroman ganz liest.

A Welche Möglichkeiten siehst du, Sander in die reale Welt zurückzuholen?

B Stelle dir vor, du wärst in Sanders Situation. Beschreibe, wie du dich fühlen würdest.

C Lies solche Textstellen vor, die du für besonders anschaulich beschrieben hältst.

Merke

Anschaulich beschreiben kannst du mithilfe von **Adjektiven**, treffenden **Verben** und **Vergleichen**. Wichtig ist, dass sich eine Leserin bzw. ein Leser eine Situation bildhaft vorstellen kann, z.B.: *überfiel* (Verb) ihn *wieder dieses komische* (Adjektiv) *Gefühl*; *wie hingeschmissen* (Vergleich).

3. Kapitel Spielen und Lernen am Computer – zuordnen, gliedern, beschreiben

Sprachliche Mittel des anschaulichen Beschreibens erkennen und anwenden

Die richtigen Worte finden – Situationen anschaulich beschreiben

9

Sander befindet sich in Situationen, die durch verschiedene sprachliche Mittel anschaulich beschrieben werden.

A Ordne in deinem Heft die Situationen, die deiner Meinung nach besonders anschaulich beschrieben sind, in die ersten zwei Spalten einer Tabelle wie folgt ein:

Situation	Verhalten, Gedanken, Gefühle	Sprachliche Mittel
Landung	Als ob ich von innen nach außen, von vorne nach hinten und von unten nach oben gekehrt würde.	Vergleich

B Ergänze die dritte Spalte der Tabelle. Wird die Situation durch die Verwendung von Adjektiven, durch Verben oder durch einen Vergleich anschaulich beschrieben?

C Wie lässt sich Sanders Rückkehr in die reale Welt anschaulich darstellen? Denke dir eine entsprechende Situation, ein dazu passendes Verhalten und treffenden Formulierungen aus und schreibe sie auf.

10

Martin hat in dem folgenden Text Sanders Empfang in Amsterdam beschrieben. Dabei sind ihm einige Rechtschreibfehler unterlaufen.

Sander ging durch die Schleuse, die von der Maschine zum Flugsteig führte. Alles schien ihm fremd. Als wäre er hundert jahre auf Reisen gewesen. Seine Beine waren wie aus gummi. Er schwankte und lehnte sich an die Wand. War dies nur ein böser Traum? Vorsichtig bog er um eine Ecke. Da rannten seine freunde auch schon auf ihn zu. Sie umarmten ihn, jubelten, tanzten und schrien vor freude. Sander lachte und weinte gleichzeitig. Sein lachen hallte durch die Ankunftshalle …

A Schätze ein, ob Martin den Empfang anschaulich beschrieben hat.

B Finde fünf Rechtschreibfehler in Martins Text. Welche Rechtschreibregel hat er nicht beachtet?

Üben mit Klick – ein Lernprogramm für die Rechtschreibung

11

Martin hat sich ein Lernprogramm gekauft, um seine Rechtschreibung weiter zu verbessern. Nachdem er es installiert und gestartet hat, begibt er sich auf die Trainingsplattform. Von dort aus klickt er den Bereich Rechtschreibung an und wählt drei mittelschwere Übungsformen zur Groß- und Kleinschreibung aus. Luk – der Führer durch das Trainingsprogramm – erklärt, wie die Aufgaben zu lösen sind.

Die erste Übung heißt „Schaff dir den Durchblick".
Luk erklärt: Klicke auf ein Feld. Dann erscheint eine Reihe von Wörtern, die irgendetwas gemeinsam haben. Schau dir nun die Wörter im Aufgabenfenster unten an und überlege dir, welches Wort in die Reihe passt. Findest du das richtige Wort, wird das Feld aufgedeckt. Wenn nicht, bekommst du einen Hinweis auf die Lösung.

A Teste, ob du die Aufgaben lösen kannst. Welches Wort passt in die Wortreihe?
   1. Burg, Rüstung, …   (kämpferisch, Ritter, fressen)
   2. ungeduldig, ungeordnet, …   (aufräumen, Regal, unbeliebt)
   3. das Denken, das Wissen, …   (groß, trösten, das Lächeln)
   4. mittags, abends, …   (frühmorgens, Uhrzeit, Donnerstag)
   5. rudern, paddeln, …   (Boot, segeln, nass)
   6. der Längste, der Höchste, … (breit, weit, der Größte)

B Schreibe die vollständigen Wortreihen in dein Heft und begründe, warum dein Wort jeweils in die Reihe gehört.

12

Die zweite Aufgabe lautet „Besiege den Wortfresser".
Luk erklärt: Das kleine Monster, das über dem Text sitzt, hat tierischen Hunger auf Buchstaben und Wörter. Du hast den Auftrag, das Wortmonster zu besiegen. Schau dir den Text auf folgender Seite erst genau an. Wenn du bereit bist, klicke im Feld oben auf „Start". Das Monster frisst nun so viel es kann. Dann macht es eine kleine Pause. Das ist deine Chance: Repariere jetzt möglichst viele Wörter oder Sätze.

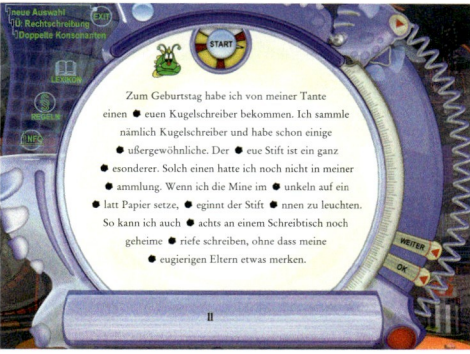

| Sprechen, Schreiben, Zuhören | Umgang mit Texten | Nachdenken über Sprache |

Groß- und Kleinschreibung üben

Zum Geburtstag habe ich von meiner Tante einen ▬euen Kugelschreiber bekommen. Ich sammle nämlich Kugelschreiber und habe schon einige ▬ußergewöhnliche. Der ▬eue Stift ist ein ganz ▬esonderer. Solch einen hatte ich noch nicht in meiner ▬ammlung. Wenn ich die Mine im ▬unkeln auf ein ▬latt Papier setze, ▬eginnt der Stift ▬nnen zu leuchten. So kann ich auch ▬achts an meinem Schreibtisch noch geheime ▬riefe schreiben, ohne dass meine ▬eugierigen Eltern etwas merken.

A Kannst du den Wortfresser besiegen? Schreibe den Text ab und repariere dabei die Lücken.

B Unterstreiche in deinem Heft die reparierten Adjektive, Substantive (Nomen) und Verben mit unterschiedlichen Farben.

 13

Die dritte Übung heißt: „Finde den Fehler".
Luk erklärt: In jedem Satz könnte ein einzelner Fehler versteckt sein. Wenn du meinst, ein Wort wäre falsch geschrieben, klicke es an und verbessere es. Wenn du einen Hinweis brauchst, klicke auf ein Hilfe-Bällchen. Klicke auf OK, wenn du meinst, du bist fertig.

Sabriye Tenberkens kennt die Probleme von Blinden aus eigener erfahrung. Seit ihrer Kindheit können ihre Augen nur noch helles und Dunkles unterscheiden. Auf einem Gymnasium für Blinde lernte sie das lesen der Blindenschrift „Braille". Sabriye studierte trotz ihrer behinderung asiatische Sprachen. In Tibet leben Blinde unter schwierigen bedingungen. Sabriye begann mit dem erfinden einer tibetischen Blindenschrift. Das sammeln von Spenden ermöglichte die Einrichtung einer Stiftung für Blinde. Heute gibt es bereits mehrere einrichtungen für Blinde in Tibet.

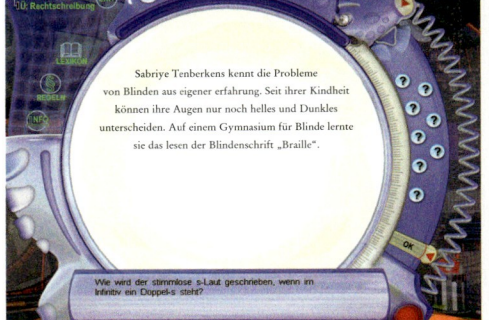

A Finde die Fehler. Schreibe die korrigierten Substantive (Nomen) mit ihren Begleitern in dein Heft.

B Unterstreiche im Heft die Substantive (Nomen) zweimal und die Begleiter einmal.

C Aufgaben zur Rechtschreibung am Computer zu bearbeiten, macht meistens mehr Spaß, als sie im Buch oder Heft zu lösen. Überlege, woran das liegen mag.

Mache es so! – Die direkte Aufforderung mit dem Imperativ

14

Martin hat ein neues Lernprogramm bekommen. Bevor er es jedoch ausprobieren kann, muss er das Programm installieren.

In der Bedienungsanleitung heißt es:
Lege die Installations-CD-ROM in das CD-ROM-Laufwerk. Falls das Setup-Programm nicht automatisch startet, wähle im Start-Menü den Befehl „Ausführen". Gib „D:\SETUP.EXE" in das Textfeld ein (oder statt „D" den entsprechenden Buchstaben deines CD-ROM-Laufwerks). Folge nun den Anweisungen des Installationsprogramms.

A Was bedeuten die Wörter *installieren*, *CD-ROM* und *Setup*? Sieh bei Zweifeln in einem Wörterbuch nach.

B In welcher Ausdrucksweise wird die Installation erklärt? Wenn du unsicher bist, sieh auf Seite 51 nach.

C Achte auf die Form der Verben in dieser Anleitung. Notiere drei Anlässe oder Situationen, bei denen du diese Form benutzen würdest.

Merke

Bei direkten Aufforderungen zum Ausführen konkreter Handlungen wird zumeist die persönliche Ausdrucksweise mit dem Imperativ (Befehlsform) verwendet. Der **Imperativ** kann folgendermaßen gebildet werden:
2. Person Singular: *Installiere …*
2. Person Plural: *Installiert …*
3. Person Plural: *Installieren Sie …* (Höflichkeitsform)

! Vielleicht besitzt du ja auch einige Anleitungen für Computerspiele oder Ähnliches. Mit ihnen kannst du das Gelernte noch einmal überprüfen.

D Fordere eine Person in der Höflichkeitsform auf, das Programm zu installieren.

E Verwende bei den folgenden Wortgruppen den Imperativ. Formuliere schriftlich den Singular, den Plural oder die Höflichkeitsform.
den Computer einschalten • Saft aus dem Kühlschrank holen • die Schokolade nicht vergessen • das Fenster schließen • das Spiel starten

Wiederholung

15

Die Anzahl der Computerspiele und Lernprogramme auf dem Markt wächst ständig. Doch welche davon sind gut und spannend?

A Tauscht euch über eure Erfahrungen zu Computerspielen und Lernprogrammen aus. Stellt euch gegenseitig unterschiedliche Programme vor.

B Stelle schriftlich ein Computerspiel bzw. Lernprogramm vor, das du gut kennst, und bewerte es. Orientiere dich dabei an folgenden Schritten:
– Notiere in Stichworten alle Angaben, die du zur Vorstellung und Beschreibung dieses Spiels benötigst. (╱ S. 48–49)
– Ordne deine Angaben. Überlege dazu, in welcher Reihenfolge du sie mitteilen willst. Notiere diese Reihenfolge bzw. Gliederung.
– Mache dir Notizen für eine Bewertung des Programms.
– Formuliere zu jedem Gliederungspunkt einen zusammenhängenden Text.
– Lies deine gesamte Beschreibung durch.
– Prüfe, ob deine Beschreibung alle notwendigen Angaben und keine Rechtschreibfehler enthält.
– Schreibe den Text ins Reine.

C Beschreibe anschaulich eine spannende Szene aus einem Computerspiel oder aus einem Buch. Benutze Formulierungen, mit denen du das Geschehen und die Vorkommnisse treffend beschreiben kannst.

Zusammenfassung
– Zur Vorstellung eines Computerspiels oder Lernprogramms gehören eine genaue **sachliche Beschreibung** und eine persönliche Bewertung des Programms. Die Beschreibung enthält Angaben zum Namen und Hersteller des Computerspiels, zur Spielart, zum Inhalt, zum Schwierigkeitsgrad sowie zu den Anforderungen an den Computer (Systemvoraussetzungen).
– In der **persönlichen Bewertung** wird darauf eingegangen, was einem an dem Programm gefallen oder nicht gefallen hat, welche Probleme bei der Nutzung des Programms bzw. beim Lösen der Aufgaben auftraten und ob oder wem das Programm zu empfehlen ist.
– **Vorgangsbeschreibungen** und Spielanleitungen können in der **persönlichen oder unpersönlichen Ausdrucksweise** formuliert werden. Ist der Handelnde anwesend und soll er direkt angesprochen werden, wird die persönliche Ausdrucksweise bevorzugt. Ansonsten verwendet man die unpersönliche Ausdrucksweise.
– Um in einem Erzähltext Situationen **anschaulich** darzustellen, ist es wichtig, Verhalten, Gefühle und Gedanken der handelnden Personen genau zu beschreiben.

Viertes Kapitel

Von lustigen Streichen und unglaublichen Abenteuern –
Geschichten lesen, schreiben, vortragen

Notiere, welche der Figuren auf den Bildern du schon kennst.
Erinnerst du dich an Geschichten, in denen diese Figuren vorkommen?
Erzähle sie deinen Mitschülerinnen und Mitschülern.

| Sprechen, Schreiben, Zuhören | Umgang mit Texten | Nachdenken über Sprache |

Schelmengeschichten lesen, verstehen, vergleichen

Eulenspiegel und Nasreddin – zwei bekannte Schelme

1

Geschichten über Till Eulenspiegels Streiche werden seit fast 500 Jahren erzählt, leicht verändert und immer wieder gedruckt. Ob Till wirklich gelebt hat, weiß man nicht so genau. Gesagt wird, dass er in einem Dorf in der Nähe von Braunschweig geboren sei. Gestorben sei er in der Stadt Mölln 1350. Wo in der Welt Eulenspiegel auch auftauchte, haben die einen ihn verflucht, die anderen hat er zum Lachen gebracht.

Wie Eulenspiegel in Magdeburg verkündete, vom Rathauserker fliegen zu wollen, und wie er die Zuschauer mit Spottreden zurückwies

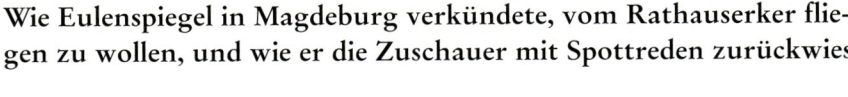

Bald nach dieser Zeit, als Eulenspiegel ein Küster gewesen war, kam er in die Stadt Magdeburg und vollführte dort viele Streiche. Davon wurde sein Name so bekannt, dass man von Eulenspiegel allerhand zu erzählen wusste. Die angesehensten Bürger der Stadt baten ihn, er solle etwas
5 Abenteuerliches und Gauklerisches treiben. Da sagte er, er wolle das tun und auf das Rathaus steigen und vom Erker herabfliegen. Nun erhob sich ein Geschrei in der ganzen Stadt. Jung und Alt versammelten sich auf dem Markt und wollten sehen, wie er flog.
Eulenspiegel stand auf dem Erker des Rathauses, bewegte die Arme und
10 gebärdete sich, als ob er fliegen wolle. Die Leute standen, rissen Augen und Mäuler auf und meinten tatsächlich, dass er fliegen würde. Da begann Eulenspiegel zu lachen und rief: „Ich meinte, es gäbe keinen Toren oder Narren in der Welt außer mir. Nun sehe ich aber, dass hier die ganze Stadt voller Toren ist. Und wenn ihr mir alle sagtet, dass ihr fliegen
15 wolltet, ich glaubte es nicht. Aber ihr glaubt mir, einem Toren! Wie sollte ich fliegen können? Ich bin doch weder Gans noch Vogel! Auch habe ich keine Fittiche, und ohne Fittiche oder Federn kann niemand fliegen. Nun seht ihr wohl, dass es erlogen ist."
Damit kehrte er sich um, lief vom Erker und ließ das Volk stehen. Die
20 einen fluchten, die anderen lachten und sagten: „Ist er auch ein Schalksnarr, so hat er dennoch wahr gesprochen!"

A Welchen Streich spielt Eulenspiegel den Leuten? Wer mag geflucht, wer mag gelacht haben?

B Man sagt, Eulenspiegel habe den Menschen „einen Spiegel vor die Augen gehalten". Was werden die Magdeburger darin gesehen haben?

| Projekt | Fachübergreifendes | Büffel-Ecke |

2

Nasreddin Hodscha, den man auch den türkischen Eulenspiegel nennt, ist in der gesamten orientalischen Literatur bekannt und beliebt. Er lebte im 13. Jahrhundert. Gestorben ist er im Jahre 1285 in der kleinen südwestanatolischen Stadt Akşehir, die heute zur Provinz Konya gehört. Die ältesten überlieferten Geschichten, in denen Nasreddin die Hauptperson ist, sind seit etwa 500 Jahren bekannt. Sie werden bis heute immer wieder nacherzählt, übersetzt, bearbeitet und in Sammlungen zusammengefasst.

TEXT 1 **Nasreddin spielt Meister Reineke einen Streich**

Es war schon mehrmals vorgekommen, dass Nasreddin auf seinen Rundreisen durch die Dörfer Anatoliens vor verschlossenen Türen stand und unverrichteter Dinge wieder abziehen musste. Offensichtlich hatten Gastfreundlichkeit und Freigebigkeit der Leute unter den häu-
5 figen Besuchen von Almosen bettelnden Hodschas* gelitten.
Eines Tages gewahrte er auf dem Marktplatz eines kleinen Dorfes eine größere Menschenmenge, und neugierig fragte er einen der Umstehenden, was denn da vor sich gehe. Er erfuhr, dass man eben überlegte, wie man einen gefangenen Fuchs, der in letzter Zeit als Hühnerdieb arg ge-
10 wütet hatte, bestrafen konnte.
„Lasst mich nur machen, ihr Leute!", sagte er da in überlegenem Tone. „Ich werde Meister Reineke einen Streich spielen, an den er sein Leben lang denken wird."
Er streifte dem Tier sein Gewand über und stülpte ihm seinen Turban
15 auf den Kopf, dann versetzte er ihm einen tüchtigen Klaps auf das Hinterteil und ließ ihn entweichen.
Ein Aufschrei der Entrüstung war durch die Menge gegangen, und fassungslos fragte ein Bauer den Hodscha nach dem Grund seines seltsamen Tuns.
20 „Es besteht kein Grund zur Beunruhigung, meine Freunde!", sagte Nasreddin da. „Der Fuchs wird rasch merken, dass er fortan nichts mehr zu lachen hat. Schließlich trägt er meine Kleider und wird als Hodscha behandelt werden."
Da wandte sich ein reicher Bauer an Nasreddin. „Komm und sei mein
25 Gast für heute Nacht", sagte er beschämt. „Morgen werden wir weitersehen."

* Glaubenslehrer. Lasen vor und erklärten früher den Dorfbewohnern den Koran, das heilige Buch des Islam.

A Lies den Text zunächst leise. Schlage dir unbekannte Wörter nach.

B Wie verstehst du die Überschrift? Wem wird der Streich gespielt?

| Sprechen, Schreiben, Zuhören | Umgang mit Texten | Nachdenken über Sprache |

**Merkmale von Schelmengeschichten herausfinden
Einen Text vorlesen**

Text 2 Wie Nasreddin höchst billig zu einer Decke kam

Es war ein heißer Nachmittag, und Nasreddin machte einen Spaziergang durch Sivri-Hissar. In der Nähe des Dorfes gab es einen Weinberg, und dort begab es sich, dass der Hodscha den Kadi des Ortes schlafend – aber betrunken – entdeckte. Er näherte sich dem Schläfer, nahm die
5 Decke an sich, mit der sich der Richter umhüllt hatte, und ging seines Weges.
Anderntags ließ der Kadi nach dem Verbleib seiner Decke forschen, und Nasreddin, der es darauf angelegt hatte, „entdeckt" zu werden, wurde vor den Richter zitiert.
10 „Hodscha", sagte der Kadi, „sag mir, wie kommst du zu dieser Decke?"
„Ganz einfach!", antwortete Nasreddin bereitwillig. „Ich ging gestern spazieren und traf im Weinberg auf einen Betrunkenen, den ich aufwecken wollte. Der Mann reagierte nicht sonderlich, gab mir aber diese Decke. Geschenke soll man bekanntlich nie zurückweisen, nicht wahr?
15 Na ja, so hab' ich das Ding eben angenommen. Falls diese Decke die deinige sein sollte, werde ich sie dir natürlich sofort wiedergeben."
„Nein, nein, mein Freund!", sagte der Kadi verlegen. „Sie gehört mir nicht, behalte sie nur …"

! Schreibe den für den Lesevortrag ausgewählten Text ab. Markiere die unterschiedlichen Sprecher mit verschiedenen Farben. Setze für Pausen einen senkrechten Strich, markiere die Satzzeichen und unterstreiche Wörter, die betont werden sollen.

A Über welche Fähigkeiten verfügt der Hodscha? Beschreibe Nasreddins Streiche. Was erreicht er mit ihnen bei seinen Mitmenschen?

B Vergleiche die Streiche von Eulenspiegel und Nasreddin miteinander. Welche Gemeinsamkeiten kannst du herausfinden?

C Wähle eine der drei Geschichten, in denen Eulenspiegel oder Nasreddin die Hauptfigur ist, aus und bereite sie für einen Lesevortrag vor.

Merke

Schelmengeschichten gab und gibt es überall, sie gehören zur Literatur der Völker. Wie bei Eulenspiegel oder Nasreddin richten sich die meist lustigen Streiche oder schlagfertigen Äußerungen gegen Mächtige, gegen Menschen, die auf Kosten anderer leben, sich für etwas Besseres halten, aber auch gegen Dumme und Geizige.
Geschichten, in denen Schelme oder Narren vorkommen, werden oft auch als **Schwänke** bezeichnet.

Unglaubliches von Münchhausen, dem Lügenbaron

3

Karl Friedrich Hieronymus Freiherr von Münchhausen ist wohl der bekannteste Erzähler von Lügengeschichten. Er lebte von 1720 bis 1779. Gemäß der Familientradition wurde er zunächst Offizier, nahm aber mit 32 Jahren als Rittmeister wieder Abschied vom Militärdienst und kehrte als Gutsherr mit seiner Frau zurück auf das Familiengut in Bodenwerder an der Weser. Seine Leidenschaft war die Jagd, sein Hobby das Erzählen seiner Abenteuer und das Hinzudichten von unglaublichen Begebenheiten bei Geselligkeiten des Landadels. Zahlreiche Autoren, wie z. B. Gottfried August Bürger im 18. Jahrhundert oder Erich Kästner im 20. Jahrhundert, haben Münchhausens Geschichten wieder und wieder erzählt. Seine Abenteuer sind sogar verfilmt worden.

Erich Kästner

Die wunderbaren Reisen und Abenteuer zu Wasser und zu Lande des Freiherrn von Münchhausen

Im Springen über Zäune, Mauern und Gräben war mein Pferd nicht zu schlagen. Hindernisse gab es für uns nicht. Wir ritten immer den geradesten Weg. Als ich einmal einen Hasen verfolgte, der quer über die Heerstraße lief, fuhr zwischen ihm und mir dummerweise eine Kutsche
5 mit zwei schönen Damen vorüber. Da die Kutschenfenster heruntergelassen waren und ich den Hasen nicht aufgeben wollte, sprang ich samt dem Gaul kurz entschlossen durch die Kutsche hindurch! Das ging so schnell, dass ich mit knapper Mühe und Not die Zeit fand, den Hut zu ziehen und die Damen um Entschuldigung zu bitten.

10 Ein anderes Mal wollte ich mit meinem Litauer über einen Sumpf springen. Bevor ich sprang, fand ich ihn lange nicht so breit wie während des Sprungs. Nun, wir wendeten mitten in der Luft um und landeten mit heiler Haut auf dem Trocknen. Aber auch beim zweiten Anlauf sprangen wir zu kurz und sanken nicht weit vom anderen Ufer bis an den
15 Hals in den Morast! Und wir wären rettungslos umgekommen, wenn ich mich nicht, ohne mich lange zu besinnen, mit der eignen Hand am eignen Haarzopf aus dem Sumpf herausgezogen hätte! Und nicht nur mich, sondern auch mein Pferd! Es ist manchmal ganz nützlich, kräftige Muskeln zu besitzen.

| Sprechen, Schreiben, Zuhören | Umgang mit Texten | Nachdenken über Sprache |

**Merkmale von Lügengeschichten
herausfinden**

20 Trotz meiner Tapferkeit und Klugheit und trotz meines Litauers Schnelligkeit und Ausdauer geriet ich, nach einem Kampf mit einer vielfachen Übermacht, in Kriegsgefangenschaft. Und was noch schlimmer ist: Ich wurde als Sklave verkauft! Das war ein rechtes Unglück, und wenn meine Arbeit auch nicht gerade als Schwerstarbeit zu bezeichnen 25 war, so war sie nicht nur recht seltsam, sondern auch ein bisschen lächerlich oder ärgerlich, wie man will. Ich musste nämlich die Bienen des türkischen Sultans jeden Morgen auf die Weide treiben! Dort musste ich sie, als wären's Ziegen oder Schafe, den ganzen Tag über hüten. Und am Abend musste ich sie wieder in ihre Bienenstöcke zurückscheuchen.

30 Eines Abends sah ich nun, dass zwei Bären eine der Bienen angefallen hatten und sie, ihres eingesammelten Honigs wegen, zerreißen wollten. Da ich nichts in der Hand hatte als meine silberne Axt, die das Kennzeichen für die Sultansgärtner ist, so warf ich die Axt mit aller Wucht nach den beiden Räubern. Doch sie traf die Bären nicht, sondern flog an 35 ihnen vorbei, stieg infolge des gewaltigen Schwungs höher und höher und fiel erst, wo glaubt ihr, nieder? Auf dem Mond! Was tun? Wie sollte ich sie wiederkriegen? Wo gab es so lange Leitern? Zum Glück fiel mir ein, dass die türkischen Bohnen in kürzester Frist erstaunlich emporwachsen. Ich pflanzte sofort eine solche Bohne, und sie wuchs doch 40 tatsächlich bis zum Mond hinauf und rankte sich um die eine Spitze der Mondsichel! Nun war es eine Kleinigkeit, hinaufzuklettern, und eine halbe Stunde später fand ich auch meine Axt wieder, die auf einem Haufen Spreu und Häcksel lag. Ich war heilfroh und wollte schleunigst in die Türkei zurückklettern, aber ach!, die Sonnenhitze hatte meine Klet-45 terbohne völlig ausgetrocknet und sie war zu nichts mehr zu gebrauchen! Ohne langes Federlesen flocht ich mir aus dem Mondhäcksel einen Strick, den ich an einem der Mondhörner festband. Dann ließ ich mich vorsichtig hinunter. Nach einiger Zeit hieb ich mit meiner silbernen Axt das überflüssig gewordene Stück über mir ab und knüpfte es 50 unter mir wieder an. Das ging eine ganze Weile gut, aber mit einem Male, als ich noch in den Wolken hing, riss der Strick! Und ich stürzte mit solcher Gewalt auf Gottes Erdboden, dass ich etwa zehn Meter tief in die Erde hineinfiel! Mir taten alle Knochen weh. Doch nachdem ich mich etwas erholt hatte, grub ich mir mit den Fingernägeln, die ich 55 glücklicherweise zehn Jahre nicht geschnitten hatte, eine Treppe ins Erdreich, stieg auf dieser hoch und kehrte zu meinen Bienen zurück. […] Sollten womöglich einige Leser glauben, ich hätte bis hierher dann und wann gelogen, so rate ich ihnen in ihrem eigensten Interesse, das Buch zuzuschlagen. Denn auf der nächsten Seite bereits folgen Abenteuer, die noch wunderbarer als die bisherigen, aber ebenso wahr sind.

| Projekt | Fachübergreifendes | Büffel-Ecke |

A Münchhausen reiht mehrere Geschichten aneinander. Wo beginnt jeweils ein neues Abenteuer? Gib jeder Geschichte eine passende Überschrift.

B Es heißt, Münchhausens Geschichten vermengten Berichte über Reisen, die er wirklich gemacht, und über Kriege, an denen er wirklich teilgenommen habe, mit den tollsten Lügen. Wo vermutest du den Bericht, wo Lügen und Übertreibungen? Nenne entsprechende Textstellen.

C Sicherlich kennst du die Redensart „sich selbst an den Haaren aus dem Sumpf ziehen". Was bedeutet diese Redensart? Auch in Münchhausens Abenteuerbericht findest du sie. Wie wird sie hier verwendet?

D Münchhausens Lügengeschichten haben besondere Merkmale.
– Aus wessen Sicht wird erzählt? Wie nennt man einen solchen Erzähler?
– Lies noch einmal den letzten Abschnitt. An wen richtet sich der Erzähler? An wen wird sich Münchhausen ursprünglich gerichtet haben? Lies dazu den Informationstext auf S. 65 oben.
– Welche Absicht könnte der Erzähler mit dieser direkten Anrede verfolgt haben? Suche eine weitere Textstelle, in der sich der Erzähler an sein Publikum wendet.

E Bereite eine mündliche Nacherzählung der Münchhausen-Geschichte vor. Versuche, dir möglichst viele der einzelnen Abenteuer einzuprägen. Erzähle sie so, als hättest du sie erlebt und als sei alles wirklich so passiert. Das kannst du erreichen, wenn du dich möglichst oft direkt an dein Publikum wendest.
Beispiele:
Ihr werdet es nicht glauben, … das könnt ihr mir wirklich glauben … was glaubt ihr wohl, was dann geschah … ungelogen …

Merke

In **Lügengeschichten** wird von unmöglichen Geschehnissen erzählt oder Ereignisse werden völlig übertrieben dargestellt. Der Erzähler/die Erzählerin will das Publikum unterhalten. Zwar betont er/sie oft, die Wahrheit zu sagen, reiht aber eine kleine Lüge an die nächst größere. Lügengeschichten werden in der Ich-Form erzählt, damit das Publikum den Eindruck hat, dass der Erzähler seine Geschichten wirklich erlebt hat. Häufig wird das Publikum im Text direkt angesprochen.

| Sprechen, Schreiben, Zuhören | Umgang mit Texten | Nachdenken über Sprache |

Einen Handlungsort und Handlungsablauf beschreiben

Käpt'n Blaubär – ein fantastischer Aufschneider?

Walter Moers hat mit dem Seebären Käpt'n Blaubär eine Figur geschaffen, die mit Humor und Fantasie von ihren Abenteuern auf dem Kontinent Zamonien erzählt. Nach einem schrecklichen Sturm strandet Käpt'n Blaubär auf der Feinschmeckerinsel.

Morgens, direkt nach dem Aufwachen, wankte ich zum Milchfluss, schüttelte die Kakaopflanzen und schlabberte in großen Schlucken von der Trinkschokolade. Dann stattete ich den Honigblumen einen Besuch ab und pflückte mir eine Toastschnitte. Gewöhnlich saß ich anschlie-
5 ßend eine Weile kauend auf einer Lichtung und sah den Kolibris zu, wie sie gewagte Loopings für mich drehten. Die Kätzchen kamen angelaufen, rieben sich schnurrend an meinem Fell und balgten sich in der Morgensonne.
Danach machte ich regelmäßig einen Kontrollgang durch meine Besit-
10 zungen. Die Insel war nicht besonders groß, vielleicht ein paar hundert Meter im Durchmesser, aber vollgepfropft mit kleinen Sensationen. Die singenden Blumen studierten jeden Tag ein neues Lied ein, und ich verbrachte viel Zeit damit, ihrem silberhellen abstrakten Gesang zu lauschen und den Schmetterlingen zuzusehen, die ihre koketten Luft-
15 ballette dazu aufführten. Die Eichhörnchen protzten gern mit ihren akrobatischen Fähigkeiten; die meiste Zeit saß eins von ihnen auf meinem Kopf oder auf meiner Schulter und ließ sich von mir herumtragen. Mittags labte ich mich am liebsten am Ölteich. Für gewöhnlich aß ich Kartoffeln mit Rauke, dazu manchmal etwas blauen Blumenkohl.
20 Hinterher machte ich gern ein Nickerchen. Nachmittags ging ich oft schwimmen im warmen Meer. […]
Gerne ließ ich den Tag am Strand ausklingen, zusammen mit den Kätzchen sah ich dem Sonnenuntergang zu. Schließlich ging ich zurück in den Wald, rollte mich auf dem warmen, schnurrenden Moosboden
25 ein und träumte davon, der Kapitän des großen Eisenschiffes zu sein.

www.zamonien.de

A Was für eine Insel ist die Feinschmeckerinsel? Beschreibe sie. Suche dazu alle Textstellen, die etwas über die Besonderheiten der Insel aussagen.

B Aus wessen Sicht wird Käpt'n Blaubärs Leben auf der Insel erzählt? Warum wird diese Erzählform benutzt?

| Projekt | Fachübergreifendes | Büffel-Ecke |

C Beschreibe Käpt'n Blaubärs Tagesablauf auf der Insel. Achte darauf, dass die Reihenfolge seiner Tätigkeiten genau eingehalten wird.

D Ist Käpt'n Blaubär ein Aufschneider? Belege deine Meinung mit Beispielen aus dem Text.

5

Käpt'n Blaubär möchte an einem Lügenwettkampf teilnehmen und stellt sich bei dem Agenten Volzotan Smeik, einer Haifischmade, vor. Zu diesem Zweck erzählt er, wie sein Leben bisher verlaufen ist.

„Wie heißt du?" „Blaubär." Ich versuchte, ruhig und selbstsicher zu klingen. „Hm … Blaubär … schon mal ein guter Name! Wir sparen ein Pseudonym*. Das ist gut, denn wirkungsvolle Pseudonyme sind schwer auszudenken. Woher stammst du?"

5 „Nirgendwoher. Ich bin nicht einmal geboren worden. Ich wurde in einer Nussschale gefunden." „Du bist nicht mal geboren worden … das ist auch gut! Sehr gut … eine der dreistesten Lügen, die ich je gehört habe! Und wer hat dich gefunden?"
„Zwergpiraten! Niemand weiß, dass es Zwergpiraten gibt, weil sie so
10 klein sind. Ich war damals selber so klein wie sie, wie gesagt, ich passte in eine Nussschale. Aber durch das Plankton bin ich so groß geworden, dass sie mich aussetzen mussten." „Zwergpiraten!", röhrte der Dicke. „Das gefällt mir! Du hast Fantasie!" […] „Wo haben sie dich ausgesetzt?" Er beugte sich über den Tisch. Aus irgendeinem Grund schien
15 ich Interesse bei ihm zu erwecken.
„Auf der Klabauterinsel. Da leben die Klabautergeister. Sie ernähren sich von negativen Gefühlen, also musste ich für sie weinen, wodurch ich so was wie ein Star auf der Klabauterinsel wurde. Ich habe durchaus Erfahrungen in der Unterhaltungsbranche. An manchen Abenden
20 weinte ich vor ausverkauftem Baumfriedhof, ich …"
Das polternde Gelächter der Made ließ mich verstummen. […]
Smeik kollerten Lachtränen die Backen herunter. Machte er sich über mich lustig? Ich sollte vielleicht etwas Ernsthaftes sagen, etwas, das auf meine Seriosität und Intelligenz verwies. „Ich verfüge über einen
25 großen Wortschatz. Ich wurde von Tratschwellen ausgebildet!"
„Tratschwellen! Das ist zu gut! Sonst noch irgendwelche Referenzen?"
„Ich habe ein sprechendes Lexikon im Kopf, das …" „Ein sprechendes Lexikon im Kopf! Der Junge ist ein Naturtalent! Weiter! Weiter!"
„Naja, ich bin dann durch die Wüste gezogen und habe eine Stadt ge-
30 fangen, es war eine halbkonkrete Luftspiegelung. Aber sie war voller Fatome, die rückwärts sprachen, und dann verschwanden ständig ganze

* Pseudonym: Deckname, Künstlername

4. Kapitel Von lustigen Streichen und unglaublichen Abenteuern – Geschichten lesen, schreiben, vortragen   **69**

| Sprechen, Schreiben, Zuhören | Umgang mit Texten | Nachdenken über Sprache |

Einen Text mit verteilten Rollen vorlesen

Häuser, also eine unhaltbare Wohnsituation. Danach habe ich in einem Wirbelsturm gelebt. Deswegen bin ich eigentlich fast hundert Jahre alt, aber durch die Umkehrdrehung des Tornados bin ich wieder jünger
35 geworden. Also, in diesem Tornado war eine Stadt mit jahrhundertealten Männern, die … Halt, ich habe vergessen zu erzählen, wie ich in das Dimensionsloch gefallen bin! Ich landete in einer Dimension, wo man Musik auf Instrumenten aus Milch macht und …" Smeik war vor lauter Lachen hinter seinen Schreibtisch gefallen und kam jetzt mühsam
40 wieder hoch.
Plötzlich wurde mir bewusst, dass die Schilderung meines Lebens in Kurzform den Eindruck von Geisteskrankheit vermitteln musste. Ich hielt es daher für besser, […], ab jetzt zu schweigen und auf Nimmerwiedersehen zu verschwinden, sobald diese peinliche Situation über-
45 standen war.
„Hör auf! Stopp! Spar dir das für deine Auftritte!", rief Volzotan Smeik.

A Von welchen Abenteuern aus seinem Leben erzählt Käpt'n Blaubär?

B Wie reagiert der Agent? Wofür hält er Käpt'n Blaubärs Aussagen? Belege deine Aussagen mit Beispielen aus dem Text.

C Wie wirken die Reaktionen des Agenten auf Käpt'n Blaubär? Suche entsprechende Textstellen.

D Lest das Vorstellungsgespräch des Käpt'n Blaubär beim Agenten Smeik mit verteilten Rollen.

Arbeitstechnik

Eine Geschichte mit verteilten Rollen vorlesen
- Bildet Paare und verteilt die Rollen.
- Lest den Text noch einmal leise. Achtet besonders auf die Textstellen in wörtlicher Rede, aber auch darauf, dass der Ich-Erzähler die verbindenden Textstellen mitlesen muss. Prägt euch beim Lesen ein, wo eure Rolle jeweils einsetzt und wo sie endet. **Tipp:** Wenn euch die Bücher nicht gehören, dann schreibt auf einen Zettel jeweils die letzten beiden Wörter der Textstelle des Rollenpartners und die ersten Wörter der eigenen Textstelle.
- Überlegt, wie (mit welcher Stimme) ihr eure Rolle lesen wollt und wie ihr die verbindenden Textstellen (nicht wörtliche Rede) sprechen könnt.

| Projekt | Fachübergreifendes | Büffel-Ecke |

Wer wird Meisterlügner oder Meisterlügnerin? – Eine Lügengeschichte schreiben

6

„Was Münchhausen und Käpt'n Blaubär können, das können wir auch!", sagt Jan und schlägt seiner Klasse vor, in einem Wettbewerb den besten Lügner, die beste Lügnerin zu ermitteln. Die Klasse stimmt zu. Zunächst sollen alle eine Lügengeschichte schreiben.
Jan legt einen ersten Entwurf seiner Lügengeschichte vor.

Verehrtes Publikum! Was ich Ihnen nun erzählen werde, ist so unglaublich. Ihnen wird vor Staunen der Atem stocken. Jedes meiner Worte ist absolut wahr.
Ich war Kapitän auf einem Schiff. Das Schiff hieß „Goldene Freiheit".
5 *Unsere Vorräte waren bald verbraucht. Wir konnten keinen Nachschub holen. Wir wurden von einer feindlichen Flotte belagert. Meine Mannschaft litt unter Krankheit, Hunger und Durst. Sie war kurz vor dem Verzweifeln. Einer meiner Offiziere bohrte Löcher in die Kokosnüsse. Die Kokosnüsse hatten wir auf unserer letzten Station in der Karibik*
10 *von den Eingeborenen geschenkt bekommen. Der Offizier trank den Saft daraus. Ich hatte eine Idee. Ich nahm den Bohrer des Schiffszimmermannes. Ich sprang wagemutig ins Wasser. Ich bin kein guter Schwimmer. Ich tauchte und tauchte meilenweit. Ich gelangte schnell zu den feindlichen Schiffen. Ich bohrte eins nach dem anderen an. Ich*
15 *schwamm zurück zu meinem Schiff. Ich sah es. Die feindliche Flotte sank. Wir konnten die Gegner gefangen nehmen.*

A Wie gefällt dir Jans Geschichte? Begründe deine Meinung.

B Wie könnte Jan seine Geschichte sprachlich verbessern? Sieh dir die Satzanfänge und Satzformen an. Was fällt dir auf?

Merke

Ein sprachlich gut formulierter Text zeichnet sich durch einen variablen Satzbau und unterschiedliche Satzformen aus. Neben einfachen Sätzen gibt es zusammengesetzte Sätze. Das sind: Satzverbindungen und Satzgefüge.

| Sprechen, Schreiben, Zuhören | Umgang mit Texten | Nachdenken über Sprache |

Mit Konjunktionen Sätze verknüpfen

7

Marie möchte Jan bei der Überarbeitung seiner Geschichte helfen und macht folgende Vorschläge:

– Ihnen wird vor Staunen der Atem stocken, doch jedes meiner Worte ist wahr.
– Unsere Vorräte waren bald verbraucht, aber wir konnten keinen Nachschub holen.
– Meine Mannschaft litt unter Krankheit, Hunger und Durst(,) und sie war kurz vor dem Verzweifeln.

! Aus welchen Teilsätzen Satzverbindungen und Satzgefüge bestehen, das kannst du mithilfe des Mini-Lexikons wiederholen.

A Was hat Marie in Jans Text verändert? Welche Funktion haben die rot gedruckten Wörter?

B Aus welchen Teilsätzen bestehen Maries Sätze? Bestimme deren Form.

> **Merke**
>
> Wörter wie *und, oder, aber, doch* verbinden gleichrangige Sätze (Hauptsatz + Hauptsatz). Sie heißen deshalb **nebenordnende Konjunktionen**.
> Beispiel: *Ich las die Zeitung. Ich trank Tee. Ich las die Zeitung und trank Tee.*

ÜBEN, ÜBEN, ÜBEN

C Verbinde die folgenden einfachen Sätze durch nebenordnende Konjunktionen und schreibe sie in dein Heft:
1. Jan findet die Idee gut. Er bedankt sich bei Marie.
2. Marie hat weitere Vorschläge. Jan will seine Geschichte selbst verbessern.
3. Marie will ihre Lügengeschichte schreiben. Marie hat noch keine Idee.

8

Nun hat Jan auch einige Ideen zur Verbesserung seiner Geschichte.
– Die Geschichte ist so unglaublich, dass Ihnen vor Staunen der Atem stocken wird.
– Als der Offizier den Saft daraus trank, hatte ich eine Idee.
– Ich sprang ins Wasser, obwohl ich kein guter Schwimmer bin.

A Was hat Jan verändert? Welche Funktion haben die roten Wörter?

B Welche Satzform haben Jans zusammengesetzte Sätze?

! Willst du einen Hauptsatz von einem Nebensatz unterscheiden, so suche die finite (gebeugte) Verbform (↗ Kapitel 14, S. 203). Sie steht im Hauptsatz an zweiter Stelle und im Nebensatz an letzter Stelle.

| Projekt | Fachübergreifendes | Büffel-Ecke |

Merke

Wörter wie z. B. *weil, dass, da, obwohl, wenn, als, nachdem* leiten Nebensätze ein. Sie verbinden einen Hauptsatz mit einem untergeordneten Nebensatz. Sie heißen deshalb **unterordnende Konjunktionen**. Der Nebensatz kann auch vor dem Hauptsatz stehen. Beispiele: *Ich sprang ins Wasser, obwohl ich nicht schwimmen konnte. Obwohl ich nicht schwimmen konnte, sprang ich ins Wasser.*

ÜBEN, ÜBEN, ÜBEN

C Verknüpfe die folgenden Sätze und benutze dabei eine passende Konjunktion. Beachte: Die Stellung des finiten Verbs kann sich verändern.
1. Ich glaube fest daran. Ich werde den Wettkampf gewinnen.
2. Es war draußen sehr warm. Ich fror.
3. Ich aß den ganzen Kuchen auf. Ich war sehr hungrig.
4. Lisa sieht gerne Liebesfilme. Sie mag keine Actionfilme.
5. Wir kamen im Kino an. Die Filmvorführung begann.

D Schreibe Jans Geschichte ab und überarbeite sie. Verknüpfe die Sätze mit passenden Konjunktionen und verändere entsprechend die Satzstellungen.

9

A Sammle nun Ideen für eine eigene Lügengeschichte. Notiere sie zunächst ungeordnet auf einzelnen Zetteln (siehe Beispiele am Rand).

B Entscheide dich für eine Idee. Erstelle einen Erzählplan und notiere möglichst viele Einzelheiten. So kannst du vorgehen:

– meine Reise auf die Insel der Pinguine
– worüber ich mit ihnen sprach …

– Tarnkappe
– Mathestunde
– alle Hefte verschwinden …

in der Mitte meines Zimmers wuchs ein riesiger Kürbis …

Arbeitstechnik

Einen Erzählplan aufstellen
1. Notiere Stichwörter zu folgenden Fragen:
– Wo soll deine Geschichte spielen?
– Was soll geschehen?
– Welche Figuren sollen darin vorkommen?
– Was soll der Höhepunkt der Geschichte sein?
2. Ordne deine Stichwörter, sodass deine Geschichte einem „roten Faden" folgt und die einzelnen Ereignisse nicht durcheinander geraten.
3. Überlege, wie die Geschichte beginnen und wie sie enden soll.

C Überlege, wie du deine Leser ansprechen willst, z. B.: *Verehrtes Publikum!*

D Gestalte die Geschichte sprachlich abwechslungsreich. Verknüpfe die Sätze.

Das Duell der Lügengladiatoren – eine Lügengeschichte mündlich vortragen

10

In Walter Moers' Buch nimmt Käpt'n Blaubär einen Vertrag als Lügengladiator an. Nun muss er sich auf seine Auftritte vorbereiten. In dem folgenden Textauszug erhaltet ihr wertvolle Hinweise für ein intensives Training in Vorbereitung auf euren Lügen-Wettbewerb.

Jeder kann sich hinstellen und eine platte Lüge von sich geben, das ist keine Kunst. Das Geheimnis besteht darin, den Zuhörer an sie glauben zu lassen. Und wie jede wirklich große Kunst besteht auch die des Lügens aus Fleiß und zahlreichen Schichten. Der Maler streicht Schich-
5 ten von farbigen Pigmenten und Lasuren übereinander, der Musiker komponiert Lagen aus Melodien, Rhythmen, Stimmen und Instrumenten, der Schriftsteller fügt Wortschicht für Wortschicht übereinander, und der Lügner stapelt Lügen zum Meisterwerk. Ein guter Schwindel muss sein wie eine solide Backsteinmauer, geduldig Lage auf Lage ge-
10 fügt und darum als Ganzes unerschütterlich.
Dazu muss man behutsam Lüge und Wahrheit mischen, Erwartungen schüren und dann wieder enttäuschen, falsche Fährten legen, erzählerische Haken schlagen, Schleichwege gehen und vor allen Dingen: Das Gesicht muss mitlügen. Jede noch so kompliziert gebaute Flunkerei
15 kann durch den falschen Gesichtsausdruck zusammenstürzen. Ein falsch platziertes Zucken der Augenbraue, ein unsicheres Zittern des Augapfels – und das kunstvoll gewirkte Lügengespinst ist zerissen. Ich habe große Lügengladiatoren scheitern sehen, weil sie im falschen Augenblick geblinzelt haben.
20 Die meisten Lügengladiatoren trainierten, indem sie ständig ihre Freunde und Bekannten anlogen, um in Form zu bleiben. Ich selbst lehnte solche Trainingsmethoden ab. Nicht nur, dass man dadurch sehr bald sämtliche Freunde verliert, ich fand sie auch langweilig. Ich suchte mir ein größeres Publikum.

A Wie beschreibt Käpt'n Blaubär einen „guten Schwindel"? Erkläre den Vergleich: Ein guter Schwindel muss sein wie eine solide Backsteinmauer.

B Welche Ratschläge für den Auftritt eines Lügengladiators könnten für das Üben deines Vortrages hilfreich sein? Notiere sie.

C Lies deine eigene Lügengeschichte noch einmal. Überlege, ob sie schon ein wirklich „guter Schwindel" ist. Überarbeite sie, wenn notwendig.

| Projekt | Fachübergreifendes | Büffel-Ecke |

11

Die Geschichten sind geschrieben. Nun überlegt Jans Klasse, wie der mündliche Wettbewerb durchgeführt werden kann. Als Grundlage soll der Lexikoneintrag zum Stichwort „Lügengladiatoren" aus Walter Moers' Käpt'n-Blaubär-Buch dienen:

Lügengladiatoren, atlantische, die: Populäre Idole mit der Fähigkeit, auf publikumswirksame Weise zu lügen. Die Gladiatoren treten auf professioneller und regelmäßiger Basis im atlantischen Megather* in so genannten Lügenduellen gegeneinander an, wobei im gegenseitigen Austausch von erdachten Geschichten um die Krone des „Lügenkönigs" gerungen wird.

* kreisrundes Stadion ohne Dach mit Bühne und stufenförmig angeordneten Sitzreihen

A Erkläre mit eigenen Worten, was Lügengladiatoren sind und wie die so genannten Lügenduelle ablaufen.

B Überlegt, in welcher Form euer Duell der Lügengladiatoren stattfinden soll. Erarbeitet in Gruppen verschiedene Ablaufpläne, z. B.:
– Je zwei Schüler oder Schülerinnen treten gegeneinander an. Der Bessere von beiden kommt eine Runde weiter. Oder:
– Alle treten einzeln an, die zehn besten Lügner und Lügnerinnen werden ausgewählt und gehen in eine Schlussrunde.
– Die drei besten schriftlichen Geschichten erhalten einen Sonderpreis, auch wenn ihre Schreiber nicht zu den besten Lügengladiatoren gehören.
– …
Legt anschließend gemeinsam fest, nach welchem Plan der Wettbewerb ablaufen soll.

C Entscheidet euch, wer den Meisterlügner/die Meisterlügnerin wählt. Das können z. B. ein Lehrer/eine Lehrerin, einzelne Schüler oder die ganze Klasse sein.

D Schreibt Kriterien auf, nach denen die Lügengladiatoren bewertet werden sollen. Orientiert euch an den Hinweisen von Käpt'n Blaubär (S. 74), z. B.:
Originalität der Lüge, Aufbau der Lügengeschichte, Mischung von Wahrheit und Lüge, Ansprache des Publikums, Einsatz von Mimik und Gestik, …

E Überlegt, wie und wo ihr eure Meisterlügner vorstellen wollt, z. B. beim nächsten Schulfest oder Elternabend. Entscheidet, ob die Lügengeschichten als Poster, in einem Buch oder durch Vortragen präsentiert werden.

Wiederholung

Alle anderen

[…] ging auf einen Eselsmarkt. „Möchtest du Esel kaufen?", fragte ihn ein Händler. „Ja", sagte […]. „Wie wäre es mit einem dieser besonders schönen Tiere?" „Einen Augenblick", sagte […], „ich möchte, dass du mir die schlechtesten Esel, die du hast, vorführst." „Diese hier sind die schlechtesten." „Sehr gut! Dann nehme ich die anderen."

A Sieh dir die Geschichten in diesem Kapitel noch einmal an, welche Person – Eulenspiegel, Nasreddin, Münchhausen, Käpt'n Blaubär – könnte die Hauptfigur dieser Geschichte sein? Begründe deine Entscheidung.

B Schreibe die Geschichte ab und setze den Namen der Hauptfigur (Aufgabe A) in die mit […] gekennzeichneten Lücken ein. Bereite einen wirkungsvollen Vortrag der Geschichte vor.

Zusammenfassung

– In **Schelmengeschichten** richten sich die meist lustigen Streiche oder schlagfertigen Äußerungen vor allem gegen Reiche und Mächtige, aber auch gegen Dumme, Geizige und Betrüger. Den Menschen wird auf diese Weise „ein Spiegel vor die Augen gehalten". (↗ S. 62–64)

– In **Lügengeschichten** wird von unmöglichen Geschehnissen erzählt oder Ereignisse werden völlig übertrieben dargestellt. Der Ich-Erzähler/die Ich-Erzählerin will das Publikum unterhalten. Häufig werden die Zuhörer/Leser direkt angesprochen. (↗ S. 65–70)

– Das **Vorlesen von Texten** (einzeln oder mit verteilten Rollen) erfordert eine gute Vorbereitung. Du kannst, wenn du die Geschichte abschreibst, die verschiedenen Sprecher markieren, mit senkrechten Strichen oder Unterstreichungen Pausen, Satzzeichen und besonders zu betonende Wörter hervorheben. Beim Lesen mit verteilten Rollen kommt es außerdem besonders darauf an zu kennzeichnen, wo eine Rolle beginnt und endet. (↗ S. 64, 70)

– Beim **Schreiben einer Geschichte** kann ein **Erzählplan** helfen. Darin legst du fest, welche Figuren vorkommen sollen, welche Ereignisse in welcher Reihenfolge erzählt werden, wie die Geschichte beginnt und wie sie endet. (↗ S. 73) Um eine Geschichte auch **sprachlich gut** zu **formulieren**, solltest du verschiedene Satzformen verwenden. So kannst du einfache Sätze durch nebenordnende oder unterordnende Konjunktionen zu zusammengesetzten Sätzen verknüpfen.

FÜNFTES KAPITEL | In der Welt der Wörter – Wortarten

1

Was passiert, wenn man auf eine Insel verschlagen wird, auf der es eine Stadt gibt, in der nicht Menschen, sondern Wörter leben? Enttäuscht von den Menschen, die sie allzu sorglos benutzen, haben die Wörter sich dorthin zurückgezogen. Diese seltsame Insel lernen die Geschwister Jeanne und Thomas kennen. Ihr Schiff hat nämlich bei einem gewaltigen Sturm Schiffbruch erlitten. Von diesem Untergang erzählt Jeanne:

ERIK ORSENNA

Die Grammatik ist ein sanftes Lied

Der Sturm hatte begonnen, wie Stürme immer beginnen. Plötzlich schwankt der Horizont, die Tische bewegen sich und die Gläser stoßen klirrend aneinander.
Der Kapitän hatte zur Feier der baldigen Ankunft in Amerika im größ-
5 ten Salon des Schiffes ein internationales Scrabbleturnier organisiert. Scrabble ist ein merkwürdiges Spiel, das einem so leicht auf die Nerven geht, ihr wisst schon. Mit Plastikbuchstaben bildet man seltene Wörter. Und je seltener die Wörter sind und je mehr unmögliche Buchstaben sie enthalten (Q oder Y zum Beispiel), desto mehr Punkte bekommt man
10 dafür angeschrieben.
Die Meister und Meisterinnen im Entdecken seltener Wörter schauten sich an. Sie wurden bleich. Nacheinander standen sie auf, hielten sich die linke Hand vor den Mund und rannten aus dem großen Salon. Ich erinnere mich an eine säuberliche kleine Dame, die nicht schnell genug war.
15 Zwischen ihren Fingern quoll eine grünliche Masse hervor. Sie versank fast im Boden vor Scham.
Die weißen Buchstaben und die Wörterbücher blieben auf den Tischen zurück. […] Und dann erloschen die schwarzen Lichter und ein Geräusch nach dem anderen verstummte. Nichts mehr.

A Stelle dir vor, einige der Wörter bleiben auf den Tischen liegen. Im Text sind sie farbig gekennzeichnet. Welche Gemeinsamkeit haben die Wörter in der gleichen Farbe? Formuliere z. B. so: *Bei den gelben Wörtern handelt …*

B Zeichne fünf verschiedenfarbige Tischdecken in dein Heft und benenne sie mit folgenden Begriffen: Substantive, Verben, Adjektive, Pronomen, Artikel. Ordne ihnen alle farbig gekennzeichneten Beispielwörter zu.

C Suche für jede Tischdecke weitere passende Beispiele aus dem Text.

2

Verliebte Verben

In der Wörterstadt, die Jeanne und Thomas kennen lernen, können Wörter sogar heiraten. So heiratet z. B. ein Verb ein Pronomen. Und wie auch Menschen dabei ihre Namen ändern können, so verändert das Verb, das zuvor ein unabhängiger Infinitiv war, ein wenig seine Gestalt. Es wird gebeugt:

heiraten	lieben	essen	singen	laufen	spielen	lachen
ich	du	er	sie	es	wir	ihr	sie

ich · heiraten · ◯◯ · Ich heirate

! Weitere Übungen zur Verwendung des Verbs und seiner Funktion im Satz findest du in ↗ Kapitel 14, S. 197–208.

A Stifte Wörterehen: Verbinde alle Pronomen mit mindestens zwei Infinitiven. Schreibe die Pronomen mit den gebeugten Verben in dein Heft.

B Wie stellst du dir das Leben auf einer Wörterinsel vor? Schreibe dazu einen kleinen Text. Unterstreiche darin die gebeugten Verbformen.

3

Stolze Substantive und anhängliche Artikel

Auf der Insel lernen die Geschwister Monsieur Kasimir kennen. Von einem Hügel aus erklärt er ihnen, wie die Welt der Wörter funktioniert:

Die Wörter gliedern sich in Stämme wie die Menschen. Und jeder Stamm hat seine Aufgabe.
Die erste Aufgabe besteht darin, den Dingen ihre Namen zu geben. Ihr habt wahrscheinlich schon einmal einen botanischen Garten besucht.
5 Dort steckt vor jeder seltenen Pflanze ein kleines Schild, eine Bezeichnung. Dieselbe Aufgabe haben die Wörter: Sie heften allen Dingen eine Bezeichnung an, damit man sich in der Welt zurechtfinden kann. Das ist eine schwierige Aufgabe. Es gibt so viele und so komplizierte Dinge und auch Dinge, die sich unablässig verändern, und für alle muss eine
10 Bezeichnung gefunden werden! Die Wörter, denen diese fürchterliche Arbeit zufällt, heißen *Hauptwörter* oder *Substantive*. Der Stamm der Substantive ist der vornehmste und größte Stamm. Es gibt männliche Hauptwörter, das sind die Maskuline, und weibliche Hauptwörter, die Feminine, und es gibt die sächlichen Hauptwörter, das sind die, die sich
15 nicht entscheiden können, welches Geschlecht sie haben wollen, die

! Substantive sind so „vornehm", dass man sie stets großschreiben muss. Mehr dazu findest du in ↗ Kapitel 10, S. 152–156.

Neutren. [...]. Es gibt Substantive, die Dinge bezeichnen, die man sieht, und solche, die Dinge bezeichnen, die es gibt, obwohl sie unsichtbar bleiben, die Gefühle zum Beispiel: die Wut, die Liebe, die Traurigkeit … Ihr begreift, warum es am Fuß unseres Hügels nur so wimmelt von
20 Substantiven. Die anderen Wortstämme müssen kämpfen, um sich Platz zu verschaffen.
Zum Beispiel der ganz kleine Stamm der Wörter, die das Geschlecht anzeigen, die *Artikel*. Ihre Rolle ist einfach und ziemlich überflüssig, das müsst ihr zugeben. Sie marschieren vor den Substantiven her und
25 schwingen eine Glocke: Achtung, das Substantiv, das mir folgt, ist ein Maskulinum, Achtung, dieses ist ein Femininum und dieses ein Neutrum! Der Tiger, die Kuh, das Schaf. Die Substantive und die Artikel spazieren von morgens bis abends zusammen durch die Gegend.

A Stelle dir vor, die Substantive würden sich je nach Geschlecht versammeln. Fertige in deinem Heft eine Tabelle mit drei Spalten an und sortiere aus dem Text in jede Spalte 5 Substantive im Singular mit ihren Artikeln ein.

B Bilde verschiedene Spazierpaare: Ersetze in deinen Beispielen aus A die bestimmten Artikel durch einen unbestimmten und umgekehrt, z. B.:
die Aufgabe → *eine* Aufgabe; *ein* Garten → *der* Garten.

C Nenne eigene Beispiele für Substantive, die Unsichtbares bezeichnen.

4

____ am Fuß des Hügels heißt „Tiger". Vor den Füßen ____ läuft ein Artikel namens „der" umher. Dieser Artikel gibt ____ „Tiger" sein Geschlecht. Den echten Tiger fürchte ich, nicht aber ____ .

A Schreibe den Text ab und setze in die Lücken das Substantiv „Wort" mit bestimmtem Artikel im richtigen Kasus (Fall) ein.

B Notiere, wie du nach den eingesetzten Substantiven fragen kannst, z. B.:
Wer oder *was* heißt Tiger?

C Schreibe hinter die Fragen die Antwort und notiere, um welchen Kasus (Fall) es sich jeweils handelt: *Nominativ, Genitiv, Dativ, Akkusativ*.

ÜBEN, ÜBEN, ÜBEN **D** Gehe vor wie in 4 A–C. Setze ein: *Kapitän, Sturm, Schuld, Untergang, Schiff*: ____ wütete furchtbar. Die Mannschaft konnte ____ nicht mehr verhindern. Die Presse gab ____ . In Wirklichkeit hatte ein Eisberg den Bug ____ gerammt.

| Sprechen, Schreiben, Zuhören | Umgang mit Texten | **Nachdenken über Sprache** |

5

Allerbeste Adjektive

Stelle dir vor, auf der Insel würde Folgendes geschehen:

Eines Tages gefällt dem Substantiv „Fahrrad" sein einfaches Aussehen nicht mehr. Schmucklos und langweilig findet es sich. Da es aber in der Wörterstadt viele kleine Läden gibt, in denen man Adjektive zum Ausstaffieren kaufen kann, beschließt es, einen solchen Laden aufzusuchen.
5 „Ich möchte mich schön machen", sagt das Fahrrad.
„Dann sind Sie hier richtig", entgegnet der dicke Besitzer. Dabei zeigt er auf seine Regale, die mit Adjektiven randvoll bestückt sind.
Das Substantiv „Fahrrad" beginnt mit der Anprobe. Welch eine große Auswahl. Es fällt ihm schwer, sich zwischen all den kunterbunten Ad-
10 jektiven zu entscheiden. Will es „blau", „einsam", „schnell", „sächsisch" oder „zauberhaft" sein? Verführerisch tanzen die Adjektive um das nachdenkliche Fahrrad herum. Schließlich entscheidet es sich für die Eigenschaft, die ihm am meisten gefällt: „wunderlich".

A Welches Adjektiv hättest du für das Substantiv „Fahrrad" gewählt?

B Suche möglichst alle Adjektive aus dem Text heraus.

C Nicht nur Substantive schmücken sich mit Adjektiven, sondern auch Verben, z. B.: *schnell* verlassen. Finde dafür Beispiele im Text.

Der Kauf des Adjektivs „wunderlich" findet allerdings Nachahmer:

Als das Fahrrad mit seinem „wunderlich" an der Hand den Laden ver-
15 lassen hatte, waren kurz darauf noch mehr Fahrräder erschienen. Auch sie wollten nun wunderlich sein. Da witterte der Verkäufer ein Geschäft. Statt ihnen nur „wunderlich" anzubieten, verkaufte er dem nächsten Fahrrad das Adjektiv „wunderlicher". Natürlich verlangte er dafür auch mehr Geld. Und wirklich tief in die Satteltasche musste das dritte Fahr-
20 rad greifen. Um das „wunderlichste" Fahrrad zu sein, gab es seine gesamten Ersparnisse aus.

Nach Adjektiven fragst du am besten so:
Wie ist etwas? oder:
Wie wird etwas getan?
Siehe dazu auch ↗ Kapitel 16, S. 223.

D Was hat der Verkäufer mit dem Adjektiv „wunderlich" gemacht?

E Erzähle diesen Abschnitt neu. Wähle dafür ein anderes Substantiv, das sich mit einem Adjektiv schmücken möchte.

| Projekt | Fachübergreifendes | **Büffel-Ecke** |

6

Eingebildete Pronomen

In der Wörterwelt kennt sich Kasimir aus. „Schau mal, Jeanne", sagt er:

„Siehst du das Grüppchen, das dort hinten auf den Bänken unter den Straßenlaternen sitzt? ‚Ich', ‚du' […], ‚ihr'. Siehst du sie? Sie sind leicht zu erkennen. Sie mischen sich nicht unter die anderen. Sie bleiben immer unter sich. Das ist der Stamm der *Pronomen*."

5 Monsieur Kasimir hatte Recht. Die Pronomen musterten alle anderen Wörter verächtlich.

„Man hat ihnen eine sehr wichtige Rolle übertragen: In bestimmten Fällen können sie für ein Substantiv stehen, sie heißen deshalb auch Fürwörter. Anstatt zum Beispiel zu sagen: ‚Jeanne und Thomas haben
10 Schiffbruch erlitten, Jeanne und Thomas sind auf einer Insel gelandet, wo Jeanne und Thomas wieder sprechen lernen …', anstatt also immer wieder ‚Jeanne' und ‚Thomas' zu wiederholen, sagt man besser ‚…'

A Was sagt man besser? Führe den letzten Satz Monsieur Kasimirs zu Ende. Überarbeite entsprechend den Satz ab Zeile 9.

B Gib mit eigenen Worten wieder, weshalb die Pronomen so wichtig sind.

Merke

Wörter haben bestimmte Merkmale. Danach lassen sie sich in verschiedene Gruppen, die **Wortarten**, einteilen. Man unterscheidet: Verb (z. B.: *segeln, schlafen*), Substantiv (z. B.: *Schiff, Insel*), Adjektiv (z. B.: *bunt, lustig*), Artikel (z. B.: *der, eine*) und Pronomen (z. B.: *ich, du, mein, dein*).
Das Wissen über die Wortarten und ihre Eigenschaften hilft, sowohl richtig zu schreiben (↗ S. 152–156) als auch Sätze so zu überarbeiten, dass sie nicht immer gleich klingen.
Werden die einzelnen Wörter zu Sätzen zusammengefügt, dann werden sie zu Mitgliedern eines Satzes. Deshalb nennt man sie auch **Satzglieder**. Als Satzglieder haben sie eine bestimmte Aufgabe im Satz. Sie geben z. B. an, wer handelt (Subjekt), was getan wird (Prädikat) und wer oder was Gegenstand der Handlung ist (Objekt), z. B.: *Ich besuche den Kapitän.*

A Nenne eigene Beispielwörter für die einzelnen Wortarten.

B Füge die von dir gewählten Beispielwörter zu Sätzen zusammen. Bestimme anschließend in jedem Satz Subjekt, Prädikat und Objekt.

5. Kapitel In der Welt der Wörter – Wortarten

7

Personal- und Possessivpronomen

Im folgenden Text sind seltsamerweise die Pronomen selbst ersetzt worden:

Die Wörter schliefen. *3. Person Plural Nominativ* saßen auf den Zweigen der Bäume und rührten sich nicht. *1. Person Plural Nominativ* gingen ganz vorsichtig auf dem Sand, um *3. Person Plural Nominativ* nicht aufzuwecken. *1. Person Singular Nominativ* war so töricht, die
5 Ohren zu spitzen. Zu gerne hätte *1. Person Singular Nominativ / 3. Person Plural Genitiv* Träume belauscht. *1. Person Singular Nominativ* hätte so gerne gewusst, was sich in den Köpfen der Wörter abspielt. […] *1. Person Plural Nominativ* kamen zu einem Gebäude, das nur durch ein schwankendes rotes Kreuz schwach beleuchtet war.
10 „Das hier ist das Krankenhaus", flüsterte Monsieur Kasimir. […] Im Krankenhaus der Wörter gab *3. Person Singular Neutrum* keinen Empfang und keine Krankenschwestern. Die Flure waren leer. Nur die blauen Lichter der Nachtlampen zeigten *1. Person Plural Dativ* den Weg. Obwohl *1. Person Plural Nominativ* vorsichtig waren, quietschten
15 *1. Person Plural Genitiv* Schuhsohlen auf dem Boden.
Als Antwort war ein schwaches Geräusch zu vernehmen. Zweimal hintereinander. Ein ganz sanftes Stöhnen. […]
Da lag *3. Person Singular Maskulin* auf dem Bett, bewegungslos, der kleine bekannte, allzu bekannte Satz: *1. Person Singular Nominativ* liebe
20 *2. Person Singular Akkusativ*.

A Wer weiß es als Erster? Wie muss der letzte Satz richtig lauten?

B Schreibe den Text ab und setze die richtigen Pronomen ein.

C Bestimme, was die Pronomen *ihre* (Z. 5–6) und *unsere* (Z. 15) von den anderen im Text unterscheidet. Was geben sie an?

D Überlege, weshalb der kleine Satz (Z. 19–20) im Wörterkrankenhaus liegen muss. Wie gehen Menschen mit ihm um?

Merke

Die **Personalpronomen** *ich, du, er/sie/es – wir, ihr, sie* stehen stellvertretend für eine Person oder Sache, z. B.: *Per* liebt *Anna*. *Er* liebt *sie*.
Die **Possessivpronomen** *mein, dein, ihrer/seiner/seines – unser, euer, ihr, …* zeigen an, wem etwas gehört, z. B.: *Jeannes* Reise – *ihre* Reise.

| Projekt | Fachübergreifendes | Büffel-Ecke |

8

Demonstrativpronomen

In einer Schulpause unterhalten sich zwei Schüler über Orsennas Buch:

Finn: „Hast du *dieses* Buch schon gelesen?"
Kai: „Welches Buch meinst du? *Das* hier?"
Finn: „Genau. In *dieser* Geschichte werden alle Wörter lebendig."
Kai: „Und *das* soll ich dir glauben?"
Finn: „Ja doch! Unser neuer Lehrer hat es uns empfohlen."
Kai: „*Der* hat das empfohlen?"
Finn: „Klar, in *jener* Nacht, in der wir uns gegenseitig Geschichten vorgelesen haben."
Kai: „Hm, ich erinnere mich an viele Geschichten, nur nicht an *diese*."

A Bereitet euch zu zweit darauf vor, das Gespräch vorzulesen. Setzt dazu Handbewegungen ein (*zeigen*) und betont die kursiv gedruckten Wörter.

B Schreibe den Dialog neu. Du kannst z. B. das Wort „Buch" durch „CD" ersetzen. Unterstreiche die Wörter, die auf etwas nachdrücklich hinweisen.

> **Merke**
>
> Mithilfe von **Demonstrativpronomen** wie *diese, dieser, dieses – jener, jene, jenes*, aber auch *der, die, das* kann nachdrücklich auf etwas vorher oder nachher Genanntes hingewiesen werden. Das kann ein Substantiv oder ein ganzer Satz sein, z. B.: *Finn hat dieses Buch gelesen. Das ist mir nichts Neues.*

9

Relativpronomen

Die Insel,   , ist eine sehr merkwürdige Insel. Auf ihr leben Wörter,   . Auf ihr lebt aber auch Monsieur Kasimir,   . Ein Wort,   , ist das Wort „Frieseln". „Was bedeutet ‚Frieseln'?", fragt Thomas,   . Es ist Kasimir,   . Frieseln sind kleine rote Bläschen,   .

… die sich wie Menschen verhalten

… der dieses Wort noch nie gehört hat

… die Jeanne und Thomas entdecken

… die im Sommer auf eurer Haut entstehen können

… das Jeanne sehr mag

… der alle Wörter kennt

… der die Antwort weiß

A Übertrage den Text in dein Heft und ergänze die Lücken sinnvoll mithilfe der Nebensätze aus der Randspalte.

B Die Nebensätze beziehen sich auf ein Substantiv. Unterstreiche *der, die, das* und ziehe einen Pfeil zum Substantiv, auf das sich *der, die, das* bezieht.

| Sprechen, Schreiben, Zuhören | Umgang mit Texten | **Nachdenken über Sprache** |

> **Merke**
>
> Nebensätze, die ein Substantiv im vorausgehenden Satz näher erklären, werden **Relativsätze** genannt. Sie werden mit *der*, *die*, *das* eingeleitet. Deshalb heißen diese Wörter auch **Relativpronomen** (bezügliche Fürwörter), die im Unterschied zu Artikeln nach den Substantiven stehen.

[C] Schau dir noch einmal den Lückentext (↗ S. 83) an. Welches Satzzeichen muss immer vor dem Relativsatz stehen?

ÜBEN, ÜBEN, ÜBEN

1. Monsieur Kasimir stellt Jeanne und Thomas eine geheimnisvolle Frau vor. Sie wird von allen die „Benennerin" genannt.
2. Sie wohnt in einem kleinen Haus. Das Haus ist im Unterschied zu seiner Bewohnerin sehr unscheinbar.
3. Die Benennerin hat eine schlohweiße Mähne und ein runzliges Gesicht. Das Gesicht kommt Jeanne ganz zerklüftet und zerfurcht vor.
4. Die Benennerin spricht leise und zärtlich Worte aus. Diese Worte haben bereits viele Menschen vergessen, wie z. B. „Vertiko".
5. Ein Vertiko ist ein Schrank. Ein solcher Schrank ist klein und verziert und hat einen Aufsatz.

[A] Verbinde die Sätze schriftlich. Setze dazu *der*, *die* oder *das* ein. Dabei musst du für den Nebensatz Wörter umstellen. Achte auf das Komma.

[B] Ziehe jeweils von den Relativpronomen einen Pfeil zu dem Substantiv, das durch den Nebensatz näher erklärt wird.

[C] Verbinde auch die folgenden Sätze. Was fällt dir auf?

6. Das Wort „Gestübe" steht für „verklumpter Kohlenstaub". Kohlenstaub mussten die armen Kinder früher für den Ofen daheim sammeln.
7. Glücklich sind die alten Wörter. Ihnen wird durch die Benennerin wieder Aufmerksamkeit geschenkt.
8. Jeanne und Thomas wissen nun: Die Benennerin ist eine Wortbeschützerin. Ihrer Stimme vertrauen die Wörter.

> **Merke**
>
> **Relativpronomen** werden **dekliniert**, z. B.: *Thomas, dem die Insel gefiel, …*

| Projekt | Fachübergreifendes | Büffel-Ecke |

Klebende Konjunktionen

Folgendes wird zwar nicht in Orsennas Buch erzählt, aber es hätte durchaus so darin stehen können:

Schnell stellen Jeanne und Thomas fest, dass Wörter äußerst verliebte Dinger sind. Während sie über die Insel spazieren, begegnen ihnen zumeist nur Wörter in Gruppen oder in Form von Sätzen. Mit einem großen „Hallo" begrüßen sie zum Beispiel: „Jacke und Hose", „hart,
5 aber herzlich" oder „Eltern sowie Kinder". Und es scheint ihnen, als wären es gerade jene kleinen Wörter wie *und*, *aber*, *sowie*, die ihre winzigen Händchen ausstrecken, um die anderen Wörter zu verbinden. „Natürlich tun wir das", antwortet das Und, nachdem es von den beiden nach seiner Aufgabe gefragt wurde, „ich bin ja auch eine Konjunk-
10 tion. Das heißt so viel wie Bindewort. Ich klebe alles zusammen, sobald es mir vor die Buchstaben läuft: nämlich Wörter", es lachte, „*und* Sätze." Dann fuhr es fort: „Von uns gibt es übrigens eine Menge. Schaut, das sind meine Brüder und Schwestern!" Kaum hatte es das gesagt, da versammelten sich auch schon die folgenden Wörter um Jeanne und Tho-
15 mas: *oder, aber, denn, sowie, sondern, jedoch, als, weil, wenn, dann, da, nachdem, bevor, seit, dass, ob, während, sobald, …*

A Was erzählt das Und über seine Aufgabe? Warum lacht es an einer Stelle?

B Der Text handelt nicht nur von Konjunktionen, er besteht auch aus vielen. Welche kannst du in den Sätzen entdecken?

C Lies, wie es weitergeht.

Plötzlich kam es zu einem Streit. Zwei Sätze standen sich gegenüber und diskutierten über die Konjunktionen *denn* und *weil*.
Links stand der Satz „Ich will Pilot werden" und rechts: „Ich fliege
20 gern".
Dieser zweite Satz wollte nur mit dem ersten eine Verbindung eingehen, wenn sie sich auf *denn* einigen könnten. Der erste Satz meinte jedoch, er würde ja wohl die Hauptrolle spielen. Daher solle „Ich fliege gern" sich ruhig ein bisschen verändern und *weil* akzeptieren. Das tat „Ich
25 fliege gern" aber nicht. Also blieben beide Sätze schmollend für sich.

D Überprüfe, was „Ich fliege gern" an der Konjunktion *weil* stört:
   1. Ich will Pilot werden, denn ich fliege gern.
   2. Ich will Pilot werden, weil ich gern fliege.

| Sprechen, Schreiben, Zuhören | Umgang mit Texten | **Nachdenken über Sprache** |

> **Merke**
>
> Wörter und Sätze können durch **Konjunktionen** (Bindewörter) miteinander verknüpft werden. Verbinden sie Sätze, so unterscheidet man:
> **Nebenordnende Konjunktionen:** *und, oder, aber, denn, sondern, …*
> Sie verbinden Hauptsätze, die Wortstellung bleibt gleich, z. B.: *Ich will Pilot werden. Ich fliege gern → Ich will Pilot werden, denn ich fliege gern.*
> **Unterordnende Konjunktionen:** *während, als, nachdem, seit, bis, ehe, solange, ob, insofern, indem, weil, da, sodass, wenn, obwohl, dass, …*
> Sie verbinden einen Haupt- mit einem Nebensatz. Im Nebensatz steht das gebeugte Verb (↗ S. 78) immer am Satzende, z. B: *Ich will Sängerin werden. Ich singe gern → Ich will Sängerin werden, weil ich gern singe.*

 12

ÜBEN, ÜBEN, ÜBEN

1. Einst haben sich die Wörter aufgelehnt,   sie die Menschen nicht mehr ertrugen.
2. Nicht nur alle Substantive,   auch alle anderen Wortarten wie Verben, Adjektive, Pronomen, Konjunktionen packten ihre Köfferchen.
3.   die Wörter verschwunden waren, schauten sich viele Menschen verwundert an,   sie konnten nichts mehr sagen.
4. Jetzt erst merkten sie,   sie den Wörtern oft Unrecht getan hatten.
5. Stumm wie Fische schauten sie sich an(,)   kein Wort wollte ihnen über die Lippen kommen.

A Übertrage die Sätze in dein Heft. Füge eine passende Konjunktion hinzu.

B Unterstreiche in deinen Sätzen alle nebenordnenden Konjunktionen blau und alle unterordnenden Konjunktionen rot. Umrahme zusätzlich in den Nebensätzen das gebeugte Verb.

C Welches Satzzeichen steht immer zwischen Haupt- und Nebensatz? Überprüfe, ob du das Satzzeichen gesetzt hast.

D Verbinde schriftlich die folgenden Sätze mithilfe von Konjunktionen. Gehe dann vor wie in Aufgabe 12 B:

6. Die Wörter suchten eine Insel. Manche hätten die Berge bevorzugt.
7. Sie verliebten sich. Sie bildeten munter viele kleine Sätze.
8. Sie sind glücklich. Sie haben die Flucht gewagt.
9. Jetzt sind nicht mehr die Wörter traurig. Die Menschen sind es.
10. Die Wörter denken. Die Menschen haben es nicht besser verdient.

> **!**
>
> Mithilfe von Konjunktionen kannst du deinen Satzbau variieren und sprachlich abwechslungsreiche Texte schreiben. Siehe dazu ↗ Kapitel 4 und 18, S. 71–73, S. 101.

| Projekt | Fachübergreifendes | Büffel-Ecke |

13 Beziehungsstiftende Präpositionen

A Jeanne träumt. Notiere in ganzen Sätzen, wo sich Jeanne jeweils befindet.

B Kennzeichne in deinen Sätzen das Wort, welches ausdrückt, wo genau sich Jeanne jeweils in ihrem Traum befindet.

C Auch Thomas träumt. Was stimmt an den folgenden Sätzen nicht?

1. Er träumt, er würde   AUS   Jeanne die Insel verlassen.
2. Dazu sucht er ein Schiff,   VOR   dem er davonsegeln kann.
3. Das Schiff scheint   OHNE   der Luft zu schweben.
4. Langsam fliegt es   NEBEN   die Insel hinweg.
5. Plötzlich erscheint Jeanne   NACH   dem Schiff.
6. Sie fragt: „Willst du wirklich MIT   eines Gewitters fliehen?"
7. Überrascht schaut Thomas   WÄHREND oben in den Himmel.
8. Aber der Himmel ist die Tür, IN   der Kasimir steht und klopft.
9. Thomas wacht auf, springt   ÜBER   dem Bett und öffnet die Tür.

D Schreibe die Sätze richtig in dein Heft. Notiere hinter die Sätze, welchen Kasus (Fall) die hervorgehobenen Wörter gefordert haben.

Merke

Beziehungen zwischen Wörtern und Wortgruppen werden durch **Präpositionen** (Verhältniswörter) angezeigt. Das kann z. B. ein räumliches Verhältnis (*auf der Insel*) sein oder ein zeitliches (*während eines Gewitters*). Präpositionen sind meist mit einem Substantiv oder einem Pronomen verbunden und bestimmen dessen Kasus (Fall), z. B.:
Ich träume von der Insel (Dativ). *Ich gehe über die Insel* (Akkusativ).

5. Kapitel In der Welt der Wörter – Wortarten

Wiederholung

14

ÜBEN, ÜBEN, ÜBEN

Werden Jeanne und Thomas „gerettet"?

Nun wohnten Jeanne und Thomas schon einige Zeit auf der Insel. Täglich gingen sie in die Stadt der Wörter oder stiegen auf den nahen Berg, um ihnen zuzuschauen. In ihren Träumen aber flogen sie über die Insel und das weite Meer davon. Wann würden sie wieder unter richtigen
5 Menschen leben und in ihrem eigenen Bett schlafen?
Plötzlich sahen sie ein mächtiges Ding, das über ihnen schwebte. Es warf seinen Schatten auf sie und röhrte fürchterlich. Derart erschreckt, wären Jeanne und Thomas gern unter ihre eigenen Schuhsohlen gekrochen. Doch dann erkannten sie das Ding: „Ein Wasserflugzeug", riefen
10 beide gleichzeitig, „es wird uns wieder zu unseren Eltern bringen."

A Diktiert euch gegenseitig den Text. Unterstreicht dann alle Präpositionen.

B Überlegt, wie ihr nach den räumlichen Angaben fragen könnt. Schreibt die Frage und die Antwort auf.

C Findet heraus, welchen Kasus (Fall) diese Fragen jeweils verlangen.

15

Anhand der Geschichte von Jeanne und Thomas hast du über Verb, Substantiv, Adjektiv und Pronomen hinaus neue Wortarten kennen gelernt. Damit du mit ihnen immer vertrauter wirst, solltest du sie anwenden.

Wer einen Weg oder einen Ort beschreibt, der benötigt Präpositionen. Schaue dazu in das ↗ 12. Kapitel, S. 176–177.

A Schreibe eine eigene Traumgeschichte, in der du Präpositionen verwendest. Stelle dir z. B. vor, du würdest in die Nacht hinausschweben.

B Tausche deine Traumgeschichte mit deiner Tischnachbarin oder deinem Tischnachbarn und lies sie. Hebe zunächst hervor, was du gelungen findest.

C Überprüfe, ob du die Geschichte mithilfe von Pronomen und Konjunktionen sprachlich abwechslungsreicher gestalten kannst. Überprüfe auch Rechtschreibung und Zeichensetzung.

D Überarbeite deine Geschichte nach den Vorschlägen deiner Mitschülerin oder deines Mitschülers.

E Gestalte deine Traumgeschichte – z. B. mithilfe des Computers. Du kannst auch ein Bild dazu malen und es deiner Klasse erläutern.

Sechstes Kapitel

Was Wörter über ihre Geschichte erzählen
Erb-, Lehn- und Fremdwörter

Vielleicht interessierst du dich für Ritter und Burgen. Was weißt du darüber? Auf dem Bild ist die Wartburg zu sehen. Hast du schon einmal von ihr gehört oder sie sogar besucht?

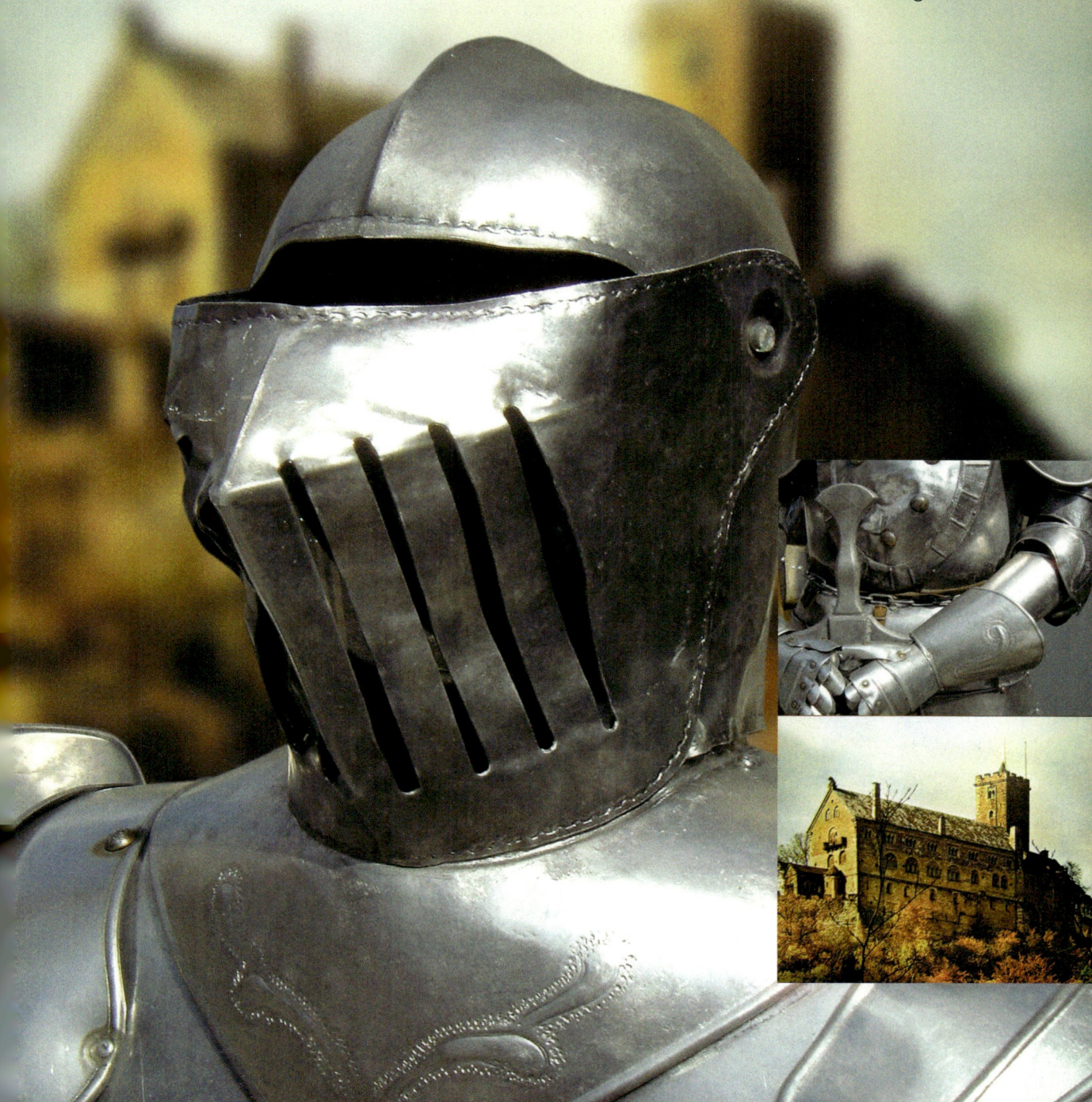

Sprechen, Schreiben, Zuhören | Umgang mit Texten | Nachdenken über Sprache

**Texten Informationen entnehmen
Wörterbuchartikel lesen lernen**

Ererbte Wörter – im Herkunftswörterbuch nachschlagen

1 Edwin und seine Klasse besuchen zum Wandertag die Wartburg bei Eisenach in Thüringen. Die Wartburg soll im Jahr 1067 vom Grafen Ludwig dem Springer gegründet worden sein. In der Burg angekommen, wird den Schülerinnen und Schülern ein altes Schriftstück gezeigt, in dem berichtet wird, was vor über 1000 Jahren hier geschehen sein soll:

Wie Ludwig die Wartburg bekam

Als Ludwig ein Mann geworden war, bauete er die Wartburg bei Eisenach. Man erzählt sich, wie es dazu gekommen sei: Einmal ritt er an die Berge aus jagen und folgte einem Stück Wild nach bis an die Hörsel* bei Niedereisenach, auf den Berg, da jetzo die Wartburg liegt. Da war-
5 tete Ludwig auf sein Gesinde und Dienerschaft. Der Berg aber gefiel ihm wohl, denn er war stickel und fest; gleichwohl oben räumig und breit genug, darauf zu bauen. Tag und Nacht trachtete er dahin, wie er ihn an sich bringen möchte. Denn der Berg war nicht sein. Er gehörte zum Mittelstein, den die Herren von Frankenstein innehatten.
10 Er ersann eine List, nahm Volk zusammen und ließ in einer Nacht Erde von seinem Grund in Körben auf den Berg tragen und ihn ganz damit beschütten. Dann zog er nach Schönburg, ließ einen Burgfrieden machen und fing an, mit Gewalt auf jenem Berg zu bauen.
Die Herren von Frankenstein verklagten ihn vor dem Reich, weil er
15 ihren Besitz freventlich und mit Gewalt nahm. Ludwig aber antwortete, er baue auf seinem Berg, das sei sein Recht. Das sollte jemand bezeugen und so wurde entschieden: Wenn zwölf ehrbare Leute sein Recht bezeugten, könnte er seinen Besitz genießen. Und er bekam zwölf Ritter und trat mit ihnen auf den Berg, und sie zogen ihre Schwerter aus
20 und steckten sie in die Erde (die er darauf hatte tragen lassen), schwuren, dass der Graf auf das Seine baue, und der oberste Boden hätte von alters zum Land und Herrschaft Ludwigs gehört.
Also verblieb ihm der Berg, und die neue Burg benannte er „Wartburg", darum, weil er auf der Stätte seines Gesindes gewartet hatte.

www.wartburg-eisenach.de
Homepage der Wartburg mit vielen Informationen zu Architektur und Geschichte sowie einem virtuellen Rundgang

* Hörsel: rechter Nebenfluss der Werra, durchfließt Eisenach, 60 km lang

A Wieder zu Hause, wird Edwin von seinen Eltern gefragt, warum die Burg den Namen „Wartburg" trägt. Beantworte für Edwin die Frage.

B Welche List hat Ludwig sich ausgedacht, um den Berg zu bekommen? Begründe, wie du sein Verhalten findest.

C „Der Text klingt aber ganz schön komisch", meint Edwin. „Was bedeutet z. B. *jetzo* oder *Gesinde*?" Versuche, Edwins Fragen aus dem Textzusammenhang zu beantworten.

D Lege in deinem Heft eine Liste mit den Wörtern an, die dir ungewöhnlich erscheinen und deines Wissens heute so nicht mehr gebraucht werden. Versuche, sie aus dem Textzusammenhang zu erläutern.

 2

Viele Wörter kann man sich aus dem Textzusammenhang erklären. Woher aber manche Wörter stammen, wann sie in die deutsche Sprache übernommen wurden, was sie bedeuteten und was für eine Geschichte sie haben, das kann man nur erfahren, wenn man in ein Herkunftswörterbuch schaut.

Ritter: im alten Rom *berittener, vermögender Krieger*; im Mittelalter *adliger Krieger, Edelmann*; in Bayern u. Österreich bis 1918 *niedere Adelsstufe*. Die Bezeichnung leitet sich ab vom mndrl. Wort *riddere* = Reiter zu mhd. *ritter* (vgl. *reiten*). Mit dem wachsendem Ansehen des Rittertums im 12. Jh. entwickelte sich der Begriff zu einer „Standesbezeichnung für eine sich selbst als Elite verstehende Gesellschaftsgruppe".

— *Herkunftssprache = Mittelniederländisch; entstanden um ca. 1200 bis 1500*

— *Zielsprache = Mittelhochdeutsch; entstanden um ca. 1050 bis 1350*

— *Alter = aus dem 12. Jahrhundert*

— *„Bedeutung"*

A Woher stammt das Wort „Ritter", was bedeutet es und weshalb wurde es in die deutsche Sprache übernommen?

Gesinde: Knechte und Mägde des Bauern oder Dienerschaft in einem herrschaftlichen Haushalt. In beiden Fällen wird der Ausdruck nur noch selten gebraucht. Ahd. *gesindi* = *Reisegesellschaft, Kriegsgefolgschaft*.

— *althochdeutsch = entstanden um ca. 500 bis 1050*

B Lies noch einmal den Beginn des Textes (↗ S. 90). Wer ist darin mit dem Wort „Gesinde" gemeint?

C Überlege, weshalb das Wort „Gesinde" heute nur noch selten gebraucht wird.

Übrigens, jede Sprache entwickelt sich. Auch die deutsche Sprache hat sich über Jahrhunderte hinweg verändert. Und so sprachen unsere Vorfahren: 500–1050: Althochdeutsch, 1050–1350: Mittelhochdeutsch, 1350–1650 Frühneuhochdeutsch, 1650–Gegenwart: Neuhochdeutsch.

| Sprechen, Schreiben, Zuhören | Umgang mit Texten | Nachdenken über Sprache |

Aspekte der deutschen Sprachgeschichte kennen lernen

3 Beim Blättern im Herkunftswörterbuch findet Edwin Wörter, von denen er gar nicht geglaubt hätte, dass sie schon sehr alt sind. Schließlich gebraucht man sie auch heute noch ganz selbstverständlich, z. B.:

Berg: *deutlich sichtbare, größere Geländeerhebung;* verwandt mit *Burg.* Idg. **bhergho-* = *hoch, erhaben;* germ. **bergo-*. Ahd. *berg,* mhd. *berc,* engl. *barrow* in der Bedeutung von *(Grab)hügel,* schwed. *berg.*

indogermanisch = Sprache, von der man annimmt, dass es sie vor über 5000 Jahren gegeben hat.

germanisch, hierzu zählen z. B. Deutsch, Englisch, Schwedisch (auch gemeingermanisch)

A Welche Sprachen sind nach diesem Artikel miteinander verwandt?

Übrigens, das so genannte Germanische gilt als Vorstufe vieler europäischer Sprachen. Dazu gehören z. B. das Deutsche, das Englische, das Schwedische und das Niederländische. Es soll sich vor rund 3000 bis 4000 Jahren entwickelt haben, bevor vor etwa 1500 Jahren die Entwicklung der deutschen Sprache ihren Anfang genommen hat.

B Was bedeutet das * vor „bhergho" und „bergo"? Schaue im Herkunftswörterbuch unter „Benutzerhinweise – Abkürzungen und Zeichen" nach.

C Neben „Berg" stehen im Text (↗ S. 90) noch mehr Wörter, die schon sehr alt sind. Einige davon findest du, wenn du die einsilbigen Substantive herausschreibst: *Burg, Mann,* …

D Findet zu zweit mithilfe eines Herkunftswörterbuchs heraus, was die von euch notierten Wörter früher bedeuteten und wie alt sie sind.

Merke

Viele Wörter in unserem Wortschatz sind bereits einige tausend Jahre alt. Sie gehören zum Grundbestand der heutigen deutschen Sprache und entwickelten sich in germanischer Zeit (endete vor etwa 1500 Jahren). Sie sind auch in anderen germanischen Sprachen wie dem Englischen, Niederländischen, Schwedischen, Dänischen oder Norwegischen zu finden. Wörter, die ihren Ursprung in der germanischen Sprache haben, werden **Erbwörter** genannt. Dazu gehören z. B.: *Berg, Land, Sonne, Tag; Sohn, Schwester, Herz, Zahn, Dach, Tür.*

Eine Arbeitstechnik zum Umgang mit Wörterbüchern findest du in ↗ Kapitel 10, S. 146.

| Projekt | Fachübergreifendes | Büffel-Ecke |

Vom Keller bis zum Dach – Lehnwörter

4 Edwin kauft sich eine Postkarte, auf der recht merkwürdige Wörter stehen. Was mögen sie bedeuten?

A Weißt du, aus welcher Sprache die Wörter auf der Postkarte kommen? Schreibe sie ab und übersetze sie mithilfe der Postkarte ins Deutsche.

B Vergleiche die Wörter mit deinen übersetzten Wörtern. Was fällt dir auf?

C Ordne die links stehenden Wörter den deutschen Bezeichnungen zu:
cella, vinum, coquere, prunus, corbis, mercatus, moneta, saccus
Korb, Sack, Keller, Markt, Wein, kochen, Münze, Pflaume

Merke

Die deutsche Sprache hat im Laufe ihrer Entwicklung Wörter aus anderen Sprachen übernommen, z. B. aus dem von den Römern gesprochenen Latein. Manche dieser Wörter passten sich im Laufe der Zeit in Aussprache, Schreibung und grammatischer Form der deutschen Sprache so weit an, dass ihre ursprüngliche Herkunft heute kaum mehr erkannt wird. Diese Wörter werden **Lehnwörter** (von: *entlehnen, leihen*) genannt, z. B. lat. *murus* = Mauer, lat. *crux* = Kreuz, *caulis* = Kohl, *pira* = Birne.

 Vokabeln lernen sich besser, wenn du mit ihnen Bilder verbindest. Schreibe z. B. wie oben auf der Postkarte zu Bildern die passenden Vokabeln.

Sprechen, Schreiben, Zuhören | Umgang mit Texten | Nachdenken über Sprache

Aspekte der deutschen Sprachgeschichte kennen lernen

Im Museumsshop – Fremdwörter

5

Nachdem sich Edwin die Postkarte gekauft hat, sieht er sich noch etwas um:

Der Museumsladen war nicht groß, aber voller interessanter Dinge. Groß prangte über der Kasse das Schild „Souvenirs". Es gab T-Shirts mit dem Konterfei Ludwigs oder der Silhouette der Burg, Sticker in allen Farben und CDs mit mittelalterlichen Kompositionen. In einer
5 Ecke gab es alles für den Computerfan, z. B. Mousepads und Software mit interaktiven Ritterspielen. Neben dem Shop konnte man kleine Snacks kaufen: Für die Pizza hatte Edwin nicht genug Geld dabei, aber eine Portion Pommes frites konnte er sich noch leisten.

A Nenne die Wörter des Textes, die deines Wissens nicht deutscher Herkunft sind. Sage auch, was sie bedeuten.

B Versuche, die einzelnen Wörter den folgenden Sprachen zuzuordnen:

Griechisch/Latein	Englisch	Französisch	Italienisch
Museum			

! Übungen und Hinweise, wie man Fremdwörter erkennt und schreibt, findest du in ↗ Kapitel 10, S. 148–151.

C Ergänze die Tabelle durch Wörter nicht deutscher Herkunft, die du kennst und verwendest.

> **Merke**
>
> Im Unterschied zu Lehnwörtern (↗ S. 93), deren fremdsprachige Herkunft man oft gar nicht mehr erkennt, gibt es Wörter nicht deutscher Herkunft, die die Schreibung, Aussprache und grammatische Form ihrer Sprache weitgehend beibehalten haben. Solche Wörter werden **Fremdwörter** genannt, z. B.: *interessant* (lat. *interesse*: zugegen sein, teilnehmen), *Baguette, Fan.*

D Welche der folgenden Wörter könnten Lehnwörter, welche Fremdwörter sein? Begründe, z. B: *fair* (engl.): Fremdwort, da sich die englische Schreibung und Aussprache erhalten hat.

Kohl • Faible • Adjektiv • Training • Schule • Porträt • Skyline • Straße • Regisseur • Diskussion • Zitrone • Geografie • Ziegel • Croissant

E Überprüft eure Vermutungen mithilfe eines Wörterbuchs.

| Projekt | Fachübergreifendes | Büffel-Ecke |

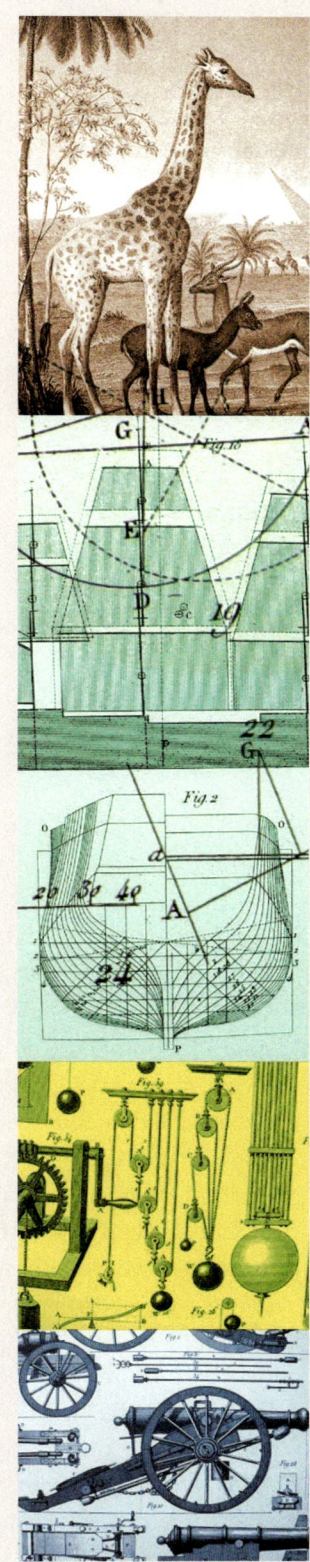

6

Veränderungen und Entwicklungen im Leben der Menschen zeigen sich auch im Wortschatz. In den ersten Jahrhunderten n. Chr. beeinflusste vor allem das Latein der Römer die anderen Sprachen. Sehr viel später, vom 13. Jahrhundert an, nahmen Handel und Gewerbe stark zu. Man lernte immer entferntere Länder kennen und mit den neuen Geschäften und fremden Waren trafen auch die neuen Wörter ein.

Niederländisch: Düne, Schleuse, Fracht, Matrose, Maat, Jacht
Italienisch: Bank, Kapital, netto, Kredit, Bilanz, Risiko, Bankrott
Slawisch: Peitsche, Pistole, Quark, Graupe, Gurke, Kürschner, Zobel, Nerz
Arabisch: Marzipan, Zucker, Kaffee, Kümmel, Jacke, Alkohol, Benzin, Ziffer

A Welchen Bereichen kannst du mehrere Wörter zuordnen? Denke z. B. an Bereiche oder Dinge wie *Seefahrt, Nahrungsmittel, …*

B Überlege, warum die Wörter gerade aus diesen Sprachen stammen.

7

Im 17. und 18. Jahrhundert gab es in Europa besonders viele neue Entwicklungen in Wissenschaft, Militärwesen, Kunst und Musik. Das spiegelt sich auch in der Sprache wider. Zum einen wurden viele Wörter aus dem Lateinischen, der damaligen Sprache der Wissenschaften, übernommen. Zum anderen diente die französische Lebensweise als Vorbild wie heute die englisch-amerikanische.

addieren • Akademie • Arie • Aula • Ballett • dividieren • Frisur • Garnison • Hotel • Kaserne • Kommandant • Konfitüre • Konzert • Kostüm • Leutnant • Melodie • Möbel • multiplizieren • Onkel • Oper • Porzellan • Rezept • Studium • subtrahieren • Takt • Tante • Terrasse • Universität

A Ordne in deinem Heft die Wörter den folgenden Bereichen zu:

Wissenschaft	Militärwesen	Kunst und Musik	Lebensweise
addieren	*Garnison*	*Konzert*	*Frisur*

B Unterstreiche die für dich schwierigen Stellen bei der Rechtschreibung.

C Notiere Fremdwörter aus dem Englischen zu den folgenden Bereichen:
a) Film und Fernsehen: *Spot, …*   c) Computer: *download, …*
b) Musik: *Pop, …*   d) Mode: *Shirt, …*

6. Kapitel Was Wörter über ihre Geschichte erzählen – Erb-, Lehn- und Fremdwörter

Wiederholung

8

Im Museum der Wartburg erfährt Edwin einiges über das Ritterleben:

Ein Ritter wurde schon als Kind auf *Turniere* vorbereitet. Angetan mit einer Rüstung kämpfte er mit der *Lanze*. Auf seinen *Abenteuern*, auf denen ihn *Vasallen* begleiteten, konnte er sich dann gegen Feinde wehren. Aber nicht nur Turniere und Abenteuer bestimmten das Ritterleben. Ein Ritter musste auch *tanzen*, *kommunizieren* und *diskutieren* können, um andere Ritter und vor allem die *Damen* zu beeindrucken.

A Sage, was du bereits über das Ritterleben wusstest und was dir neu ist.

B Finde mithilfe eines Herkunftswörterbuchs heraus, woher die gekennzeichneten Wörter stammen und was sie früher bedeuteten.

9

Abenteuer • Movie • Kuh • Mauer • Medaille • Mist • Pflaume • Schwester • Wein • Hund • Acker • Markt • Star • Sohn • Update

A In der Wörterliste finden sich 4 Fremd-, 5 Lehn- und 6 Erbwörter. Suche zunächst die Wörter aus, die du sicher als Fremdwort erkennst. Sortiere dann die Lehnwörter heraus.

B Aus welchen Lebensbereichen stammen die 6 Erbwörter?

Zusammenfassung

- Der Wortschatz unserer Sprache erweitert und verändert sich beständig. Gleichzeitig sind viele Wörter unseres Wortschatzes schon mehrere tausend Jahre alt. Diese so genannten **Erbwörter**, z. B. Mutter, Vater, Sonne, Mond, stammen aus der germanischen Zeit, die vor etwa 1500 Jahren endete. Neben dem Deutschen gehören das Englische, Schwedische, Dänische, Norwegische und Niederländische zu den germanischen Sprachen.
- Wörter, die zwar aus anderen Sprachen übernommen wurden, sich aber in Schreibung, Aussprache und grammatischer Form dem Deutschen anpassten, werden **Lehnwörter** genannt, z. B.: *Mauer (von lat. murus)*, *Münze (von lat. moneta)*. Ihre fremdsprachige Herkunft ist kaum mehr zu erkennen.
- Bei **Fremdwörtern** ist die fremdsprachige Herkunft noch zu erkennen. Besonders viele Fremdwörter kommen heute aus dem Englischen, weil derzeit deren Einfluss auf die Entwicklung von Wirtschaft, Technik und Musik besonders groß ist.
- Über Herkunft, Alter und die Veränderung der Bedeutung von Wörtern informieren **Herkunftswörterbücher**.

Siebentes Kapitel

„Benimm dich: Füße vom Tisch!"
Meinungen äußern und begründen

„Benimm dich!" Diese Aufforderung hat sicher jeder von uns schon einmal gehört. Sieh dir die Bilder an und sage, was sie für dich mit Benehmen zu tun haben. Erzähle von Situationen, in denen dich das Verhalten anderer gestört hat.

Regel

Nett wie ein Stein – Figurenverhalten bewerten

1

In Christine Nöstlingers Roman „Das Austauschkind" erzählt der 13-jährige Ewald Mittermeier von Jasper, einem englischen Jungen, der als Austauschschüler für ein paar Wochen zu ihm nach Wien kommt. Jasper ist allerdings alles andere als ein Musterknabe. Die Regeln und Gebote der Gastfamilie sind ihm ziemlich gleichgültig. Schnell lernen die Mittermeiers ein paar Kostproben von Jaspers Verhalten kennen.

CHRISTINE NÖSTLINGER

Das Austauschkind

Der Papa und die Mama wollten Jaspers Gepäck zu unserem Auto tragen, aber da knurrte Jasper. Er knurrte wirklich. So wie ein großer Hund, dem man den Fleischknochen wegnehmen will. Erschrocken ließen der Papa und die Mama von ihrer Hilfsbereitschaft ab. Jasper
5 packte Binkel*, Tasche und Koffer. […]
Als wir zum Auto gekommen waren, öffnete der Papa den Kofferraumdeckel und Jasper warf Tasche und Koffer in den Kofferraum. Der Papa wollte den Araber-Wandermannsbinkel hinterherwerfen, aber der Binkel war zu schwer.
10 „Uff", stöhnte der Papa. „Was hat der Knabe denn da drinnen?" Der Papa hievte den Binkel schnaufend in den Kofferraum. „Der hat an die zwanzig Kilo!"
„Das ist garantiert seine Flusskieselsammlung", sagte Peter**. „Die schleppt er meistens mit!"
15 „Interessant, ein kleiner Sammler", sagte der Papa, lächelte dem Jasper zu und deutete auf den Arafatbinkel im Kofferraum. „Stones?", fragte er. Jasper gab ihm keine Antwort.
„In Austria we have many stones", fuhr der Papa tapfer fort, „if you are interested in stones, you will make eyes by us!"
20 Jasper gab wieder keine Antwort. Er ignorierte den Papa komplett. Der Papa seufzte und stieg ins Auto. Wir stiegen auch ein. Jasper vorn, neben dem Papa. Die Mama hinten, zwischen dem Peter und mir. Ich überlegte, wie das auf den Engländer wirken muss, wenn er vernimmt: „You will make eyes by us!" Ich musste grinsen. Peter sagte zu mir:
25 „Dir wird das Grinsen noch vergehen, das schwör ich dir!"
Der Papa versuchte, dem Jasper beim Fahren ein bisschen von der Um-

* Binkel: österreichisch für „Beutel"
** Peter ist ein Freund, der Jasper bereits in England kennen gelernt hat.

gebung zu erklären. „This is the big Oil-Raffinerie!" und „This is a little town named Schwechat." Und: „This is Zentralfriedhof. All dead people of Vienna are living here!"

30 Jasper nahm sich nicht die Mühe, nach allen Wiener Toten, die auf dem Friedhof leben, auszuschauen. Auch die schöne Meldung von Papa: „Now we drive the belt along!" (womit er sagen wollte: „Wir fahren den ‚Gürtel' entlang." – so heißt nämlich bei uns eine Straße) ließ ihn tief unbeeindruckt. Jasper hatte aus der Latzhosenlatztasche einen Beu-
35 tel Aschanti* geholt. Aschanti samt Schale. Er bröselte die Aschantikerne aus der Schale und mampfte die Kerne. Die Schalen, sowohl die großen Stücke als auch die kleinen, fielen auf seine prallen Hosenbeine. Von dort beförderte sie Jasper auf unseren schwarzplüschenen Wagenboden. Ich schaute verstohlen, aber sehr neugierig, meine Mutter an.
40 Unser Auto innen total sauber zu halten ist eines unserer obersten Familiengebote. Jedes Zuwiderhandeln von mir oder meiner Schwester wurde von meiner Mutter bisher mit langem und lautem Gezeter geahndet.

* Aschanti: österreichisch für „Erdnüsse"

A Überlege, wie die Mutter auf Jaspers Bröselei reagieren könnte. Wähle eine der folgenden Möglichkeiten aus und begründe deine Wahl:
1. Die Mutter sagt nichts, sondern liest stillschweigend einige Schalen auf.
2. Die Mutter sagt ruhig, aber betont, dass Jasper sofort mit der Bröselei aufhören solle, da sich das in einem fremden Wagen nicht gehöre.
3. Die Mutter bittet Jasper, mit dem Essen der Nüsse aufzuhören, weil er sonst keinen Hunger mehr auf den von ihr gebackenen Kuchen zu Hause habe.
4. Die Mutter schimpft und fordert Jasper auf, nicht mehr im Auto zu essen.

B Formuliere, was du von dem „obersten Familiengebot" (Z. 40–41) hältst. Wie könnte es zustande gekommen sein?

C Stelle dir vor, du wärst Gast in einem fremdsprachigen Land und man würde dich so wie Ewalds Vater ansprechen. Was würdest du tun?

2

Da die Mutter kein Englisch kann, bittet sie Peter, mit Jasper zu reden:

Meine Mutter sagte: „Peter, bitte sag dem Jasper, dass er mit der Aschan-
5 tiesserei aufhören soll. Ich habe eine gute Torte für ihn gebacken. Wenn er so weitermampft, hat er keinen Hunger mehr."
Peter schüttelte den Kopf: „Ich red nur im Notfall mit ihm", sagte er, auf den Sitz von Jasper deutend. „Wir sind nämlich todfeind. Und außerdem" – Peter schaute meine Mutter mitleidig an – „tut er sowieso nie, was man ihm sagt. Der macht eisern das Gegenteil!"
„Aber, aber, Peter", sagte meine Mutter. „So arg wird es schon nicht sein!" Ihr Lächeln war jetzt tiefgefroren.
„Haben Sie eine Ahnung!" […]

| Sprechen, Schreiben, Zuhören | Umgang mit Texten | Nachdenken über Sprache |

Figurenverhalten befragen

Jasper drehte sich zu uns um, steckte den Kopf zwischen den Vorder-
55 sitzen durch, schaute Peter an und sagte ziemlich leise, aber sehr deutlich: „Shut up, old bloody bastard!" Dann drehte er sich zurück, lehnte
sich wieder an die Nackenstütze und widmete sich den Aschantinüssen.
Meine Mutter war leichentuchbleich im Gesicht geworden. Leise sagte
sie zu Peter: „Ich glaube, er hat verstanden, was du gesagt hast!"
60 „Na klar", sagte Peter. „Er hat ja Deutsch in der Schule. Ein paar Jahre
lang schon!"
„Du sprichst Deutsch, Jasper?" Meine Mutter beugte sich zum Bei-
fahrersitz vor. Es muss sie große Überwindung gekostet haben, jemanden, der gerade derart unanständig geschimpft hatte, freundlich anzu-
65 reden.
„No!", sagte Jasper. Das klang richtig drohend. So wie: Lasst mich in
Ruhe oder ich kleb euch eine!
Die weitere Heimfahrt verlief in totalem Schweigen. […]
Wir wohnen im vierten Stock, in einem alten Denkmalschutzhaus, ohne
70 Lift. Eine Wendeltreppe führt zu unserer Wohnung. Wir stiegen im
Gänsemarsch hinauf. Jasper mit seinem Gepäck als Letzter.
„Hilf ihm", raunte die Mama dem Papa zu.

A Vermute, wie Herr Mittermeier auf die Bitte seiner Frau reagieren wird. Wie wird Jasper sich verhalten?

B Stellt Folgendes jeweils als Standbilder dar (↗ Arbeitstechnik):
1. Die Mittermeiers holen Jasper vom Flughafen ab.
2. Die Mittermeiers gehen mit Jasper die Treppe hinauf.
Erläutert und vergleicht eure Standbilder.

Arbeitstechnik

Standbilder bauen
Ein Standbild gleicht einer Fotografie. Der Unterschied ist, dass ein Standbild aus lebenden Figuren besteht. Mit ihm veranschaulichst du, wie du dir die Beziehung von Figuren zueinander vorstellst. Gehe so vor:
- Lies den Text und notiere, wie du dir das Geschehen vorstellst.
- Suche für die Figuren geeignete Darstellerinnen und Darsteller aus.
- Baue das Standbild, indem du deinen Darstellerinnen und Darstellern sagst, wie sie sich stellen sollen. Diese bleiben völlig erstarrt stehen.
- Beschreibe und erläutere dein Standbild. Lies dazu Textstellen vor.

| Projekt | Fachübergreifendes | Büffel-Ecke |

3

Nachdem Jasper jede Hilfe beim Koffertragen abgelehnt hat, lernt er Ewalds Schwester Bille kennen.

Meine Schwester empfing uns im Vorzimmer, und zwar mit der Mitteilung, dass statt dem Tom sein Bruder Jasper bei uns logieren werde.
„Und wieso weißt du das?", fragte meine Mutter.
„Weil ich stundenlang mit den Pickbeers telefoniert hab", sagte meine Schwester nicht ohne Stolz. Der erste Anruf aus London, sagte sie, war schon bald nach unserer Abfahrt gekommen. Da habe ihr Mr. Pickbeer mitgeteilt, dass sich sein geliebter Sohn Tom in der Nacht durch einen Sturz über eine Treppe – und nur Gott weiß, warum – ein Bein gebrochen habe. Und dass er deshalb leider nicht nach Wien fliegen könne. Heute schon gar nicht und später auch nicht. Denn ein eingegipstes Kind könne man Gasteltern nicht zumuten. […] Er hat gefragt, ob es uns was ausmacht, wenn statt dem Tom sein Bruder kommt. Ich glaub, er hat mich die ganze Zeit für die Mama gehalten. Er hat gesagt, das Geld für den Flug kriegen sie nicht mehr zurück. Und ich hab mir gedacht, es ist ja Wurscht, welcher Pickbeer junior kommt. […]
In diesem Augenblick kam von der Treppe her durch die offene Wohnungstür ein erstaunlich ohrenbetäubendes Geräusch, das auch lang anhaltend war, dabei aber leiser wurde. Ein besserer Erdrutsch in verkarstetem Gebiet muss sich so anhören.
„Die Kieselsteinsammlung vom Jasper", sagte Peter ungerührt. „Ich hab mir gleich gedacht, dass das Kopftuch das Gewicht nicht lang aushält!"
„Sollte man ihm helfen?", fragte meine Mutter zögernd. „Willst du dich wieder anknurren lassen?", fragt mein Vater.
„Ihr seid vielleicht komisch!", rief Bille und lief aus der Wohnung und die Treppe hinunter.
Meine Mutter ging in die Küche Kaffee kochen. Mein Vater ging ins Wohnzimmer den Kaffeetisch decken. Peter und ich blieben im Vorzimmer bei der Tür und warteten auf ein böses Knurren vom unteren Stockwerk. Aber kein Knurren kam. Nur sehr viel klick-klick. Wie es eben klingt, wenn man Steinchen auf Steinchen wirft.
Ziemlich viel später, da saßen Peter und ich schon mit der Mama und dem Papa beim Kaffee, kam Bille mit Jasper ins Wohnzimmer. Jasper schleppte wieder seinen Arafatbinkel, Bille trug Reisetasche und Koffer.
„Bis in den Keller runter sind sie gerollt", schnaufte Bille. „Aber wir haben sie alle wieder! Ganz irre Stücke hat er. Herzen und Nieren. Und welche mit Loch und welche mit Streifen! Einfach gigantisch, was für Steine es gibt!"
„Please, take a seat, Jasper!", sagte meine Mutter und schob den Stuhl, den sie für Jasper vorgesehen hatte, einladend ein Stück zur Seite.

7. Kapitel „Benimm dich: Füße vom Tisch!" – Meinungen äußern und begründen

| Sprechen, Schreiben, Zuhören | Umgang mit Texten | Nachdenken über Sprache |

Figurenverhalten aus der eigenen Sicht darstellen

Jasper kam zum Tisch und setzte sich. Seine Finger waren rabenschwarz. Unser Treppenhaus wird selten gewaschen. Wenn man in unserem
115 Treppenhaus Steinchen klaubt, muss man solche Finger kriegen. Auch Billes Finger waren dreckig. Bille ging ins Badezimmer. Man hörte das Wasser rauschen.

„Jasper, your hands!", sagte meine Mama. Jasper besah sich seine Mohnnudelfinger und war sichtlich mit der Beobachtung, dass alle zehn Stück
120 vorhanden waren, zufrieden.

„They are dirty!", sagte meine Mama. Mit Klagestimme. Aber Jasper hatte das Interesse an seinen Fingern verloren. Er schaute auf das Stück Schwarzwälder Kirschtorte auf seinem Teller. Er zog den Teller an sich, betrachtete die Torte eingehend, entdeckte in der weißen Cremefülle
125 eine rote Kirsche, holte sie mit zwei Mohnnudelfingern aus der Buttercreme und steckte sie in den Mund. Die Finger, die er als Essbesteck benutzt hatte, steckte er auch in den Mund. Deutlich sauberer als vorher holte er sie wieder heraus.

„Jasper, go and wash your hands!", sagte meine Mutter. Jasper schaute
130 verbittert. Meine Mutter hielt dem Blick stand. Jasper seufzte, dann holte er ein folienverschweißtes AUA-Erfrischungstüchlein aus der Hosentasche, riss die Folie auf, warf sie auf den Boden, entfaltete das Tüchlein und ribbelte an seinen Händen herum, bis das Tüchlein dunkelgrau war. Hierauf knüllte er es zusammen und warf es auch auf
135 den Boden. Meine Mutter nahm das konsterniert wahr.

„Ein Mordstrumm Saubartl war der schon immer", belehrte Peter meine Mutter. „Und waschen tut er sich nie! Nur im Sommer, am Meer, beim Baden, da geht dann immer eine Schicht Dreck von ihm herunter!"
140 Kaffee trank Jasper nicht. Sein Tortenstück zerlegte er auf Krümel, um zu den Kirschen in der Creme zu kommen. Nur die aß er. Die vermanschten Biskuit-Creme-Schlagobers*-Brösel ließ er über.

* Schlagobers: Schlagsahne

|A| Weshalb ruft Bille: „Ihr seid vielleicht komisch!" (Z. 96)?

|B| Stelle dir vor, du wärst beim Kaffeetrinken dabei gewesen. Verfasse in deinem Heft einen Brief oder eine E-Mail an einen Freund und erzähle davon aus deiner Sicht. Beschreibe insbesondere, was du dabei empfunden hast.

|C| Vermute, warum sich Jasper so verhält. Beachte, dass er sich nicht von Ewalds Eltern, jedoch von Bille helfen lässt.

„Ich finde, …" – Meinungen äußern

4

In einem Lesekreis werden erste Meinungen zu Jaspers Verhalten geäußert:

Annika *Ich bin der Meinung, dass Jasper von seinen Eltern gezwungen wurde, als Austauschschüler nach Wien zu fliegen. Er hätte sicher lieber woanders Ferien gemacht. Ich kann das verstehen, ich gehe auch nicht gern zu fremden Leuten und noch dazu so lange.*

Friedrich *Mir kommt es vor, als würde sich Jasper überhaupt nicht darüber freuen, dass er anstelle seines Bruders nach Wien fahren darf. Daher benimmt er sich auch so unmöglich. Er will vielmehr seine Gasteltern ärgern und schmeißt z. B. die Erdnussschalen ins Auto.*

Maria *Ich kann das Verhalten von Jasper überhaupt nicht verstehen. Der sollte doch froh sein, dass ihn eine Familie eingeladen hat. Die müssen doch eine Menge für ihn bezahlen, z. B. das Essen. Da müsste er doch dankbar sein und auf keinen Fall so ein Theater machen.*

Magdalena *Auch wenn Jasper keine Lust hat, seine Ferien in Wien zu verbringen, so finde ich, dass er deshalb noch lange nicht seinen Ärger an anderen auslassen darf. Die können doch nichts dafür, dass sein Bruder sich das Bein gebrochen hat und er dafür als Austauschschüler nach Wien gefahren ist.*

Franz *Ich denke, wenn man als Gast zu Besuch ist, hat man sich so zu verhalten, wie es sich gehört. Da gibt es bestimmte Regeln, die man einhalten muss, auch wenn es einem gar nicht gefällt. Sonst braucht man sich nicht zu wundern, wenn man nicht mehr eingeladen wird.*

A Welcher Meinung könntest du dich am ehesten anschließen und welcher am wenigsten? Erläutere deine Wahl.

B An welchen Formulierungen merkst du, dass jemand seine eigene Meinung darstellt? Schreibe sie heraus, z. B.: *Ich kann nicht verstehen, …*

C Bald erfahren die Mittermeiers, dass Jaspers Eltern geschieden sind und er von seiner Mutter nicht geliebt wird.
Was meinst du jetzt zu Jaspers Verhalten? Du kannst dich bei deinen Formulierungen an den obigen Beispielen orientieren.

Sprechen, Schreiben, Zuhören

Sich entschuldigen

„Warum tust du das?" – Gründe angeben

5

Wahrscheinlich hast du schon einmal Folgendes erlebt: Eine Schülerin kommt zu spät zum Unterricht. Sie klopft an und betritt den Raum. Sie wendet sich an den Lehrer und sagt: „Entschuldigen Sie, dass ich zu spät komme", und setzt sich auf ihren Platz. Der Lehrer fragt: „…?"

A Ergänze schriftlich die Frage des Lehrers. Schreibe auch eine mögliche Antwort der Schülerin auf.

B Weshalb fragt der Lehrer nach?

6

Schnell ist ein Missgeschick passiert. Wichtig ist, wie man sich verhält:

1. Du hast aus Versehen eine Vase vom Küchentisch heruntergestoßen.
2. Du hast im Kaufhaus nicht aufgepasst und eine ältere Frau angerempelt.
3. Du hast die Klassenzimmertür dem Lehrer vor der Nase zugeschlagen.
4. Du bist zurückgegangen und auf den Fuß eines Mitschülers getreten.

A Was ist deiner Meinung nach in allen vier Situationen das beste Verhalten?

B Formuliere, was du in jeder einzelnen Situation sagst.

7

Anton will sich entschuldigen. Er kann sich nur nicht entscheiden, welche Begründung die beste für sein Verhalten wäre. Er sagt:
„Ich konnte meine Hausaufgaben nicht erledigen, …
– *weil ich mein Buch nicht gefunden habe.*"
– *da ich doch gestern Geburtstag hatte und ihn gefeiert habe.*"
– *weil ich bis 19 Uhr fort war und nach dem Abendbrot sofort ins Bett musste.*"
– *da ich doch starke Zahnschmerzen hatte und zum Zahnarzt gehen musste.*"
– *weil ich die Aufgabe nicht verstanden habe.*"
– *weil ich die Aufgabe nicht eingetragen und sie deshalb vergessen habe.*"

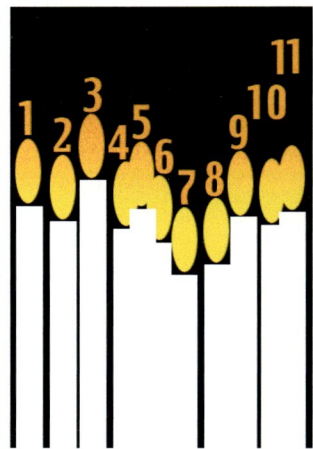

A Entscheide dich für eine der Begründungen. Welche ist deines Erachtens die überzeugendste, welche weniger überzeugend oder fadenscheinig?

B Stelle dir vor, du wärst ein Lehrer. Welche Entschuldigung für das Vergessen von Hausaufgaben würdest du akzeptieren? Formuliere sie.

| Projekt | Fachübergreifendes | Büffel-Ecke |

8

Viele Entschuldigungen werden mithilfe bestimmter Wörter formuliert:

1. Infolge einer Muskelzerrung im linken Bein ist es nicht möglich, dass ich heute und nächste Woche am Schwimmunterricht teilnehme.
2. Aufgrund einer Straßensperrung musste ich einen Umweg machen und konnte daher nicht pünktlich zum Unterricht erscheinen.
3. Durch den nächtlichen Frost waren die Wege derart glatt, dass ich einfach nicht schneller kommen konnte.
4. Wegen starker Schmerzen musste ich am Donnerstag zum Zahnarzt gehen. Deshalb konnte ich nicht zu deiner Geburtstagsfeier kommen.

A Lies die vier Sätze erst leise und dann laut vor. Betone dabei jeweils das Wort, mit dem die Begründung für das Verhalten eingeleitet wird.

B Überlegt euch zu zweit Situationen, in denen man sich entschuldigen sollte. Orientiert euch bei eurer Begründung an obigen Formulierungen.

Merke

Wenn man **sich entschuldigen** will, sollte man die Entschuldigung formulieren und Gründe angeben, die sie unterstützen. Die Begründung kann entweder durch Konjunktionen (↗ S. 85–86) wie *weil* oder *da* eingeleitet werden oder durch Wörter wie *aufgrund, wegen, infolge, durch*, z. B.: *Aufgrund meiner Krankheit konnte ich nichts für die Schule tun.*

9

In Marc Gellmans Buch „Trag immer 'ne saubere Unterhose!" wird begründet, warum man sich entschuldigen sollte. Darin steht z. B.:

1. Wer bekennt, dass ihm etwas Leid tut, beweist Charakter.
2. Hast du jemandem wehgetan, ändert sich daran solange nichts, bis du etwas unternimmst, um alles wieder gutzumachen.
3. Sagst du, dass dir etwas Leid tut, bringt dir das selbst etwas, vor allem aber natürlich der Person, die von dir gekränkt wurde.
4. Wenn du etwas verbockt hast, musst du es auch wieder ausbügeln.
5. Es gibt einfach keine Menschen, die keine Fehler begehen.

A Gib in deinen Worten den Grund wieder, der dich am meisten überzeugt.

B Welches Wort steckt in „Entschuldigung"? Wie erklärst du dieses Wort?

| Sprechen, Schreiben, Zuhören | Umgang mit Texten | Nachdenken über Sprache |

Situationen beschreiben,
Meinungsbegründungen
nachvollziehen und formulieren

Szenen des Alltags – Meinungen begründen

10

Oft genug geraten Menschen aneinander, z. B. in der Straßenbahn:

FAHRGAST Komm, mach mal Platz! Du bist jung und kannst stehen.
MARKUS Dort sind noch Plätze frei. Setzen Sie sich doch bitte da hin.
FAHRGAST Gib bloß keine Widerworte. Es ist schlimm genug, dass ich dich auffordern muss. Eigentlich hättest du von selbst aufstehen sollen.
MARKUS Ich komme gerade vom Waldlauf und bin völlig fertig. Wenn keine anderen Plätze da wären, würde ich trotzdem aufstehen, aber so …
FAHRGAST Das schlägt dem Fass den Boden aus. Das ist die heutige Jugend – kein bisschen Respekt vor dem Alter.

A Beschreibe das Verhalten von Markus und das des Fahrgastes.

B Was meinst du zu dem jeweiligen Verhalten? Begründe deine Auffassung.

C Wie könnte das Problem gelöst werden? Schreibe den Dialog weiter.

11

In einer Tageszeitung findet sich ein Leserbrief einer älteren Dame:

Ich bin der Meinung, dass viele Kinder und Jugendliche von ihren Eltern nicht mehr dazu erzogen werden, Achtung vor älteren Menschen zu haben. Ich wohne in einem Hochhaus in der Geibelstraße. Als ich in der letzten Woche vom Einkaufen kam und zwei schwere Tüten schleppte, sprangen drei Schulkinder vor dem Eingang unseres Hauses herum. Sie sahen mich mit den Tüten, aber sie reagierten überhaupt nicht. Als ich sie bat, mir die Tür aufzuhalten, sagten sie: „Keine Zeit, Oma!", und liefen weg. Deutlicher kann einem nicht vor Augen geführt werden, dass die Jüngeren keinen Respekt mehr vor dem Alter haben.
E. Nehm

A Worüber beschwert sich die Leserbriefschreiberin?

B Gliedere den Leserbrief in drei Teile. Was steht im ersten, was im zweiten und was im dritten Teil?

C Wie findest du die Reaktion der Kinder auf die Bitte der älteren Dame? Formuliere deine Meinung und begründe sie (↗ Arbeitstechnik, S. 107).

| Projekt | Fachübergreifendes | Büffel-Ecke |

Arbeitstechnik

Um deine **eigene Meinung** zu **begründen**, kannst du folgendermaßen vorgehen:
- In einem ersten Teil sagst du, wie du denkst, z. B.: *Ich bin (nicht) der Meinung, ... Der Meinung, dass ..., schließe ich mich an. Ich finde / meine, dass ...*
- In einem zweiten Teil formulierst du ein Beispiel oder du gibst Aussagen aus Büchern oder Zeitschriften wieder, die deine Meinung unterstützen.
- In einem dritten Teil kannst du deine Meinung bekräftigen, indem du sie noch einmal mit anderen Worten wiederholst.

Wer auf diese Weise seine Meinung begründet, **argumentiert**.

12

Lotte hat sich die Mühe gemacht und auf den Leserbrief geantwortet:

Ich möchte meine Meinung zum Leserbrief von Frau Nehm äußern.
Ich kann es nämlich nicht mehr hören, dass man behauptet, alle Kinder seien schrecklich und würden anderen nicht mehr helfen. Sicher gibt es schlechte Beispiele. Ich kümmere mich jedenfalls um eine ältere Frau in unserem Haus, die nicht mehr gut laufen kann. Ich kaufe für sie ein und lese ihr manchmal etwas vor. Außerdem habe ich zuletzt in der Zeitung gelesen, dass sehr, sehr viele Kinder und Jugendliche in Hilfs- und Umweltschutzorganisationen mitarbeiten. Ich finde, man sollte deshalb nicht immer so verallgemeinern.
L. Ström

A Überprüfe, welche Aussage stimmt:
– Lotte nennt ein Beispiel und äußert am Ende ihre Meinung.
– Lotte begründet ihre Meinung, die sie zu Beginn äußert. Sie gibt ein Beispiel.
– Lotte äußert ihre Meinung, gibt ein Beispiel und wiederholt zum Schluss ihre Meinung mit anderen Worten.
– Lotte begründet ihre Meinung, indem sie Frau Nehm einen Vorwurf macht.

B Formuliere, ob dich überzeugt, wie Lotte argumentiert.

C Verfasse einen eigenen Leserbrief, in dem du deine Meinung zur Aussage von Frau Nehm äußerst und begründest. Gib als Begründung Beispiele an, mit denen du zeigst, wie du dich älteren Menschen gegenüber verhältst.

Übrigens, das Wort „argumentieren" kommt vom lateinischen Wort für „Argument" und bedeutet „darstellen, beweisen, begründen". Nicht nur die bloße Meinung zählt, sondern wie man sie untermauern kann.

| Sprechen, Schreiben, Zuhören | Umgang mit Texten | Nachdenken über Sprache |

Inhalte erfassen und beurteilen

13

ÜBEN, ÜBEN, ÜBEN | In einer Klasse steht folgende Frage im Raum:
Sollte man sich Erwachsenen gegenüber höflich und respektvoll verhalten?

A Besprecht, was ihr unter „Höflichkeit" und „Respekt" versteht. Erzählt dazu von Situationen, in denen jemand höflich oder respektvoll war.

B Formuliere schriftlich deine Meinung zu der obigen Frage. Begründe sie.

C Vielleicht seid ihr nicht alle derselben Meinung. Sucht nach weiteren Begründungen, die eure jeweilige Meinung unterstützen können.

14

Die 6a der Freien Werkschule in Meißen hat sich mit dem Wort „Respekt" auseinander gesetzt und einen Rap geschrieben:

Respekt dem Respekt

Respekt muss man haben vor den Menschen dieser Welt,
denn es kommt nicht darauf an, was einem allein nur gefällt.
Respekt, das ist mehr als nur ein Zauberwort,
mal ehrlich: wenn wir losgehen würden und suchten nach diesem Ort,
5 an dem das Leben wird durch nichts und niemanden gefährdet,
wo denkt ihr, würden wir landen: Im Hier oder im Dort?
Machen wir uns nichts vor: auf dieser Welt
ist es um die Menschlichkeit noch immer nicht zum Besten bestellt.

Refrain:
10 Achtet die Leute, behandelt sie nicht wie fette Beute!
Wir sind alle Leute, Leute, Leute und keine fette Beute, Beute, Beute.

A Aus welchem Grund muss man nach Meinung der Schülerinnen und Schüler „Respekt vor den Menschen dieser Welt" haben (Vers 1)?

B Was für eine Welt wird in dem Rap beschrieben? Was meinst du dazu?

C Versucht in Kleingruppen, einen Rap zu schreiben. Ihr könnt auch den Rap *Respekt dem Respekt* fortsetzen, z. B. mit folgenden Versen:
*Hey, du, renn nicht weg, warte, bleib stehn!
Ich hab dich gerade eben bei den Typen da drüben gesehn, …*

Alles Knigge? – Benimm-Regeln und ihre Geschichte

15

Wenn du dich in Buchhandlungen umschaust, kannst du oft Bücher finden, die im Titel den Namen Knigge führen, z. B: „Der Kinder-Knigge", „Knigge für Eltern". Damit gemeint ist Adolf Freiherr von Knigge (1751–1796), der durch sein Buch „Über den Umgang mit Menschen" (1788) Berühmtheit erlangte. Als „der Knigge" wurde es bekannt. Darin geht es aber nicht, wie viele heute glauben, um Anweisungen, ob man eine Gabel links oder rechts hält, sondern darum, wie Menschen sich im Sinne einer besseren Welt zueinander verhalten sollten, z. B.:

Adolf Freiherr von Knigge.

Enthülle nie auf unedle Art die Schwächen deiner Nebenmenschen, um dich zu erheben! Ziehe nicht ihre Fehler und Verirrungen ans Tageslicht, um auf ihre Unkosten zu schimmern!

Glaube immer – und du wirst wohl dabei fahren –, dass die Menschen nicht halb so gut sind, wie ihre Freunde sie schildern, und nicht halb so böse, wie ihre Feinde sie ausschreien.

A Knigge hat diese Regeln vor mehr als über 200 Jahren niedergeschrieben. Versucht zu zweit, eine dieser Regeln in eure Sprache zu übersetzen. Ihr könnt auch einen Dialog schreiben, z. B.:
Lara Ich habe gehört, man soll sich nicht leichtfertig über seine
    Mitmenschen lustig machen. So habe ich z. B. einmal erlebt, wie …
Marek Finde ich auch. Wer so über andere spricht, will sich nur besser …

B Tragt oder spielt eure Dialoge der Klasse vor.

16

Fragt eure Eltern, Großeltern oder euch bekannte ältere Menschen nach Regeln und Umgangsformen, die sie in ihrer Kindheit und Jugend befolgen mussten.

! Hinweise, wie man Fragen stellen kann, findest du in ↗ Kapitel 18, S. 251.

A Stellt ihnen Fragen zu Lebensbereichen des Alltags wie:
• Regeln zu Hause • Regeln in der Schule • Tischsitten • Verhältnis von Jungen und Mädchen.

B Besprecht, welche der Regeln ihr auch heute noch für sinnvoll erachten würdet und welche nicht. Begründet eure Meinung.

| Sprechen, Schreiben, Zuhören | Umgang mit Texten | Nachdenken über Sprache |

Sich mit Situationen und Regeln kreativ auseinander setzen

17

Ein bedeutender Autor des 20. Jahrhunderts ist Bertolt Brecht (1898–1956). In einem Gedicht hat er zusammengetragen, nach welchen Regeln viele Kinder seinerzeit erzogen wurden.

BERTOLT BRECHT

Was ein Kind gesagt bekommt

Der liebe Gott sieht alles.
Man spart für den Fall des Falles.
Die werden nichts, die nichts taugen.
Schmökern ist schlecht für die Augen.
5 Kohlentragen stärkt die Glieder.
Die schöne Kinderzeit, die kommt nicht wieder.
Man lacht nicht über ein Gebrechen.
Du sollst Erwachsenen nicht widersprechen.
Man greift nicht zuerst in die Schüssel bei Tisch.
10 Sonntagsspaziergang macht frisch.
Zum Alter ist man ehrerbötig.
Süßigkeiten sind für den Körper nicht nötig.
Kartoffeln sind gesund.
Ein Kind hält den Mund.

A Welche der im Gedicht genannten Regeln sind dir bekannt?

B Verfasse ein Gedicht, in dem du Regeln zusammenträgst, die du sinnvoll und wichtig findest. Das Gedicht muss sich nicht reimen.

C Gestaltet ein Rollenspiel (↗ Arbeitstechnik), in dem ihr eine Situation nachspielt, in der sich jemand nicht benommen hat.
– Schreibt auf, was die beteiligten Personen in der Situation sagen und tun. Überlegt euch auch eine Lösung für die Auseinandersetzung.

Arbeitstechnik

Rollenspiele durchführen: In Rollenspielen kannst du vor einem Publikum in die Rolle einer anderen Person schlüpfen. Gehe so vor:
• Entscheide dich für eine Rolle und lerne sie auswendig.
• Probe mit den anderen das Spiel mehrmals. Korrigiert euch dabei.
• Bewertet anschließend euer Spiel in der Klasse. War es überzeugend?

Meine Regeln sind besser als … – Vergleiche mit *wie* und *als*

18

Viele Klassen stellen sich ihre eigenen Regeln zusammen, um gut miteinander auszukommen. Ob die folgenden Regeln ganz ernst gemeint sind?

1. Zuhören ist viel besser als dazwischenreden.
2. Jeder soll so aufmerksam wie sein Tischnachbar sein.
3. Keine Hausaufgaben sind uns zwar lieber als viele Hausaufgaben, wir machen sie aber trotzdem regelmäßig.
4. Ist der Lehrer fauler als wir, dann passen wir nicht mehr auf.
5. In der Klasse soll es stets so sauber wie im Lehrerzimmer sein.
6. Ist man kleiner als 1,30 m, wird man vom Tafeldienst befreit.
7. Ist man so klein wie ein Stück Kreide, braucht man im Sportunterricht nicht mit Medizinbällen zu trainieren.
8. Wer lauter brüllt als ein Löwe, bekommt einen Klassenbucheintrag.
9. Wer so fleißig ist wie der Lehrer, bekommt auch einen Eintrag.
10. Wer später als der Lehrer kommt, darf nicht zuerst wieder gehen.

A Finde heraus, weshalb in einigen Regeln das Wort *wie* und in anderen das Wort *als* verwendet wurde. Fertige dazu eine zweispaltige Tabelle an. Trage in die linke Spalte *wie* und in die rechte *als* mit ihren beistehenden Adjektiven ein.

B Vergleicht die Eintragungen in den beiden Spalten deiner Tabelle. Welche Regelmäßigkeit stellst du fest? Wann wird *wie*, wann wird *als* verwendet?

C Schreibe die folgenden Sätze ab und setze in die Lücken *als* oder *wie* ein: Ich verhalte mich besser ▬ du. Das bedeutet, ich bin nicht so laut ▬ du. Dafür bist du aber so groß ▬ ein Elefant und stärker ▬ ein Löwe.

Merke

Die Wörter *als* und *wie* werden häufig genutzt, um **Vergleiche** zwischen zwei oder mehr Lebewesen, Gegenständen oder Sachverhalten zu ziehen. Verglichen werden Eigenschaften, die durch Adjektive ausgedrückt werden.
Wird das **Adjektiv nicht gesteigert**, ist das Wort **wie** zu verwenden, z. B.: *Er ist so nett wie Max. Pia ist so klug wie ihr Lehrer.*
Wird das **Adjektiv gesteigert** (↗ S. 225), steht das Wort **als**, z. B.: *Er ist netter als Max. Pia ist klüger als ihr Lehrer.*

Wiederholung

Ist gutes Benehmen heute noch „in"?

Ich bin der Meinung, dass vielen Schülerinnen und Schülern in unserer Schule ein Unterricht im guten Benehmen sehr, sehr gut tun würde. So sehe und erlebe ich jeden Tag Folgendes: Man schmeißt sein Butterbrot weg, wenn man es nicht mag, man kommt zu spät zum Unterricht
5 und entschuldigt sich nicht richtig, und das Grüßen haben eh die meisten verlernt. Ich weiß kaum mehr, wann ich zuletzt ein freundliches „Guten Morgen" oder „Hallo" von einer Mitschülerin gehört habe. Es wird geschoben und getreten, wenn man in die Klasse oder auf den Schulhof will. Dem anderen den Vortritt zu lassen ist „uncool". Wenn
10 man Mädchen die Tür aufhält, ist man ein Weichei, wenn man Lehrer grüßt, ein Streber. Da das niemand sein will, benimmt man sich wie alle anderen. Bloß nicht angenehm auffallen, heißt es. Sonst wird man ausgelacht und von den anderen ausgeschlossen. Deshalb ist gutes Benehmen absolut „out".
15 Doch ich finde, wenn wir miteinander leben und lernen wollen, sollten wir uns schnellstens wieder an Regeln für gutes Benehmen erinnern.

A Auf welches Problem will die Briefschreiberin aufmerksam machen?

B Unterteile den Brief in Abschnitte. Was steht in den jeweiligen Teilen?

C Wie ist deine Meinung zum Thema? Schreibe einen Antwortbrief.

Zusammenfassung

— Häufig muss man das eigene oder das **Verhalten** anderer **erklären** oder **entschuldigen**. Dazu sollte man es auch begründen. Mithilfe von Konjunktionen wie *weil* oder *da* und Wörtern wie *aufgrund, infolge, wegen, durch* können solche Begründungen eingeleitet werden.

— Auch die **eigene Meinung** ist zu **begründen**, um überzeugend zu sein. Dies bedeutet, man sollte **argumentieren**, und zwar wie folgt:
1. Zuerst sagst du, was du zu einem Thema denkst. Beginne z. B. mit: *Ich bin der Meinung, … Ich finde, dass … Nach meiner Meinung … Ich schließe mich nicht der Meinung an, weil …*
2. Dann formulierst du Beispiele, die deine Meinung unterstützen.
3. Zum Schluss wiederholst und bekräftigst du deine Meinung.

— Oft verwendet man **Vergleiche mit *als* oder *wie***. Wird dabei das Adjektiv gesteigert, ist der Vergleich mit *als* zu formulieren, z. B.: *Er ist größer als du.* Wird es nicht gesteigert, ist *wie* zu verwenden, z. B.: *Er ist so groß wie du.*

Achtes Kapitel

Erich Kästner
lesen, sehen, vorstellen

Sieh die abgebildeten Buchcover aufmerksam an.
Die Titelbilder wurden von Walter Trier illustriert.
Erich Kästner hat diesen Zeichner sehr gemocht.
Wie gefallen dir die Titelbilder?
Beschreibe, was der Illustrator jeweils gezeichnet hat.
Welches der Bücher kennst du schon,
vielleicht sogar aus diesem Schulbuch?
Welche Verfilmung hast du gesehen?
Erzähle deiner Klasse davon.

Sprechen, Schreiben, Zuhören　　Umgang mit Texten　　Nachdenken über Sprache

Texten Informationen entnehmen

Damals wie heute – Erich Kästner über sich

Die Schülerinnen und Schüler der 6b haben die Aufgabe, ihren Lieblingsautor oder die Lieblingsautorin vorzustellen. Jonas liest besonders gern Bücher von Erich Kästner, auch die Verfilmungen hat er fast alle gesehen. Sogar im Erich-Kästner-Museum in Dresden war er schon. Dort hat er so viel Text- und Bildmaterial gesehen, dass es ihm schwer fällt, das Wichtigste und Interessanteste auszuwählen. Was sollten seine Mitschüler über Erich Kästner erfahren?

1

In seinen Kindheitserinnerungen „Als ich ein kleiner Junge war" hat Erich Kästner darüber nachgedacht, was Kinder ein halbes Jahrhundert später interessieren könnte. Das Buch erschien im Jahre 1957. Kästner war damals 58 Jahre alt.

In diesem Buche will ich Kindern einiges aus meiner Kindheit erzählen. Nur einiges, nicht alles. Sonst würde es eines der dicken Bücher, die ich nicht mag, schwer wie ein Ziegelstein, und mein Schreibtisch ist ja schließlich keine Ziegelei, […]
5 Dass ich ein kleiner Junge war, ist nun fünfzig Jahre her, und fünfzig Jahre sind immerhin ein halbes Jahrhundert. (Hoffentlich hab ich mich nicht verrechnet!) Und ich dachte mir eines schönen Tages, es könnte euch interessieren, wie ein kleiner Junge vor einem halben Jahrhundert gelebt hat. (Auch darin habe ich mich hoffentlich nicht verrechnet.)
10 Damals war ja so vieles anders als heute! Ich bin noch mit der Pferdebahn gefahren. Der Wagen lief schon auf Schienen, aber er wurde von einem Pferde gezogen, und der Schaffner war zugleich der Kutscher und knallte mit der Peitsche. Als sich die Leute an die „Elektrische" gewöhnt hatten, wurden die Humpelröcke Mode. Die Damen trugen
15 ganz lange, ganz enge Röcke. Sie konnten nur winzige Schrittchen machen, und in die Straßenbahn klettern konnten sie schon gar nicht. Sie wurden von den Schaffnern und anderen kräftigen Männern, unter Gelächter, auf die Plattform hinaufgeschoben, und dabei mussten sie auch noch den Kopf schräg halten, weil sie Hüte trugen, so groß wie
20 Wagenräder, mit gewaltigen Federn und mit ellenlangen Hutnadeln und polizeilich verordneten Hutnadelschützern!
Damals gab es noch einen deutschen Kaiser. Er hatte einen hochgezwirbelten Schnurrbart im Gesicht, und sein Berliner Hof-Friseur machte in den Zeitungen und Zeitschriften für die vom Kaiser bevor-
25 zugte Schnurrbartbinde Reklame. Deshalb banden sich die deutschen

Mode um 1908

Straßenbahn um 1905

Männer morgens nach dem Rasieren eine breite Schnurrbartbinde über den Mund, sahen albern aus und konnten eine halbe Stunde nicht reden.

Einen König von Sachsen hatten wir übrigens auch. Des Kaisers wegen fand jedes Jahr ein Kaisermanöver statt, und dem König zuliebe, anlässlich seines Geburtstages, eine Königsparade. [...]

Der Monarch, dessen Geburtstage so bunt und laut gefeiert wurden, hieß Friedrich August. Und er war der letzte sächsische König. Doch das wusste er damals noch nicht. [...]

Auch vor fünfzig Jahren hatte der Tag nur vierundzwanzig Stunden, und zehn davon musste ich schlafen. Die restliche Zeit war ausgefüllt wie der Terminkalender eines Generaldirektors. Ich lief in die Tieckstraße und lernte. Ich ging in die Alaunstraße und turnte. Ich saß in der Küche und machte meine Schularbeiten, wobei ich Acht gab, dass die Kartoffeln nicht überkochten. Ich aß mittags mit meiner Mutter, abends mit beiden Eltern und musste lernen, die Gabel in die linke und das Messer in die rechte Hand zu nehmen. Das hatte seine Schwierigkeiten, denn ich war und bin ein Linkshänder. Ich holte ein und musste lange warten, bis ich an die Reihe kam, weil ich ein kleiner Junge war und mich nicht vordrängte. Ich begleitete die Mama in die Stadt und musste neben ihr an vielen Schaufenstern stehen bleiben, deren Auslagen mich ganz und gar nicht interessierten. Ich spielte mit Försters Fritz und Großhennigs Erna in diesem oder jenem Hinterhof. Ich spielte mit ihnen und Kießlings Gustav am Rande des Hellers, zwischen Kiefern, Sand und Heidekraut, Räuber und Gendarm oder Trapper und Indianer. Ich unterstützte, am Bischofsplatz, die Königsbrücker Bande gegen die gefürchtete Hechtbande, eine Horde kampflustiger Flegel aus der Hechtstraße. Und ich las. Und las. Und las.

Der achtjährige Erich

Als Erich Kästner ein kleiner Junge war:
– Geburtsjahr: ?
– Geburtsort: ?
– fuhr mit Pferdebahn
– Mode für Frauen: Humpelröcke, ...
– ...

A Lies die Texte aufmerksam. In welchem Jahr und in welchem Teil Deutschlands (heutiges Bundesland) wurde Erich Kästner geboren?

B Was erfährst du über die Zeit, in der Kästner ein kleiner Junge war? Suche im Text entsprechende Informationen und notiere sie in Stichpunkten.

C Wie stellst du dir die Verkehrsmittel, die Kinder-, Damen- und Herrenmode von damals vor? Fertige nach Kästners Beschreibung eine Zeichnung an. Orientiere dich auch an den Fotos auf dieser Doppelseite.

D Beschreibe Erichs Tagesablauf. Vergleiche ihn mit deinem. Wie verstehst du den folgenden Satz des Autors: „Fast alles hat sich geändert, und fast alles ist sich gleich geblieben"?

Kindheit in Versen – Erich Kästner als Lyriker

Freimahlzeit während der Wirtschaftskrise 1930

Jonas hat auf seinem Rundgang durch das Erich-Kästner-Museum erfahren, dass der Autor zu Schule und Kindern ein ganz besonderes Verhältnis hatte.

In der elterlichen Wohnung lebte immer ein Lehrer (mal auch eine Lehrerin) zur Untermiete. Erich konnte es kaum erwarten, selbst zur Schule zu gehen. Mit 14 Jahren besuchte er in Dresden ein Lehrerseminar*. 1917 wurde er als Soldat in den Ersten Weltkrieg geschickt. 1919 legte er das Abitur am König-Georg-Gymnasiums ab. Dort veröffentlichte er seine ersten Gedichte in der Schülerzeitung. Ab 1920 studierte er in Leipzig, arbeitete an der „Neuen Leipziger Zeitung" mit und veröffentlichte weitere Texte, in denen er oft sehr kritisch mit seinen Zeitgenossen umging. 1927 wurde ihm gekündigt. Kästner zog nach Berlin, arbeitete als Theaterkritiker sowie bei verschiedenen Zeitungen. Die Zeiten waren schlecht, die ganze Welt durchlebte eine große Wirtschaftskrise.

* Ausbildungsstätte für Volksschullehrer

2

Verzweiflung Nr. 1

Ein kleiner Junge lief durch die Straßen
Und hielt eine Mark in der heißen Hand.
Es war schon spät, und die Kaufleute maßen
Mit Seitenblicken die Uhr an der Wand.

5 Er hatte es eilig. Er hüpfte und summte:
„Ein halbes Brot und ein Viertelpfund Speck."
Das klang wie ein Lied. Bis er plötzlich verstummte.
Er tat die Hand auf. Das Geld war weg.

Da blieb er stehen und stand im Dunkeln.
10 In den Ladenfenstern erlosch das Licht.
Es sieht zwar gut aus, wenn die Sterne funkeln.
Doch zum Suchen von Geld reicht das Funkeln nicht.

Als wollte er stehen bleiben,
stand er. Und war, wie noch nie allein.
15 Die Rollläden klapperten über die Scheiben.
Und die Laternen nickten ein.

Er öffnete immer wieder die Hände.
Und drehte sie langsam hin und her.
Dann war die Hoffnung endlich zu Ende.
20 Er öffnete seine Fäuste nicht mehr …

Der Vater wollte zu essen haben.
Die Mutter hatte ein müdes Gesicht.
Sie saßen und warteten auf den Knaben.
Der stand im Hof. Sie wussten es nicht.

25 Der Mutter wurde allmählich bange.
Sie ging ihn suchen. Bis sie ihn fand.
Er lehnte still an der Teppichstange
Und kehrte das kleine Gesicht zur Wand.

Sie fragte erschrocken, wo er denn bliebe.
30 Da brach er in lautes Weinen aus.
Sein Schmerz war größer als die Liebe.
Und beide traten traurig ins Haus.

| Projekt | Fachübergreifendes | Büffel-Ecke |

A Das Gedicht erschien 1929. Beschreibe die Stimmung, in der sich der Junge befindet. Was ist geschehen? Finde Textstellen, aus denen du schließen kannst, in welcher wirtschaftlichen Lage die Familie lebt.

B Wie wird der Vater reagieren? Schreibe einen kleinen Dialog, wie er sich zwischen Mutter, Vater und Sohn abgespielt haben könnte.

3

Pädagogik spaßeshalber
(Ein altes Kinderspiel: Renoviert)

Das größte Kind muss an die Tafel schreiben.
Und dauernd ernst sein. Und den Lehrer machen.
Die andern Kinder dürfen Kinder bleiben.
Und sollen nur, wenn er's verbietet, lachen.

5 Dann gibt das große Kind zunächst den Kleinen
ein schwieriges Diktat. Mit Das und Dass.
Die Mädchen müssen, wenn sie können, ▬▬▬.
Sonst machen sie die Hefte anders ▬▬▬.

Dann folgt ein Ausflug. Über Perserbrücken.
10 Rund um den Tisch. Mit Rucksack und Gesang.
Und in den Vasen kann man Blumen ▬▬▬.
Und wandert dreißigmal die Wand ▬▬▬.

Die Teppiche sind selbstverständlich Wiesen.
Hier wird gefrühstückt; und hier ruht man aus,
15 indes im Bad die Wasserfälle ▬▬▬.
Dann wandert man, rund um den Tisch, nach ▬▬▬.

Am schönsten ist natürlich das Examen.
Da hat der Lehrer einen Gehrock an
und fragt nach Wilhelm Tell* und Städte▬▬▬.
20 Und ob der Artur wohl den Handstand ▬▬▬.

Dann gibt's Zensuren. Karl und Gustav schwitzen.
Doch Gustav bleibt in diesem Jahr verschont.
Nur Karl der Faule bleibt schon wieder ▬▬▬.
Und sagt ganz laut: „Das bin ich nun ▬▬▬."

25 Und dann sind Ferien. Und alle lachen.
Das große Kind zieht flugs den Gehrock aus
und hängt ihn in den Schrank, zu Vaters ▬▬▬.
Denn: Vater kommt um diese Zeit nach ▬▬▬.

* Theaterstück von Friedrich Schiller

A Lies das Gedicht leise. Ab der 2. Strophe fehlt jeweils das letzte Wort am Ende des 3. und des 4. Verses. Schreibe das Gedicht ab und setze die fehlenden Wörter ein. Erkläre, wie du sie gefunden hast.

B Beschreibe, wie die großen und kleinen Kinder jeweils ihre Rolle als Lehrer oder Schüler und Schülerinnen spielen sollen.

C Vergleiche das Gedicht mit dem auf S. 116. Welche Gemeinsamkeiten kannst du in Bezug auf Verse, Strophen, Reime entdecken?

D Welche Informationen erhältst du auf S. 116 über den Autor Erich Kästner? Ergänze deinen Stichwortzettel (↗ S. 115).

8. Kapitel Erich Kästner – lesen, sehen, vorstellen

| Sprechen, Schreiben, Zuhören | Umgang mit Texten | Nachdenken über Sprache |

Texten Informationen entnehmen und notieren

Erich Kästner – der Kinderbuchautor

4

Zu seiner Überraschung erfuhr Jonas im Erich-Kästner-Museum, dass sein Lieblingsautor eigentlich gar nicht beabsichtigt hatte, Kinderbücher zu schreiben. Wie es dann doch dazu kam, das erzählte er erst 1966 bei der Einweihung einer Erich-Kästner-Schule.

Ich war jung und hatte tausend Pläne. Doch der Plan für Kinder zu schreiben war nicht darunter. Trotzdem erschien im Herbst 1929 mein erstes Kinderbuch. Die Anregung kam vom Verleger der „Weltbühne". Der Verleger hieß Edith Jakobsohn. Sie war die Witwe des Gründers
5 der Zeitschrift. […] „Sie wissen, dass ich die ‚Weltbühne' nur leite, weil mein Mann gestorben ist. Und Sie wissen auch, dass mir der Kinderbuchverlag ‚Williams & Co' gehört." Ich nickte. Ich wusste es. Sie hatte, in deutscher Übersetzung, Hugh Loftings Dolittle-Bände herausgebracht, „Pu, der Bär" von A. A. Milne und zwei Bände von Karel
10 Čapek. Der Verlag genoss größtes Ansehen. „Es fehlt an guten deutschen Autoren", sagte sie. „Schreiben Sie ein Kinderbuch!"
Ich war völlig verblüfft. „Um alles in der Welt, wie kommen Sie darauf, dass ich das könnte?" „In Ihren Kurzgeschichten kommen häufig Kinder vor", erklärte sie. „Davon verstehen Sie eine ganze Menge. Es
15 ist nur noch ein Schritt. Schreiben Sie einmal nicht nur über Kinder, sondern auch für Kinder." „Das ist sicher sehr schwer", sagte ich. „Aber ich werd's versuchen."
Fünf, sechs Wochen später rief Edith Jacobsohn bei mir an. „Haben Sie sich die Sache schon überlegt?" „Nicht nur das", gab ich zur Antwort.
20 „Ich schreibe gerade am neunten Kapitel."

A Wie wurde Erich Kästner Kinderbuchautor? Notiere auf deinem Stichwortzettel, wer den Anstoß dazu gab. Mit welcher Begründung wurde Kästner aufgefordert, nicht nur über, sondern auch für Kinder zu schreiben?

Erich Kästners erster Kinderroman hieß „Emil und die Detektive", er erschien 1929. 1930 wurde daraus ein Theaterstück und Erich Kästner erhielt den Auftrag, ein Drehbuch für eine Verfilmung zu entwickeln.

B Schau in deinen schon vorhandenen Notizen zu den Texten in diesem Kapitel nach, in welcher Stadt Erich Kästner zur Zeit der Entstehung seines ersten Kinderromans lebte.

| Projekt | Fachübergreifendes | Büffel-Ecke |

„Das fliegende Klassenzimmer" – lesen und sehen

Den Kinderroman *Das fliegende Klassenzimmer* schrieb Erich Kästner im Jahre 1933. Jonas erfährt während seines Rundganges durch das Erich-Kästner-Museum, dass der Autor das Drehbuch zu der ersten Verfilmung selbst schrieb. Der Film wurde 1954 in Schwarz-Weiß gedreht. 1973 gab es eine weitere Verfilmung. Und weil Buch und Film so beliebt geblieben sind, wurde das Buch 2002 das dritte Mal verfilmt. In der Neuverfilmung (Regie: Tomy Wigand) spielt die Handlung in der Gegenwart.

5

Das Buch: In einer kleinstädtischen Internatsschule studieren die Gymnasiasten ein Theaterstück mit dem Titel „Das fliegende Klassenzimmer" für die Weihnachtsfeier ein. Doch die Probenarbeit muss abgebrochen werden, als die mit den Gymnasiasten seit Jahren verfeindeten Realschüler der Stadt den Gymnasiasten Rudi Kreuzkamm gefangen nehmen und die Diktathefte der Gymnasiasten in ihre Gewalt bringen. Rudi kann befreit werden, von den Diktaten bleibt nur Asche. Und dann geschieht noch etwas „Haarsträubendes" mit dem kleinen ängstlichen Uli.

1

2

Während Martin vor der Tür gewartet hatte, war etwas Haarsträubendes geschehen!
Ein paar Externe, von Georg Kunzendorf angestiftet, hatten Uli in den Papierkorb gesetzt und den Papierkorb an den zwei Haken, die zum
5 Aufhängen der Landkarten dienten, hochgezogen. Matthias war von vier Jungen in der Bank festgehalten worden. Und nun hing Uli oben unter der Zimmerdecke und schaute mit knallrotem Kopf aus dem Körbchen. Martin wäre fast in Ohnmacht gesunken.
Professor Kreuzkamm tat, als bemerke er den skandalösen Tatbestand
10 überhaupt nicht, sondern setzte sich gleichmütig hinters Katheder, knüpfte Martins Taschentuch, das vor ihm lag, auf und betrachtete die Asche. „Was soll das darstellen?", fragte er.
„Das sind unsere Diktathefte", antwortete Martin betreten. „Aha", sagte der Professor. „Kaum zum Wiedererkennen. –
15 Wem wurden übrigens gestern Mittag die Hefte anvertraut?"
Rudi Kreuzkamm, der Sohn des Professors, stand auf.
„Konntest du die Hefte nicht besser verteidigen?"
„Leider nein", meinte Rudi. „Es waren ungefähr zwanzig Jungens, die den Fridolin und mich überfielen. Und bevor sie die Hefte verbrannten,
20 wurde ich von ihnen in einem Keller mit einer Wäscheleine gefesselt."

| Sprechen, Schreiben, Zuhören | Umgang mit Texten | Nachdenken über Sprache |

Einen Romanausschnitt lesen und mit der Verfilmung vergleichen

3

„Wie lange warst du denn in dem Keller?", fragte der Vater.
„Bis gegen vier Uhr."
„Haben deine Eltern etwas bemerkt?"
„Nein", antwortete Rudi.
„Das scheinen ja nette Eltern zu sein", meinte der Professor ärgerlich.
Ein paar Schüler lachten. Es war aber auch komisch, dass der Professor auf sich selber schimpfte.

„Haben sie dich denn nicht beim Essen vermisst?", fragte er.
30 „Nein", erwiderte Rudi. „Man erzählte ihnen, dass ich bei einem Kameraden eingeladen sei."
Der Professor meinte streng: „Richte deinem Vater einen schönen Gruß von mir aus, und er solle künftig gefälligst besser auf dich aufpassen!" Nun lachte die ganze Klasse. Außer Uli. Und
35 außer dem Lehrer.

4

„Ich werde es meinem Vater bestellen", entgegnete Rudi Kreuzkamm. Und da lachten sie wieder.
„Feine Zustände sind das bei euch", sagte der Professor. „Martins Liste brauch ich übrigens nicht. Ich habe sämtliche Zensuren noch einmal in
40 meinem Notizheft stehen. Aber ich werde die beiden Listen miteinander vergleichen. Hoffentlich hat niemand gemogelt. Na, das wird sich ja herausstellen. Außerdem möchte ich euch schon jetzt Folgendes mitteilen: Bei dem nächsten Unfug, den ihr anstellt, brumme ich euch ein Diktat auf, dass euch Hören und Sehen vergeht."

5

6

Wie auf Kommando starrten alle zu Uli hinauf. Das konnte ja heiter werden!
„Was soll eigentlich der Papierkorb an der Zimmerdecke?", fragte der Professor. „Lasst doch endlich diese Albernheiten!"
Ein paar Jungen sprangen hoch, um den Papierkorb herabzulassen.
„Nein!", rief der Professor streng. „Lasst ihn nur ruhig hängen! Das hat ja Zeit." Sollte er wirklich nicht gemerkt haben, dass Uli darin saß? „Wir wollen", sagte er, „ehe wir fortfahren, nur noch rasch ein paar Wörter aus dem gestrigen Diktat durchgehen. Wie schreibt man Vertiko? Sebastian!"
Sebastian Frank schob sein Buch über die Vererbungslehre unter die Bank und buchstabierte das Wort. Er buchstabierte es richtig.

| Projekt | Fachübergreifendes | Büffel-Ecke |

Der Professor nickte. „Und wie wird Grammophon geschrieben? Uli!"
Die ganze Klasse erstarrte vor Schreck.
Der Professor trommelte nervös mit den Fingern auf dem Katheder.
„Na, wird's bald, Simmern? Los, los!"
Da ertönte es zitternd aus dem Papierkorb:
„G … r … a … m … m …" Weiter kam Uli nicht.
Magisch angezogen blickte der Professor nach oben und stand auf.
„Seit wann ist denn dieses Zimmer ein Rummelplatz? Willst du mir erklären, was du in der albernen Luftschaukel zu suchen hast? Bei euch piept's wohl? Komm auf der Stelle herunter!"

7

„Ich kann nicht", sagte Uli.
„Wer war das?", fragte der Professor. „Schon gut. Ihr verratet es ja doch nicht. Matthias!" Matz stand auf. „Warum hast du das nicht verhindert?"
„Es waren zu viele", erklärte Uli aus den Lüften.
„An allem Unfug, der passiert, sind nicht etwa nur die schuld, die ihn tun, sondern auch die, die ihn nicht verhindern", erklärte der Professor. „Diesen Satz schreibt jeder bis zur nächsten Stunde fünfmal auf."
„Fünfzigmal?", fragte Sebastian spöttisch.
„Nein, fünfmal", erwiderte der Professor. „Wenn man einen Satz fünfzigmal aufschreibt, hat man ihn zum Schluss wieder vergessen. Nur Sebastian Frank schreibt ihn fünfzigmal auf. Wie lautet der Satz, Martin?"

8

Martin sagte: „An allem Unfug, der geschieht, sind nicht nur die schuld, die ihn begehen, sondern auch diejenigen, die ihn nicht verhindern."
„Wenn du wüsstest, wie Recht du hast!", meinte der Professor und lehnte sich zurück. „Das war der erste Teil der Tragödie. Nun angelt mal den Kleinen aus der Luftschaukel!" […]

A Wie verhalten sich Vater und Sohn Kreuzkamm als Professor und Schüler Kreuzkamm zueinander? Beschreibe, wie das Gespräch zwischen den beiden auf dich wirkt. Nenne die entsprechende Textstelle.

B Welchen Satz müssen die Schüler fünfmal schreiben? Erkläre den Satz.

C Lest die Szene mit verteilten Rollen. Schaut euch zur Vorbereitung die Textstellen in wörtlicher Rede an. Verteilt die Textstellen an entsprechend viele Schüler. Vergesst nicht einzuteilen, wer die übrigen Textstellen liest.

D Vergleiche die Bildausschnitte. Wodurch unterscheiden sie sich? Was kannst du jeweils sehen? Zum Beispiel Bild 1: *Außenansicht eines Gebäudes* oder Bild 2: *Martin und der Lehrer* …

Sprechen, Schreiben, Zuhören | **Umgang mit Texten** | **Nachdenken über Sprache**

Einstellungen kennen lernen, ein Sequenzprotokoll erstellen

Merke

Filme bestehen aus Bildern, den so genannten **Einstellungen**, z. B.: *Weit (Panorama), Halbnah, Nah, Groß.*

Weit (oder Panorama) bedeutet: Es ist eine Landschaft oder Stadtansicht zu sehen (Personen sind kaum zu erkennen), man erhält eine Übersicht über den Handlungsort, z. B. *Straße mit Schulgebäude.*

Halbnah bedeutet: Eine Person wird in ihrer unmittelbaren Umgebung gezeigt, sie ist ganz zu sehen, z. B. *Rudi Kreuzkamm in seiner Klasse.*

Nah bedeutet: Eine Person steht im Vordergrund (Brustbild), zu sehen ist die Mimik, der Gesichtsausdruck. Der Hintergrund ist noch erkennbar, z. B.: *Martin mit dem Lehrer Kreuzkamm vor der Klassenzimmertür.*

Groß bedeutet: Aufnahme eines Gesichts, im Mittelpunkt steht der Gesichtsausdruck der Person, z. B.: *Uli im Papierkorb.*

E Suche zu den Filmbildern 2–8 die entsprechenden Textstellen des Buches. Überlege, was die verschiedenen Einstellungen beim Filmpublikum bewirken können.

In einer Filmsequenz – man könnte es auch „Filmkapitel" nennen – wechseln die Kamera-Einstellungen. Durch den Filmschnitt werden sie in die richtige Reihenfolge gebracht. Den Wechsel der Bilder kann man sich in einem **Sequenzprotokoll** verdeutlichen. So kann man einen besseren Überblick über die Handlung und den Wechsel von Zeit und Ort im Film gewinnen:

SEQUENZPROTOKOLL **Filmkapitel: 08 (DVD): Der nächste Blödsinn (Buchkapitel: 7)**

Sequenz (Zeit)	Figuren (handelnde Personen)	Handlung	Kamera
8.0 – (55:30)	*Martin, Direktor Kreuzkamm*	<u>Flur</u> Martin berichtet von den verbrannten Noten, er bietet Geld dafür an	Nah (N)
8.01 (55:56)	*Martin, Direktor Kreuzkamm, Klasse*	<u>Klassenzimmer</u> Kreuzkamm, Martin betreten den Raum.	Nah (N)
8.02 (55:58)		Matz rauft mit den Externen.	Halbnah (HN)

F Übernimm den Tabellenkopf in dein Heft. Sieh den Film an und wähle eine Sequenz (ein Filmkapitel) aus. Ergänze das Protokoll. Welche Einstellungen werden häufig gewählt? Überlege, weshalb diese gewählt wurden.

6

Uli kündigt ein außergewöhnliches Ereignis an.

In der Pause kletterte Uli aufs Katheder und rief: „Ruhe!" Aber die anderen lärmten weiter.
„Ruhe!", rief er zum zweiten Mal. Es klang wie ein quälender Aufschrei. Und da wurden sie alle still. Uli war blass wie ein Handtuch. „Ich möchte euch mitteilen", sagte er leise, „dass ich das nicht mehr aushalte. Ich werde ganz krank davon. Ihr denkt, ich bin ein Feigling. Nun, ihr werdet's ja sehen. Ich fordere euch auf, heute um drei Uhr auf den Turnplatz zu kommen. Um drei Uhr. Vergesst es aber nicht!" […]

10

Uli hatte sich, ohne dass die anderen es gemerkt hätten, aus der Turnhalle gestohlen. Er fürchtete, dass sie ihn an seinem Vorhaben hindern könnten. Und das durfte nicht geschehen. Über fünfzig Jungen standen neugierig auf der verschneiten Eisbahn und erwarteten ihn. Es waren lauter Unterklassianer. Den Älteren hatte man nichts erzählt. Die Jungen hatten gleich das Gefühl gehabt, dass etwas Außergewöhnliches und Verbotenes bevorstehe. Sie hatten die Hände in den Manteltaschen und äußerten Vermutungen. „Vielleicht kommt er überhaupt nicht", sagte einer.

Aber da kam Uli schon. Er ging wortlos an ihnen vorüber und schritt auf die eisernen Kletterstangen zu, die am Rande des Platzes standen. „Wozu hat er eigentlich einen Schirm mit?", fragte jemand. Aber die anderen machten „Pst!".
Neben den Kletterstangen erhob sich eine hohe Leiter. Eine der üblichen Turnleitern, wie sie in allen Schulen zu finden sind. Uli trat an die Leiter heran und kletterte die eiskalten Sprossen hinauf. Auf der vorletzten Sprosse machte er Halt, drehte sich um und blickte zu der großen Jungensmenge hinunter. Er schwankte ein bisschen, als ob ihm schwindle. Dann riss er sich zusammen und sagte laut: „Die Sache ist die. Ich werde jetzt den Schirm aufspannen und einen Fallschirmabsprung machen. Tretet weit zurück, damit ich niemandem auf den Kopf fliege!"

11

12

Einige Jungen meinten, Uli sei komplett verrückt. Aber die meisten drängten stumm rückwärts und konnten das angekündigte aufregende Schauspiel nicht erwarten.
Die vier Tertianer, die in der Turnhalle arbeiteten, hatten die Bühnenbilder und den Barren für heute endgültig in die Ecke geschoben. […] Da drehte sich Matthias suchend um und fragte: „Wo ist denn eigentlich der Kleine? Er ist weg!"

| Sprechen, Schreiben, Zuhören | Umgang mit Texten | Nachdenken über Sprache |

Einen Romanausschnitt interpretieren, Kameraperspektiven kennen lernen

Johnny sah auf die Uhr. „Es ist kurz nach drei", sagte er. „Uli hatte doch um drei Uhr irgendetwas vor."
„Freilich", rief Martin. „Auf dem Turnplatz draußen. Da bin ich aber neugierig."
Sie verließen die Halle und liefen zu dem Platz hinüber. Sie bogen um die Ecke und blieben wie angewurzelt stehen. Der
45 Platz war voller Schüler. Und alle schauten zu der hohen Turnleiter hinauf, auf der Uli mühsam balancierte. Den aufgespannten Regenschirm hielt er hoch über sich.
Martin flüsterte: „Um Gottes willen! Er will herunterspringen!" Und schon rannte er über den Platz, und die anderen drei folgten ihm. Der Turnplatz
50 war, trotz des Schnees, höllisch glatt. Johnny fiel hin. „Uli!", schrie Matthias. „Tu's nicht!"
Doch in diesem Augenblick sprang Uli ab. Der Schirm stülpte sich sofort um. Und Uli sauste auf die verschneite Eisfläche hinab. Er schlug dumpf auf und blieb liegen.

13

14

Die Menge rannte schreiend auseinander. Im nächsten Augenblick waren die vier Freunde bei dem Verunglückten. Uli lag leichenblass und besinnungslos im Schnee. Matthias kniete neben Uli und streichelte ihn in einem fort.
Dann rannte Johnny ins Haus, um die Krankenschwester des Internats zu holen. Und Martin lief zum Zaun, kletterte hinüber und alarmierte den Nichtraucher. Der war ja Arzt. Er musste helfen. Und der Justus war auch noch bei ihm.
Matthias schüttelte den Kopf. „Mein Kleiner", sagte er zu dem Ohnmächtigen. „Und da behaupten sie immer, dass du keinen Mut hättest!"
Und dann weinte der zukünftige Boxweltmeister große Kindertränen.

A Als die Kinder (im Buch) Uli auf der Leiter sehen, verhalten sie sich unterschiedlich. Beschreibe ihre Erwartungen und Äußerungen.

B Versetze dich in einen Mitschüler von Uli, der die „Mutprobe" beobachtet hat, und schreibe einem Freund oder einer Freundin einen Brief. Du kannst so beginnen: *Mittwoch, den 21.12. Heute passierte etwas Verrücktes …*

C Wie werden Ulis Freunde reagieren, wenn er wieder aufwacht? Schreibe auf, was sie zu ihm sagen könnten.

D Der Hauslehrer Bökh sagt nach dem Vorfall: *„Vergesst nicht, dass so ein Beinbruch weniger schlimm ist, als wenn der Kleine sein Leben lang Angst davor gehabt hätte, die anderen würden ihn nicht für voll nehmen …"*
Welche Meinung hast du dazu? Diskutiert diesen Satz in der Klasse.

| Projekt | Fachübergreifendes | Büffel-Ecke |

Ulis „Mutprobe" – aus verschiedenen Perspektiven betrachtet

7

A Schau dir die Filmbilder auf S. 124 an. Wodurch unterscheidet sich Ulis „Mutprobe" von der im Buch? Was könnten Gründe für die im Film von 2002 vorgenommene Veränderung sein?

B Betrachte die folgenden Bilder aus derselben Filmsequenz. Überlege, aus wessen Sicht (aus wessen Perspektive) das Geschehen jeweils betrachtet wird. Beschreibe die Unterschiede.

15 16 17

Merke

Den Standpunkt/Blickwinkel der Kamera bezeichnet man als **Kameraperspektive**.
Bei der **Normalansicht** wird das Geschehen in Augenhöhe aufgenommen. Diese Perspektive entspricht unserer normalen Sichtweise.
Bei der **Vogelperspektive** (auch Aufsicht) wird ein Geschehen von oben aufgenommen. Der gefilmte Gegenstand oder Personen erscheinen kleiner, unbedeutender oder sogar hilflos.
Bei der **Froschperspektive** (auch Untersicht) wird ein Geschehen von unten aufgenommen. Dabei erscheint der gefilmte Gegenstand, die Person je nach Entfernung größer, vielleicht bedrohlich oder weit entfernt.

C Ordne die Bezeichnungen Normalansicht, Vogelperspektive und Froschperspektive den oben stehenden Filmbildern zu.

D Was meinst du, warum wurde Ulis „Mutprobe" einmal aus der Vogelperspektive und einmal aus der Froschperspektive aufgenommen?

E Sieh dir die Filmbilder auf S. 123 an. Welche Kameraperspektiven und Einstellungen wurden gewählt? Was können sie deiner Meinung nach bewirken?

| Sprechen, Schreiben, Zuhören | Umgang mit Texten | Nachdenken über Sprache |

Eine Mind-Map oder einen Stichwortzettel zu einem Autorenporträt erstellen

Erich Kästner – ein Autorenporträt erarbeiten

8

Jonas hat im Museum noch viele Informationen zu seinem Lieblingsautor gefunden und auf Stichwortzetteln notiert. Er überlegt, wie er alle gesammelten Notizen ordnen kann, um den Autor seiner Klasse vorzustellen.

(1)
– 1922–1933: viele Veröffentlichungen für Erwachsene (Gedichte, Bühnenstück, Roman)
– 1931: Es erscheinen die Kinderbücher „Pünktchen und Anton" und „Der 35. Mai"
– 1933: Bücherverbrennung durch die Nationalsozialisten, auch Kästners Bücher sind dabei, Veröffentlichungsverbot, Verhaftung
– ab 1945 in München: Gründung des Kabaretts „Die Schaubude", Arbeit bei der „Neuen Zeitung"
– 1949: Bilderbuch „Die Konferenz der Tiere" und der Kinderroman „Das doppelte Lottchen"
– 1951: E. Kästner wird Präsident des westdeutschen PEN-Zentrums (das ist der Verband der Schriftsteller)
– er hat einen Sohn (Thomas, geb. 1957)
– 1974: gestorben in München

(2)
– 1933: bereits Verhandlungen über eine Verfilmung von „Das fliegende Klassenzimmer", aber dann Verbot (siehe Zettel 1)
– 1943: unter einem Pseudonym (= Deckname oder Künstlername) Drehbuch für den UFA-Film „Münchhausen" geschrieben
– 1945: Filmexpedition nach Mayerhofen/Tirol
– Kästner schreibt das Buch „Das doppelte Lottchen" 1950 zum Drehbuch um und ist von Anfang an bei den Dreharbeiten dabei

(3)
Erich Kästner erhält viele Auszeichnungen, darunter z. B. 1950 den Bundesfilmpreis für „Das doppelte Lottchen" und 1957 den Georg-Büchner-Preis

A Finde heraus, wonach Jonas seine Notizen auf den Stichwortzetteln für das Autorenporträt geordnet haben könnte.

Merke

Mit einem **Autorenporträt** stellst du einen Autor oder eine Autorin Lesern oder Zuhörern näher vor. Es sollte enthalten: 1. Hinweise zur Biografie (Lebensdaten, Wohnorte, Ausbildung, erste Schreiberfahrungen), 2. wichtige Werke, z. B. *Bücher, Filme, Theaterstücke, Gedichte, Hörspiele* (Titel, Erscheinungsjahr), 3. Auszeichnungen, 4. eine Inhaltsangabe zu einem Buch oder Film sowie einen interessanten Text- oder Filmausschnitt oder ein Gedicht, das du vorstellen möchtest.

| Projekt | Fachübergreifendes | Büffel-Ecke |

B Überlege, welche Informationen zu Erich Kästner du in deinem Autorenporträt verwenden und nach welchen Schwerpunkten du sie ordnen willst. Du kannst verschiedene Methoden zum Ordnen anwenden, z. B.: eine Mind-Map erstellen oder deinen Stichwortzettel ergänzen und neu ordnen.

Arbeitstechnik

Eine Mind-Map erstellen

Eine Mind-Map (englisch: Gedanken-Landkarte) ist eine anschauliche Anordnung von Ideen und Gedanken, um ein Thema zu gliedern bzw. gesammelte Informationen nach Schwerpunkten zu ordnen. So kannst du vorgehen:

1. Nimm ein Blatt quer und schreibe in dessen Mitte in einen großen Kreis oder Kasten das Thema, z. B.: *Autor: Erich Kästner*.
2. Ordne um das zentrale Thema Stichwörter, die die Schwerpunkte deines Themas sein können.
3. Verbinde die Stichwörter durch Linien mit dem Kreis oder Kasten.
4. Schreibe zu deinen Schwerpunkten weitere Stichpunkte.

Noch mehr Informationen zu Erich Kästner erhältst du im Internet unter folgender Adresse:
www.erich-kaestner-museum.de

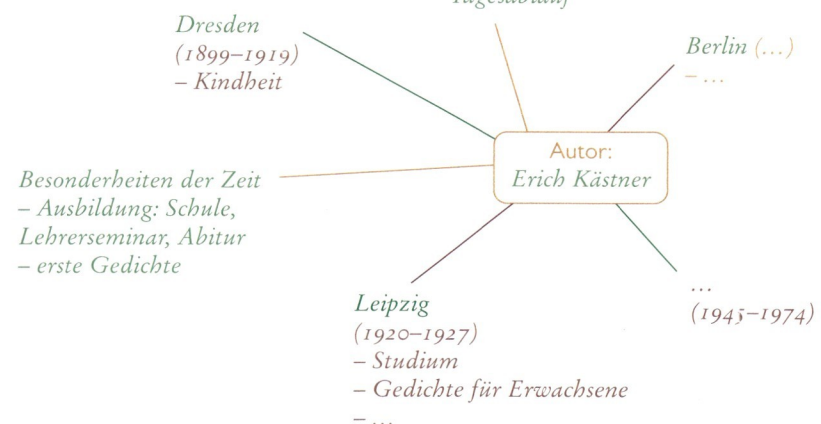

Autorenporträt Erich Kästner

1. Biografische Angaben
– 1899 in Dresden geboren, zu dieser Zeit gibt es in Dresden noch eine Pferdestraßenbahn, es gibt in Deutschland noch einen Kaiser und einen König in Sachsen
– 1913: schon mit 14 Jahren besucht K. ein Lehrerseminar
– 1917–1918 Militärdienst
– 1919 Abitur

2. Wichtige Werke (Bücher, Filme)
– 1929: „Emil und die Detektive"
– 1930/31 Mitarbeit am Drehbuch zum Film „Emil und …"
– 1931: „Pünktchen und Anton" …

3. Auszeichnungen/Preise

C Finde heraus, nach welchen Schwerpunkten die Mind-Map bzw. der Stichwortzettel geordnet wurde.

D Übernimm die Mind-Map oder den Stichwortzettel in dein Heft und ergänze sie oder ihn mit deinen gesammelten Notizen und Informationen aus diesem Kapitel (↗ S. 113, 115, 117, 118, 119).

E Arbeite zur besseren Übersicht mit Zwischenüberschriften, Farben und Unterstreichungen.

Wiederholung

9 Erarbeite ein Autorenporträt zu Erich Kästner und bereite es für den Vortrag in der Klasse vor.

A Nutze als Grundlage für deinen Vortrag die von dir angefertigte Mind-Map oder den Stichwortzettel (↗ S. 127).

B Überlege dir einen Einleitungssatz, du kannst z. B. sagen, wann du Büchern oder Filmen des Autors das erste Mal begegnet bist oder welches Buch du kennst, besonders schön findest, …

C Wähle ein Buch oder eine Verfilmung des Autors aus, die du kurz vorstellen möchtest (↗ Kapitel 18, S. 263). Erarbeite zum Buch oder Film eine knappe Inhaltsangabe und suche einen interessanten Ausschnitt zum Vorlesen oder Anschauen aus (↗ S. 122–125).

D Überlege dir einen Schlusssatz, du kannst zum Beispiel deine Mitschüler anregen, dein ausgewähltes Buch zu lesen oder den Film anzusehen.

E Übe den Vortrag deines Autorenporträts. Überprüfe, ob deine Stichpunkte oder deine Mind-Map als Gedächtnisstützen ausreichen.

Plastik: Der junge Kästner.
Vor dem Erich-Kästner-Museum in Dresden

Zusammenfassung

Das Anfertigen eines **Autorenporträts** erfordert folgende Schritte:
- das Sammeln von Informationen zur Biografie (Lebensdaten, wann und wo gelebt, gearbeitet, Ausbildung, erste Schreiberfahrungen), Material kannst du oft in den Büchern finden, in Biografien, Museen, im Internet;
- das Sammeln von Informationen zu den Werken (Titel und Erscheinungsjahr der Bücher, Gedichte, Filme, Hörspiele, Theaterstücke) sowie zu Auszeichnungen/Preisen, die der Autor oder die Autorin erhalten hat;
- das Ordnen der Informationen nach Schwerpunkten mithilfe einer Mind-Map oder eines Stichwortzettels (↗ S. 126–127);
- das knappe Vorstellen z. B. eines Buch-, Film- oder Hörspielausschnittes (↗ den Inhalt zusammenfassen siehe Kapitel 1, S. 19).

Beim **Vorstellen einer Buchverfilmung** kannst du eingehen auf:
- Unterschiede zwischen dem Buchtext und dem entsprechenden Filmausschnitt in Bezug auf die Personen, die Handlung (↗ S. 120–124);
- auf wirksame Einstellungen und Kameraperspektiven, durch die eine Person oder ein Geschehen für dich sehr einprägsam wurde (↗ S. 122–125).

Neuntes Kapitel

Peng, krach, brr, hihi …
Comics lesen, untersuchen und selbst gestalten

Welche Comics kennst du? Welche liest du gern oder gar nicht?
Beschreibe Situationen, in denen du Comics liest.

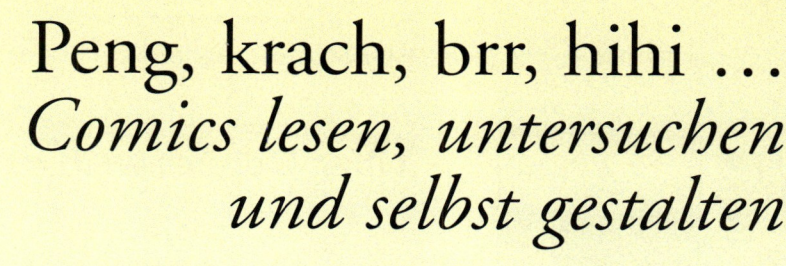

| Sprechen, Schreiben, Zuhören | Umgang mit Texten | Nachdenken über Sprache |

Genremerkmale herausfinden

Über Comics weiß ich ... – ein Fragebogen

1

Wahrscheinlich hast du schon einmal einen Comic gesehen und gelesen, oder du bist ein richtiger Comicfan. Dann weißt du schon einiges über Comics. Mit folgendem Fragebogen kannst du dein Wissen über sie testen und mit dem deiner Mitschülerinnen und Mitschüler vergleichen.

A Beantworte die Fragen des Fragebogens schriftlich in deinem Heft.

---

1. Woran erkennst du Comics auf den ersten Blick?

2. In welchen Comics spielen die folgenden Figuren eine Rolle?
Was sind Stärken und Schwächen dieser Figuren?
Tim • Die Daltons • Tick, Trick und Track • Idefix • Peter Parker • Dig, Dag und Digedag • Daniel Düsentrieb • Clark Kent • Peppermint Patty • Jerry • Jenny, Nobi, Gunnar und Marcel

3. Comics können in verschiedene Gruppen aufgeteilt werden.
Suche Beispiele für:
– Funnies: Lustige Geschichten, in denen Tiere wie Menschen handeln,
– Abenteuercomics: See-, Weltraum-, Western-, Dschungelabenteuer,
– Detektivcomics,
– Familien- oder Alltagscomics.

4. Die Form der Sprechblasen macht deutlich, wie die Figuren sprechen. Welche Bedeutung haben die folgenden Balloons (so werden die Sprechblasen auch genannt)?

5. Diese Blase unterscheidet sich von den vorherigen.
Was bedeutet sie?

| Projekt | Fachübergreifendes | Büffel-Ecke |

6. Manchmal stehen in den Blasen Bildzeichen wie die folgenden. Was bedeuten sie? Welche weiteren Bildzeichen kennst du? Zeichne sie und erkläre kurz ihre Bedeutung.

7. Schau dir das folgende Panel (so wird ein Comicbild auch genannt) an. Welche Bedeutung haben die Striche um Figur und Gegenstände herum?

8. Was bedeuten die folgenden Wörter? Weshalb sind sie so gestaltet?

Peng! Knaxxx Ratsch Zzzzzz Romms Flutsch Klack Plopp

9. Wie werden derart gestaltete Wörter genannt?
Imperative • Panelzeichen • ASCII-Zeichen • Interjektionen • Krachsilben

10. Es gibt Comicstrips und Comicbooks. Worin unterscheiden sie sich?

11. Viele Comics sind verfilmt worden. Es gibt reine (zum Teil mit dem Computer entworfene) Zeichentrickfilme und Filme, in denen die Figuren von Schauspielerinnen und Schauspielern gespielt werden. Welche Filme kennst du? Trage sie in eine Tabelle ein.

Zeichentrickfilm	Film nach Comicvorlage mit Schauspielern
– Das Dschungelbuch	– Batman

B Wer kennt sich am besten mit Comics aus? Vergleicht eure Antworten.

| Sprechen, Schreiben, Zuhören | Umgang mit Texten | Nachdenken über Sprache |

Einen Comicstrip untersuchen

Spirou hat eine Idee – einen Comic lesen und verstehen

2 Im Unterschied zu Karikatur oder Cartoon, die meist nur aus einer einzelnen witzigen Zeichnung bestehen und oft ohne Worte auskommen, sind Comics als Geschichten zu lesen, in denen viel gesprochen wird.

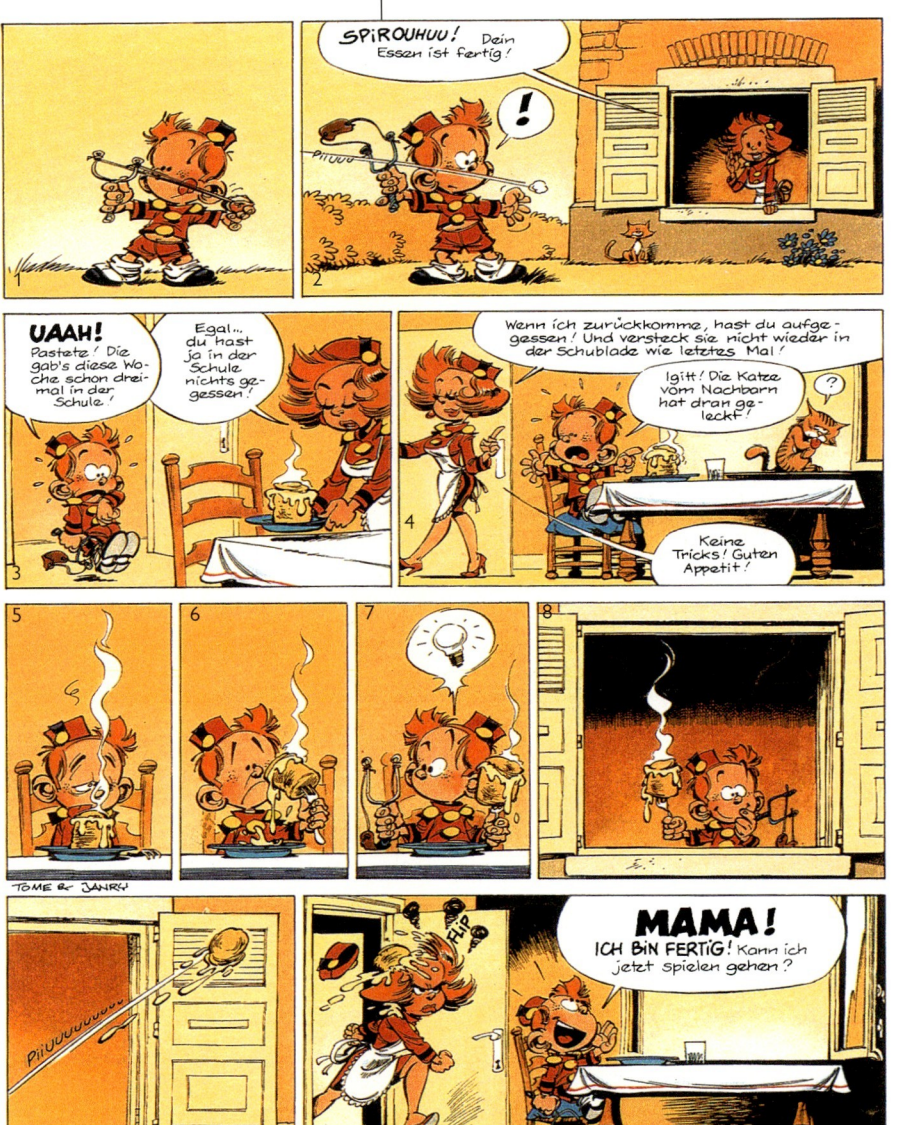

ⓘ xoomic.de/webneu/magazin/spirou1.html
Mehr zur Entwicklung und Geschichte der Figur erfährst du auf dieser Seite.

| Projekt | Fachübergreifendes | Büffel-Ecke |

A Gib wieder, was in der Geschichte passiert (↗ Arbeitstechnik).
Beginne z. B. so: *Spirou übt gerade, mit der Steinschleuder zu schießen. Da ruft …*

> **Arbeitstechnik**
>
> **Eine Bildgeschichte mit eigenen Worten wiedergeben**
> - Beschreibe je Bild kurz, was geschieht, und finde dafür eigene Worte. Du kannst dabei auch den Inhalt der Sprechblasen zusammenfassen, z. B.: *Da ruft ihn seine Mutter zum Essen ins Haus hinein,* oder wörtlich wiedergeben (↗ S. 134), z. B.: *Da ruft ihn seine Mutter: „Spirouhuu!"*
> - Überlege dir für die Stellen zwischen den Bildern kleine „Übergänge", z. B.: *Als er in die Küche essen kommt, … Sobald die Mutter fort ist, …*
> - Achte auf Besonderheiten in Mimik (Gesichtsausdruck), Gestik (Gebärden) und Körpersprache, z. B.: *reißt vor Schreck die Augen auf, angeekelt schaut er auf den Teller, kichert in sich hinein …*
> - Behalte bei deiner Wiedergabe die Reihenfolge der Bilder bei.

B Stelle dir vor, der Comic würde erst mit Bild 3 beginnen. Was meinst du, inwieweit wäre er noch zu verstehen?

C Wofür sind die Bilder (Panels) 5, 6, 7 wichtig? Vergleiche sie mit den anderen Bildern und beschreibe, worin sie sich von diesen unterscheiden. Notiere dazu alles, was dir auffällt.

D Versuche, dich in Spirou hineinzuversetzen. Welche Gedanken könnten ihm in den Bildern 5, 6, 7 durch den Kopf gehen? Schreibe sie auf. Beginne z. B. so: *Verflixt, schon wieder diese blöde Pastete …*

E Im Bild 7 ist in der Sprechblase eine Glühlampe abgebildet. Was hat das zu bedeuten? Welches Symbol oder Zeichen würde auch in diese Blase passen?

F Wie heißt die Redensart, für die die Glühlampe steht? „Übersetze" anhand der nebenstehenden Comicbilder weitere Redensarten. Du kannst auch andere Redensarten, die du kennst, nennen und zeichnen.

G Auch im letzten Bild des Comics steckt eine Redensart. Welche? Formuliere, was der Mutter durch den Kopf gehen könnte.

H Die Größe der Buchstaben spielt im letzten Bild eine wichtige Rolle. Was soll die jeweilige Größe der Wörter und Buchstaben ausdrücken? Worin besteht der Witz?

9. Kapitel Peng, krach, brr, hihi … – Comics lesen, untersuchen und selbst gestalten

Sprechen, Schreiben, Zuhören | Umgang mit Texten | Nachdenken über Sprache

Zeichensetzung bei der wörtlichen Rede

Von Sprechblasen zu Gänsefüßchen – wörtliche Rede kennzeichnen

3

Um den Spirou-Comic mit eigenen Worten wiederzugeben, hat sich Svenja einige Notizen gemacht:

1. Spirou spielt draußen mit seiner Schleuder und schießt Steinchen weg.
2. Da ruft/ flötet/ schreit/ brüllt seine Mutter in den Garten hinaus Spirouhuu! Dein Essen ist fertig!
3. Als er in die Küche kommt, sieht er, wie sie Pastete auf den Tisch stellt. Erschrocken sagt/ meckert/ nölt er Pastete! Die gab's diese Woche schon dreimal in der Schule! Doch seine Mutter lässt sich nicht beirren und meint/ sagt/ schimpft Egal, du hast ja in der Schule nichts gegessen!
4. Und noch im Hinausgehen redet/ behauptet/ erklärt sie bestimmt Wenn ich zurückkomme, hast du aufgegessen! Und versteck sie nicht wieder in der Schublade wie letztes Mal!
Unwillig setzt sich Spirou an den Küchentisch. Zum Glück sitzt darauf eine Katze. Er ergreift die Gelegenheit und lügt/ schwindelt/ schreit Igitt! Die Katze vom Nachbarn hat daran geleckt! Seine Mutter aber bleibt hart und warnt/ bittet/ erinnert Keine Tricks! Guten Appetit!

A Svenja hat versucht, den Inhalt der Sprechblasen schriftlich wiederzugeben. Dabei hat sie vergessen, die Zeichensetzung für die wörtliche Rede hinzuzufügen. Welche Zeichen hätte sie an welchen Stellen setzen müssen?

B Weil Svenja sich noch unsicher war, hat sie mehrere Verben des Sagens ausgewählt, um die wörtliche Rede einzuleiten. Schau dir noch einmal den Comic an und wähle jeweils das Einleitewort aus, das du für passend hältst.

C Schreibe den Text ab und führe ihn zu Ende. Wähle dabei je ein Einleitewort für die wörtliche Rede aus und setze die fehlenden Satzzeichen ein.

Merke

Bei der **wörtlichen Rede** können Verben des Sagens die Art und Weise der Rede angeben, z. B.: *sprechen, flüstern, brüllen, schreien, reden* usw. Im Comic wird das durch die Form der Sprechblasen, durch die Größe der Buchstaben oder Fettgedrucktes verdeutlicht. Die wörtliche Rede wird im Comic nicht gekennzeichnet. In schriftlichen Wiedergaben hingegen sind Anführungszeichen bei der wörtlichen Rede zu setzen. Dabei steht davor ein Doppelpunkt, z. B.: *Spirou brüllt: „Igitt!"*

4

Für den letzten Satz hat sich Svenja drei Möglichkeiten notiert:

1. Freudig ruft Spirou: „Mama! Ich bin fertig! Kann ich jetzt spielen gehen?"
2. „Mama!", ruft Spirou, „ich bin fertig! Kann ich jetzt", fragt er, „spielen gehen?"
3. „Mama! Ich bin fertig!", ruft Spirou. „Kann ich jetzt spielen gehen?", fragt er.

A Vergleiche die drei Möglichkeiten. Worin unterscheiden sie sich? Du kannst folgende Satzbilder als Erklärungshilfe hinzuziehen:

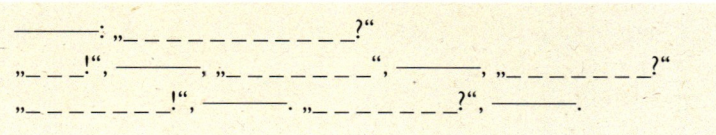

B Schau dir die obige Zeichensetzung an und beantworte Folgendes:
– Welche Satzzeichen müssen gesetzt werden, wenn der Redebegleitsatz vor der wörtlichen Rede steht?
– Welche Satzzeichen müssen gesetzt werden, wenn der Redebegleitsatz zwischen der wörtlichen Rede steht?
– Welches Satzzeichen muss gesetzt werden, wenn der Redebegleitsatz hinter der wörtlichen Rede steht?
– Welche Satzzeichen bleiben erhalten, wenn der Redebegleitsatz hinter der wörtlichen Rede steht? *Punkt • Fragezeichen • Ausrufezeichen*

5

Üben, üben, üben

1. Er rief: „Bringe mir bitte das Geschenk mit!"
   Er rief Ich will das nicht essen
2. „Morgen werde ich nicht kommen", sagte sie.
   Morgen komme ich nach Hause sagte sie
3. „Kommst du mit?", fragte sie
   Hilfst du mir bei den Hausaufgaben fragte sie.
4. „Ich werde", versicherte er, „bald zurückkommen."
   Ich habe flüsterte er ihn genau erkannt

A Schreibe jeweils den zweiten Satz ab und setze die fehlenden Satzzeichen.

B Erfinde mindestens vier ähnliche Sätze und setze die Satzzeichen.

Die Geschichte der Comics – einen Sachtext lesen

6

Wenn du meinst, der Comic sei eine Erfindung von heute, dann hast du dich geirrt. Mehr über seine Geschichte erfährst du im folgenden Text:

Bildergeschichten sind so alt wie die Menschheit. Die Urmenschen bemalten Höhlenwände, und in den alten ägyptischen Tempeln findet man Wandgemälde und Reliefs, die in Bilderfolgen über den Alltag, den Glauben und das Brauchtum jener Zeit berichten.
5 In Deutschland sind alte Bildergeschichten vor allem in Kirchen, z. B. auf den Altären oder in wertvollen Büchern, zu finden. Die Maler des Mittelalters schrieben wichtige Sätze aus der Bibel unmittelbar über die Köpfe von Heiligenfiguren.
Im 18. und 19. Jahrhundert schuf man Bildergeschichten, um insbeson-
10 dere Kinder zu erziehen. Du kennst vielleicht den *Struwwelpeter* (1845) von Heinrich Hoffmann. Seine Bildergeschichten sind als Warnung für Kinder gedacht, die nicht auf ihre Eltern hören wollen. Darin kommt z. B. ein Junge vor, dem zur Strafe der Daumen abgeschnitten wird, weil er immer daran lutscht.

15 Weitaus schlechter ergeht es den noch berühmteren Figuren namens Max und Moritz (1865) aus der Feder Wilhelm Buschs. Nach ihrem letzten Streich werden sie von einem ihrer Opfer in eine Kornmühle geworfen und zu Futter für des „Müllers Federvieh" verarbeitet. Busch hat noch viele andere Bildergeschichten gezeichnet und getextet.

20 Deshalb wird er auch manchmal als „Urvater" der Comics bezeichnet. Sogar in Amerika wurden Buschs Geschichten gelesen. Schließlich regten sie Rudolph Dirks an, den ersten wirklichen Comic zu zeichnen. Er nannte ihn *The Katzenjammer kids* (1897). In dieser Bildergeschichte spielen ebenfalls zwei Jungen ihre Streiche. Aber anders als bei *Max und*
25 *Moritz*, wo Bild und Text getrennt sind und die Geschichte mit dem siebten Streich endet, handelt es sich bei *The Katzenjammer Kids*, wie fortan für Comics üblich, um eine Fortsetzungsgeschichte mit Sprechblasen.
Diese Bilderfolgen wurden bereits in Farbe produziert. Denn schon ein
30 Jahr vor Erscheinen der *Katzenjammer Kids* war mit Riesenerfolg vom Zeichner Richard F. Outcault in einer Zeitschrift eine Serie mit Namen *The Yellow Kid* (1896) veröffentlicht worden. Ihr Held, ein kleiner Junge mit Segelohren, trägt darin ein leuchtend gelbes Nachthemd.

Die Zeitungsverleger hatten nämlich seit einiger Zeit nach einer Möglichkeit gesucht, mehr Zeitungen zu verkaufen. Dabei kamen sie auf die Idee, eine komische Beilage – ein „comic supplement" – mit Witzen, lustigen Geschichten und Karikaturen zu gestalten. Diese Beilage wurde bald nur noch Comic genannt. Sie gab den lustigen Bildergeschichten ihren Namen.

Die Witzzeichnungen kehrten wöchentlich wieder und wurden zu den typischen Serien. Es entstanden Geschichten in mehreren Bildern. Die Figuren blieben die gleichen und die Texte wurden in das Bild hineingenommen. Als schließlich 1933 ein Heft mit Nachdrucken beliebter Serien in einer Auflage von 10.000 Exemplaren als Werbegeschenk für eine Firma gedruckt wurde, war auch das erste Comicbook geboren. Zu den berühmtesten Serien zählen in der Reihenfolge ihrer „Geburt":

1929 *Popey, Tarzan, Tim und Struppi*	1938 *Superman, Donald Duck*	1950 *Die Peanuts*
1930 *Mickey Mouse*	1939 *Batman*	1958 *Die Schlümpfe*
1931 *Dick Tracy*	1940 *Tom und Jerry*	1959 *Asterix und Obelix*
1937 *Prinz Eisenherz*	1947 *Lucky Luke*	1973 *Hägar der Schreckliche*
		1978 *Garfield*

A Prüfe dein erstes Textverständnis. Lege dazu neben diesen Text einen Papierstreifen mit Platz für Notizen. Befolge dann die Arbeitstechnik.

Arbeitstechnik

Verdeutliche dein **erstes Textverständnis** so: Kennzeichne das,
- was du schon weißt, mit einem Häkchen: ✓
- was für dich neu ist, mit einem Ausrufezeichen: !
- was du nicht verstehst, mit einem Fragezeichen: ?
- worüber du sprechen möchtest, mit einem Smiley: ☺

Diese Arbeitstechnik solltest du auch in anderen Fächern anwenden, z. B. wenn du Texte aus der Biologie, Geografie oder Geschichte liest.

B Besprecht euer erstes Textverständnis in der Klasse.

C Gliedere den Text. Formuliere dazu je Abschnitt eine Überschrift.

D Beantworte folgende Fragen. Du kannst das Buch dabei auch schließen.
– Wie ist es zur Bezeichnung „Comic" gekommen?
– Auf welche Vorlage geht der Comic *The Katzenjammer kids* zurück?

E Formuliere ähnliche Fragen wie in Aufgabe D. Lasse sie durch deine Mitschülerinnen und Mitschüler beantworten.

| Sprechen, Schreiben, Zuhören | Umgang mit Texten | Nachdenken über Sprache |

Genremerkmale erkennen
Inhalte erfassen

7 Comic oder nicht Comic? Wilhelm Buschs Geschichten von Max und Moritz.

Max und Moritz, gar nicht träge,
Sägen heimlich mit der Säge
Ritzeratze! voller Tücke
In die Brücke eine Lücke.

„He, heraus! du Ziegen-Böck! –
Schneider, Schneider, meck, meck, meck!!"
Alles konnte Böck ertragen,
Ohne nur ein Wort zu sagen […].

Schnelle springt er mit der Elle
Über seines Hauses Schwelle,
Denn schon wieder ihm zum Schreck
Tönt ein lautes: „Meck, meck, meck!!"

Und schon ist er auf der Brücke,
Kracks! die Brücke bricht in Stücke; […]

Grad als dieses vorgekommen,
Kommt ein Gänsepaar geschwommen,
Welches er in Todeshast
Krampfhaft bei den Beinen fasst.

Beide Gänse in der Hand,
Flattert er auf trocknes Land.

A Gib wieder, was in der Bildergeschichte passiert (↗ Arbeitstechnik, S. 137).

B Was erinnert bereits an Comics von heute? Schau noch einmal genau hin.

C Schreibe auf, was die Figuren in dieser Bildergeschichte jeweils sagen oder denken könnten. Skizziere dazu die Bilder und füge Sprechblasen hinzu.

Das kann ich auch! – Comics erfinden und zeichnen

8

In dem Roman „Der Mann an der Decke" von Jules Feiffer geht es um den Jungen Jimmy, der ein sehr begabter Comiczeichner ist. Jede freie Minute verbringt er damit, Geschichten zu erfinden und zu zeichnen. Da sein Vater kaum Zeit für ihn hat, zeichnet Jimmy sich einen liebevollen, kumpelhaften Vater und nennt ihn Indiana-Jones. Aber seine Schwester Lisi verrät dieses Geheimnis. Damit ist Indiana-Jones als Vaterfigur nicht mehr interessant. Jimmy überlegt sich etwas Neues:

JULES FEIFFER

Der Mann an der Decke

Die Hausaufgaben mussten auch warten. Jimmy brauchte einen neuen Helden. Einen Helden, dessen Glanz weder Lisi noch Vater trüben konnten. Einen, den sie nie zu Gesicht bekommen würden. Und falls sie ihn doch in fünfzig Jahren oder so zu Gesicht bekommen würden,
5 wenn Jimmy alt und vielleicht schon tot war, dann würden sie denken: „Wenn wir bloß gewusst hätten, dass er schon mit zehneinhalb so einen Helden erfunden hat!"
Jimmy probierte alles Mögliche aus, aber nichts klappte. Er fühlte sich immer schlechter, klein und nutzlos. Und weil er sich langweilte und
10 ihm nichts Besseres einfiel, zeichnete Jimmy sich klein und nutzlos. Da ging ihm ein Licht auf, so wie Glühbirnen im Comic aufleuchten, wenn jemand eine Idee hat. Er malte seiner kleinen und nutzlosen Figur eine schwarze Maske und ein Cape. Irgendetwas stimmte noch nicht. Er änderte die Maske in eine Kapuze um. Dann betrachtete er die Gestalt,
15 die er geschaffen hatte, und war hingerissen. Vermutlich hatte er soeben seinen bisher großartigsten Helden gefunden. Er sah so klein und nutzlos aus, dass wahrscheinlich alle Verbrecher dachten, sie könnten ihn problemlos töten. Doch sie konnten ihn fangen, foltern und mit Autos oder sogar Panzern überrollen, aber niemand, absolut *niemand*, konnte
20 *Minimann* wirklich besiegen!

A Wie findet Jimmy seine Figur? Was hat die Figur mit Jimmy selbst zu tun?

B Versuche, dir „Minimann" vorzustellen. Welche Eigenschaften soll er haben? Wie sieht er aus? Du kannst die Figur auch selbst zeichnen.

C „Minimann" wird als „klein und nutzlos" (Z. 10) beschrieben. Überlege, weshalb er dennoch ein Held sein kann.

| Sprechen, Schreiben, Zuhören | Umgang mit Texten | Nachdenken über Sprache |

Genremerkmale erkennen
Inhalte erfassen

9 *Sofort beginnt Jimmy, seinen ersten „Minimann"-Comic zu zeichnen. Von Beruf ist „Minimann" Polizist mit Namen Bart Boyle.*

ⓘ

www.comic.de/
erlangen2002/maxund
moritz.html
Homepage der Stifter des deutschen Comicpreises „Max und Moritz". Mit diesem Preis werden alle zwei Jahre die besten Künstlerinnen, Künstler und Nachwuchstalente geehrt.

| Projekt | Fachübergreifendes | Büffel-Ecke |

⚠ Wenn du magst, kannst du diesen schwarz-weiß gezeichneten Comic mit Transparentpapier abpausen und farbig gestalten.

A Erfinde für den Comic einen Titel. Begründe ihn.

B Erzähle, wie Bart den Verbrecher überlistet.

C Überlege, weshalb Jimmy den Verbrecher als Fledermaus gezeichnet hat.

9. Kapitel Peng, krach, brr, hihi … – Comics lesen, untersuchen und selbst gestalten

Sprechen, Schreiben, Zuhören | Umgang mit Texten | Nachdenken über Sprache

Comics fortsetzen und zeichnen

10 Wie Jimmy möchte auch die Schülerin Maria einen Comic zeichnen. Dazu hat sie sich den folgenden Beginn einer Geschichte ausgedacht:

Anna und Lena sind die besten Freundinnen. Sie gehen in die gleiche Klasse und sind unzertrennlich. Da kommt eine neue Schülerin in die Klasse, die sich gleich neben Anna und Lena setzt. …

A Überlege, welche Probleme es zwischen den drei Mädchen geben könnte, und schreibe die Geschichte weiter. Versuche auch, ein interessantes bzw. überraschendes Ende zu finden, oder wähle eines der folgenden aus:
– Die Schülerin ist gar nicht neu, sie hat sich nur in der Klasse geirrt.
– Die Schülerin ist eigentlich ein Schüler, der sich verkleidet hat.

B Teile die Geschichte in Bilder auf. Du kannst dazu z. B. die Sätze, die jeweils ein Bild ergeben, mit einer Linie umrahmen.

C Überlege, wie du die drei Mädchen zeichnen willst. Denke dir für jede Figur etwas Typisches aus, z. B. eine bestimmte Frisur oder ein Kleidungsstück. Zeichne anfangs mit Bleistift. Und so kannst du beginnen:

Arbeitstechnik

Eine Geschichte als Comic gestalten
- Suche oder überlege dir eine kurze Geschichte mit wenigen Figuren und einem lustigen Ende. Teile die Geschichte in Bilder auf.
- Denke dir für die Figuren etwas Typisches aus, damit sie wiederzuerkennen sind, wie z. B. Spirous Uniform, das Fledermauskostüm in Minimann.
- Beschränke dich zu Beginn auf einzelne Gegenstände, die typisch für die Umgebung sein können, z. B: ein Bullauge für das Innere eines Schiffes, Pult und Tafel für einen Klassenraum. Später kannst du mehr hinzufügen.
- Verdeutliche Bewegungen, z. B. durch Bewegungsstriche.
- Überlege, was die Figuren wie sagen oder denken könnten. Veranschauliche dies in den Sprechblasen, z. B.: große Buchstaben für lautes Schreien.

| Projekt | Fachübergreifendes | Büffel-Ecke |

Das Neueste vom Neuesten? – Mangas

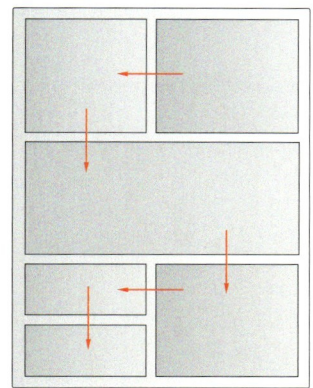

11 *Es gibt eine besondere Form von Comics, die Mangas. Sie stammen aus Japan und sind in der Regel schwarz-weiß. Der Begriff stammt von dem Zeichner Hokusai (1760–1849), der eines seiner Skizzenbücher „Manga" nannte. Das Wort setzt sich aus zwei Teilen zusammen: nämlich „man" für „komisch, witzig" und „ga" für „gezeichnetes und gedrucktes Bild". Mangas werden im Buch von hinten nach vorn und je Seite von rechts oben nach links gelesen, weil das die japanische Leserichtung ist. Mangas, die für Mädchen gemacht sind, werden „Shojo Mangas", und die für Jungen „Shonen Mangas" genannt.*

A Vielleicht kennst du Mangas. Welche? Worum geht es in ihnen?

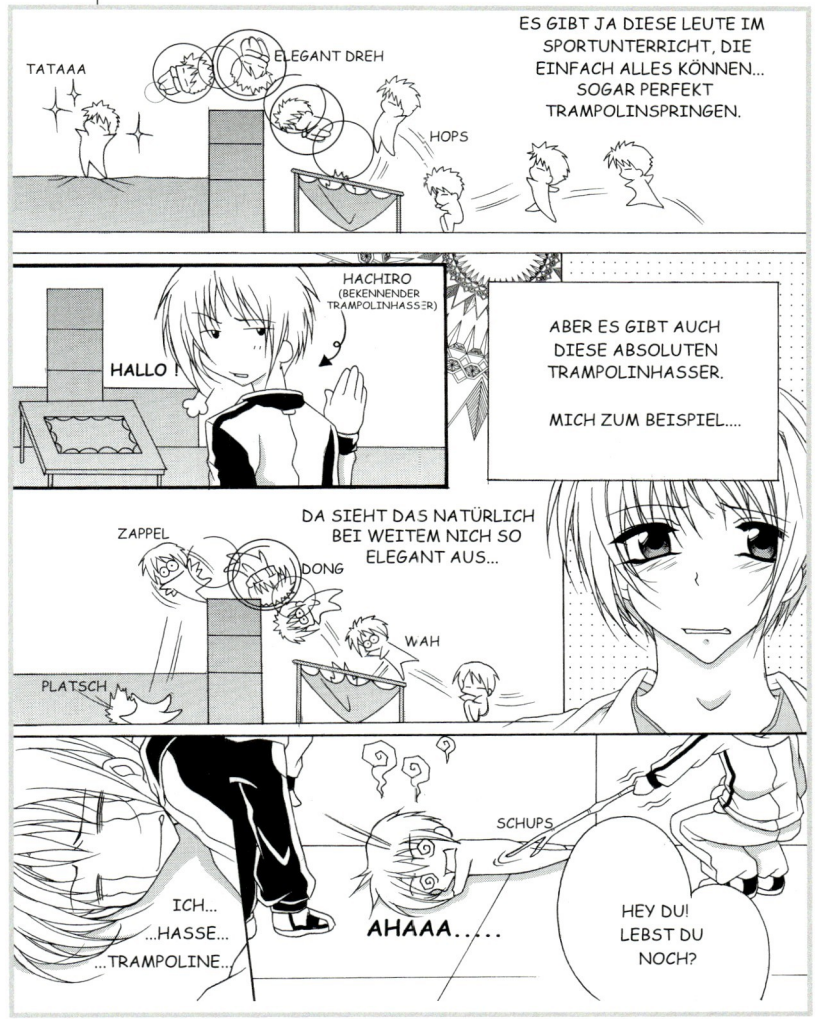

B Vergleiche diesen Manga mit den anderen Comics in diesem Kapitel. Benenne alles, was dir an Unterschieden und Gemeinsamkeiten auffällt.

9. Kapitel Peng, krach, brr, hihi … – Comics lesen, untersuchen und selbst gestalten

Wiederholung

Hägar der Schreckliche

A Überlege, worum es in der Hägar-Geschichte gehen könnte.

B Was könnte Hägar ab Bild 2 sagen? Notiere die Sätze in dein Heft.

C Nenne alle Elemente, die die Hägar-Geschichte zu einem Comic machen.

Zusammenfassung
- **Comics** sind schwarz-weiß oder farbig gezeichnete Bildergeschichten in Fortsetzungen bzw. Serien. Sie erscheinen entweder als kurze Bildstreifen (strips) – oft in Zeitungen – oder in Heft- oder Buchform (Comicbooks).
- Sie haben sich Ende des 19. Jahrhunderts aus in sich abgeschlossenen Bildergeschichten, z. B. von Wilhelm Busch, entwickelt, bei denen der Text noch nicht innerhalb des Bildes stand.
- In Comics steht in **Sprechblasen** das, was die Figuren reden oder denken. Die Sprechblasen ersetzen die Zeichensetzung bei der wörtlichen Rede.
- **Interjektionen**, wie z. B. *röchel, knacks, zack, uff, brr, rums*, deren Gestaltung sowie Bewegungsstriche veranschaulichen das Geschehen zusätzlich.
- Die Figuren sind an typischen Merkmalen (Haare, Kleidung) zu erkennen.
- **Mangas** sind Comics aus Japan. Sie werden im Buch von hinten nach vorn und je Seite von rechts oben nach links gelesen.

Zehntes Kapitel | Rechtschreiben und Nachschlagen

1 Wörter nachschlagen

Wenn du wissen möchtest, was ein bestimmtes Wort bedeutet oder wie es geschrieben wird, kannst du dich am schnellsten in einem Nachschlagewerk oder Wörterbuch informieren. Dicht an dicht sind darin die Wörter aufgelistet. Deshalb ist es nicht immer einfach, das Gesuchte gleich zu finden. Der Schriftsteller Eugen Roth (1895–1976) hat darüber ein Gedicht verfasst:

Eugen Roth

Das Hilfsbuch

Ein Mensch, nichts wissend von „Mormone",
Schaut deshalb nach im Lexikone
Und hätt es dort auch rasch gefunden –
Jedoch er weiß, nach drei, vier Stunden
5 Von den Mormonen keine Silbe –
Dafür fast alles von der Milbe,
von Mississippi, Mohr und Maus:
Im ganzen „M" kennt er sich aus.
Auch was ihn sonst gekümmert nie,
10 Physik zum Beispiel und Chemie,
Liest er jetzt nach, es fesselt ihn:
Was ist das: Monochloramin?
„Such unter Hydrazin", steht da.
Schon greift der Mensch zum Bande „H"
15 Und schlägt so eine neue Brücke
Zu ungeahntem Wissensglücke.
Jäh fällt ihm ein bei den Hormonen
Er sucht ja eigentlich: Mormonen!
Er blättert müd und überwacht:
20 Mann, Morpheus, Mohn und Mitternacht ...
Hätt weiter noch geschmökert gern,
Kam bloß noch bis zu Morgenstern*,
Und da verneigte er sich tief
Noch vor dem Dichter – und – entschlief.

* Morgenstern: gemeint ist der Dichter Christian Morgenstern (1871–1914).

A Weshalb greift der „Mensch" im Gedicht zu einem Nachschlagewerk?

B Schlage in einem Wörterbuch oder Lexikon alle Wörter nach, die du nicht kennst (↗ Arbeitstechnik, S. 146). Was bedeuten sie?

| Sprechen, Schreiben, Zuhören | Umgang mit Texten | **Nachdenken über Sprache** |

Arbeitstechnik

In einem Wörterbuch oder Lexikon nachschlagen

In Wörterbüchern stehen alle Einträge in alphabetischer Reihenfolge.
- Gehe von dem ersten Buchstaben des gesuchten Wortes aus. Überlege, ob es nach dem Alphabet eher am Anfang, in der Mitte oder am Ende des Wörterbuches stehen muss.
- Schlage das Buch auf und schaue auf die Anfangsbuchstaben der Wörter. Musst du nun nach dem Alphabet vor- oder zurückblättern?
- Hast du den Anfangsbuchstaben deines Wortes gefunden, dann achte auf den zweiten, dritten und die folgenden Buchstaben deines Wortes. Denn auch diese Buchstaben sind von Wort zu Wort alphabetisch geordnet, z. B.: **H**aar, **ha**ben, **Hab**gier, **Hab**icht, **Hab**sucht usw.

! In manchen Nachschlagewerken werden die Umlaute *ä, ö, ü als ae, oe, ue* behandelt. In diesem Fall würdest du z. B. das Wort *tätig* vor dem Wort *Tafel* finden, da im Alphabet e vor f steht.

ÜBEN, ÜBEN, ÜBEN

C Bringe folgende Wörter in deinem Heft in eine alphabetische Reihenfolge:
Moskito • Motel • Most • Motte • Mountainbike • Moslem • Motiv • Moschee • Motor • Motto • Mosaik

D Wer ist am schnellsten? Nenne ein Wort, das die anderen in der Klasse im Wörterbuch finden müssen. Wer zuerst die Seitenzahl sagt, gewinnt.

2

Beim Nachschlagen in einem Wörterbuch bist du sicher auf solche oder ähnliche Einträge gestoßen:

Hur|ri|kan, [hariken] engl., der; -s, -e; tropischer Wirbelsturm
hur|tig, lebhaft, flink
Hu|sar, ungar., der; -s, -en; ungarische Reitertruppe
Hu|sa|ren|streich, der; tollkühne Aktion
hu|schen, du huschst
Hus|ky, [haski] engl., der; -s, -s; Schlittenhund, Eskimohund

ÜBEN, ÜBEN, ÜBEN

A Sage, wo die Wörter *Hut, Hurra* und *Husarenritt* stehen müssten.

B Welche Informationen findest du zum Wort „Hurrikan"? Schreibe dazu den Eintrag zum Wort „Hurrikan" ab und ordne ihm Folgendes zu:

Herkunft • Geschlecht • Aussprache • Zeichen für die Silbentrennung • Genitiv-Endung • Bedeutung • Plural-Endung • Rechtschreibung

Hur|ri|kan, [hariken] engl., der; -s, -e; tropischer Wirbelsturm
Zeichen für die Silbentrennung

146

| Projekt | Fachübergreifendes | **Büffel-Ecke** |

> **Kom|mis|sar**, lat., der; -s, -e; vom Staat Beauftragter, polizeilicher Dienstrang, z. B. Kriminalkommissar
> **Kom|mis|sa|ri|at**, lat., das; -[e]s, -e; Amtszimmer eines Kommissars
> **Kom|mis|si|on**, lat., die; -, -en ; Ausschuss, Fachgremium

ÜBEN, ÜBEN, ÜBEN A Welche Schreibweise stimmt? *Kommission, Komission, Komision.*
Schreibe das Wort im Nominativ und Genitiv Singular sowie im Plural auf.

B Aufgepasst: Stimmt diese Silbentrennung? *Komm|iss|ionen.*

Quiz: Was bedeutet dieses Wort genau?

1. Kaskade
a) Begriff aus der Raumfahrt
b) stufenförmiger Wasserfall
c) komische Eigenschaft

2. Optik
a) Himmelskörper
b) Lehre vom Licht
c) Stadt bei Berlin

3. kursiv
a) Kurve im Gebirge
b) neue Farbe
c) Ausdruck für „schräg"

4. Dialog
a) Kirchenamt
b) Name eines Dichters
c) Zwiegespräch, Wechselrede

5. Spedition
a) Vermutung
b) Transportunternehmen
c) Begriff aus der Mathematik

6. Television
a) Fernsehen
b) Fotoapparat
c) Reisegruppe

A Welche Antwort ist deines Wissens jeweils die richtige: a, b oder c?
Überprüfe deine Lösungen mithilfe eines Wörterbuchs.

B Wähle von den sechs Quiz-Wörtern drei aus. Formuliere jeweils einen Satz mit ihnen, z. B.: *TV ist die Abkürzung für „Television" und bedeutet ...*

5 Falsch verwendete Wörter

Manche Wörter kann man leicht mit ähnlich klingenden verwechseln.

1. Am liebsten isst Florian Milchreis mit Apfelkompost.
2. Die Brasilianer sind im Fußball technisch unheimlich serviert.
3. Das vorausfahrende Auto bremste korrupt ab.

A Welche Wörter wurden falsch verwendet? Was ist eigentlich gemeint?

B Schreibe die Sätze 1 bis 3 richtig in dein Heft.

Fremdwörter erkennen und richtig schreiben

Bei vielen Wörtern, deren Schreibung man sich einprägen muss, handelt es sich um Fremdwörter. Woran du sie erkennst und wie man sie richtig schreibt, kannst du im Folgenden erfahren und üben. Typisch für viele Fremdwörter sind bestimmte Endungen:

!

Mehr zur Herkunft und zum Einfluss von Fremdwörtern auf die deutsche Sprache erfährst du im ↗ 6. Kapitel, S. 93–95.

6

Fremdwörter mit den Endungen *-ik* und *-iv*

1. Unterrichtsfach, in dem oft gesungen wird:	ak	pri	Ge
2. Unterrichtsfach, in dem gerechnet wird:	ma	tiv	Ma
3. Unterrichtsfach, in dem experimentiert wird:	sik	for	Ad
4. Unterrichtsfach, in dem man den Computer kennen lernt:	sik	ni	jek
5. lateinischer Name für „Eigenschaftswort":	tik	Mu	tiv
6. lateinischer Name für den 2. Fall:	In	mi	Phy
7. andere Bezeichnung für „tätig, wirksam":	tiv	tik	tiv
8. andere Bezeichnung für „einfach, dürftig":	the	ma	

A Silbenrätsel: Welches Fremdwort wird jeweils gesucht? Ordne in deinem Heft die Silben zu Wörtern. Kennzeichne die Endungen *-ik* und *-iv* farbig.

B Wer findet am schnellsten vier weitere Fremdwörter mit *-ik* und *-iv*?

7

Fremdwörter mit den Endungen *-ieren* und *-tion*

1. etwas vorbereiten, z. B. eine Feier:	or	Or
2. Verben beugen:	ko	Ko
3. Zahlen zusammenzählen:	add	Add
4. Zahlen voneinander abziehen:	su	Su
5. etwas entwickeln, gestalten:	konst	Konst
6. eine Auskunft geben, benachrichtigen:	inf	Inf
7. etwas herstellen:	pro	Pro
8. jemanden beglückwünschen:	gra	Gra

A Schreibe in dein Heft die gesuchten Fremdwörter mit den Endungen *-ieren* und *-tion*. Kennzeichne danach die Endungen farbig, z. B.:
1. organis*ieren* Organisa*tion*   2. konjug…   Konjuga…

B Überprüfe die Schreibung mit dem Wörterbuch (↗ Arbeitstechnik, S. 146).

| Projekt | Fachübergreifendes | Büffel-Ecke |

8

Fremdwörter mit den Endungen *-ist*, *-tät* und *-ismus*

Spezialist, Spezialität • Realist, Realität, Realismus • Aktivist, Aktivität, Aktivismus • Nationalist, Nationalität, Nationalismus • Naivität • Stabilität • Aggressivität • Musikalität • Sozialist, Sozialismus • Exklusivität • Genialität

A Erkläre, was die Wörter bedeuten. Schlage dir Unbekanntes nach.

B Diktiert euch die Fremdwörter in Partnerarbeit. Unterstreicht die Endungen *-ist*, *-ismus* und *-tät* farbig.

9

Fremdwörter sind wie Vokabeln. Man muss sich ihre jeweilige Bedeutung, ihre Schreibung und Aussprache einprägen.

Chance • fair • Computer • Jeans • Medaille • Maschine • Mouse • Bagage • Skateboard • Mountainbike • Ingenieur • Friseur • Playstation • Passagier • Genie • Baby • Service • Etage • Blamage • Skizze • Pizza • Cocktail

A Lest euch in Partnerarbeit die Wörter vor und erklärt euch gegenseitig ihre Bedeutung. Ihr könnt auch ein Wörterbuch zu Rate ziehen.

B Lasse dir alle Wörter diktieren. Markiere die für dich schwierigen Stellen farbig.

C Denke dir Sätze aus, in denen die Wörter vorkommen, deren Schreibung dir noch schwer fällt. Schreibe diese Sätze auf, z. B.: *Ich habe eine Chance.*

D Aus welchen Sprachen kommen die Wörter? Ordne sie in einer Tabelle den Sprachen Englisch, Französisch und Italienisch zu.

E Überprüfe deine Zuordnung im Wörterbuch.

Merke

Fremdwörter werden aus anderen Sprachen übernommen. Meist erkennt man sie an ihrer Aussprache und Schreibung, die noch oft den Regeln ihrer Herkunftssprache entsprechen.
Viele Fremdwörter enthalten **typische Endungen** wie: *-ik, -iv, -ieren, -tion, -ist, -tät, -ismus* (Graf*ik*, pass*iv*, san*ieren*, Lek*tion*, Reserv*ist*, Neutrali*tät*, Fanat*ismus*).

Arbeitstechnik

Fremdwörter schreiben lernen
- Überlege, aus welcher Sprache das Wort kommt. Vielleicht kennst du Wörter, die ähnlich geschrieben werden: *Blamage, Bagage, Etage*.
- Bilde mit einem Fremdwort, dessen Schreibung du üben möchtest, möglichst viele verschiedene Sätze.
- Sprich das Fremdwort in Sprechsilben und schreibe es entsprechend auf, z. B.: Fa – mi – li – e   Li – ne – al.
- Buchstabiere das Fremdwort mit geschlossenen Augen – zuerst vorwärts und dann rückwärts. Versuche es z. B. mit: *Jeans, Interesse, Medaille, Niveau*.

10

ÜBEN, ÜBEN, ÜBEN | In den folgenden Texten sind insgesamt 9 Fremdwörter falsch geschrieben:

Das reichste Model Europas

Wie ein amerikanisches Magatsin berichtet, erhält Claudia Schiffer noch immer riesige Gagen für die Presäntation von Kollecktionen aus der Modewelt. Sie gilt als das reichste Modell auf dem europäischen Kontinend. Ihr Kapitahl wird auf über 30 Milionen Euro geschätzt.

Musikstar

Als das bisher meistverkaufte Album eines Tenagers gilt *Baby One More Time* von Britney Spears. Es hatte sich allein in den USA in zwei Monaten über 12 Millionen Mal verkauft. Auch in anderen Ländern erzielte das Album in den Charts Resultade der Spitzenklasse.

A Berichtige die Schreibung der rot gekennzeichneten Fremdwörter. Nutze auch ein Wörterbuch. Füge jeweils die Singular- oder Pluralform mit Artikel hinzu, z. B.: *das Magazin, die Magazine*.

B Welche Wörter fallen dir noch schwer? Übe ihre Schreibung mithilfe der ↗ Arbeitstechnik oben.

C Ermittle mithilfe des Wörterbuchs folgende Angaben zu den blau gekennzeichneten Wörtern: 1. Herkunft, 2. Bedeutung, 3. Genitiv-Endung im Singular, 4. Nominativ-Endung im Plural.

D Erläutere: Was ist ein *Model* und was ein *Modell*? Achte auch auf die Aussprache der beiden Wörter. Auf welchem Vokal liegt jeweils die Betonung?

| Projekt | Fachübergreifendes | Büffel-Ecke |

11

ÜBEN, ÜBEN, ÜBEN **Die meisten Weltrekorde an einem Tag**

Innerhalb von nur 45 Minuten stellte der amerikanische Champion Jesse Owens am 25. Mai 1935 in Ann Arbor (USA) in einer spektakulären Serie sechs neue Weltrekorde in der Leichtathletik auf. Dies gelang ihm im Sprint und Hürdensprint (100 Yards, 220 Yards, 200 Meter,
5 220 Yards Hürden, 200 Meter Hürden) und im Weitsprung. Dabei nutzte er die Chance, dass die 220 Yards auch für die 200 Meter angerechnet werden können. Die erreichten Resultate (20,3 Sekunden über 200 Meter, 8,13 Meter im Weitsprung) zählen noch heute bei Meetings zu den Highlights in der Leichtathletik.

A Ermittle Bedeutung und Herkunft der blau gekennzeichneten Wörter.

B Notiere Sätze, in denen die Wörter vorkommen, und diktiere sie deiner Tischnachbarin oder deinem Tischnachbarn.

C Überlege, welche Fremdwörter du noch aus der Welt des Sports oder auch aus der Welt der Musik und der Technik kennst. Schreibe sie auf und überprüfe ihre Schreibung in einem Wörterbuch.

D Diktiere deine Fremdwörter deinen Mitschülerinnen und Mitschülern.

12

In vielen Texten kannst du folgende Fremdwortschreibungen finden:

Phantasie • Photograph • Mikrophon • Panther • Thunfisch • Spaghetti • Joghurt • Delphin • Ketchup • Mayonnaise • Nougat • chic

A Wie können diese Fremdwörter noch geschrieben werden? Schreibe die zweite Möglichkeit hinter das jeweilige Wort, z. B.: *Phantasie ╱ Fantasie*.

B Wettbewerb: Wer findet die meisten verwandten Wörter? Wähle ein Wort aus, entscheide dich für eine Schreibung und bilde mit diesem Wort möglichst viele verwandte Wörter, z. B.: *Fantasie, Fantasiegebilde, fantasielos, fantastisch, fantasieren, …*

ÜBEN, ÜBEN, ÜBEN C Bilde Sätze mit den Wörtern, deren Schreibung du dir noch besser einprägen musst, z. B.: *Meine Freunde und ich haben viel Fantasie.*

10. Kapitel Rechtschreiben und Nachschlagen   151

Sprechen, Schreiben, Zuhören | Umgang mit Texten | **Nachdenken über Sprache**

Groß- und Kleinschreibung üben

Substantive werden immer großgeschrieben. Doch woran erkennt man ein Substantiv? Die wichtigsten Erkennungszeichen lernst du im Folgenden kennen. Die erste Möglichkeit ist, Suffixe (Nachsilben) zu beachten:

13

Suffixe (Nachsilben) als Erkennungszeichen für Substantive

Es gibt ein Gebiet im Atlantik, in dem die *Sicherheit* von Schiffen und Flugzeugen stark gefährdet ist. Allein von 1940 bis heute verschwanden über 50 Schiffe und Flugzeuge. Das *Verzeichnis* ist lang. Nicht ein einziges Schiff oder Flugzeug tauchte wieder auf. Auch nicht das
5 Flugzeug, das am 17. Januar 1949 von Jamaica aus in *Richtung* USA flog. In der *Meldung* des Funkers gab es keinerlei Hinweise auf ein ungewöhnliches Ereignis: „80 Meilen südlich von den Bermuda-Inseln. Alles in Ordnung. Niemand klagt über *Übelkeit*. Bereiten uns auf die *Landung* vor." Maschine und *Mannschaft* wurden nie mehr gesehen.
10 *Verwirrung* und *Unsicherheit* herrschen bis heute vor, wenn die Rede auf das Bermuda-Dreieck, jenes Gebiet im Atlantik, kommt. Es gibt zahlreiche *Vermutungen* für das rätselhafte Verschwinden, angefangen von UFO's bis hin zu ganz natürlichen *Erklärungen*. Wahrscheinlich hängt das Verschwinden mit der dortigen *Unberechenbarkeit* von
15 Tornados oder unterirdischen Vulkanausbrüchen zusammen.

Wir begrüßen Sie an Bord und wünschen Ihnen einen guten Flug zu den Bermuda-Inseln.

A Finde für den Text eine passende Überschrift.

B Mit welchen Suffixen wurden die kursiv gedruckten Substantive gebildet?

C Notiere in 3 Minuten möglichst viele Substantive mit diesen Suffixen.

14

ÜBEN, ÜBEN, ÜBEN

A Bilde Substantive, und zwar mithilfe der Suffixe *-heit, -nis, -ung, -keit* und *-schaft* sowie den folgenden Verben und Adjektiven. Achte dabei auf die Großschreibung der Substantive, z. B.: *befreien → Befreiung*

erleben • verantworten • frei • heiter • bereit • begegnen • sauber

B Welches Verb oder Adjektiv steckt in folgenden Substantiven? Schreibe: *Vermutung → vermuten (Verb)*

Gesundheit • Fröhlichkeit • Versäumnis • Verwandtschaft • Entschuldigung

! Erläuterungen und Übungen zu den einzelnen Wortarten findest du im ↗ Kapitel 5, S. 77–81.

| Projekt | Fachübergreifendes | **Büffel-Ecke** |

15

Die zweite Möglichkeit ist, Substantive an ihren Begleitern zu erkennen.

Begleiter als Erkennungszeichen für Substantive

In *der deutschen* Sprache werden Substantive immer großgeschrieben. Auch das ist so etwas wie *ein einsamer* Rekord. Das unterscheidet die deutsche von allen anderen Sprachen *in der* Welt. Bis vor etwa 60 Jahren schrieb man auch ___ Dänemark und ___ Holland groß. Aber dann
5 wurde ___ Großschreibungsregel für Substantive in diesen beiden Ländern abgeschafft. Im Deutschen ist auch nach ___ Reform ___ Rechtschreibung (1998) weiter großzuschreiben. Denn die ___ Anfangsbuchstaben helfen, ___ Lesen die einzelnen Wörter schneller zu erkennen. Du und ___ Freunde werdet das aber leicht lernen.

A Übertrage den Text in dein Heft und ergänze die Lücken sinnvoll.

B Bei den kursiv gedruckten und den von dir eingesetzten Wörtern handelt es sich um verschiedene Begleiter. Bestimme ihre Wortart.

Merke

Substantive können meist an ihren **Begleitern** erkannt werden:
- Artikel: *die* Sprache, *ein* Wort. Auch „versteckte" Artikel: *beim (bei dem)* Lesen, *im (in dem)* Wörterbuch, *vom (von dem)* Lesen, *zum (zu dem)* …
- Präpositionen: *mit* einem Wörterbuch, *in* einer Wörterliste,
- Pronomen: *meine* Sprache, *ihr* Wörterbuch,
- Adjektive: *fremde* Wörter, *neues* Wörterbuch. Vor dem Adjektiv können auch eine Präposition und ein Artikel oder Pronomen stehen, z. B.: *In der deutschen* Sprache, *mein neues* Wörterbuch.

16

ÜBEN, ÜBEN, ÜBEN Beim laufen im stadion achtete der sportler nicht auf seinen vordermann. Deshalb kam es zum zusammenstoß, und das rennen war für ihn verloren. Beim zweiten versuch war er jedoch vorsichtiger. Er lief den lauf seines lebens und gewann eine goldmedaille.

A Nenne alle Begleiter, die du im Text erkennen kannst.

B Berichtige den Text in deinem Heft und unterstreiche die Begleiter.

Substantivierte Verben

Mithilfe der Begleiter können auch Verben zu Substantiven werden.
Die Formel ist ganz einfach:

Begleiter	+ Verb	= Substantiv
ein	+ schreiben	= ein Schreiben
der, die, das	+ schreiben	= das Schreiben
beim, vom, zum	+ schreiben	= beim Schreiben
mein, dein, sein	+ schreiben	= mein Schreiben
am, auf mit (dem)	+ schreiben	= mit dem Schreiben
(das) schnell	+ schreiben	= das schnelle Schreiben

A Denke dir mindestens fünf verschiedene Verben aus und forme sie mit dem einen oder anderen Begleiter zu einem Substantiv um.

B Wettspiel: Schreibe möglichst viele passende Adjektive vor ein substantiviertes Verb, z. B.: das *schöne, alte, gute, schnelle* und *ungefährliche* Rennen.

Verben können meist nur im Infinitiv (Grundform) zu Substantiven werden, z. B.: gehen ∕ das Gehen, beim Gehen.

ÜBEN, ÜBEN, ÜBEN

Die schnellste Bewegung in der Natur

Das AUSSCHLEUDERN von Nesselkapseln bei Quallen kann so schnell vor sich GEHEN, dass selbst durch die schnellste Kamera der Welt ein FESTHALTEN im Bild nicht möglich ist. Nach dem FOTOGRAFIEREN ist die Kapsel entweder geschlossen oder schon aufgeklappt. Das AUFKLAPPEN selbst konnte noch nie aufgenommen werden. Die mikroskopisch kleinen Nesselkapseln STEHEN vor dem „EXPLODIEREN" unter hohem Druck. Dieser gewaltige Druck ermöglicht das blitzschnelle HERAUSSCHLEUDERN eines kleinen Fadens und das EINDRINGEN in die Wunde des Opfers. Beim BADEN hat schon mancher eine solche schmerzhafte Begegnung ERLEBEN müssen. Übrigens GEHÖREN manche Nesseltiere zu den giftigsten Tieren der Welt.

A Entscheide, welche der hervorgehobenen Verben zu Substantiven geworden sind. Du weißt: Durch ihre Begleiter verraten sie sich.

B Lege in deinem Heft eine Tabelle an. In die erste Spalte schreibst du die Verben, die durch ihre Begleiter zu Substantiven geworden sind. Ihre Begleiter markierst du rot. In die zweite Spalte schreibst du die einfachen Verben:

substantivierte Verben	Verben
– das Ausschleudern	– gehen

| Projekt | Fachübergreifendes | **Büffel-Ecke** |

!

Achte darauf, dass das Adjektiv nicht ein folgendes Substantiv näher erklärt. Dann muss das Adjektiv nämlich wieder kleingeschrieben werden, also:
Das Gute, **aber:**
Das gute Essen.

19

Substantivierte Adjektive
Mithilfe der Begleiter können auch Adjektive zu Substantiven werden:

Begleiter	+ Adjektiv	= Substantiv
der, die, das	+ schön	= das Schöne
mit (dem, der),	+ schön	= mit (der) Schönen
vom, am	+ schön	= vom Schönen
etwas, manch, viel, alles, nichts, wenig	+ schön	= etwas Schönes, viel Schönes, nichts Schönes, …

A Forme folgende Adjektive mithilfe eines Begleiters zu Substantiven um:
schnell • sauber • tief • weich • hell • dumm • heiß • bunt • stark • grün

B Diktiert euch Sätze mit den neuen Substantiven, z. B.: *Der Stärkste siegt.*

20

ÜBEN, ÜBEN, ÜBEN

DIE GROSSEN UND DIE KLEINEN

DAS IST SCHON ZIEMLICH KOMISCH MIT UNS MENSCHEN. MANCHE WERDEN SEHR GROSS UND MANCHE BLEIBEN SEHR KLEIN, EINIGE WERDEN UNHEIMLICH DICK UND ANDERE NEHMEN KAUM ZU.
5 DIE GROSSEN PASSEN IN KEINE NORMALEN SCHUHE ODER ANZÜGE. DER GRÖSSTE BRACHTE ES AUF EINE LÄNGE VON 2,72 METER. FÜR DIE KLEINEN WIEDERUM IST ALLES ZU GROSS. DER KLEINSTE ERREICHTE NUR 0,52 METER. DEN SEHR, SEHR DICKEN PASST LEIDER OFT AUCH
10 NICHTS MEHR. BEI IHNEN KOMMT DAS SCHLIMME HINZU, DASS SIE SICH KAUM NOCH BEWEGEN KÖNNEN. ALS DER DICKSTE ALLER DICKEN GILT EIN AMERIKANER. ER BRACHTE ES AUF UNVORSTELLBARE 635 KILOGRAMM. NORMAL SIND BEI ERWACHSENEN 60 BIS 90 KILOGRAMM.
15 DAS LAUFEN UND SELBST EINFACHES STEHEN SIND BEI EINER SOLCHEN MASSE NICHT MEHR MÖGLICH.

A Versuche, den Text möglichst schnell zu lesen.

B Schreibe den Text in richtiger Groß- und Kleinschreibung ab. Unterstreiche dann alle Substantive und markiere ihre Begleiter rot, z. B.: *die* <u>*Kleinen*</u>.

Wiederholung

 21

ÜBEN, ÜBEN, ÜBEN
1. Ich wünsche dir nichts SCHLECHTES.
2. Hast du etwas BESSERES gesehen?
3. Hoffentlich war manch ANGENEHMES dabei.
4. Alles WICHTIGE wurde bereits gesagt.
5. Wir erfuhren dabei viel NEUES.

A Schau dir noch einmal in der Tabelle (↗ S. 155) links unten die unbestimmten Zahlwörter an (*etwas, manch, viel, alles, nichts, wenig*). Schreibe danach die Sätze 1–5 richtig in dein Heft.

B Bilde mit folgenden Zahlwörtern und Adjektiven sinnvolle Wortgruppen, z. B.: *alles Gute, alles Schöne, …*
Zahlwörter: *alles, etwas, nichts, viel, manch, wenig,*
Adjektive: *schön, lustig, toll, gut, alt, bunt, teuer, lieb.*

 22

Regeln zur Groß- und Kleinschreibung – richtig oder falsch?

Hier findest du im Sinne einer Wiederholung und Zusammenfassung richtige und falsche Behauptungen zur Groß- und Kleinschreibung:

1. Im Deutschen werden Substantive immer großgeschrieben.
2. Als Erkennungszeichen für die Großschreibung können die Begleiter dienen.
3. Begleiter können nur Pronomen (*mein, dein, euer* Rad) und Präpositionen (*mit* Freude, *in* Erwartung) sein.
4. Substantive sind auch an ihren Suffixen (Nachsilben) *-ung, -heit, -keit, -schaft, -nis* zu erkennen, z. B.: *Bedeutung, Zeugnis, Faulheit.*
5. Verben schreibt man auch mit Begleitern immer klein, z. B.: *das rennen, dein lachen, beim springen.*
6. Adjektive begleiten Substantive. Steht vor einem solchen Adjektiv ein Pronomen, wird es großgeschrieben, z. B.: *Mein Neuer Füller.*

A Überlege: Welche Behauptungen sind falsch? Benenne sie.

B Korrigiere die falschen Behauptungen. Schreibe sie richtig in dein Heft.

C Diktiert euch gegenseitig die richtigen Behauptungen.

D Notiere zu den Sätzen 3, 5 und 6 mindestens je drei weitere Beispiele.

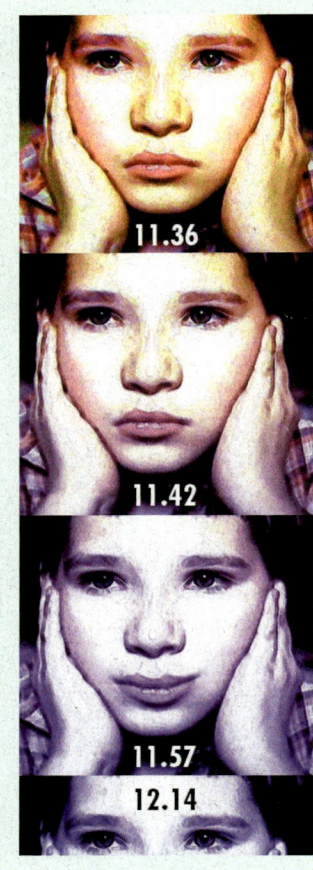

Elftes Kapitel

Von Helden, Göttern und ihren Taten
Heldensagen lesen, untersuchen, nacherzählen

Überlege, was du mit dem Begriff „Sage" verbindest und von welchen Sagen du schon einmal gehört hast. Vielleicht erinnert dich auch die Gestaltung dieser Seite an die eine oder andere Sage.

| Sprechen, Schreiben, Zuhören | Umgang mit Texten | Nachdenken über Sprache |

Eine Sagengestalt kennen lernen

Helden im Mittelmeer – die antike Sagengestalt Odysseus

1

Thorben erzählt: „Unsere Rückreise aus Griechenland war vielleicht anstrengend! Zuerst sind wir mit drei Stunden Verspätung auf Kreta gestartet. Dann mussten wir in Athen zwischenlanden, um noch weitere Passagiere mitzunehmen. Dort sollten wir aber plötzlich alle aus der
5 Maschine raus, weil angeblich irgendetwas defekt war. Nach zwei Stunden ging es dann endlich mit einem anderen Flugzeug weiter, das nach Hannover fliegen sollte. Wir wollten aber doch nach Berlin! Ab Hannover sollten wir dann mit dem Zug bis Berlin weiterfahren. Den haben wir natürlich knapp verpasst, sodass wir schon wieder warten mussten.
10 Ich weiß gar nicht, wie spät es war, als wir endlich zu Hause angekommen sind. Mein Vater meinte nur noch, dass das eine richtige Odyssee gewesen sei. Was hat er denn damit gemeint?"

A Was versucht Thorbens Vater mit dem Begriff „Odyssee" zu umschreiben?

B Der Begriff „Odyssee" stammt nicht aus der deutschen Sprache. Informiere dich in einem Herkunftswörterbuch über die Bedeutung und Herkunft dieses Wortes.

! Hinweise und Übungen zum Umgang mit einem Herkunftswörterbuch findest du in ↗ Kapitel 6, S. 91–92.

2

Die folgende Geschichte erzählt etwas über die Person, auf die der Begriff „Odyssee" zurückgeht. Die Geschichte ist fast 3000 Jahre alt und oft nacherzählt worden – so in unserer Zeit durch Franz Fühmann in „Irrfahrt und Heimkehr des Odysseus":

Odysseus, Sohn des Laertes, Gatte der Penelope, war König auf Ithaka. Sein Land, eine Insel im Ionischen Meer, war steinig und überstürmt von rauen Wettern, jedoch der Fleiß und die Kunst seiner Bewohner hatten dem kargen Boden Korn, Oliven und Wein zur Genüge ent-
5 sprießen und auf saftigen Weiden vielhundertköpfige Herden prächtigen Viehs, Rinder, Schafe, Schweine und Ziegen, heranwachsen lassen. So lebte das Volk Ithakas in harter Arbeit und herbem Glück. Es liebte Odysseus, seinen König, der umsichtig, klug und verständigen Sinnes und wie schon sein Vater Laertes um einen guten Rat nie verlegen war.
10 Ob seiner Schläue nannte man ihn allerorts Odysseus den Listenreichen.

| Projekt | Fachübergreifendes | Büffel-Ecke |

Als die griechischen Stämme, zu denen auch die Bewohner Ithakas zählten, sich zum Krieg gegen Troja rüsteten und ihr Anführer auch von Ithakas König verlangte, ein Heer aufzustellen und mit ihnen zu Felde zu ziehen, weigerte sich Odysseus, sein Volk ins Schlachten zu führen. Er stellte sich wahnsinnig, als der Herold* kam, ihn zum Kriegszug zu fordern. Er spannte eine Kuh und ein Schaf vor den Pflug – denn damals arbeiteten ja die Könige gleich den andern –, trieb das Gespann mit lächerlichen Reden an und säte Salz in die aufgeworfenen Furchen. Der Herold aber ließ das soeben geborene Söhnlein des Odysseus und der Penelope, Telemach mit Namen, in den Weg der Pflugschar legen. Als Odysseus dies sah, hielt er erschrocken den Pflug an. Da wusste der Herold, dass Odysseus nicht wahnsinnig war.
Odysseus rüstete also ein Heer, die Mannesblüte der Inseln – denn neben Ithaka gehörten auch die kleineren Eilande Same, Dulichion und Zykanthos zu seinem Reich –, und stach mit seiner Flotte in See. Zehn Jahre währte der blutige Kampf um Ilion, die Festung Troja, dann war, durch eine List des Odysseus, Troja besiegt, und die Überlebenden kehrten heim.

* Herold: Überbringer von Nachrichten und Befehlen

A Überlege dir mögliche Gründe, warum Odysseus sich weigerte, am Krieg gegen Troja teilzunehmen.

Odysseus hatte die Idee, ein riesiges hölzernes Pferd zu bauen, in dessen Innerem sich die Griechen versteckten. Die Trojaner dachten, das Pferd sei ein Geschenk, und zogen es in ihre Stadt. Nachts kamen dann die Griechen aus ihrem Versteck hervor und eroberten Troja. Dieses trickreiche Pferd ist bis heute als das „Trojanisches Pferd" bekannt.

B Beschreibe, wo sich Odysseus' Heimat befindet.

11. Kapitel Von Helden, Göttern und ihren Taten – Heldensagen lesen, untersuchen, nacherzählen

| Sprechen, Schreiben, Zuhören | Umgang mit Texten | Nachdenken über Sprache |

Merkmale einer Heldensage kennen lernen
Eine Heldensage lesen

3

Nach dem Sieg über Troja beginnt die Irrfahrt des Odysseus:

Mit zwölf Schiffen und den fünfhundert Kriegern, die ihm nach den männermordenden Schlachten um Ilion noch geblieben waren, begab sich auch Odysseus auf die Heimfahrt, doch da er und seine Gefährten zweimal den Zorn der Götter erregten […], war es ihm nicht wie den
5 anderen griechischen Fürsten vergönnt, seine Mannschaft in die Heimat zu führen. Zehn Jahre lang musste er von Fährnis* zu Fährnis durch alle Schrecken und Gräuel und Leiden treiben, die ein Mensch nur ertragen kann, und dabei all seine treuen Kameraden und all seine Schiffe verlieren, um schließlich, zu einem Zeitpunkt, den die Götter zu be-
10 stimmen sich vorenthielten, elend und nackt als Fremder sein Vaterland wiederzusehn.

*Fährnis: Gefahr

A Wer rechnet es am schnellsten? Wie viele Krieger fuhren auf einem Schiff mit?

B Wer oder was ist eurer Vermutung nach verantwortlich für Odysseus' Unglück? Besprecht mögliche Ursachen.

Merke

Geschichten, wie sie über Odysseus zu lesen sind, werden als **Heldensagen** bezeichnet. Darin wird von Helden, Göttern und deren Taten erzählt. Sagen wurden zunächst in Form von Erzählungen oder Liedern mündlich überliefert, bevor man sie schriftlich festhielt. Diese oft umfangreichen Werke, die zumeist in Versen geschrieben waren, bezeichnet man mit dem griechischen Wort **Epen**, in der Einzahl **Epos**.
Ob das Abenteuer eines Helden ein gutes oder böses Ende nimmt, hängt vom Willen der Götter ab. Da die Götter oftmals auch untereinander verfeindet sind, kommt es vor, dass Helden zum Spielball der Götter werden. In Heldensagen steckt meist ein wahrer Kern. Beispielsweise hat der Krieg um Troja tatsächlich stattgefunden.

Übrigens, der älteste uns bekannte Schriftsteller, der Heldensagen aufgeschrieben hat, ist der Grieche Homer. Homer lebte vor etwa 2700 Jahren. Von ihm stammen die beiden ältesten literarischen Werke Europas: die „Ilias" und die „Odyssee". In der „Ilias" wird vom Kampf um Troja berichtet, während die „Odyssee" die anschließende Irrfahrt des Odysseus beschreibt.

In der Höhle des Kyklopen – eine Sage aus der *Odyssee*

Nach zahlreichen Abenteuern, in denen Odysseus von der Göttin Athene, der Tochter des Zeus, vor dem Zorn anderer Götter beschützt wurde, gelangt Odysseus schließlich zur Insel der Kyklopen. Kyklopen sind einäugige Riesen, die von den Göttern abstammen. Aus Neugier macht sich Odysseus mit einigen Gefährten auf, um herauszufinden, ob die Kyklopen tatsächlich so grausam und roh sind wie ihr Ruf.

Ich machte also mein Schiff flott und ruderte mit meiner Mannschaft zum anderen Strand hinüber. Dort angekommen, erblickten wir am Hang eines steinübersäten Berges einen Lorbeerhain, der mit einem mächtigen, mehr als burghohen Wall aus Felsblöcken und Stämmen
5 umfriedet war, und in gleicher Höhe mit ihm gähnte im Hang die Öffnung einer riesigen Höhle.
Ich wählte zwölf meiner tapfersten und erprobtesten Männer aus und gebot den andern, das Schiff abfahrbereit zu halten. Auf meine Schultern aber lud ich einen Schlauch aus Ziegenleder, der mit dem kostbaren
10 Schwarzen Wein aus Troja gefüllt war, dem schwersten Wein, der auf Erden gekeltert wird und der so wirksam ist, dass ein einziger Becher davon, mit zwanzig Bechern Wasser vermischt, noch ein Getränk gibt, das jeden anderen Wein an betäubender Kraft übertrifft. Diesen Schlauch nahm ich vorsorglich mit, denn mir ahnte schon, dass wir einem Mann
15 begegnen würden, der, grausam, roh und nicht einmal der Gesetze der Gastfreundschaft kundig, nur durch eine List gebändigt werden konnte. Wir stiegen also zur Höhle hinauf, trafen aber den Riesen, der irgendwo draußen sein Vieh weidete, nicht an. Wir traten ein und fanden die Höhle bis zur Decke gefüllt mit den herrlichsten Speisen […].
20 Meine Freunde bestürmten mich, von dem Käse zu nehmen, so viel wir nur tragen konnten, und uns dann schnell wieder zurückzuziehen; als ich dies ablehnte, schlugen sie vor, das Jungvieh auf das Schiff zu treiben und abzusegeln, doch ich töricht Verblendeter ging auch darauf nicht ein. Wir zündeten ein Feuer an, opferten den Göttern, aßen von unsern
25 Vorräten und nahmen auch, da uns gar zu sehr danach gelüstete, ein wenig von dem goldgelben Käse und warteten. Plötzlich begann der Boden zu dröhnen, die Felsen zitterten, und ein turmhoher Leib erschien im Höhlentor. Es war der Riese; er trug auf der Schulter ein Bündel von Eichenstämmen, die er ausgerissen hatte, um Feuer zu machen.
30 Er warf es auf den Boden: Die Stämme rollten polternd auf uns zu, und wir flohen entsetzt in die innersten Winkel der Höhle. Der Riese hatte uns nicht gewahrt; er trieb das Milchvieh zum Melken herein, ließ die

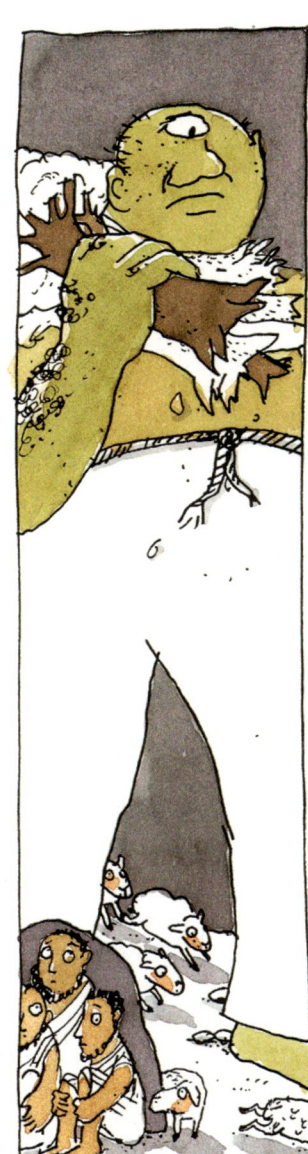

| Sprechen, Schreiben, Zuhören | Umgang mit Texten | Nachdenken über Sprache |

**Eine Heldensage lesen
Inhalte erfassen**

Widder und bärtigen Böcke draußen im Lorbeerhain weiden und verrammelte dann den Höhleneingang mit einem ungeheuren Felspfropf,
35 den hundert Stiere nicht von der Stelle hätten bewegen können. Dann molk er die Schafe und Ziegen, goss sich von der Milch einen mannshohen Kessel voll als Nachttrunk ab und zündete ein Feuer an, das einem Scheiterhaufen glich. Die Flammen flackerten bis zur Decke; ihr Schein drang in die finstersten und entlegensten Ritzen, und nun ent-
40 deckte der Kyklop uns Ärmste, die wir, zitternd hinter den Kälbchen zusammengedrängt, uns vergeblich zu bergen suchten.

A Warum sind Odysseus und seine Gefährten in die Höhle des Kyklopen eingedrungen und was tun sie dort?

Verdutzt sah er uns an, sein Stirnauge glotzte, dann fragte er, und seine Stimme war ein löwenartiges Brüllen: „Wer seid ihr, Fremdlinge, und war treibt ihr hier? Seid ihr Räuber? Seid ihr hierhergekommen, mich
45 zu bestehlen oder gar zu ermorden? Antwortet mir!"
Unsere Herzen wollten vor Entsetzen brechen, allein ich ermannte mich und gab dem Ungeheuer die nötige Antwort, sagte ihm, dass wir Griechen seien und der Sturm uns an sein Gestade verschlagen habe; dann fiel ich vor ihm auf die Knie, hob schutzflehend die Arme und
50 mahnte ihn, sich nicht durch eine Verletzung des Gastrechts den Zorn der Götter zuzuziehen. Ich fand die eindringlichsten Worte, die jeden andern Unhold bewegt hätten; der Kyklop aber lachte nur wild auf, dass die Luft klatschend an die Wände schlug, und sprach dann: „Narr, was scheren mich die Götter! Ich bin ein Kyklop, das ist mehr als ein Gott!"
55 In diesem Augenblick verstand ich, dass wir verloren waren, wenn es nicht gelänge, seine Riesenkraft durch eine List zu überwinden […]. Plötzlich aber streckte er die Hand aus, packte zwei meiner Gefährten an den Beinen, schmetterte sie mit dem Kopf an einen Felsen, wie man das mit jungen Hunden tut, riss ihre Leiber und Gliedmaßen ausein-
60 ander und schlang sie samt Haaren, Flechsen, Kot und Knochen in

| Projekt | Fachübergreifendes | Büffel-Ecke |

sich hinein. Wir standen stumm vor Entsetzen und sahen es an und konnten's nicht wehren; der Riese rülpste und führte mit beiden Händen den Kessel mit Milch zum blutigen Maul und soff ihn aus bis zur Neige, und in diesem Augenblick hätte ich ihm das Schwert in den
65 Rücken rennen können, genau dorthin, wo die Leber unter dem Zwerchfell sitzt, und ich griff auch schon nach der Waffe, den tödlichen Stoß zu tun, da kam mir jäh der Gedanke, dass wir dann endgültig verloren wären! Niemand anders als der Kyklop konnte ja den Türstein beiseite räumen, und auch wenn unsere Mannschaft nach uns geforscht
70 und bis zum Eingang der Höhle gedrungen wäre, hätte sie selbst mit vereinten Kräften nicht vermocht, den Stein auch nur einen Spaltbreit zur Seite zu schieben, ja, nicht einmal ein Heer hätte jenen Fels von der Stelle gerückt. Also musste ich den Riesen am Leben lassen; zähneknirschend schob ich mein Schwert wieder in die Scheide, und als der
75 Kyklop sich nach dem wüsten Mahl zur Ruhe gestreckt und über sein Einaug das Lid sich grob wie ein Sack gesenkt hatte, blieb uns trotz unserer guten Waffen nichts anderes übrig, als zitternd und noch immer vor Ekel und Elend stumm den Morgen abzuwarten.

B Finde für diesen Abschnitt aus der Sage eine Überschrift, die deutlich macht, wie du dich beim Lesen gefühlt hast.

C Um dir den Inhalt des Erzählten zu verdeutlichen, helfen dir die W-Fragen: Wer? Was? Wann? Wo? Warum? Stelle und beantworte einige dieser W-Fragen schriftlich, z. B.: *Warum landet Odysseus auf der Insel der Kyklopen?*
…

D Mit wem droht Odysseus dem Kyklopen? Was antwortet dieser darauf?

E Odysseus und seine Gefährten hätten den Kyklopen im Schlaf töten können. Warum warten sie trotzdem tatenlos den nächsten Morgen ab?

F Notiere in Stichworten den Verlauf der Handlung. Achte dabei auf die richtige Reihenfolge.
1. Anlegen des Schiffes auf der Insel der Kyklopen
2. …

Merke

Bei Heldensagen sind die **Namen von Personen und Orten** von großer Bedeutung, da sie die Glaubwürdigkeit der Handlung unterstreichen. So hat es bestimmte Orte und Personen tatsächlich gegeben. Eine genaue Zeitangabe erfolgt jedoch nicht.

Die Eingeschlossenen befreien sich – eine Sage nacherzählen

5

Wie aus der Höhle entkommen? Odysseus hat einen Plan:

In der Früh erhob sich der Riese, gähnte, zündete wieder ein Feuer an, molk die Ziegen und Schafe und legte die Lämmer, Zicklein und Kälbchen an die Euter der Muttertiere, dann packte er wieder zwei meiner Kameraden und fraß sie zum Morgenmahl. Schließlich rückte er den
5 Felsspund* zur Seite, trieb die Herde ins Freie, ging selbst hinaus und schloss die Höhle. [...]
Meine Gefährten begannen zu jammern; ich aber rief ihnen zu: „Ans Werk, ans Werk, liebe Kameraden, lasst uns die Stunden für unsre Befreiung nutzen!" Dann unterbreitete ich ihnen meinen Plan. Wir durften
10 den Riesen nicht töten, denn er musste uns ja am nächsten Morgen wieder die Tür entriegeln, und da es unmöglich war, ihm zu entwischen, solange er uns erblickte, mussten wir ihn blenden, und dies konnte nur geschehen, wenn er schlief. Alles Weitere würde sich dann finden. Wir nahmen also einen Hirtenstock, der in der Höhle herumlag, einen har-
15 ten, trockenen Ölbaumstamm von dreifacher Manneslänge, schabten und schnitzten eins seiner Enden zur stechenden Spitze, glühten und glätteten und schabten sie dann wieder, bis sie scharf und spitz wie eine Dolchklinge war. Schließlich deckten wir diesen ungeheuren Speer mit Mist zu, der in mächtigen Fladen zwischen Käse und Sahne sich türmte,
20 und warteten auf des Riesen Rückkunft.

Am Abend kehrt der Riese mit der Herde in seine Höhle zurück. Odysseus gelingt es, den Kyklopen mit dem mitgebrachten Wein betrunken zu machen.

[...] dreimal schenkte ich ihm ein, und dreimal schüttete der Dummkopf den Wein hinunter, und als ich vernahm, wie seine Zunge schon schwer wurde, sprach ich rasch: „Du begehrst meinen Namen zu wissen, Kyklop? Höre denn, mein Name ist Niemand; es ist ein seltener Name,
25 doch ich trage ihn mit Stolz, da schon mein Vater und mein Großvater Niemand hießen! Aber nun vergiss auch nicht, mich, wie du versprochen, zu bewirten." „O Niemand, Niemand", lallte der Kyklop, und sein Auge glühte wie im Fieber, „dich werde ich als Letzten fressen, mein lieber Niemand, das soll deine Bewirtung sein!" Mit diesen Wor-

* Felsspund: Felsblock

30 ten ließ er sich auf die Seite fallen, streckte die Beine aus und schlief schnarchend und schnaufend ein, vom Trojanischen Wein überwältigt […]. Nun gruben wir eilends die hölzerne Lanze aus dem Mist, machten die Spitze im Feuer glühen […]. Wir ergriffen den Stamm mit beiden Händen, hoben ihn aus dem Feuer, nahmen Anlauf und rammten ihn
35 dem Kyklopen ins lidüberdeckte Auge und drehten, wie ein Mann den Bohrer dreht […]. Gestank erhob sich und Qualm; schwarzes Blut schoss wie ein Springquell aus der rauchenden Wunde; der Riese heulte auf, dass die Berge bebten; wir flohen wieder in den innersten Winkel, und das Ungeheuer riss sich den Pfahl aus dem blutbesudelten Augenloch, schleuderte ihn fort und brüllte unablässig jammernd die benachbarten Kyklopen zur Hilfe herbei.

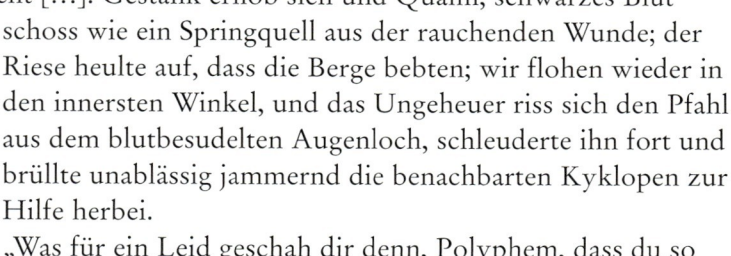

„Was für ein Leid geschah dir denn, Polyphem, dass du so heulst und uns aus dem Schlummer reißest?", hörten wir einen der Kyklopen draußen fragen. „Raubt dir jemand Ziegen und Schafe, oder greift ein Feind gar dein Leben an?" Polyphem aber brüllte: „Niemand ist gekommen, liebe Brüder, Niemand greift mir ans Leben, Niemand stach mir das Auge aus, Niemand hat mir ein schreckliches Leid angetan!" „Na, was brüllst du denn so, wenn niemand dir etwas getan hat?", sprach der Kyklop verärgert. „Warum schreist du uns dann aus dem besten Schlaf, du Narr? Wahrscheinlich hast du zu viel getrunken und einen bösen Traum gehabt!" Er sprach es grollend, und ich hörte mit jubelnder Freude am
55 erdbebengleichen Trappen und Stampfen, wie sie sich trollten; der Kyklop schrie ihnen nach, zu bleiben und Niemand zu fangen und Niemand zu bestrafen, doch die andern scherten sich nicht um sein Geschrei und zogen davon.

Odysseus und seinen Gefährten gelingt es mittels einer List, aus der Höhle zu entkommen: Sie binden sich unter die Widder aus der Herde des Kyklopen, sodass dieser sie bei der Kontrolle am Ausgang nicht ertasten kann. Schnell eilen sie zum Schiff und segeln fort. Zuvor nennt Odysseus dem Kyklopen seinen wahren Namen.

A Welche Vorbereitungen musste Odysseus treffen, um seinen Fluchtplan in die Tat umzusetzen?

B Odysseus wird auch „der Listenreiche" genannt. Welche seiner Listen in dieser Geschichte findest du am scharfsinnigsten? Begründe.

C Sagen wurden zuerst mündlich überliefert. Versuche selbst, diese Sage mündlich nachzuerzählen. Nutze die folgende Arbeitstechnik (∕ S. 166).

Sprechen, Schreiben, Zuhören — Umgang mit Texten — Nachdenken über Sprache

Eine Heldensage nacherzählen

> **Arbeitstechnik**
>
> **Eine Geschichte mündlich nacherzählen**
> - Lies den Text mehrere Male und kläre dir Unbekanntes.
> - Gliedere den Text in Abschnitte. Finde für die Abschnitte Überschriften, die ihren Inhalt zusammenfassen.
> - Notiere deine Überschriften auf einzelnen Karteikarten. Du kannst auch noch besonders wichtige Einzelheiten des Geschehens oder Namen von Personen und Orten hinzufügen.
> - Achte darauf, dass die Karteikarten in der richtigen Reihenfolge bleiben. Klebe sie auf ein Band, sodass sie nicht durcheinander geraten.
> - Finde möglichst eigene Worte für die Ereignisse. Erzähle in der Zeitstufe der Vergangenheit (Präteritum oder Perfekt).

6 Hier haben Pia und Thorben jeweils eine Szene aus der Sage nacherzählt.

Pia: *Und dann fragte der betrunkene Kyklop nach dem Namen von Odysseus. Odysseus antwortete, dass er Niemand heiße, genau wie sein Vater und Großvater vor ihm. Und dann drohte ihm der Kyklop, er taumelte, fiel um und schlief ein. Dann suchten die Griechen die Lanze.*

Thorben: *Der betrunkene Kyklop fragte Odysseus: „Wie heißt du, Mensch?" Dieser antwortete sehr listig: „Mein Name ist Niemand. So hießen auch schon mein Vater und Großvater!" Der Kyklop stieß gerade noch eine kurze Drohung aus, da taumelte er auch schon und fiel auf den Boden. Dort schlief er sofort ein.*

A Gefällt dir Pias oder Thorbens Nacherzählung besser? Begründe.

> **Merke**
>
> Mit der **wörtlichen Rede** kannst du deine Nacherzählung lebendiger gestalten. Dabei solltest du die Position des Redebegleitsatzes variieren. Dieser kann am Anfang, in der Mitte oder am Ende des Satzes stehen. Achte auch auf die Verwendung unterschiedlicher **Konjunktionen** wie *als, nachdem, weil, obwohl, aber, oder*. Vermeide möglichst „und dann …"

B Überlege, ob du bei deiner Nacherzählung der Sage die wörtliche Rede verwendet hast. Probiere ihren Einsatz noch einmal an einem Ausschnitt.

Noch mehr starke Typen – die antike Sagengestalt Herakles

Herakles* ist ein Sohn des Göttervaters Zeus und besitzt unglaubliche Kraft. Durch einen Schwur des Zeus ist er gezwungen, seinem nur wenige Tage älteren Vetter, dem feigen und schwächlichen König Eurystheus, Untertan zu sein. Die Götter haben allerdings verfügt, dass Herakles sich von dieser Herrschaft befreien kann, wenn er zwölf gefährliche Aufträge für Eurystheus erfolgreich ausführt. Da Eurystheus Herakles hasst und gerne loswerden möchte, denkt er sich für ihn scheinbar unlösbare Aufgaben aus, in der Hoffnung, Herakles werde von einem dieser Abenteuer nicht mehr lebend zurückkehren.

* Herakles: auch bekannt unter dem lateinischen Namen Hercules

7

Wie Herakles die Äpfel der Hesperiden holt

Eurystheus verlangt von Herakles, ihm drei goldene Äpfel vom Baum der Hesperiden zu bringen, von dem niemand weiß, wo er sich überhaupt befindet. Darüber hinaus wird dieser Baum von einem schrecklichen Ungeheuer bewacht. Auf seiner Suche begegnet Herakles dem Riesen Atlas, der dazu verdammt ist, bis in alle Ewigkeit das Himmelsgewölbe auf dem Kopf zu tragen. Auguste Lechner hat dies nacherzählt.

Die Gipfel, an deren Fuß er [Herakles] vorüberkam, wurden höher und höher, und eines Tages machte er eine seltsame Entdeckung: Auf dem höchsten dieser Gipfel hockte ein ungeheurer Riese, der aussah, als wäre er selbst aus Stein. Und auf seinem
5 gewaltigen Haupt trug er das Himmelsgewölbe.
„Atlas! Das ist Atlas!", dachte Herakles, während er staunend und fast ehrfürchtig zu dem Gewaltigen hinauf-
10 blickte, der seit undenkbaren Zeiten diese furchtbare Last tragen musste. Und plötzlich überkam ihn eine unbezwingliche Lust, hinaufzusteigen und dem Titanen** Auge in Auge gegenüberzustehen, der da droben in
15 schrecklicher Einsamkeit wohnte und weder der Welt der Götter noch der Welt der Menschen angehörte.
Gesagt, getan. Von Fels zu Fels, über Spalten und Abgründe kletterte Herakles hinauf zum Gipfel. Manchmal hüllten ihn die Wolken ein und raubten ihm die Sicht. Steine kollerten und sprangen neben ihm herab,
20 als wollte der Titan ihm den Aufstieg verwehren.

** Titanen: gewaltige Riesen. Sie gelten als die Göttergeneration vor den olympischen Göttern, denen sie im Kampf unterlagen.

| Sprechen, Schreiben, Zuhören | Umgang mit Texten | Nachdenken über Sprache |

Eine Heldensage lesen und nacherzählen

Aber endlich stand er droben auf der Höhe. Über ihm hing der Himmel so tief herab, dass er meinte, er brauche nur den Arm auszustrecken, um das blaue Gewölbe zu berühren. Und genau ihm gegenüber befand sich das steinerne Gesicht des Titanen. […]

25 „Was suchst du hier, Herakles?" Die Stimme klang dumpf, als käme sie aus dem Innern des Berges. „Du wolltest wohl wissen, wie es ist, wenn man tausend und abertausend Monde lang die Last des Himmelsgewölbes tragen muss? Nun – hast du genug gesehen? Dann geh' wieder fort – denn ich hasse dich und deinesgleichen! Dein Vater Zeus hat mich
30 zu diesem Schicksal verdammt – und er ist stärker als ich!"
„Nein, glaube mir, ich bin nicht gekommen, um mich an deinem Unglück zu weiden", sagte Herakles traurig. „Ich muss den Garten der Hesperiden suchen, der in diesem Lande liegt. Auf Befehl der Götter soll ich meinem Vetter Eurystheus drei von ihren goldenen Äpfeln
35 bringen!"
Atlas schien jetzt zu lachen: Das steinerne Gesicht verzerrte sich, und der Felsboden zitterte.
„Die Äpfel der Hesperiden? Weißt du nicht, dass der hundertköpfige Drache sie bewacht, den Gäa, meine Mutter, aus dem Hades* herauf-
40 geholt hat?"

* Hades: Totenreich

Herakles nickte bedrückt. „Ich weiß es! Aber vielleicht könntest du mir raten, wie ich dennoch die Äpfel bekomme", fügte er zaghaft hinzu – freilich ohne viel Hoffnung, dass der Titan ihm helfen würde.
Atlas schwieg eine Weile. „Du selbst wirst sie niemals bekommen",
45 sagte er endlich. „Aber ich wüsste wohl ein Mittel", fuhr er langsam fort, als überlegte er etwas. „Die Hesperiden vermögen nichts gegen mich", fuhr er fort. „Und ich kenne ein giftiges Kraut, das in dieser Gegend wächst: Damit könnte man den Drachen einschläfern, der sonst niemals schläft. Nur hilft dir das gar nichts, denn du würdest das Kraut
50 nicht finden. Und ich kann nicht fort von hier, da ich ja das Himmelsgewölbe tragen muss." Herakles sprang auf. „Höre mich an!", sagte er eifrig, „ich bitte dich, suche für mich das Kraut, schläfere den Drachen ein und bringe mir die Äpfel. Ich will indessen für dich das Himmelsgewölbe tragen."
55 „Meinetwegen!", knurrte Atlas, „zwar habt ihr es nicht um mich verdient – aber ich will es für dich tun. Komm her und stelle dich dicht neben mich, damit ich dir meine Last aufladen kann."
Herakles dachte unbehaglich, die Rede habe recht höhnisch geklungen, aber er gehorchte.

| Projekt | Fachübergreifendes | Büffel-Ecke |

60 Alsbald fühlte er ein entsetzliches Gewicht auf seinem Kopf, dass er meinte, die Schädelknochen müssten zerbersten. Aber er biss die Zähne zusammen und tröstete sich damit, dass es ja nicht lange dauern würde. Atlas stieg indessen schon mit riesigen Schritten den Berg hinab. Danach verging Stunde um Stunde mit schrecklicher Langsamkeit, so
65 schien es Herakles.
Und endlich, als er schon meinte, die Last nicht länger tragen zu können, kehrte Atlas zurück, legte drei goldene Äpfel vor ihn hin und dehnte behaglich die gewaltigen Schultern.
„Ich danke dir!", stöhnte Herakles, der kaum noch Atem holen konnte,
70 „aber nun nimm mir schnell das Himmelsgewölbe wieder ab – es ist viel zu schwer für mich."
Atlas blickte auf ihn hinab. „Ja siehst du – das ist nun traurig für dich!", sagte er gemächlich. „Ich habe jetzt nämlich gefühlt, wie schön es ist, von der entsetzlichen Last frei zu sein – und ich gedenke sie nicht
75 wieder auf mich zu nehmen! Also wirst du sie wohl in aller Zukunft behalten müssen! Und hüte dich ja, sie abzuwerfen; denn dann würde die Erde in Trümmer stürzen!"
Herakles erschrak sehr, als er sich so betrogen sah. Hastig dachte er nach, wie er sich wohl befreien könnte.
80 „Du hast mich also überlistet!", ächzte er. „Aber ich schwöre dir, ich kann das Himmelsgewölbe nicht mehr lange tragen. Denn mein Kopf ist nicht so hart wie der deinige. Erlaube mir wenigstens, mir ein Kissen aus weichen Pflanzenfasern zu flechten und es auf meinen Kopf zu legen, wie es die Wasserträgerinnen tun, wenn sie die vollen Krüge
85 tragen!"
„Meinetwegen, aber beeile dich!", brummte Atlas und bückte sich unter das Himmelsgewölbe. Kaum fühlte sich Herakles seiner Bürde ledig, nahm er die Äpfel und sprang über Stock und Stein den Berg hinab, während er hinter sich das wütende Gebrüll des Titanen hörte.

A Auch in dieser Sage gelangt der Held mithilfe einer List zum Ziel. Äußere deine Meinung zum Verhalten der beiden Figuren.

B Welche Personennamen aus diesem Text kennst du? In welchem Zusammenhang hast du sie schon gehört oder verwendet?

C Notiere für eine Nacherzählung den Handlungsverlauf stichwortartig auf Karteikarten und fertige einen „roten Faden" an.

D Erzähle die Handlung mittels des „roten Fadens" mündlich nach.

E Besprecht in der Klasse, welche typischen Sagenmerkmale diese Heldensage enthält.

11. Kapitel Von Helden, Göttern und ihren Taten – Heldensagen lesen, untersuchen, nacherzählen

8

Im antiken Griechenland gab es für jeden Lebensbereich einen verantwortlichen Gott. Insofern war es selbstverständlich, dass auch in den Heldenepen die Götter eine entscheidende Rolle spielten. Im folgenden Text werden dir einige dieser Götter kurz vorgestellt. Vielleicht hast du manche Namen schon mal in anderem Zusammenhang gehört.

Einige griechische Götter kurz vorgestellt

Zeus ist der höchste griechische Gott. Mit seinen Brüdern Hades und Poseidon teilt er sich die Herrschaft der Welt. Zeus erhielt den Himmel als Herrschaftsbereich.

Als sein Sitz gilt der Berg Olymp. Häufig wird Zeus mit Adler, Zepter und Blitzbündel dargestellt.
Poseidon ist der Gott des Meeres und aller Gewässer und wohnt in der Tiefe des Meeres. Er besitzt einen Dreizack, mit dem er Erdbeben und Stürme erzeugt. Während die beiden Brüder Zeus und Poseidon Himmel bzw. Wasser beherrschen, fiel dem dritten im Bunde, Hades, das Totenreich zu. Er wurde Gott der Unterwelt. Mit dem Begriff „Hades" wird oft auch die Unterwelt selbst bezeichnet. Der jungenhafte, geflügelte Bogenschütze ist Eros, der Gott der Liebe. Mit seinen Pfeilen erregt er die Liebe zwischen Mann und Frau.

Mit Flügelschuhen, Hut und Stab ausgestattet, ist Hermes einer der
15 vielseitigsten Götter. Er ist nicht nur Götterbote und Gott der Herden, sondern ebenfalls für Handel, Wege, Glück, Diebe und einiges andere mehr verantwortlich.

Ähnlich vielseitig präsentiert sich eine Tochter des Zeus: Athene. Ausgestattet mit Rüstung, Lanze und Schild, ist sie Schutzgöttin Athens,
20 Göttin der Weisheit und der Kriegskunst sowie hilfreiche Beschützerin vieler Helden, auch des Odysseus.

Im Sonnenwagen, der von vier feurigen Sonnenrössern gezogen wird, kommt Helios, der Sonnengott, daher. Er ist der Sohn zweier Titanen und führt jeden Tag die Sonne über den Himmel.

25 Nike ist die Göttin des Sieges. Oft wird sie mit Flügeln, Siegeskranz und Posaune dargestellt.

A Ordne mithilfe des Textes jeder Abbildung den richtigen Namen zu.

B Die Römer haben viele der griechischen Götter übernommen, ihnen jedoch eigene Namen gegeben. Versuche, die folgenden lateinischen Namen den entsprechenden griechischen Göttern zuzuordnen:

Victoria • Sol • Minerva • Merkur • Amor • Pluto • Neptun • Jupiter.
Die Auflösung findest du in Spiegelschrift auf dieser Seite.

C Sicher kommen dir einige der griechischen und römischen Götternamen bekannt vor. Welche der Namen werden heute in ganz anderen Zusammenhängen gebraucht? Denke z. B. an *Sport, Zeitung, …*

Nike = Victoria
Helios = Sol
Athene = Minerva
Hermes = Merkur
Eros = Amor
Hades = Pluto
Poseidon = Neptun
Zeus = Jupiter

11. Kapitel Von Helden, Göttern und ihren Taten – Heldensagen lesen, untersuchen, nacherzählen

Wiederholung

9 Eine schöne Möglichkeit, weitere antike Heldensagen kennen zu lernen, ist eine Nacherzählrunde im Unterricht. Probiert es in eurer Klasse einmal aus.

Arbeitstechnik

Eine Nacherzählrunde vorbereiten und durchführen
- Wähle eine Sage aus. Hierbei kann es sich um ein weiteres Abenteuer des Odysseus oder aber eines anderen antiken Helden wie Herakles handeln.
- Sprecht euch ab, damit einzelne Sagen nicht mehrfach erzählt werden. Bereite deine Nacherzählung vor und übe sie am besten zu Hause:
- Kläre unbekannte Begriffe mittels eines Lexikons, falls diese nicht aus dem Zusammenhang zu verstehen sind.
- Halte den Handlungsverlauf auf Karteikarten fest, z. B. in Form von Überschriften zu einzelnen Textabschnitten, und klebe sie auf ein farbiges Band („roter Faden").
- Überlege, wo du die wörtliche Rede einbeziehen kannst, um deine Nacherzählung lebendiger zu gestalten.
- Gib die Sage möglichst mit eigenen Worten und in der Zeitstufe der Vergangenheit wieder.

! In einer Bibliothek kannst du dir Bücher mit weiteren Heldensagen ausleihen. Zu manchen Sagen gibt es auch Hörbücher.

A Besprecht, ob die Heldensage gut nacherzählt wurde. Berücksichtigt den „roten Faden", die wörtliche Rede, die Nennung von Orten und Namen.

B Übe deine Nacherzählung mehrmals, z. B. auch vor dem Spiegel zu Hause. Probiere an verschiedenen Stellen den Einsatz der wörtlichen Rede aus.

Zusammenfassung
- **Heldensagen** erzählen von Helden und Göttern sowie deren Taten. Umfangreiche Werke werden mit dem griechischen Wort **Epos** bezeichnet.
- Sagen wurden zunächst mündlich weitererzählt. Sie verknüpfen wirkliches Geschehen mit dem damaligen Glauben der Menschen. In diesen Sagen entscheiden meist die Götter über Erfolg oder Misserfolg des Helden.
- Namen von Personen und Orten sind bei Heldensagen der Antike von großer Bedeutung. Ihre Nennung soll die Glaubwürdigkeit der Handlung unterstreichen. Dagegen wird auf eine genaue Zeitangabe verzichtet.
- Für das **mündliche Nacherzählen** sollte man sich den Handlungsverlauf stichpunktartig auf Karteikarten notieren, sodass nichts Wichtiges ausgelassen wird. Der Inhalt ist in der Reihenfolge, wie ihn der Text vorgibt, mit eigenen Worten in der Zeitstufe der Vergangenheit wiederzugeben.

Zwölftes Kapitel

„Wie komme ich von hier zum …?"
Wege beschreiben

Das ist der Stadtplan von Venedig, einer berühmten Stadt in Italien. Sieh dir die Karte an und erkläre, was das Besondere dieser Stadt ist. Beschreibe, wie die Menschen von einem Stadtteil in den anderen gelangen können.

Im Labyrinth der Gassen – Orte und Richtungen angeben

1

Venedig ist der Ort der Handlung in dem Roman „Herr der Diebe" von Cornelia Funke. Der Herr der Diebe – das ist der geheimnisvolle Anführer einer Kinderbande, die er mit dem Verkauf der Beute aus seinen Raubzügen „über Wasser hält". Keiner kennt seinen Namen. Auch nicht Prosper, ein Ausreißer, der auf der Flucht vor seiner Tante Unterschlupf bei der Bande gefunden hat. Er ist gerade mit Riccio auf einem Beutezug, als ihnen auf einmal ein Mann folgt.

CORNELIA FUNKE

Herr der Diebe

„Er ist hinter uns her!", stieß Prosper hervor. „Er hat versucht, sich zu verstecken, aber ich hab ihn gesehen." […]
„Komm mit!", zischte er – und zerrte Riccio in eine Gasse, die so eng war, dass Barbarossa darin stecken geblieben wäre. Der Wind fuhr ihnen
5 entgegen, als hätte er in der dunklen Enge sein Zuhause. Riccio wusste, wohin dieser wenig einladende Gang führte: auf einen versteckten Hof und von dort in ein Labyrinth von Gassen, in dem sich selbst ein Venezianer verirren konnte. Kein schlechter Weg, um einen Verfolger abzuschütteln. Aber Prosper war schon wieder stehen geblieben, presste sich
10 gegen die Mauer und beobachtete die Leute, die sich draußen auf der Gasse vorbeischoben. […]
Schulkinder hüpften an ihrem Versteck vorbei, dann kamen die Nonnen in ihren schwarzen Gewändern. Und dann erschien ein Mann: kurz und stämmig, mit großen Füßen und einem Walrossbart. Suchend blickte er
15 sich um, stellte sich auf die Zehenspitzen, reckte den Hals und fluchte. Die beiden Jungen wagten kaum zu atmen. Dann, endlich, ging der Fremde weiter.
Riccio regte sich zuerst. „Ich kenn den Kerl!", stieß er hervor. „Lass uns verschwinden, bevor er noch mal zurückkommt!"
20 Mit klopfendem Herzen stolperte Prosper ihm nach, lauschte den eigenen Schritten, die ihm verräterisch nachhallten. Sie rannten die enge Gasse hinunter, über einen häuserumstandenen Platz, über eine Brücke, dann wieder eine Gasse hinunter. Prosper wusste schon bald nicht mehr, wo sie waren, aber Riccio lief voran, als könnte er sich noch mit verbun-
25 denen Augen in dem Gewirr von Gassen und Brücken zurechtfinden.

| Projekt | Fachübergreifendes | Büffel-Ecke |

Dann stolperten sie plötzlich ins Sonnenlicht und vor ihnen lag der Canal Grande, der Große Kanal. An seinem Ufer drängten sich die Menschen, und auf dem glitzernden Wasser wimmelte es von Booten. Riccio zerrte Prosper zu einer Vaporetto-Haltestelle, wo sie sich zwischen den Leuten versteckten, die dort auf das nächste Boot warteten.
Die Vaporetti waren die schwimmenden Busse Venedigs, sie schafften die Venezianer zur Arbeit und die Touristen von einem Museum zum anderen, wenn ihre müden Füße es leid waren zu laufen.
Prosper musterte jeden, der vorbeikam, aber ihr Verfolger tauchte nicht auf. Als endlich ein Vaporetto anlegte, ließen die Jungen sich von den Wartenden mit an Bord schieben, und während die anderen Fahrgäste zu den wenigen Sitzplätzen drängten, die im überdachten Teil des Bootes noch frei waren, lehnten Prosper und Riccio sich an die Reling und ließen das Kanalufer nicht aus den Augen.
„Wir haben keine Fahrkarte", flüsterte Prosper besorgt, als das voll beladene Boot ablegte. „Macht nichts", flüsterte Riccio zurück. „Wir steigen an der nächsten Station sowieso wieder aus. Aber guck mal, wer dahinten steht." Er wies auf die Haltestelle, die sie eben hinter sich gelassen hatten. „Siehst du ihn?"
O ja, Prosper sah ihn ganz genau. Da stand er, der Walrossbart. Mit zusammengekniffenen Augen starrte er dem davonschlingernden Boot nach. Riccio winkte ihm spöttisch zu.
„Was soll das?" Erschrocken zog Prosper ihm den Arm herunter.
„Wieso? Meinst du, er schwimmt uns nach? Oder holt das Boot ein mit seinen kurzen Beinen? Nein, mein Lieber. Das ist das Gute an dieser Stadt. Wenn dich einer verfolgt, brauchst du bloß die Kanalseite zu wechseln und schon ist der Verfolger aufgeschmissen. Du musst natürlich dafür sorgen, dass nicht gerade eine Brücke in der Nähe ist. Aber über den Canal Grande gibt es nur zwei Brücken, das müsstest inzwischen sogar du wissen."
Prosper antwortete nicht. Von ihrem Verfolger war längst nichts mehr zu sehen, aber Prosper starrte immer noch so besorgt zum anderen Ufer hinüber, als könnte der Fremde dort jeden Moment wieder auftauchen, zwischen den zierlichen Säulen der Paläste, auf dem Balkon eines Hotels oder auf einem der Boote, die ihnen entgegenkamen.
„He, guck nicht so, wir sind ihn los!" Riccio rüttelte Prosper an der Schulter, bis er sich zu ihm umdrehte. „Ich bin dem Kerl schon mal entwischt, weißt du? Verdammt!" Bestürzt sah er sich um. „Ich glaub, jetzt hab ich bei all dem Gehetze die Kuchenschachtel verloren."
„Du kennst den Kerl?" Ungläubig sah Prosper ihn an.
Riccio stützte sich auf die Reling. „Ja. Er ist ein Detektiv. Sucht für die Touristen ihre verlorenen Handtaschen und verschwundenen Geldbörsen. Mich hat er mal fast erwischt mit so einem Ding." Riccio zupfte sich am Ohr und kicherte. „Er ist ja nicht besonders schnell. Aber

12. Kapitel „Wie komme ich von hier zum ...?" – Wege beschreiben 175

| Sprechen, Schreiben, Zuhören | Umgang mit Texten | Nachdenken über Sprache |

Lokalbestimmungen erkennen und verwenden

⁷⁰ hinter was er diesmal her war …" Neugierig blickte er Prosper an. „Du weißt, ich halte mich an unsere Regel: Keinen geht an, was war. Aber … es sieht wirklich so aus, als wäre der Kerl hinter dir her gewesen. Kennst du jemanden, der einem Detektiv Geld dafür bezahlen würde, dich zu suchen?"

! Hat dir der Textausschnitt aus *Herr der Diebe* gefallen? Dann schau doch mal in das folgende Kapitel, S. 182 hinein.

A Stelle dir vor, du solltest das Geschehen in Bildern darstellen. Wie würdest du sie zeichnen, wie den Detektiv darstellen? Lies zu deinen Vorstellungen entsprechende Textstellen vor.

B Wer könnte den Detektiv beauftragt haben, Prosper zu suchen? Beachte bei deinen Überlegungen auch die Einleitung zu diesem Textausschnitt.

C Erkläre mithilfe des Textes und der Karten (↗ S. 173), wie die Jungen dem Detektiv entkommen. Wo könnte sich die Episode ereignet haben?

2 Die Beschreibung des Fluchtweges von Prosper und Riccio enthält zahlreiche Orts- und Richtungsangaben (Lokalbestimmungen).

A Übernimm die folgende Tabelle in dein Heft und schreibe aus den ersten beiden farbig markierten Teilen des Textes (Z. 3–8, 21–30) alle Sätze mit Orts- und Richtungsangaben (Lokalbestimmungen) heraus.

Lokalbestimmungen

Ortsangaben	Richtungsangaben
…, als hätte er in der dunklen Enge sein Zuhause	Er zerrte Riccio in eine Gasse.

B Unterstreiche danach jeweils die Lokalbestimmung und rahme alle Präpositionen (Verhältniswörter) ein, die einen Ort bzw. eine Richtung angeben.

…, als hätte er |in| *der dunklen Enge* sein Zuhause.   Er zerrte Riccio |in| *eine Gasse.*

C Frage nach den in Aufgabe B unterstrichenen Satzgliedern, z. B.:
– *Wo hat er sein Zuhause?* Antwort: *In der dunklen Enge.*
– *Wohin zerrte er Riccio?* Antwort: *In eine Gasse.*

D In welchem Kasus (Fall) stehen die Ortsangaben, in welchem Kasus (Fall) die Richtungsangaben?

| Projekt | Fachübergreifendes | Büffel-Ecke |

> **Merke**
>
> Für eine Wegbeschreibung benötigt man **Lokalbestimmungen**, mit denen ein Ort oder eine Richtung angegeben werden kann.
> Solche Lokalbestimmungen enthalten meist eine **Präposition**, z. B.: *in, an, auf, unter, über, vor, hinter, zwischen, neben*.
> Fragt man mit **„Wo?"**, so muss bei der Ortsangabe der **Dativ** verwendet werden, z. B.: *Wo treffen wir uns?* Antwort: *In der Stadt*.
> Fragt man hingegen mit **„Wohin?"**, so muss bei der Richtungsangabe der **Akkusativ** stehen, z. B.: *Wohin fahren wir?* Antwort: *In die Stadt*.

3

1. Der Verfolger steht ▬ anderen Straßenseite.
Er muss nur ▬ andere Straßenseite wechseln, um die Kinder zu erreichen.
2. Prosper und Riccio flüchten ▬ Gasse.
Sie verstecken sich in ▬ Gasse.
3. Sie hätten sich auch ▬ Brücke verstecken können.
Deshalb ruft Prosper: „Komm mit ▬ Brücke!"

A Orts- oder Richtungsangabe? Setze jeweils eine passende Präposition und den richtigen Artikel ein. Arbeite am besten mit den Fragewörtern.

B Beantworte die folgenden Fragen zu den letzten beiden farbig markierten Teilen des Textes (Z. 35–42, Z. 51–55) schriftlich.
  1. Wohin ließen die Jungen sich schieben?
  2. Wohin drängten die anderen Fahrgäste?
  3. Wo waren noch Sitzplätze frei?
  4. Wo stiegen Prosper und Riccio wieder aus?
  5. Wo sollte keine Brücke sein?

4

In literarischen Texten kommen oft Wegbeschreibungen vor. In „Herr der Diebe" ist es Venedig, das so den Leserinnen und Lesern sehr anschaulich vor Augen geführt wird. Ganz ähnlich heißt ein Roman von Andreas Steinhöfel – nämlich „Beschützer der Diebe". Darin ist Berlin der Ort des Geschehens. Auch hier muss man sich gut auskennen:

ANDREAS STEINHÖFEL

Beschützer der Diebe

Olaf hetzte über das Kopfsteinpflaster. Berlin hat beinahe vier Millionen Einwohner, schoss es ihm durch den Kopf, und ausgerechnet diesem Typen laufe ich über den Weg! […]

| Sprechen, Schreiben, Zuhören | Umgang mit Texten | Nachdenken über Sprache |

Wege beschreiben

„Hey! Bleib stehen!"

Den Teufel würde er tun! Er warf einen raschen Blick über die Schulter. Der Detektiv trug eine Sommerjacke, die sich im Wind aufblähte wie die Segel eines Schlachtschiffs. Der Abstand zu seinem Verfolger musste gute zehn Meter betragen. Aber der Mann war größer als er selbst, er lief gleichmäßig und ausdauernd. Es war nur eine Frage der Zeit, bis er ihn eingeholt haben würde. Olaf schickte ein Stoßgebet zum Himmel und spurtete schneller. […]

Der Spreepark! Das ideale Versteck! Und nicht genug Zeit, um eine Eintrittskarte zu lösen. Es sei denn …

Olaf hetzte an dem Maschendraht entlang, bis er einen offenen, asphaltierten Platz erreicht hatte, auf dem die Karossen Dutzender geparkter Autos im Sonnenlicht glänzten. Er entdeckte das Kassenhäuschen, eine Art umgebauten Wohnwagen, am Ende des Platzes und lief darauf zu. Die Kartenverkäuferin, eine dicke Frau mit flammendrot gefärbten Haaren, sah hinter ihrem Schalter auf, als er ihr entgegenstürmte. Er zwang sich zu einem Lächeln und hoffte, dass sie ihn für ein begeistertes Kind halten würde, das es nicht abwarten konnte, in den Park zu gelangen.

„Mein Vater bezahlt für mich", rief er. Er zeigte hinter sich auf den Detektiv, der bis auf fünf Meter an ihn herangekommen war. Die Frau nickte gelangweilt und drückte auf einen Knopf. Olaf passierte erleichtert das Drehkreuz.

A Wie schafft Olaf es, seinen Verfolger abzuschütteln?

B Inwieweit lässt sich anhand des Textes der Weg, den Olaf und der Detektiv zurückgelegt haben, wiederfinden?

C Erzähle von Situationen, in denen du nach dem Weg gefragt hast oder selbst gefragt wurdest.

D Überlegt zu zweit, wie im Unterschied zu *Beschützer der Diebe* eine hilfreiche Wegbeschreibung beschaffen sein sollte.

5

Stelle dir vor, du wohnst in Berlin und jemand fragt dich, wie man vom U-Bahnhof „Französische Straße" zum Brandenburger Tor gelangt. Du sagst:

„Von hier aus gehen Sie am besten gleich die Französische Straße entlang. An deren Ende biegen Sie ▬▬ ab in die Glinkastraße, überqueren die Behrenstraße und gehen nach der Kreuzung ▬▬ weiter. Dabei kom-

| Projekt | Fachübergreifendes | Büffel-Ecke |

men Sie ▬ an der Komischen Oper vorbei. An der nächsten Kreuzung müssen Sie ▬ in die Straße ‚Unter den Linden' einbiegen. Von dort sind es noch ungefähr 600 Meter bis zum Brandenburger Tor. In etwa 10 bis 15 Minuten müssten Sie an Ihrem Ziel sein."

A Vervollständige mündlich die Wegbeschreibung durch Orts- und Richtungsangaben, wie: *geradeaus, nach links, nach rechts, auf der rechten Seite*. Orientiere dich dabei an folgender Karte:

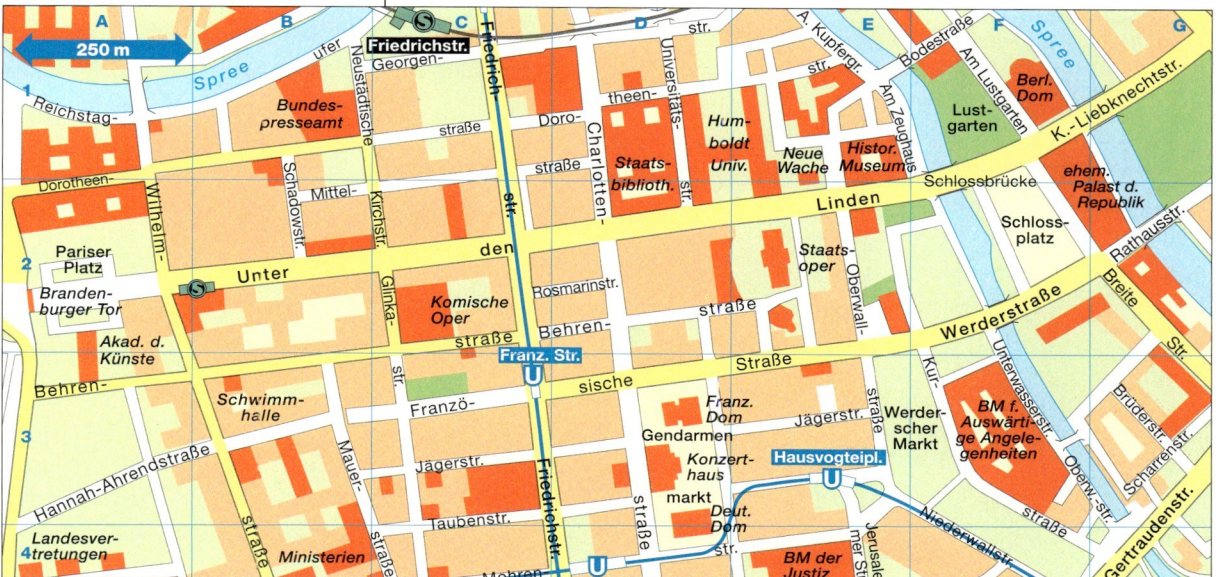

B Schließe das Buch und versuche, die Wegbeschreibung aus der Erinnerung wiederzugeben. Was stellst du fest?

C Zeichne den Weg, den der Besucher gehen soll. Vergleiche anschließend deine Zeichnungen mit denen deiner Mitschülerinnen und Mitschüler.

D Ein Besucher befindet sich am Berliner Dom in der Straße „Am Lustgarten" und möchte zum Französischen Dom auf dem Gendarmenmarkt. Ergänze die folgende Wegbeschreibung durch Verben der Fortbewegung, wie: *abbiegen, einbiegen, gehen, entlanggehen, überqueren, gelangen …*

„▬ Sie hier etwa 100 Meter geradeaus, am Berliner Dom vorbei, bis Sie zu der Straße ‚Unter den Linden' ▬ Diese Straße ▬ Sie am besten gleich und ▬ dann nach rechts ▬ Über die Schlossbrücke ▬ Sie bis zur ersten Einmündung nach links. Das ist die Oberwallstraße, die Sie bis zur nächsten Kreuzung ▬ Dort müssen Sie dann rechts in die Französische Straße ▬ Nach ungefähr 400 Metern sehen Sie auf der linken Seite schon den Französischen Dom."

12. Kapitel „Wie komme ich von hier zum …?" – Wege beschreiben

Wiederholung

6

A Suche dir einen Ausgangsort und einen Zielort auf der Berlin-Karte (↗ S. 179) aus. Verrate deinen Mitschülerinnen und Mitschülern nur, wo du deine Wegbeschreibung beginnst. Das Ziel jedoch müssen sie selbst herausfinden.

B Höre der jeweiligen Wegbeschreibung genau zu und verfolge sie auf der Karte mit. Versuche anschließend, sie mit eigenen Worten wiederzugeben.

C Fertige zu deiner Wegbeschreibung eine Zeichnung an.

D Ergänze deine Zeichnung nach Möglichkeit durch Pfeile, Angaben von Entfernungen sowie Namen von Straßen und besonderen Gebäuden.

7

Am häufigsten wirst du sicher in deinem Heimatort nach dem Weg gefragt oder du willst jemandem beschreiben, wie er z. B. zu dir nach Hause kommt.

A Überlege dir einen Ausgangs- und einen Zielort in deinem Heimatort. Mache dir Notizen für die Wegbeschreibung. Sage, wo du deine Wegbeschreibung beginnst. Lasse dann deine Mitschülerinnen und Mitschüler das Ziel herausfinden.

B Fertige eine Zeichnung an, die einen Weg in deinem Heimatort zeigt. Ergänze diese mit Beschreibungen wie z. B.: *nach links, 200 m geradeaus, linke Seite Warenhaus Weber* usw. Erläutere sie anschließend mündlich.

Zusammenfassung

– Für eine **Wegbeschreibung** benötigt man **Lokalbestimmungen**, die einen Ort oder eine Richtung angeben. Solche Lokalbestimmungen enthalten meist eine Präposition, z. B.: *in, auf, an, vor, über, hinter, neben, unter.*
– Nach der Frage **„Wo?"** muss die **Ortsangabe im Dativ** stehen, z. B.: *auf dem Marktplatz*. Fragt man hingegen mit **„Wohin?"**, steht die **Richtungsangabe im Akkusativ**, z. B.: *in die Stadt*.
– Bei der Wegbeschreibung ist es wichtig, **genaue Angaben** zu machen über:
  • Straßennamen, Kreuzungen,
  • besonders hervorstechende Gebäude oder andere Orientierungspunkte,
  • die zu wählende Richtung (*nach links, rechts, geradeaus*),
  • Entfernungen und die benötigte Zeit vom Ausgangsort zum Ziel.
– **Zeichnungen** können die Wegbeschreibung zusätzlich **veranschaulichen**. Ergänze sie durch Angaben von Entfernungen sowie Namen von Straßen und Gebäuden.

Dreizehntes Kapitel

Projekt: Hörspielwerkstatt
Von der Buchvorlage zum Hörspiel

Macht zu zweit einen „Blindenspaziergang" durch eure Schule. Versucht, nur durch die Geräusche zu erraten, wo ihr euch gerade befindet.

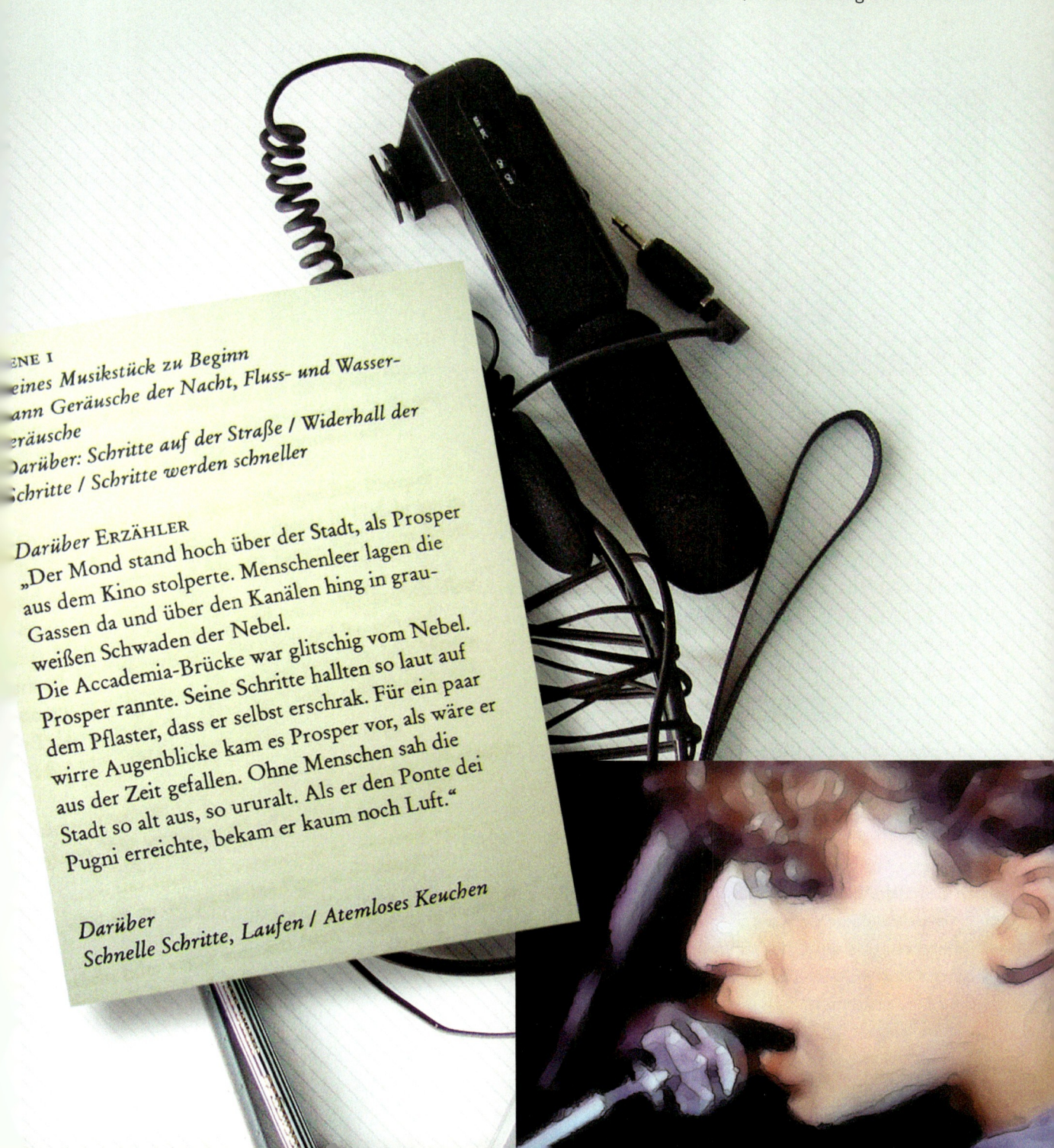

SZENE 1
Kleines Musikstück zu Beginn
Dann Geräusche der Nacht, Fluss- und Wassergeräusche
Darüber: Schritte auf der Straße / Widerhall der Schritte / Schritte werden schneller

Darüber ERZÄHLER
„Der Mond stand hoch über der Stadt, als Prosper aus dem Kino stolperte. Menschenleer lagen die Gassen da und über den Kanälen hing in grauweißen Schwaden der Nebel.
Die Accademia-Brücke war glitschig vom Nebel. Prosper rannte. Seine Schritte hallten so laut auf dem Pflaster, dass er selbst erschrak. Für ein paar wirre Augenblicke kam es Prosper vor, als wäre er aus der Zeit gefallen. Ohne Menschen sah die Stadt so alt aus, so ururalt. Als er den Ponte dei Pugni erreichte, bekam er kaum noch Luft."

Darüber
Schnelle Schritte, Laufen / Atemloses Keuchen

Sprechen, Schreiben, Zuhören · Umgang mit Texten · Nachdenken über Sprache

Projektidee und Textgrundlage kennen lernen

Die Ohren lesen mit – vom Roman zum Hörspielmanuskript

1

Wenn ihr einen Film anschaut, dann achtet ihr vor allem auf die Bilder. Anders ist es bei einem Hörspiel: Es lebt von Geräuschen, Stimmen und Musik. Bilder entstehen dabei nicht auf einer Bühne, sondern im Kopf der Zuhörerinnen und Zuhörer. Im Folgenden könnt ihr lernen, wie man auf der Grundlage eines Textes ein Hörspiel gestaltet und aufnimmt.

A Welche Hörspiele kennt ihr? Erzählt von ihnen und benennt, was euch daran besonders gefallen oder gar nicht gefallen hat.

B Habt ihr schon einmal ein Hörspiel aufgenommen? Berichtet von euren Erfahrungen. Was hat aus welchen Gründen gut geklappt, was weniger?

2

Für ein Hörspiel muss ein so genanntes Manuskript erstellt werden. Darin wird der genaue Ablauf des Hörspiels festgehalten. Es geht vor allem um den zu sprechenden Text. Doch in einem Hörspiel-Manuskript steht noch einiges mehr. Im Folgenden findest du zu einem Ausschnitt aus Cornelia Funkes Roman *Herr der Diebe* ein bereits fertiges Manuskript.

CORNELIA FUNKE

Herr der Diebe

Scipio, der Anführer einer Jugendbande, erhält einen Auftrag des so genannten „Conte". Er soll etwas aus einer Villa in Venedig stehlen. Scipio verabredet mit Riccio, Mosca und Wespe – dem einzigen Mädchen der Bande –, den Einbruch gemeinsam zu wagen. Nur Prosper, der auf der Flucht vor seiner Tante Esther Hartlieb ist, beschließt, stattdessen auf seinen 5-jährigen Bruder Bo aufzupassen. Als er jedoch in der Nacht aufwacht, ist die Bande zusammen mit seinem kleinen Bruder bereits auf dem Weg zur Villa. Prosper versucht, sie einzuholen.

! Einen Ausschnitt aus Cornelia Funkes *Herr der Diebe* konntest du bereits im ↗ Kapitel 12, S. 174–176, kennen lernen.

| Projekt | Fachübergreifendes | Büffel-Ecke |

Der Mond stand hoch über der Stadt, als Prosper aus dem Kino stolperte. Menschenleer lagen die Gassen da und über den Kanälen hing in grauweißen Schwaden der Nebel.
Prosper rannte. Seine Schritte hallten so laut auf dem Pflaster, dass er selbst erschrak. Er musste die anderen einholen, bevor sie über die Mauer kletterten, bevor sie sich in das fremde Haus schlichen. Bilder drängten sich in seinen Kopf, Bilder von Polizisten, die einen strampelnden Bo davontrugen, die Wespe und Mosca mitnahmen und Riccio ins Igelhaar griffen.
Die Accademia-Brücke war glitschig vom Nebel, und hoch über dem Canal Grande rutschte Prosper aus und schlug sich das Knie auf. Aber er rappelte sich wieder auf und rannte weiter, über leere Plätze, vorbei an schwarz in den Himmel ragenden Kirchen. Für ein paar wirre Augenblicke kam es Prosper vor, als wäre er aus der Zeit gefallen. Ohne Menschen sah die Stadt so alt aus, so ururalt. Als er den Ponte dei Pugni erreichte, bekam er kaum noch Luft. Keuchend stieg er die Stufen hinab, lehnte sich gegen die Brüstung und starrte auf die Fußabdrücke im steinernen Boden der Brücke. Von Riccio wusste er, dass hier früher jedes Jahr Faustkämpfe stattgefunden hatten, zwischen den Vertretern des Ost- und des Westteils der Stadt. Die Kämpfe hatten immer im Wasser geendet, und meist war es sehr blutig dabei zugegangen. Die Abdrücke hatten den kämpfenden Männern gezeigt, wo sie sich aufstellen mussten.
Prosper rang nach Atem und lief mit zitternden Beinen weiter. Nur noch durch die Gasse dort, dann stolperte er auf den Campo Santa Margherita. Das Haus von Ida Spavento lag auf der rechten Seite, fast am Ende des Platzes. Keins der Fenster war erleuchtet. Prosper lief auf die Haustür zu und lauschte. Nichts. Natürlich nicht. Sie wollten ja über die Gartenmauer steigen. Prosper versuchte, ruhiger zu atmen. Wenn der Eingang zu der Gasse, die dorthin führte, nur nicht so unheimlich ausgesehen hätte. Von dem steinernen Torbogen grinsten Fratzen auf Prosper herab, und

---

Szene 1
Kleines Musikstück zu Beginn, dann Geräusche der Nacht, Fluss- und Wassergeräusche
Darüber: Schritte auf der Straße / Widerhall der Schritte / Schritte werden schneller
Darüber Erzähler
„Der Mond stand hoch über der Stadt, als Prosper aus dem Kino stolperte. Menschenleer lagen die Gassen da und über den Kanälen hing in grauweißen Schwaden der Nebel. Die Accademia-Brücke war glitschig vom Nebel. Prosper rannte. Seine Schritte hallten so laut auf dem Pflaster, dass er selbst erschrak. Für ein paar wirre Augenblicke kam es Prosper vor, als wäre er aus der Zeit gefallen. Ohne Menschen sah die Stadt so alt aus, so ururalt. Als er den Ponte dei Pugni erreichte, bekam er kaum noch Luft."

Darüber
Schnelle Schritte, Laufen / Atemloses Keuchen

Prosper *immer noch atemlos:* „Hier, hier müssen sie sein. Nein, hier sind sie nicht."
Lautes Atmen, nicht mehr so kurzatmig

Erzähler
„Prosper erinnerte sich, dass sie über die Gartenmauer steigen wollten.
Er versuchte, ruhiger zu atmen. Wenn der Eingang zu der Gasse, die dorthin führte, nur nicht so unheimlich ausgesehen hätte. Von dem steinernen Torbogen grinsten Fratzen auf

Sprechen, Schreiben, Zuhören | Umgang mit Texten | Nachdenken über Sprache

Einen Romanauszug mit einem Hörspielmanuskript vergleichen

als der Mond zwischen den Wolken hervorkam
und alles in sein blasses Licht tauchte, schienen sie
lebendig zu werden und Grimassen zu schneiden.
Da kniff Prosper einfach die Augen zu und
stolperte blind weiter, die Finger an der kalten
Wand.
Nur ein paar Schritte in die pechschwarze Finsternis, und es wurde wieder heller. Die Gartenmauer
der *Casa Spavento* erhob sich grau zwischen den
eng stehenden Häusern, und obendrauf hockte
eine dunkle Gestalt. Prosper spürte Wut und Erleichterung zugleich, als er sie entdeckte.
Die Knie zitterten ihm, das Atmen schmerzte.
Seine Schritte hallten laut durch die Stille. Erschrocken blickte die Gestalt auf der Mauer zu
ihm herunter. Es war Wespe, er erkannte sie trotz
ihres geschwärzten Gesichts.
„Wo ist Bo?", stieß Prosper hervor und hielt sich
die schmerzenden Seiten. „Warum habt ihr ihn
mitgenommen? Hol ihn sofort zurück!" „Beruhige
dich!", zischte Wespe zu ihm hinunter. „Wir haben
ihn nicht mitgenommen! Er ist uns einfach
nachgeschlichen. Und dann hat er gedroht, dass er
den ganzen Campo Santa Margherita wachschreit,
wenn wir ihm nicht über die Mauer helfen! Was
sollten wir denn machen? Du weißt doch, wie stur
er sein kann."

Prosper herab, und als der Mond zwischen den
Wolken hervorkam und alles in sein blasses
Licht tauchte, schienen sie lebendig zu werden
und Grimassen zu schneiden. Die Knie zitterten
ihm, das Atmen schmerzte. Die Gartenmauer
der Casa Spavento erhob sich grau zwischen den
eng stehenden Häusern. Obendrauf hockte eine
dunkle Gestalt."

Weiter rhythmisches Atmen, das plötzlich abbricht
Pause – dann Musikakzent
ERZÄHLER
„Er erkannte sie trotz ihres geschwärzten
Gesichts. Es war Wespe."
Prosper *aufgeregt keuchend:* „Wo ist Bo?
Warum habt ihr ihn mitgenommen? Hol ihn
sofort zurück!"
Wespe *zischend:* „Beruhige dich! Wir haben ihn
nicht mitgenommen! Er ist uns einfach nachgeschlichen. Und dann hat er gedroht, dass er den
ganzen Campo Santa Margherita wachschreit,
wenn wir ihm nicht über die Mauer helfen! Was
sollten wir denn machen? Du weißt doch, wie
stur er sein kann."

A Lest zuerst den Romanauszug (linke Spalte). Schließt dann die Augen und
stellt euch Prospers Lauf durch Venedig vor. Beschreibt eure Vorstellungen und sagt, was ihr vielleicht auch hört.

B Vergleicht das Hörspielmanuskript mit dem Romanauszug. Nennt alle
Unterschiede, die euch auffallen.

C An manchen Stellen weicht der Hörspieltext von der Romanvorlage ab
oder es fehlen ganze Textabschnitte. Versucht, diese Abweichungen und
Streichungen zu begründen.

| Projekt | Fachübergreifendes | Büffel-Ecke |

D Musik, Geräusche und die Art, wie die Figuren sprechen, sind im Hörspielmanuskript in Kursivschrift notiert. Wie passen sie eurer Meinung nach zum Romanauszug? Hättet ihr andere oder ergänzende Vorschläge?

3 Für ein eigenes Hörspiel benötigt ihr eine gemeinsame Textgrundlage. Zu dieser könnt ihr dann ein Manuskript anfertigen, in dem ihr festlegt, was der Erzähler und die einzelnen Figuren sagen. Erst danach teilt ihr euch in Arbeitsgruppen auf, die für die Vorbereitung und Aufnahme eines Hörspiels erforderlich sind.

Und so geht der Ausschnitt aus Cornelia Funkes *Herr der Diebe* weiter.

„Er ist schon drin?" Prosper erstickte fast an seiner Angst.
„Fang!" Wespe warf ihm das Seil zu, das sie gerade eingeholt hatte. Ohne nachzudenken, schlang Prosper sich das Ende um sein Handgelenk und kletterte zu ihr hinauf. Die Mauer war hoch und schartig und
5 er schürfte sich die Hände an den Steinen wund. Als er sich endlich über den Sims zog, holte Wespe das Seil wortlos ein und half ihm, sich in den fremden Garten hinunterzulassen. Sein Mund war trocken vor Angst, als er den Fuß der Mauer erreichte. Wespe warf ihm das Seilende zu und sprang ihm nach.
10 Trockenes Laub raschelte unter ihren Schuhen, als sie an winterkahlen Beeten und leeren Blumenkübeln vorbei zum Haus schlichen. Mosca und Riccio machten sich schon an der Küchentür zu schaffen. Mosca war kaum zu entdecken in der Dunkelheit und Riccio hatte sich das Gesicht geschwärzt wie Wespe. Bo versteckte sich erschrocken hinter
15 Moscas Rücken, als er Prosper sah.
„Ich hätte dich bei Esther lassen sollen!", zischte Prosper. „Verdammt, was hast du dir dabei gedacht, Bo?"
Bo biss sich auf die Lippen. „Ich wollte aber mit", murmelte er.
„Wir beide verschwinden hier wieder", sagte Prosper leise. „Komm
20 mit." Er versuchte Bo, hinter Moscas Rücken hervorzuziehen, aber Bo schlüpfte ihm unter den Fingern weg.
„Nein, ich bleib hier!", rief er so laut, dass Mosca ihm erschrocken die Hand auf den Mund presste. Riccio und Wespe guckten besorgt zu den Fenstern im obersten Stock hinauf, aber sie blieben dunkel. „Lass ihn,
25 Prosper, bitte!", flüsterte Wespe. „Es wird schon alles gut gehen."
Langsam nahm Mosca seine Hand von Bos Mund. „Mach das nicht noch mal, klar?", raunte er. „Ich dachte, ich fall tot um vor Schreck."
„Sind die Hunde da?", fragte Prosper.
Wespe schüttelte den Kopf. „Gehört haben wir sie jedenfalls noch
30 nicht", flüsterte sie.

13. Kapitel Projekt: Hörspielwerkstatt – von der Buchvorlage zum Hörspiel   **185**

| Sprechen, Schreiben, Zuhören | Umgang mit Texten | Nachdenken über Sprache |

Ein Hörspielmanuskript anfertigen

Riccio kniete sich mit einem Seufzer wieder vor die Küchentür. Mosca leuchtete ihm mit seiner Taschenlampe. „Verdammt, das Schloss ist so rostig, dass es klemmt!", schimpfte Riccio leise.
„Ach, deshalb brauchen sie keinen Riegel", murmelte Mosca.
35 Wespe beugte sich zu Prosper, der mit dem Rücken an der Mauer des fremden Hauses lehnte und zum Mond hinaufstarrte. „Du brauchst nicht mit reinzukommen", flüsterte sie. „Ich pass schon auf Bo auf."
„Wenn Bo reingeht, geh ich auch", antwortete Prosper.
Mit einem Stoßgebet stieß Riccio die Tür auf. Mosca und er schlüpften als Erste hinein, dann Bo, dann Wespe. Nur Prosper zögerte einen Moment, doch dann folgte er den anderen.

Die Geräusche eines fremden Hauses umfingen sie. Eine Uhr tickte, der Kühlschrank brummte. Mit einem Gemisch aus Scham und Neugier schlichen sie weiter.
„Macht die Tür zu!", flüsterte Mosca. Wespe ließ ihre Taschenlampe über die Wände schweifen. Ida Spaventos Küche hatte nichts Besonderes an sich. Töpfe, Pfannen, Gewürzgläser, eine Espressokanne, ein großer Tisch, ein paar Stühle …
„Soll einer von uns als Wache hier bleiben?", fragte Riccio leise.
55 „Wozu?" Wespe öffnete die Tür zum Flur und lauschte. „Die Polizei wird wohl kaum über die Gartenmauer kommen. Geh du voran!", flüsterte sie Mosca zu.
Mosca nickte und schob sich aus der Tür.
Sie führte hinaus auf einen engen Flur […], und schon nach wenigen
60 Metern stießen sie auf die Treppe, die nach oben führte. Neben den Stufen hingen Masken an der Wand, unheimlich sahen sie aus im Licht der Taschenlampen. Eine ähnelte der, die Scipio immer trug.
Die Treppe endete vor einer Tür. Mosca öffnete sie einen Spaltbreit, lauschte und winkte die anderen dann auf einen Flur hinaus, der etwas
65 breiter war als der im Erdgeschoss. Zwei Deckenlampen beleuchteten ihn matt. Irgendwo pochte eine Heizung, sonst war alles still. Mosca legte warnend den Finger an die Lippen, als sie an der Treppe vorbeikamen, die nach oben führte. Besorgt blickten sie die schmalen Stufen hinauf.
70 „Vielleicht ist ja doch keiner zu Hause", flüsterte Wespe. Das Haus kam ihr so ausgestorben vor mit all den stillen, dunklen Zimmern. Hinter

den ersten beiden Türen waren ein Bad und eine winzige Abstellkammer, das wusste Mosca von dem Grundriss, den der Conte ihnen gegeben hatte.

75 „Aber jetzt wird es interessanter", flüsterte er, als sie vor der dritten Tür standen. „Das müsste der salotto sein. Vielleicht hat Signora Spavento den Flügel ja übers Sofa gehängt." Er wollte gerade die Hand auf die Klinke legen, als jemand die Tür öffnete.

Mosca stolperte gegen die anderen, so erschrocken fuhr er zurück. Doch
80 in der offenen Tür stand nicht Ida Spavento, sondern …

! Gemeinsam seid ihr schneller: Bildet am besten Gruppen, in denen ihr jeweils einen Abschnitt bearbeitet.

A Das letzte Wort des Textes wurde ausgelassen. Wer könnte hinter der Tür stehen? Beachte dazu auch die Erläuterungen zum Text, S. 182.

B Unterteilt den Ausschnitt in Abschnitte und gebt ihnen Überschriften.

C Fertigt ein Manuskript an, in dem ihr festlegt, wer etwas wie sagt. Ihr könnt den Text auch ein wenig weiterdichten. Notiert jeweils passende Geräusche oder eine entsprechende Musik, z. B. so:

Sprecher, Sprecherin	Sprechweise	Geräusche	Musik
Prosper: „Wo ist Bo? Hol ihn sofort zurück!"	*aufgeregt, kaum mehr flüsternd*		*schnelle Geigenmusik*

D Stellt eure Ergebnisse vor. Erstellt danach ein gemeinsames Manuskript.

Arbeitstechnik

Ein Hörspielmanuskript anfertigen

1. Zeichnet auf ein großes Blatt eine Tabelle mit vier Spalten.
2. Schreibt in die erste Spalte, was der Erzähler und die Figuren sagen sollen. Ihr könnt auch für euch Unwichtiges streichen oder eigene Texte ergänzen, damit man den Zusammenhang trotz der Streichungen versteht. Tipp: Schreibt möglichst kurze und einfache Sätze, die gut zu sprechen sind.
3. Notiert in die zweite Spalte, wie die einzelnen Sätze gesprochen werden sollen. Achtet dazu auf die Redebegleitsätze in der Buchvorlage.
4. Überlegt euch für die dritte Spalte, welche Geräusche zum Geschehen passen. Versucht euch vorzustellen, was, wo und wann etwas geschieht. Fragt euch: Welche Geräusche helfen, die Situation zu veranschaulichen?
5. Legt Stellen im Manuskript fest, wo ihr Musikstücke oder Klänge einbauen wollt, und tragt entsprechende Stichworte in die vierte Spalte ein.

| Sprechen, Schreiben, Zuhören | Umgang mit Texten | Nachdenken über Sprache |

Interessen ermitteln und Gruppen organisieren

Wer macht was? – Arbeitsgruppen bilden

Nachdem ihr ein gemeinsames Manuskript angefertigt habt, müsst ihr eure Aufgaben weiter aufteilen. Wie in einem echten Hörspielproduktionsteam arbeiten alle aus der Klasse in Arbeitsgruppen daran, das Manuskript in ein wirkliches Hörspiel umzuwandeln.

1. Arbeitsgruppe: Rollen sprechen
Trägst du gern Texte vor? Magst du es, dich in andere Menschen hineinzuversetzen? In dieser Gruppe üben diejenigen, die eine Rolle im Hörspiel übernehmen und den Figuren ihre Stimme leihen möchten.

2. Arbeitsgruppe: Geräusche produzieren
Hast du bereits Ideen, wie man Geräusche, z. B. Wind und Regen, nachahmen kann? Diese Gruppe hat die Aufgabe, alle für das Hörspiel wichtigen Geräusche nachzuahmen oder zu finden und aufzunehmen.

3. Arbeitsgruppe: Klänge und Musik suchen
Spielst du ein Instrument? Hörst du gern Musik? In dieser Gruppe spielt ihr entweder die Musik selbst ein oder ihr besorgt passende Melodien.

4. Arbeitsgruppe: Technik vorbereiten und Aufnahme organisieren
Kennst du dich mit Aufnahmetechniken aus? Arbeitest du gern mit technischem Gerät? Diese Gruppe kümmert sich um die Geräte, die für die Aufnahme des Hörspiels notwendig sind, und organisiert die Aufnahme.

> **!** Auf den folgenden Seiten in diesem Kapitel findet jede Arbeitsgruppe Hinweise, wie sie vorgehen und ihre jeweiligen Aufgaben bewältigen kann.

A Entscheide dich für eine dieser Arbeitsgruppen oder nenne eine weitere.

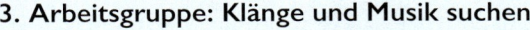
B Bildet die Arbeitsgruppen (↗ Arbeitstechnik).

Arbeitstechnik

Arbeitsgruppen bilden
- Es empfiehlt sich, Gruppen mit nicht mehr als 5 Personen zu bilden. Die Gruppen müssen jedoch nicht alle gleich groß sein.
- Ist eure Klasse insgesamt deutlich größer als 20 Schülerinnen und Schüler, könnt ihr jeweils zwei Arbeitsgruppen zu jeder Aufgabe bilden.
- Arbeiten zwei Gruppen an der gleichen Aufgabe, dann sollten sie sich nach einer getrennten Arbeitsphase besprechen und sich entweder für die bessere Lösung entscheiden oder beide Ideen verwirklichen.

| Projekt | Fachübergreifendes | Büffel-Ecke |

Arbeitsgruppe 1 – Rollen sprechen

1

Euer Publikum muss sich angesprochen fühlen und sich die Figuren vorstellen können. Ihr solltet daher einiges über die Figuren wissen, z. B. wie sie aussehen und wie sie sich verhalten. Dazu folgende Informationen:

Prosper ist der 12-jährige große Bruder des 5-jährigen Bo. Prosper sorgt sich sehr um Bo und will vermeiden, dass dieser in Gefahr gerät.
Bo ist ein kecker und abenteuerlustiger kleiner Junge. Sehr zum Ärger seines Bruders ist er oft sehr eigenwillig.
Wespe ist das einzige Mädchen der Bande und wacht fürsorglich über das Geld vom Verkauf der Diebesbeute. Sie passt auf Bo mit auf.
Riccio wird wegen seines struppigen Haars „Igel" genannt. Mit Mosca beobachtet er die Paläste, in die der Herr der Diebe einbrechen will.
Mosca ist der Größte und Stärkste von allen.

A Sucht in dem Romanausschnitt (↗ S. 183–187) nach weiteren Informationen über die Figuren. Wie verhalten sie sich? Wie sprechen sie?

B Was meint ihr? Welche der folgenden Sätze stammen von welcher Figur? Versucht, während ihr die Sätze laut vorlest, euren Stimmen einen solchen Klang zu geben, dass sie zu der jeweiligen Figur passen.

– „Soll ich ihn kitzeln oder unter meinem Arm verhungern lassen?"
– „Ich mach auf jeden Fall mit. Ich kann viel leiser schleichen als ihr, ich kann durch Löcher krabbeln, in denen ihr stecken bleiben würdet."
– „Können wir dir bei dem Auftrag helfen? Ich meine, nicht nur beim Kundschaften, sondern bei dem Raubzug selbst …?"
– „Nur über meine Leiche wirst du ein großer Dieb, mein Kleiner."
– „Wie oft soll ich es noch sagen? Das Geld ist für schlechte Zeiten."

2

Als Sprecherinnen und Sprecher müsst ihr es schaffen, dass man – ohne euch zu sehen – weiß, welche Miene ihr gerade zieht. Übt das wie folgt:

A Sprecht den Satz: „*Verdammt, was hast du dir dabei gedacht, Bo?*" auf verschiedene Weise, in verschiedenen Stimmungen, z. B.:
aufgeregt oder *müde*   *ängstlich* oder *stolz*   *traurig* oder *froh*

B Übt sehr lautes oder leises und schnelles oder langsames Sprechen. Macht die Probe: Bleibt ihr trotzdem verständlich?

Sprechen, Schreiben, Zuhören | **Umgang mit Texten** | Nachdenken über Sprache

**Den richtigen Ton treffen,
Stimmungen erzeugen**

3 ÜBEN, ÜBEN, ÜBEN | Wie bei einem Musikstück, muss man auch beim Sprechen üben, die richtigen Töne und Stimmungen zu treffen.

A In der Romanvorlage werden durch Redebegleitsätze viele Sprechweisen deutlich benannt, z. B.:
„Ich hätte dich bei Esther lassen sollen!", zischte Prosper.
„Ich wollte aber mit", murmelte er.
Probiert aus, ob es auch sinnvoll sein könnte, die Sätze anders zu sprechen, z. B.: „Ich hätte dich bei Esther lassen sollen!", nörgelte Prosper.
„Ich wollte aber mit", blaffte er.

! Für die Probeaufnahmen könnt ihr die Arbeitsgruppe „Technik" um Rat fragen.

B Macht Probeaufnahmen und lasst in der Klasse die jeweiligen Sprechweisen bzw. Stimmungen erraten. Probiert es auch mit verschiedenen Sätzen aus.

C Überprüft mithilfe der Probeaufnahmen, ob ihr bereits klar und deutlich zu verstehen seid. Überlegt, woran es liegen könnte, dass vielleicht manches nicht richtig zu hören ist, z. B.: *Nebengeräusche, Abstand zum Mikrofon, ...*

4 Nach diesen Vorübungen könnt ihr euch entscheiden, wer den Erzähler und wer die jeweiligen Figuren spricht. Danach müsst ihr die Rollen einüben.

A Probiert aus, welche Stimmen am besten zu den einzelnen Figuren passen. Begründet eure Entscheidungen.

B Übt zunächst einen kurzen Abschnitt. Haltet euch dabei an die Anweisungen in der zweiten Spalte eures Manuskripts (↗ S. 187).
Falls ihr danach der Auffassung seid, der Text müsste anders gesprochen werden, dann solltet ihr das tun.

! Sind mehrere aus der Gruppe für eine Figur geeignet, dann könnt ihr auch in geheimer Wahl entscheiden, wer die Rolle übernehmen soll.

C Markiert eure Sprechtexte und lernt sie möglichst auswendig. Ihr vermeidet dadurch, dass ihr bei der Aufnahme euren Text einfach „herunterlest". Hilfreich ist, sich den Schluss des vorhergehenden Sprechers zu merken. So wisst ihr, wann euer Einsatz ist.

D Übt gemeinsam den gesamten Text, bis ihr ihn wie „im Schlaf" beherrscht. Achtet dabei auch auf:
— eine deutliche Aussprache (Artikulation),
— die von euch gewählten Sprechweisen (Spalte 2 im Manuskript),
— kurze oder längere Pausen, bevor der/die Nächste zu sprechen beginnt.

| Projekt | Fachübergreifendes | Büffel-Ecke |

Arbeitsgruppe 2 – Geräusche produzieren

Die Geräuschemacher sorgen dafür, dass die Zuhörerinnen und Zuhörer glauben, man befinde sich an einem bestimmten Ort, z. B. in einer der Gassen Venedigs, durch die Prosper eilt. Anders ausgedrückt: Ihr erschafft die Geräuschumgebung, wie sie für einen bestimmten Ort typisch ist.

Interview mit einem professionellen Geräuschemacher

JÖRGPETER AHLERS Geräuschemacher, das ist ja ein wirklich erstaunlicher Beruf. Wann kommt man denn da zum Einsatz?

ANDREAS LÜCK Meistens beim Film, wenn Geräusche fehlen wie Schritte oder Filmtüren auf- und zugemacht werden müssen, auch bei der Werbung und im Theater.

JÖRGPETER AHLERS Ein Geräuschemacher ist ja so etwas wie ein Zauberer, ein Zauberer für die Ohren. Und wie ein richtiger Zauberer verrät er seine Tricks nur sehr ungern. Uns gibt er aber einige Tipps. Er fängt an mit einer leckeren Mahlzeit. Er schlägt ein Ei in die Pfanne und ihr könnt das Geräusch nachmachen, ohne an den Kühlschrank der Eltern zu gehen. Wie?

ANDREAS LÜCK Ich habe es einfach gemacht, mit einem Tischtennisball. In den bohre ich mit einem Schraubenzieher ein Loch, von diesem Loch schneide ich den Ball dann viermal ein.

JÖRGPETER AHLERS Und das Brutzeln in der Pfanne?

ANDREAS LÜCK Das macht man mit Cellophan oder Stanniolpapier, das ich ganz leicht mit den Fingern aneinander reibe.

JÖRGPETER AHLERS Als Nächstes zeigt er uns Schritte im Schnee. Stellt euch vor, ihr wollt im Sommer ein Hörspiel produzieren, in dem Kinder im Schnee gehen.

ANDREAS LÜCK Der Trick dabei ist, dass ich Kartoffelmehl in einen kleinen Jutesack prall gefüllt habe. Mit meinen Händen drücke ich dann im Rhythmus der Schritte und bekomme ein richtiges Schneegeräusch.

1 Steifes Papier: Knackt wie brennendes Holz
2 Blechbüchse mit Büroklammern: Rasseln
3 Cellophan: Brutzeln

A Probiert die Tricks des Geräuschemachers aus und macht Probeaufnahmen. Lasst z. B. eure Eltern erraten, um welche Geräusche es sich handelt.

B Kennt ihr selbst Tricks, um Geräusche zu produzieren? Führt sie den anderen Gruppen vor. Lasst erraten, um welche Geräusche es sich handelt.

| Sprechen, Schreiben, Zuhören | Umgang mit Texten | Nachdenken über Sprache |

Textwirkungen durch Geräusche und Klänge unterstreichen

2 Nachdem ihr einige Erfahrungen im Herstellen von Geräuschen gemacht habt, könnt ihr daran gehen, diejenigen Geräusche zu produzieren, die für euer Hörspiel nötig sind.

A Überlegt, wie ihr die Geräusche aufnehmen oder „künstlich" herstellen könnt, die ihr in die dritte Spalte eures Manuskripts (↗ S. 187) notiert habt.

B Überprüft, ob ihr im Internet solche Geräusche herunterladen könnt, die ihr kaum oder gar nicht selbst aufnehmen oder herstellen könnt. Adressen sind z. B.: ⊕ www.laermwerkstatt.de und www.hoerspielbox.de

! Achtet bei eurer Suche im Internet darauf, dass die Anbieter für die Geräusche (Sounds) keine Gebühren verlangen.

C Untersucht, wie die von euch aufgenommenen, heruntergeladenen oder selbst hergestellten Geräusche klingen. Spielt dazu Probeaufnahmen einzelner Geräusche ab und lasst sie durch die anderen Gruppen Textstellen im Manuskript zuordnen.

Arbeitstechnik

Geräusche für ein Hörspiel auswählen
Zuhörerinnen und Zuhörer können schnell mit zu vielen Geräuschen überfordert werden, wenn dauernd Geräusche erklingen und dadurch der Text in den Hintergrund gerückt wird. Daher ist eine sorgfältige Auswahl wichtig:
- Überlegt, welche Geräusche wirklich notwendig sind, um eine Situation zu untermalen. Oft genügt ein kurzes typisches Geräusch, z. B. das Anlassen eines Autos. Es muss danach nicht ständig der Motor zu hören sein.
- Überprüft, ob ihr vielleicht nach jedem Ereignis, von dem der Erzähler spricht, ein Geräusch ausführt. Dass kann schnell langweilig werden. Vermeidet solche Aneinanderreihungen.
- Ihr selbst wisst in der Regel, wofür das Geräusch steht. Fragt daher immer wieder andere, ob sie das Geräusch auch erkennen können.

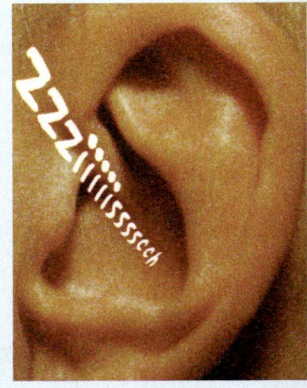

D Wählt aus, welche Geräusche für euer Hörspiel wirklich tauglich sind. Bei der Auswahl solltet ihr euch daran orientieren,
– wie die jeweilige Qualität eurer Aufnahmen ist,
– wie viel das Geräusch dazu beiträgt, dass beim Publikum Bilder im Kopf entstehen.
Falls ihr der Auffassung seid, das im Manuskript genannte Geräusch müsste gestrichen oder ersetzt werden, dann solltet ihr das tun.

| Projekt | Fachübergreifendes | Büffel-Ecke |

Arbeitsgruppe 3 – Klänge und Musik suchen

1

Zu einem Hörspiel gehört auch Musik: einfache Töne, Melodien und andere Klangeffekte. Eure Aufgabe ist es, durch kleinere Musikeinblendungen z. B. den Beginn und das Ende eures Hörspiels anzuzeigen oder besonders spannende Situationen zu untermalen.

A Besprecht, welche Musik ihr einspielen und wo ihr sie einsetzen wollt:
– Eingangsmusik: Soll sie am Ende noch einmal gespielt werden?
– Hintergrundmusik: Welche Stimmung soll sie vermitteln?
– Figurenmusik: Sollen die Figuren eine Erkennungsmelodie bekommen?

B Versucht, diese Melodien selbst einzuspielen und aufzunehmen.

! Fragt eure Musiklehrerin oder euren Musiklehrer, ob ihr im Unterricht Musik- und Klangeffekte ausprobieren und zusammenstellen könnt, mit denen sich Spannung erzeugen lässt.

2

A Lest euer Hörspielmanuskript (↗ S. 187). Wo steigt die Spannung, wo nimmt sie ab? Notiert mit Pfeilen, wo sie steigt ↗ und abnimmt ↘.

B Sammelt Vorschläge, mit welchen Klängen ihr die Spannung aufbauen und steigern könnt (↗ Arbeitstechnik).

Arbeitstechnik

Spannung erzeugen mit neuen Klängen
Interessante Klänge lassen sich oft leicht herstellen und einsetzen:
• Streicht mit der hölzernen Rückseite eines Geigen- oder Cellobogens über die Saiten des Instruments.
• Verwendet das Mundstück einer Flöte und deckt die Öffnung verschiedentlich ab, während ihr hineinblast.
• Schlagt mit der flachen Hand auf mehrere Klaviertasten.
• Bewegt ein großes, dünnes Blech schnell hin und her.
• Bringt Gläser zum Singen: Umstreicht mit feuchten Fingern ihre Ränder. Die Gläser sollten verschieden hoch mit Wasser gefüllt sein.

! Achtet in Filmen darauf, wie mit Klängen Spannung erzeugt wird. Es kann sehr eindrucksvoll sein, wenn die Klänge signalisieren, dass die Gefahr vorüber ist, und das Unheil dann doch geschieht.

C Überprüft, ob ihr manche Klänge folgendermaßen einsetzen könnt:
– wiederkehrende Klänge, mit denen ihr das Hörspiel in Abschnitte einteilt,
– Klänge, mit denen ihr ein Geschehen „veranschaulicht", z. B. ein Paukenschlag, wenn eine Person stürzt.

D Experimentiert mit den Tönen, den Geräuschen, aber auch mit der Stille:
a) steigert Schnelligkeit und Lautstärke, b) lasst die Tonfolge abreißen.

| Sprechen, Schreiben, Zuhören | Umgang mit Texten | Nachdenken über Sprache |

Aufnahmen proben, Gruppenergebnisse zusammenführen

Arbeitsgruppe 4 – Technik vorbereiten und Aufnahme organisieren

1 Zu einer professionellen Hörspielaufnahme gehört heutzutage ein hochmodernes Tonstudio mit digitalen Aufnahmegeräten. Solch ein Tonstudio zu mieten ist möglich, aber sehr teuer. Weil ihr in der Schule eher einfache technische Hilfsmittel zur Verfügung habt, kommt es umso mehr auf euch als an, damit eure Hörspielaufnahmen gut klingen.

! Als technische Spezialität könntet ihr Effektgeräte für Hall oder Echo gut gebrauchen. Denn „Prospers Schritte hallten so laut auf dem Pflaster, dass er selbst erschrak …"

A Informiert euch und besprecht, welche der folgenden Geräte ihr bekommen könnt:
– *Minimalausstattung*: Kassettenrekorder mit eingebautem Mikrofon. Hier müsst ihr mit einem Gerät alles auf einmal aufnehmen (↗ Abb. 1).
– *Normalausstattung*: Zwei Kassettenrekorder mit Mikrofonen (↗ Abb. 2). Hier besteht die Möglichkeit, bereits aufgenommene Geräusche oder auch Musik „einzuspielen", während ihr mit dem zweiten Gerät aufnehmt.
– *Profiausstattung*: Computer mit CD-Brenner und Mikrofon. Ihr nehmt mit dem Aufnahmeprogramm des Computers auf. Danach könnt ihr die Aufnahme am Computer bearbeiten und sie auf eine CD brennen.

! Wie man den Umgang mit einem Gerät genau beschreibt, erfährst du in ↗ Kapitel 3, S. 49–51.

B Macht euch mit den technischen Geräten vertraut. Gebt euch gegenseitig eine Einweisung in die Benutzung der Geräte.

C Probt die besten Aufnahmebedingungen:
– Welcher Abstand zum Mikrofon ist optimal (größter/kleinster)? Wie nah oder weit darf man vom Mikrofon entfernt sein?
– Welche Nebengeräusche wirken störend? Wie könnt ihr sie beseitigen?
– Wie laut dürfen oder müssen die Geräusche oder die Musik im Verhältnis zu den Sprechertexten sein?
– Wie könnt ihr Hall- oder Echoeffekte erzielen und wie wirken sie?

| Projekt | Fachübergreifendes | Büffel-Ecke |

2

Nach euren Vorarbeiten müsst ihr mit den anderen Arbeitsgruppen zusammenarbeiten.

A Wendet euch nach eurer Einarbeitungszeit an die anderen Gruppen. Legt Termine fest, an denen ihr Probeaufnahmen mit ihnen durchführt.

B Damit jede Gruppe selbst überprüfen kann, wie weit sie schon ist, stellt ihr ihnen einfache Aufnahmegeräte zur Verfügung und weist sie in die Technik ein.

C Was hat sich im Manuskript möglicherweise durch die Gruppenarbeiten geändert? Trefft euch dazu mit der ganzen Klasse. Geht gemeinsam das Manuskript durch, besprecht nachträgliche Veränderungen und erstellt eure endgültige Hörspielversion.

3

Wenn alle Gruppen fertig sind und ihr euer gemeinsames Manuskript noch einmal durchgesprochen habt, könnt ihr gemeinsam mit den anderen die Hörspielaufnahme starten. Natürlich geht das nur, wenn alle ihre Einsätze kennen und ihre Aufgaben beherrschen.

A Sprecht ab, in welchen Abschnitten ihr die Aufnahme macht. Das hat den Vorteil, dass bei einem Fehler nicht das gesamte Hörspiel noch einmal aufgenommen werden muss.

B Macht einen Probelauf für einen Abschnitt und hört euch das Ergebnis an. Nehmt euch etwas Zeit und besprecht, wie ihr Fehler korrigieren könntet.

C Macht eine Gesamtaufnahme und vervielfältigt sie. Entweder ihr habt einen Kassettenrekorder für je zwei Kassetten zur Verfügung oder ihr spielt die Aufnahme auf einem Computer und brennt eine CD.

Übrigens, im Tonstudio wird nicht alles gleichzeitig (synchron) aufgenommen, sondern nacheinander. Schritt für Schritt wird erst der Text mehrmals „trocken", d. h. ohne Geräusche und Musik, gesprochen und aufgenommen. Dann muss sich der Regisseur für eine Sprechfassung entscheiden, bevor der Text mithilfe von Computer und Mischpult mit Musik, Klängen und Geräuschen unterlegt wird.

Stopp, Pause, Vor- und Rücklauf – Projektauswertung

1

Nachdem ihr euer Hörspiel fertig gestellt habt, solltet ihr es eurer Nachbarklasse, euren Eltern oder Freundinnen und Freunden vorstellen. Damit die Aufführung auch ein Erfolg wird, sind einige Vorarbeiten zu erledigen.

A Erkundigt euch, ob ihr im Kunstunterricht ein Werbeplakat für das Hörspiel gestalten könnt. Überlegt, ob ihr das Buchcover dafür verwendet.

B Bittet eine Lehrerin bzw. einen Lehrer darum, die möglichst besten technischen Geräte bereitzustellen. Auf jeden Fall müsst ihr haben: Tonbandgerät oder CD-Spieler, Lautsprecherboxen.

C Macht vor eurer Aufführung einen so genannten Soundcheck im Aufführungsraum. Dabei stellt ihr die Abspiellautstärke ein und versucht mögliche störende Effekte, wie z. B. zu starken Hall, zu beseitigen.

D Schafft im Aufführungsraum eine angenehme Hörspiel-Atmosphäre. Besorgt für euer Publikum gemütliche Sitzgelegenheiten, z. B. Sitzkissen, und sorgt für stimmungsvolle, nicht zu starke Beleuchtung. Versucht zu erreichen, dass man sich ganz auf das Zuhören konzentrieren kann.

2

Nach einem Projekt sollte man sich etwas Zeit nehmen, um zu besprechen, wie die gemeinsame Arbeit abgelaufen ist. So etwas nennt man auch „Feedback" (engl. für „Rückmeldung"). Damit alle in der Klasse sowie die Lehrerin oder der Lehrer ihre Erfahrungen mitteilen können, solltet ihr eine Schlusskonferenz durchführen.

A Notiere auf einem Zettel eine gute und eine schlechte Erfahrung, die du während der Projektarbeit gemacht hast. Beziehe dich dabei auf ganz konkrete Situationen und Arbeitsabläufe.

B Klebt eure Zettel an die Tafel und lest sie laut vor.

C Bildet einem Sitzkreis und besprecht, was ihr bei einem nächsten Projekt besser machen könnt. Haltet eure guten Erfahrungen sowie eure Verbesserungsvorschläge in eurem Arbeitsheft fest.

!

Habt ihr nur wenig Zeit, dann führt ein „Blitzlichtgespräch" durch. Alle in der Klasse und die Lehrerin bzw. der Lehrer dürfen höchstens einen Satz dazu sagen, was ihr oder ihm Spaß gemacht oder Ärger bereitet hat.

VIERZEHNTES KAPITEL | **Das Verb und seine Ergänzungen – die Satzglieder**

Was Verben leisten können

Woraus besteht die Milchstraße?

Die Sterne, die wir von der Erde aus sehen, bilden nur einen winzigen Teil der ungeheuer großen Anzahl Sterne im Weltall. Sterne gehören zu bestimmten Sternensystemen. In einer klaren Nacht erkennt man am Himmel eine milchig-weiße Lichtwolke. Das ist unser Sternensystem,
5 die Milchstraße. Durch ein Fernrohr sieht man, dass sie aus vielen, vielen Sternen besteht. Die Bezeichnung „Milchstraße" kommt aus der griechischen Sprache, in der Milch „gala" heißt. Einer alten griechischen Sage nach entstand die Milchstraße, als die Göttin Hera ihren Sohn stillte. Dabei verlor sie einige Milchtropfen. Die Wissenschaft nennt die
10 Sternensysteme deshalb auch „Galaxien".

A Erläutere, wie die Milchstraße zu ihrem Namen gekommen ist.

B Finde alle Verben in diesem Text. Erkläre, woran du sie erkannt hast.

C Bestimme die Verbformen im Text nach Person, Zahl und Zeit.

Merke

Verben geben an, was jemand tut bzw. was geschieht. Sie bezeichnen **Tätigkeiten**, z. B.: *Peter liest*; **Vorgänge**, z. B.: *Die Pflanze wächst,* oder auch **Zustände**, z. B.: *Das Buch liegt auf dem Tisch.* Verben kommen im Text meist in konjugierter (gebeugter) Form vor, z. B.:
  Ich lese. (1. Person Singular Präsens)
  Er liest. (3. Person Singular Präsens)
  Wir lasen. (1. Person Plural Präteritum)

D Unterscheide, welche Verben des Milchstraßen-Textes eine Tätigkeit, welche einen Vorgang und welche einen Zustand bezeichnen.

Tätigkeit	Vorgang	Zustand
sehen	…	…

2 Infinite (ungebeugte) Verbformen

Wie wird eigentlich Schokolade hergestellt?

Der Grundstoff für die Schokolade wird vom Kakaobaum geliefert. Ursprünglich aus den tropischen Urwäldern Südamerikas kommend, wird dieser Baum heute aber vor allem in Westafrika auf großen Plantagen gepflanzt. Die rote, längliche Frucht des Kakaobaums hängt direkt
5 am Stamm und an dicken Ästen. In ihren Samen, die ziemlich bitter schmecken, ist sehr viel Fett. Sie werden bei der Herstellung von Schokolade gemahlen. Danach werden sie zu Brei geschmolzen. In diesen Brei werden oft noch Milchpulver, natürlich Zucker und verschiedene weitere Zutaten gegeben. Mit dieser flüssigen Masse lassen sich dann die
10 unterschiedlichsten Schokoladenprodukte herstellen.

So unterscheidest du Partizip I und II:
Das Partizip I wird aus dem Verbstamm und der Endung *-end* gebildet.
Das Partizip II besteht in der Regel aus der Vorsilbe *ge-*, dem Verbstamm und der Endung *-(e)t* oder *-en*.

A Beantworte mit eigenen Worten die Frage in der Überschrift.

B Der Text enthält unterschiedliche Verbformen: Den Infinitiv, z. B.: *herstellen* (Zeile 10), das Partizip I, z. B.: *kommend* (Zeile 2), und das Partizip II, z. B.: *geliefert* (Zeile 1). Ordne die ungebeugten Verbformen in eine Tabelle ein:

Infinitiv	Partizip I	Partizip II
…	…	*geliefert*

Merke

Verben können im Text als konjugierte (gebeugte) und ungebeugte (infinite) Verbformen vorkommen. **Infinite Verbformen** sind der **Infinitiv**, das **Partizip I** und das **Partizip II**. Sie enthalten keine Merkmale, die Person und Zahl anzeigen. Die beiden Partizipien können auch wie Adjektive verwendet werden, z. B.: *die schmelzende Schokolade, die geschmolzene Schokolade.*

C Ergänze in der Tabelle die fehlenden Verbformen, z. B. Spalte 1: *liefern, liefernd*. Achtung: Bei manchen Verben ändert sich der Wortstamm.

D Bilde das Partizip I und Partizip II aus folgenden Infinitiven: *laufen, essen, springen, singen, umziehen, fernsehen.*

E Beschreibe, wie du die Partizipien gebildet hast.

| Projekt | Fachübergreifendes | Büffel-Ecke |

3 Die Tempusformen (Zeitformen) des Verbs

Wie hat man früher die Zeit gemessen?

Nachdem die Menschen lange nur die ungefähre Zeit am Stand der Sonne abgelesen hatten, erfanden sie die erste Uhr: eine Sonnenuhr. Diese zeigt die Zeit mithilfe des Schattens, den ein Stab auf eine nach Stunden eingeteilte Scheibe wirft. Schien die Sonne nicht, half man sich
5 mit einer Sanduhr. Hier läuft in einer bestimmten Zeitspanne sehr feiner Sand durch einen engen Spalt von einem Glasbehälter in einen anderen. Vor rund 500 Jahren hat dann ein Nürnberger Schlosser eine Taschenuhr gebaut. Sie funktionierte mithilfe einer Spiralfeder und ging noch sehr ungenau. Genauere Zeitangaben lieferte vor rund 340 Jahren die
10 erste Uhr mit einem Zahnräderwerk.
Die exakteste Zeitmessung bietet zurzeit die Atomuhr. Sie arbeitet mit den Schwingungen von Atomen. In 5 Millionen Jahren wird die Zeit hierbei um höchstens 1 Sekunde abgewichen sein. Doch dass die Atomuhr nachgeht, wird von uns keiner mehr erleben.

A Versuche, soweit dies anhand des Textes möglich ist, zu jeder genannten Uhr jeweils einen Vorteil sowie einen Nachteil aufzuschreiben.

B In diesem Text findest du verschiedene Tempusformen (Zeitformen). Schreibe alle Verbformen aus dem Text heraus und bestimme das Tempus.

Vergangenes	Gegenwärtiges	Zukünftiges
man hat gemessen (Perfekt)	… sie zeigt (Präsens)	…

Wenn du bei den Zeitformen (Tempusformen) noch unsicher bist, hilft dir die Übersicht auf der folgenden Seite.

C In welchem Abschnitt wurde welche Tempusform (Zeitform) verwendet? Sage auch, warum.

D Eine der Zeitformen (Tempusformen) wird eher selten gebraucht. Es ist das Futur II, z. B.: *In einigen Tagen werden wir am Ende dieses Kapitels angekommen sein. Wir werden dann viel über Verben gelernt haben.* Finde das Futur II im Text oben. Bilde einige Sätze im Futur II.

E Was kannst du mit dem Futur II ausdrücken? Entscheide dich für eine der folgenden Antwortmöglichkeiten:
– Das Geschehen ist in der Vergangenheit abgeschlossen worden.
– Das Geschehen wird in der Zukunft abgeschlossen worden sein.
– Das Geschehen wird in der Gegenwart abgeschlossen werden.

14. Kapitel Das Verb und seine Ergänzungen – die Satzglieder

Merke

Mit den Tempusformen kann man ein Geschehen zeitlich einordnen:
Gegenwärtiges: **Präsens**: *Ich lese gerade ein Buch. Jan wandert.*
Vergangenes: **Präteritum**: *Neulich las ich ein Buch. Jan wanderte.*
Perfekt: *Ich habe das Buch gelesen. Jan ist gewandert.* (gerade abgeschlossenes Geschehen)
Plusquamperfekt: *Nachdem ich das Buch gelesen hatte, … Nachdem Jan gewandert war, …* (in der Vergangenheit abgeschlossenes Geschehen)
Zukünftiges: **Futur I**: *Ich werde das Buch lesen. Jan wird wandern.*
Futur II: *Bis nächste Woche werde ich das Buch gelesen haben. Jan wird gewandert sein.* (in der Zukunft abgeschlossenes Geschehen)

4

Infinitiv	Tempus	Personalpronomen	Verbform
spielen	Präsens	wir	spielen
sprechen	Präteritum	ich	…
brüllen	Perfekt	er	
lächeln	Plusquamperfekt	ihr	
kochen	Futur I	wir	
sehen	Futur II	du	

A Bilde mit den Vorgaben der Tabelle die entsprechende Verbform.

B Erkläre, wie du die einzelnen Zeitformen gebildet hast. Beachte die zusammengesetzten Verbformen bei Perfekt, Plusquamperfekt, Futur I und II.

C Mit der Präsensform des Verbs kannst du unterschiedliche Zeitstufen angeben. Welche der folgenden Sätze drücken ein *gegenwärtiges, zukünftiges* oder *immer gültiges Geschehen* aus?
1. *Ich arbeite gerade an meinem Modellflugzeug.* 2. *Morgen gehen wir ins Kino.* 3. *Die Erde dreht sich um die Sonne.*

Merke

Das **Präsens** kann mehrere Zeitstufen ausdrücken: **Gegenwärtiges Geschehen**, z. B.: *Ich lese,* ein **immer gültiges Geschehen**, z. B.: *Ich lese gern,* oder ein **zukünftiges Geschehen**, z. B.: *Morgen lese ich.*

| Projekt | Fachübergreifendes | **Büffel-Ecke** |

5

Aktiv und Passiv

Neulich hat Marcel zwei Partien Schach gespielt.

1. Im ersten Spiel hat Anna klar gesiegt.
2. Im zweiten Spiel wurde Marcel klar besiegt.

A Wie sind die beiden Schachspiele ausgegangen? Wer hat jeweils verloren?

B Was kannst du mit der jeweiligen Verbform ausdrücken? Wer hat etwas im 1. Satz getan? Doch wer führt eine Tätigkeit im 2. Satz aus?

> **Merke**
>
> Mit den Verbformen **Aktiv** oder **Passiv** kann man entweder ausdrücken, ob jemand handelt (Aktiv), oder ob mit einer Person oder Sache etwas geschieht (Passiv).
> Das **Aktiv** verwendet man, wenn gesagt werden muss, wer eine Tätigkeit ausführt, z. B.: *Herr Müller fährt uns in die Schule.*
> Mit dem **Passiv** betont man, dass etwas geschieht, ohne zu sagen, wer die Tätigkeit ausführt, z. B.: *Wir werden gefahren.* Das Passiv bildet man mit einer Form des Hilfsverbs *werden* und dem Partizip II (↗ S. 198).

! Es handelt sich um einen Satz im Aktiv, wenn du erfährst, wer die Handlung ausführt.

C Schreibe die folgenden Sätze in dein Heft. Unterstreiche jeweils die Verbform und schreibe neben den Satz, ob es sich um Aktiv oder Passiv handelt.

Diese Aufgabe wird jetzt erledigt.
Die Arbeiter werden das erst morgen schaffen.
Der Unfall wurde durch falsches Überholen verursacht.
Wann ist das gesagt worden?
Wir werden abgeholt.
Die Mannschaft hat den Pokal gewonnen.
Das Zimmer wurde endlich aufgeräumt.
Die Tiere wurden bestens gepflegt.

D Denke dir selbst einige Aktiv- und Passivsätze aus und schreibe sie auf.

E Forme jeden deiner Aktivsätze ins Passiv um und umgekehrt.

Sprechen, Schreiben, Zuhören | Umgang mit Texten | **Nachdenken über Sprache**

6

Üben, üben, üben | **Woraus wird Papier gemacht?**

Jost Amman (1539–1591): Der Papyrer. Holzschnitt

Die alten Ägypter stellten schon vor 4000 Jahren eine Art Papier her. Sie benutzten dazu das Stängelmark der Papyrusstaude. In China stellten die Menschen später Papier aus Stoffresten her. Sie zerkleinerten den Stoff, vermischten ihn mit Wasser, pressten den Brei in dünne
5 Lagen und ließen ihn zu Papier trocknen.
Heute wird Papier aus Holz gemacht. In Papierfabriken werden ganze Baumstämme zu feinen Fasern, dem so genannten Holzschliff, zerrieben. Ein anderer wichtiger Rohstoff für Papier, der Zellstoff, wird auf chemischem Weg aus dem Holz gewonnen. Holzschliff und Zellstoff
10 werden mit Wasser zu einem Brei verrührt und mit verschiedenen Zusätzen vermengt. Dieser Brei wird durch dicke Walzen gepresst, dann getrocknet und geglättet.

A Schreibe die drei wichtigen Bestandteile von Papier auf.

B Bestimme alle Verbformen des Textes nach Aktiv oder Passiv.

C Forme die ersten vier Sätze des Textes ins Passiv um, z. B.:
Schon vor 4000 Jahren wurde eine Art Papier, der Papyrus, hergestellt.

7

Üben, üben, üben | **Wozu braucht man eine Schleuse?**

! Weitere Übungen zu Aktiv und Passiv findest du in ↗ Kapitel 3, S. 50–51.

Damit Schiffe in Flüssen unterschiedlich hohe Wasserstände überwinden können,   Schleusen   (bauen). Eine Schleuse besteht aus der Schleusenkammer und den Schleusentoren. Das Schiff fährt in die Schleusenkammer ein, und die Schleusentore   (schließen). Will man das Schiff auf eine höhere Wasserstufe heben,   die Schleusenkammer mit Wasser   (füllen). Muss das Schiff   (senken),   das Wasser aus der Schleusenkammer   (ablassen). Die Schleusentore öffnen   erst dann   (öffnen), wenn davor und dahinter der Wasserstand gleich hoch ist.

A Ergänze die in den Klammern angegebenen Verben so, dass Passivformen entstehen.

B Wer oder was ist verantwortlich für das Heben und Senken eines Schiffes in einer Schleuse?
ein Kran • eine Hebebühne • der Wasserspiegel

| Projekt | Fachübergreifendes | Büffel-Ecke |

Zur Funktion von Verben im Satz – das Prädikat

8

Quiz

Das Wort „Quiz" aus der englischen Sprache und „Ratespiel". Im Fernsehen es heute vieler dieser Ratespiele. Man wertvolle Preise oder viel Geld. Ein Quizmaster das Spiel und den Teilnehmern Fragen aus den verschiedensten Wissensgebieten. Es auch viele Ratespiele für zu Hause.

A Dieser etwas merkwürdige Text enthält gar keine Verben. Schreibe den Text mit passenden Verben in dein Heft.

B Welche Aufgaben haben die Satzglieder beim Bau deiner Sätze? Welches Satzglied bilden sie?

9

bilden
sein
enthalten
fehlen

Dieser Text ___ unvollständig. Hier ___ das entscheidende Satzglied. Dieses Satzglied ___ nämlich die Satzaussage und ___ das Prädikat.

A Vervollständige den Text mit passenden Verbformen.

B Welche Aufgaben haben die Verben beim Bau deiner Sätze?

10

Was ist ein Urwald?

In den meisten Wäldern bei uns werden schnell wachsende Nadelbäume angepflanzt. So will man möglichst viel Holz gewinnen. Ein solcher von den Menschen gepflanzter Wald wird auch als „Forst" bezeichnet. Nur in Nationalparks lässt man den Wald ungehindert wachsen. Umgestürz-
5 te Bäume bleiben einfach liegen und vermodern. Junge Bäume können überall ungestört sprießen. Am Waldboden wuchern Kräuter, Farne und andere Pflanzen zu einem undurchdringlichen Dickicht. Solch ein unberührter Wald wird „Urwald" genannt. Riesige Urwälder gibt es noch in den wenig besiedelten Teilen der Erde, z. B. den indischen Dschungel
10 oder den südamerikanischen Regenwald.

A Schreibe aus dem Text alle Prädikate heraus, z. B.: *werden angepflanzt*.

B Bei welchen handelt es sich um einfache, bei welchen um mehrteilige Prädikate?

14. Kapitel Das Verb und seine Ergänzungen – die Satzglieder   **203**

| Sprechen, Schreiben, Zuhören | Umgang mit Texten | **Nachdenken über Sprache** |

> **Merke**
>
> Es gibt **einteilige** und **mehrteilige Prädikate**. Das **einteilige Prädikat** besteht nur aus dem konjugierten (gebeugten) Verb, z. B.: *Peter lacht laut.*
> Bei **mehrteiligen Prädikaten** kommt zum konjugierten (gebeugten) Verb ein zweiter Teil hinzu, z. B.: *Peter hat laut gelacht.*
> Das mehrteilige Prädikat kann andere Satzglieder einrahmen. Es bildet dann den so genannten **prädikativen Rahmen**, z. B.: *Er fuhr gestern weg.*

11

Sie/ teilnehmen/ am Schwimmtraining: Sie <u>nimmt</u> am Schwimmtraining <u>teil</u>.
Ich/ aufessen/ auch das letzte Stück Torte:
Er/ abschneiden/ seine langen Haare:
Das Auto/ einbiegen/ in die Seitenstraße:
Die Vorführung/ anfangen/ in zehn Minuten:
Meine Freundin/ aufhören/ mit dem Rauchen:

A Bilde aus folgenden Wortgruppen Sätze mit mehrteiligen Prädikaten und zeichne jeweils den prädikativen Rahmen ein.

B Schreibe eigene Sätze auf, die mehrteilige Prädikate enthalten. Zeichne den prädikativen Rahmen ein.

12

Subjekt und Objekt als Ergänzungen des Prädikats

Lea hat ihrer Mitschülerin _____ weggenommen.
Papa schenkte _____ zum Geburtstag ein tolles Spiel.
_____ lesen am liebsten Krimis.
Heute hat Robert mir _____ zurückgegeben.
Heute hat endlich mal wieder _____ geschienen.
_____ hat richtig viel Spaß gemacht.

A Ergänze die unvollständigen Sätze so, dass sie einen Sinn ergeben.

B Frage nach den Satzgliedern, die du in die Lücken eingesetzt hast. *Was hat Lea ihrer Mitschülerin weggenommen? ...*

C Welche Satzglieder hast du eingesetzt?

| Projekt | Fachübergreifendes | Büffel-Ecke |

Merke

Jedes **Prädikat** wird in einem vollständigen Satz mindestens von einem **Subjekt** (im Nominativ) begleitet. Oft verlangt ein Prädikat aber noch eine oder mehrere weitere Ergänzungen: die **Objekte**. Die Form des Objekts/der Objekte wird vom Prädikat bestimmt, z. B.: *danken: Wem danke ich? (Dativobjekt, 3. Fall) Ich danke meinem Bruder für die CD; kaufen: Wen oder was kaufe ich? (Akkusativobjekt, 4. Fall) Ich kaufe eine CD.*

über ihre Kollegin;
An sein Versprechen;
Auf diesen Tag;
über das verlorene Spiel;
für die beiden Angeklagten

A Wähle für jeden Satz eine passende Ergänzung aus und setze sie ein:

Martin denkt gerade _____ nach. – _____ habe ich lange gewartet! – Der Anwalt wird sich _____ einsetzen. – _____ konnte sich Tim nicht mehr erinnern. – Meine Mutter hat sich neulich ganz schrecklich _____ geärgert.

Merke

Einige Verben fordern eine Ergänzung, die mit einer Präposition beginnt. Ein solches Satzglied heißt **Präpositionalobjekt**, z. B.: *Marcel kümmert sich um seine Schwester. Um wen kümmert er sich? Um seine Schwester.*

B Überlege, welche Präposition die folgenden Verben verlangen. Bilde sinnvolle Sätze. Beispiel: *sich freuen auf, über:* Natalia freut sich auf ihre Gäste.
träumen/ sich überzeugen/ nachdenken/ sich begeistern

Üben, üben, üben | **Außerirdische?**

Ich wundere mich _____ (ein Bekannter), der fest davon überzeugt ist, dass es im Weltall noch andere Lebewesen geben muss. Aber neulich habe ich mich _____ (ein Wissenschaftler) unterhalten. Natürlich habe ich mich gleich _____ (die Außerirdischen) erkundigt. Der Wissenschaftler hat sich _____ (mein Interesse) gefreut, mir aber versichert, dass ich mich eigentlich nicht weiter _____ (diese Frage) kümmern muss.

A Ergänze die fehlende Präposition und setze ein passendes Präpositionalobjekt im richtigen Fall ein.

B Frage nach jedem Präpositionalobjekt in diesem Text.

Die Adverbialbestimmungen

Die Menschen interessieren sich schon seit langer Zeit für die Beantwortung der spannenden Frage: Gibt es im Weltall noch andere Lebewesen?

A Ergänze mündlich: Bei der grün markierten Ergänzung handelt es sich um _____ . Um was für Satzglieder handelt es sich bei den rot markierten Wortgruppen? Begründe.

B Worüber machen im folgenden Text die farbig gekennzeichneten Adverbialbestimmungen nähere Angaben? Arbeite mit passenden Fragewörtern, z. B.: *Wie sitzt das Gehirn? Warum sitzt das Gehirn, gut geschützt, …?*

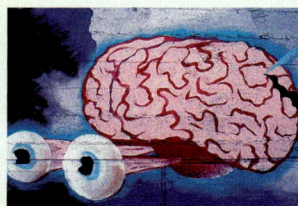

Was macht das Gehirn?

Das Gehirn sitzt, gut geschützt, in der knöchernen Schale des Schädels, weil es ein sehr empfindliches und kompliziertes Organ ist. Es besteht aus vielen Millionen Nervenzellen. Diese sind untereinander auf vielfältige Weise verbunden. Im Rückenmark laufen alle Nerven aus dem
5 Körper zusammen. Über die Nervenleitungen erfährt das Gehirn zuverlässig und zu jeder Zeit, was im Körper gerade geschieht. Das Gehirn sammelt alle diese Meldungen und wertet sie aus. Dann schickt es seine Befehle über die Nerven direkt wieder an den Körper, an die Muskeln und die Organe. Deshalb kann man sagen, dass das Gehirn die
10 oberste Kommandozentrale unseres Körpers ist.

Merke

Adverbialbestimmungen (Umstandsbestimmungen) machen Angaben darüber, unter welchen Umständen etwas geschieht oder jemand etwas tut. Es gibt:
Temporalbestimmungen (Angabe der Zeit): *Morgen treffen wir uns. Wann treffen wir uns? Morgen.*
Lokalbestimmungen (Angabe des Ortes): *Das Konzert findet in Berlin statt. Wo findet das Konzert statt? In Berlin.*
Modalbestimmungen (Angabe der Art und Weise): *Julia kann ausgezeichnet singen. Wie kann Julia singen? Ausgezeichnet.*
Kausalbestimmungen (Angabe des Grundes): *Wegen deiner Unpünktlichkeit ist das jetzt passiert. Warum ist das jetzt passiert? Wegen deiner Unpünktlichkeit.*

| Projekt | Fachübergreifendes | Büffel-Ecke |

C Bilde mit jeder der folgenden Wortgruppen einen Satz. Verwende die Wortgruppen als Adverbialbestimmungen:

unter dem Bett • wegen des Regens • am Mittwoch • unordentlich

D Um welche Adverbialbestimmungen handelt es sich jeweils? Nenne auch die dazugehörigen Fragen.

E Ergänze in den folgenden Sätzen jeweils eine Adverbialbestimmung. Schreibe hinter jeden Satz, um welche Adverbialbestimmung es sich handelt.

Ich werde mich ____ bei dir melden.
____ kommen wir zu spät.
Das Projekt gelang uns ____ .
____ findest du noch mehr davon.
Das Museum hat ____ geschlossen.

16

Woher kommen die Wellen?

____ (WO?) gibt es immer Wellen. ____ (WANN?) schaukeln sie nur ____ (WIE?) dahin, ein anderes Mal türmen sie sich zu gewaltigen Wogen auf. Die meisten Wellen haben schon viele Kilometer auf dem offenen Meer zurückgelegt, ehe sie ____ (WO?) auf die Küste treffen.
5 Sie rollen dabei ____ (WO?) aus oder brechen ____ (WIE?) gegen eine steile Felsküste. Gewöhnlich entstehen Meereswellen ____ (WARUM?). Wenn der Wind über die Wasserfläche bläst, schiebt er das Wasser zu „Hügeln" zusammen, denen „Täler" folgen. Je ____ (WIE?) der Wind bläst, desto höher sind solche Wasserberge. ____ (WANN?) gibt es
10 manchmal bis zu 30 Meter hohe Wellen.

A Schreibe den folgenden Text in dein Heft. Wähle die passenden Adverbialbestimmungen aus und trage sie in die Lücken ein.

stärker, sanft, auf dem Meer, wegen des Windes, irgendwo, manchmal, nach Stürmen, spritzend und schäumend, am flachen Strand

ÜBEN, ÜBEN, ÜBEN

B Ordne Satz für Satz die Adverbialbestimmungen genauer zu: Handelt es sich jeweils um eine Temporal-, Lokal-, Modal- oder Kausalbestimmung?

C Wie entstehen normalerweise Meereswellen?

Wiederholung

17

Bestimme alle Satzglieder der folgenden Sätze.

Anja und Kim verbringen ihre Ferien oft am Meer. Besonders toll finden sie hohe Wellen und Brandung. Bei windigem Wetter bekommt man die beiden Kinder nur sehr schwer aus dem Wasser, weil die Wellen dann großen Spaß bereiten.

18

ÜBEN, ÜBEN, ÜBEN

Was ist ein UFO?

UFO _____ (sein) die Abkürzung für ein „unbekanntes Flugobjekt" und _____ (bezeichnen) außerirdische Flugkörper. Menschen _____ (berichten) schon oft über solche Raumfahrzeuge, die angeblich auch fremdartige Lebewesen an Bord _____ (haben). Jedes Jahr
5 _____ (hören) man aus allen Teilen der Welt, dass Menschen UFOs _____ (sichten). Die amerikanische Luftwaffe _____ etwa 12 000 Meldungen von außerirdischen Flugobjekten _____ (untersuchen). In keinem Fall _____ (finden) man jedoch einen echten Beweis für die Existenz von UFOs oder außerirdischen Lebensformen.

A Schreibe den folgenden Text ab und setze die in Klammern stehenden Verben in die jeweils passende Tempusform.

B Bestimme die von dir eingesetzten Tempusformen.

C Stelle Vermutungen darüber an, was alles Menschen irrtümlicherweise für UFOs halten könnten.

Arbeitstechnik

Satzglieder mithilfe der Umstellprobe ermitteln
Das konjugierte (gebeugte) Verb steht im Aussagesatz immer an zweiter Stelle. Die Teile des Satzes, die vor dem Verb stehen oder sich dorthin verschieben lassen, bilden immer genau ein Satzglied.
Mit der Umstellprobe kannst du ermitteln, welche Wörter im Satz ein Satzglied bilden. Satzglieder können nur zusammen umgestellt werden.
Der Löwe fraß den Zirkusdirektor mit großem Appetit.
Mit großem Appetit | fraß | der Löwe | den Zirkusdirektor.
Den Zirkusdirektor | fraß | der Löwe | mit großem Appetit.

Fünfzehntes Kapitel

Das war ein tolles Fest!
Berichten

Warst du schon einmal auf einem internationalen Kinderfest? Hast du in deiner Schule, in der Klasse oder in den Ferien ein solches Fest erlebt? Berichte, woran du dich noch gut erinnern kannst.

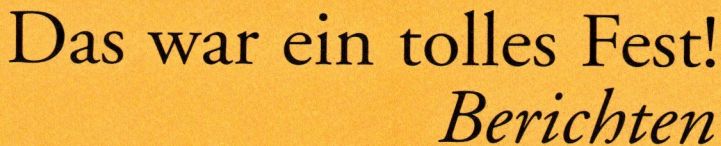

Sprechen, Schreiben, Zuhören | Umgang mit Texten | Nachdenken über Sprache

Einem Text Informationen entnehmen

Worum ging es eigentlich? – Von einer Sitzung berichten

1

Es ist Montag. Alle sind noch ganz begeistert vom Wochenende, denn in der Schule fand das lange vorbereitete internationale Schulfest statt. Doch der Trubel ist noch nicht zu Ende. Franzi und Tobias kommen von der Schülerratssitzung. Sie unterhalten sich aufgeregt, als sie in ihr Klassenzimmer kommen, und sie bemerken gar nicht, dass die Stunde bereits fünf Minuten zuvor begonnen hat. Die Klassenlehrerin Frau Krüger scheint zu wissen, worum es geht, denn sie erteilt ihnen gleich das Wort:

FRANZI Also, alle Teilnehmer an unserem Schulfest haben es ganz toll gefunden. Es soll ein großer Bericht darüber erscheinen.
TOBIAS Deshalb wird es eine Extra-Ausgabe von unserer Schülerzeitung geben und einen Kurzbericht für die Lokalzeitung.
FRANZI Besonders das Tanzfest ist bei allen super angekommen, die Tanzeinlagen unserer afrikanischen Gäste waren nicht zu überbieten. Und beim Basketballturnier war es ungeheuer spannend. Da müssen unbedingt die Fotos in die Zeitung.
TOBIAS Ich fand aber, dass beim Tischtennis eine noch viel tollere Stimmung war. Aber lass uns doch erst einmal berichten, wie die Sondernummer der Schülerzeitung aussehen soll und wer sich daran beteiligen kann.
FRANZI In der internationalen Koch- und Back-AG gab es leckere Speisen, vielleicht hat sich ja jemand die Rezepte gemerkt, die könnten auch in die Zeitung.
TOBIAS Ja, aber das muss mit der Redaktion der Schülerzeitung erst noch besprochen werden, die gehören ja nicht in einen Bericht.
FRANZI Ich denke, es ist keine Frage, dass sich unsere Klasse beteiligen wird. Alle Klassen sollen nämlich möglichst viele Erlebnisberichte von den verschiedenen Veranstaltungen schreiben, die besten werden von denen für die Schülerzeitung und die Homepage unserer Schule ausgewählt.
TOBIAS Na klar, und wir sollten uns anstrengen, dass möglichst viele Berichte von uns sind.
FRANZI Wir dürfen nicht vergessen zu sagen, dass es auch noch einen zusammenfassenden Bericht über das ganze Fest geben soll, denn es gab ja ganz viele Veranstaltungen. Ich selbst konnte nur drei besuchen.
TOBIAS Das sind dann aber ganz verschiedene Berichte. Die Lokalzeitung interessiert es bestimmt nicht, welches Gebäck uns am besten geschmeckt hat, die wollen sicher nur so einen Überblick.

| Projekt | Fachübergreifendes | Büffel-Ecke |

A Trage zusammen, welche Informationen du den Äußerungen von Franzi und Tobias über die Schülerratssitzung entnehmen kannst, z. B.
– in der Schule hat ein großes Fest stattgefunden
– es soll eine Extra-Ausgabe der Schülerzeitung geben
– …

B Sortiert gemeinsam an der Tafel, welche Informationen zum Schulfest und welche zur Extra-Ausgabe der Schülerzeitung ihr den Äußerungen von Franzi und Tobias entnehmen könnt.

Informationen zum Schulfest	Informationen zur Extra-Ausgabe

C Formuliere in deinem Heft Fragen an die beiden Klassensprecher. Welche Informationen benötigst du, um dir ein Bild von dem Schulfest und dem Auftrag an die Klasse machen zu können, z. B.:

– Was für ein Fest hat stattgefunden?
– Wer hat an dem Fest teilgenommen?
– Wie war die Stimmung?
– Für wen sollen welche Berichte sein?
– Wer sind „denen", die die Berichte auswählen?
– …

Merke

Beim Berichten werden Informationen über stattgefundene Ereignisse (z. B.: *Veranstaltungen, Beratungen, Konferenzen*) mitgeteilt. Es kommt darauf an, die folgenden W-Fragen zu beantworten:
- Was hat stattgefunden?
- Wann fand es statt?
- Wo fand etwas statt?
- Wer war beteiligt?
- Aus welchem Grund/zu welchem Zweck wurde etwas durchgeführt?
- Wie/auf welche Weise wurde die Veranstaltung durchgeführt?

D Überprüfe mithilfe der W-Fragen, welche Informationen Tobias und Franzi gegeben haben und welche du mit deinen Fragen noch erhalten willst.

E Was könnte Tobias mit seinem letzten Satz gemeint haben? Warum sollen die Berichte an die Schülerzeitung sich von dem an die Lokalzeitung unterscheiden?

Sprechen, Schreiben, Zuhören | Umgang mit Texten | Nachdenken über Sprache

Zweckgebundenes Berichten

2

Frau Krüger beauftragt Franzi und Tobias, der Klasse am nächsten Tag sachlich und knapp und ohne Abschweifungen zu berichten, was in der Schülerratssitzung über die Extra-Ausgabe der Schülerzeitung gesagt wurde.

Franzi und Tobias berichten:
Am Montag fand von 09:00 bis 10:00 Uhr die Schülerratssitzung statt. Die meisten Klassensprecher waren zwar noch müde, aber dennoch erzählten alle ganz begeistert, was sie auf dem internationalen Schulfest
5 erlebt hatten. Carsten und Frank stritten über die Aufstellung ihrer Basketballmannschaft, sie hatte gegen die Gäste verloren.
Folgendes wurde dann beschlossen: Über das große Schulfest am vergangenen Wochenende soll in einer Extra-Ausgabe der Schülerzeitung umfassend berichtet werden, damit das Fest allen Teilnehmern, beson-
10 ders auch den ausländischen Gästen, noch lange in Erinnerung bleibt. Alle Schülerinnen und Schüler werden aufgerufen, über die Veranstaltungen zu berichten, an denen sie teilgenommen haben, damit auch die, die z. B. beim Tanzfest waren, erfahren, wie die anderen Veranstaltungen verlaufen sind. Gute Fotos sind erwünscht. Außerdem soll es auf
15 der Titelseite einen zusammenfassenden Bericht darüber geben, was auf dem Fest alles stattgefunden hat und wie es gefallen hat. Die Lokalzeitung soll einen kurzen Bericht erhalten. So erfahren alle Bürger in unserem Ort von unserem Fest und unseren vielen Gästen. Die Redaktion der Schülerzeitung wurde beauftragt, die jeweils besten Berichte auszu-
20 wählen. Wir sollten uns beim Schreiben also anstrengen, um möglichst gut vertreten zu sein.

A Haben sich Franzi und Tobias an Frau Krügers Hinweise (siehe oben) gehalten? Schätze den Bericht entsprechend dieser Hinweise ein.

B Schreibe auf, welche Berichte über das Schulfest für wen und zu welchem Zweck geschrieben werden sollen.

Merke

Beim **Berichten** wird das Wichtigste eines Geschehens **knapp, sachlich** und **wahrheitsgetreu** formuliert. Es kommt aber darauf an zu bedenken, **für wen** (z. B.: *Schüler, Eltern, Bürger einer Stadt*) und **zu welchem Zweck** (z. B.: *Kurzbericht für eine Lokalzeitung, Erlebnisbericht für eine Schülerzeitung*) der Text geschrieben wird.

| Projekt | Fachübergreifendes | Büffel-Ecke |

So war es auf dem Fest – für wen, was, wie berichten?

3

Die ersten Berichte treffen
in der Redaktion der Schülerzeitung ein.

Text 1 von Sandra

Am 10. 4., dem Tag, an dem unsere Schule das lang geplante internationale Fest feierte, fand um 16:00 Uhr im Festsaal unserer Schule ein Konzert statt.
Zuerst trommelten und sangen unsere afrikanischen Gäste auf der Bühne. Die dicht gedrängten Zuhörer bewegten sich im Rhythmus.
Danach spielte eine kroatische Band, zu deren Musik Tänzerinnen auftraten. Der Chor unserer Schule folgte mit internationalen Liedern.
Zum Abschluss trommelten und sangen alle gemeinsam: die, welche sich auf der Bühne befanden, und die Zuhörer.
Um 18:30 Uhr endete das Konzert mit dem gegenseitigen Versprechen aller Teilnehmer, dass man sich bald wieder treffen werde.

Zum Abschluss trommelten alle ...
Sandra

Text 2 von Timm

Ich war auch beim internationalen Fest unserer Schule, und weil ich Sportler bin, zog es mich natürlich magisch in die Turnhalle. Da fand außer einem Basketballturnier auch ein internationales Tischtennisturnier statt.
Die Sportlehrer hatten sich ein System ausgedacht, sodass eine afrikanische Mannschaft, eine Schulmannschaft und eine Mannschaft aus dem Asylbewerberheim jeweils ihre Kräfte messen konnten.
Die Halle bebte und mein Herz auch, als ich an den Start ging. Meine Hände waren ganz nass und ich glaubte, dass mein Herz jeden Moment zerplatzen würde. Tim, mein Freund, flüsterte mir beruhigend zu: „Das geht allen so, du schaffst das, denk dran, wir haben fleißig geübt."
Die ersten Bälle schoss ich natürlich statt übers Netz ins Netz, oder sie landeten auf dem Boden. Mein Magen krampfte sich zusammen und ich wollte mich am liebsten verstecken, wegzaubern aus der Halle, wo so viele Blicke erwartungsvoll auf mir ruhten. Aber die Stimmung in der Halle war großartig. Langsam fand ich meine Ruhe wieder und konnte punkten. Am Ende ging es gut aus. Ich zählte auch zu den Gewinnern. Einig waren sich nach Abschluss des Turniers alle, dass eigentlich alle gewonnen hatten, die Zuschauer und die Sportler. Es war fast ein bisschen wie bei Olympia.

Punkten!
Timm

| Sprechen, Schreiben, Zuhören | Umgang mit Texten | Nachdenken über Sprache |

Berichte bewerten

| Text 3 von Moritz

Ein Programmpunkt lautete: „Mit dem Leseteppich in die Ferne fliegen." Viele interessierte Zuhörer gingen dorthin.
Schüler lasen aus Büchern vor, die zum Thema passten. Man erfuhr viel Neues und Interessantes.
5 Das Zimmer war anders eingerichtet als üblich. Man saß auf dem Fußboden: auf Teppichen, Decken und Kissen.

| Text 4 von Lisa

Am 10. 4. 2004 fand im Lessing-Gymnasium unserer Stadt ein internationales Schulfest statt. Etwa 350 Schüler und Lehrer sowie zirka 70 Gäste aus Griechenland, Kroatien, Mosambik, Polen und Russland feierten gemeinsam, um sich besser kennen zu lernen. Dazu stellten sie
5 ihre Bräuche, Musik, Tänze, Kochrezepte, Frisierkünste und viele Spiele vor. Zu den Höhepunkten gehörten außerdem ein Basketball- und Tischtennisturnier sowie ein Chorkonzert. Den Ausklang bildete ein alle begeisterndes Tanzfest. Die Stimmung war bei allen Veranstaltungen äußerst fröhlich und freundschaftlich.

[A] Stelle dir vor, du bist Mitglied der Redaktionskommission der Schülerzeitung und sollst die einzelnen Beiträge bewerten. Lies die Texte. Für wen und zu welchem Zweck sind die Berichte wahrscheinlich verfasst worden? Ordne sie den folgenden drei Möglichkeiten zu:
– Bericht für die Schülerzeitung über eine Veranstaltung
– Zusammenfassender Bericht über das Fest für die Schülerzeitung
– Bericht über das Fest für die Lokalzeitung
Begründe deine Zuordnung.

[B] Sieh dir Text 4 von Lisa genauer an. Welche W-Fragen kannst du mit den folgenden Angaben beantworten?
Beispiel: *Am 10. 4. 2004 – antwortet auf die Frage: Wann?*
– im Lessing-Gymnasium unserer Stadt
– um sich besser kennen zu lernen
– äußerst fröhlich und freundschaftlich

[C] Mit der Beantwortung dieser W-Fragen (Aufgabe B) informierst du genauer über die Umstände eines Geschehens. Mit welchen Satzgliedern kannst du solche Umstände ausdrücken?
Beispiel:
Frage: Wann? Antwort: am 10. 4. 2004 – Temporalbestimmung.
Ergänze, wie die Satzglieder heißen, die Antworten auf die Fragen Wo? Wie? Warum? geben können.

! Umfassende Informationen und Übungen zu den Adverbialbestimmungen erhältst du in der Büffel-Ecke: Kapitel 14 *Das Verb und seine Ergänzungen*.

| Projekt | Fachübergreifendes | Büffel-Ecke |

ÜBEN, ÜBEN, ÜBEN

D Ordne die folgenden rot gedruckten Angaben den verschiedenen Adverbialbestimmungen zu. Auf welche Frage geben sie jeweils Antwort?

um 16:00 Uhr / wir freuten uns riesig / weil ich Sportler bin / im Festsaal / damit wir uns besser kennen lernen / die Stimmung war so toll wie bei Olympia / zum Abschluss des Tages

! Nutze für die Tabelle ein DIN-A4-Blatt im Querformat.

E Lege nun zur Bewertung der Berichte den folgenden Kontrollbogen an. Notiere in diese Tabelle, ob die entsprechenden Antworten im Text enthalten sind. Schätze außerdem ein, ob die Verfasser die Hinweise zum Berichten (Merkekästen auf S. 211, 212) beachtet haben.

	Text 1	Text 2	Text 3	Text 4
Was?				
Wer?				
Wann?				
Wo?				
Wie?				
Warum?				
Knapp formuliert?				
Unwesentliches weggelassen?				
Abfolge der Ereignisse eingehalten?				
Zweck genügend beachtet?				

4

Als Mitglied der Redaktionskommission hast du die Aufgabe, den Verfasserinnen und Verfassern der Texte deine Bewertung mitzuteilen und Hinweise für eine vielleicht notwendige Überarbeitung zu unterbreiten.

A Schreibe auf, was du schon für gut gelungen hältst, z. B.:
– Sandra hat in ihrem Veranstaltungsbericht das Wesentliche knapp berichtet.
– Sie hat dabei die meisten W-Fragen beantwortet.

B Sieh deinen Kontrollbogen durch und formuliere zu den Texten Hinweise zur Überarbeitung, z. B.:
– Sandra sollte in ihren Bericht noch aufnehmen, wie das Konzert bei den Zuhörern ankam und warum am Ende alle versprochen haben, sich bald wieder zu treffen.

15. Kapitel Das war ein tolles Fest! – Berichten 215

Wiederholung

5

Der Redaktionskommission fehlt noch ein zusammenfassender Bericht für die Titelseite. Jan notiert ungeordnet einige Stichpunkte:

– Internationales Schulfest, Neugier auf fremde Kulturen, 70 Gäste
– Nachmittag: Turnhalle, Sportplatz: Basketball und Tischtennis, Stimmung fantastisch, Buchveranstaltung „Leseteppich"
– Am Vormittag: afrikanische, griechische, polnische, russische und kroatische Klänge von der Hofbühne
– Ende des Tages: um viele Erfahrungen und viel Wissen reicher, z. B. Trommeln ausprobiert, afrikanischen Zopf geflochten bekommen
– Um die Mittagszeit: verführerische Gerüche von Speisen aus vielen Ländern, Rezepte aus der internationalen Koch- und Back-AG
– Ab 20:00 Uhr: Höhepunkt des Tages – Tanzfest mit Schulband
– Und wir versprachen uns, so ein Fest bald zu wiederholen.

A Schreibe den Bericht für die Titelseite. Nutze dazu Jans Angaben sowie die aus deinem Kontrollbogen (S. 215). Versuche, so viele Informationen wie möglich einzuarbeiten. Bringe die Ereignisse in eine richtige Reihenfolge.

B Tausche deinen Bericht mit deinem Banknachbarn aus. Schätzt eure Berichte gegenseitig ein. Orientiert euch an der Zusammenfassung (unten).

C Schreibe nun einen Bericht über ein ähnliches Fest mit Kindern anderer Länder, das du selbst erlebt hast: vielleicht ein Schulfest, ein Fest in deinem Heimatdorf oder auf einer Urlaubsreise. Beachte die folgenden Punkte:

Zusammenfassung
Beim **Berichten** sind die folgenden Punkte zu berücksichtigen:
– Es werden Informationen über schon stattgefundene Ereignisse (z. B.: Veranstaltungen, Beratungen, Konferenzen) mitgeteilt.
– Es kommt darauf an, die folgenden W-Fragen zu beantworten:
  1. Was hat stattgefunden? 2. Wann fand es statt? 3. Wo fand etwas statt?
  4. Wer war beteiligt? 5. Aus welchem Grund wurde etwas durchgeführt?
  6. Wie/auf welche Weise wurde die Veranstaltung durchgeführt?
– Das Wichtigste eines Geschehens wird knapp, sachlich, in der richtigen Abfolge und wahrheitsgetreu formuliert.
– Es kommt auch darauf an zu bedenken, für wen (z. B.: *Schüler, Eltern*) und zu welchem Zweck (z. B.: *Kurzbericht für eine Lokalzeitung, Bericht zur Erinnerung an ein Ereignis für eine Schülerzeitung*) der Text geschrieben wird.

Sechzehntes Kapitel

Sagte der Hirsch zum Fuchs ...
Fabeln lesen, verstehen und schreiben

Viele Menschen sagen, eine Katze sei hinterlistig,
eine Maus feige, ein Schwein dumm.
Sind diese Zuordnungen deiner Meinung nach zutreffend oder nicht?
Betrachte auch die abgebildeten Tiere auf dieser Seite und sage,
welche Eigenschaften ihnen zugeordnet werden.

Sprechen, Schreiben, Zuhören | Umgang mit Texten | Nachdenken über Sprache

Ein Genre kennen und verstehen lernen

Alles Tiergeschichten? – Fabeln aus allen Zeiten

1

Für ihre Hilfe bei der Wohnungsrenovierung haben Kira und Moritz von ihren Eltern Geld bekommen. Moritz findet, er hätte mehr davon verdient und nimmt es sich. Kira ist ganz anderer Meinung, traut sich aber nicht, etwas gegen ihren viel stärkeren Bruder zu sagen.

A Stelle dir vor, Kira wäre deine Freundin. Wie würdest du ihr helfen?

B Wie sollte Kira deiner Meinung nach in Zukunft reagieren? Begründe.
– *Sie sollte sich immer zuerst ihren Teil sichern.*
– *Sie sollte die Sache auf sich beruhen lassen. Denn die Klügere gibt stets nach.*
– *Sie sollte allein etwas gegen Moritz tun, selbst wenn sie Angst hat.*

2

ⓘ
www.lessingmuseum.de
Homepage des Lessing-Museums

Am nächsten Tag fährt Kira mit ihrer Klasse vom Lessing-Gymnasium nach Kamenz bei Dresden. Dort befindet sich das Lessing-Museum, das einen Malwettbewerb zu Geschichten veranstaltet, in denen Tiere die Hauptfiguren sind. Eine dieser Geschichten erinnert Kira an den Vorfall mit Moritz.

ÄSOP

Die Teilung der Beute

Löwe, Esel und Fuchs schlossen einen Bund und gingen zusammen auf die Jagd. Als sie nun reichlich Beute gemacht hatten, befahl der Löwe dem Esel, diese unter sie zu verteilen. Der machte drei gleiche Teile und forderte den Löwen auf, sich selbst einen davon zu wählen. Da aber
5 wurde der Löwe wild, zerriss den Esel und befahl nun dem Fuchs, zu teilen. Der nun schob fast die ganze Beute auf einen großen Haufen zusammen und ließ für sich selbst nur ein paar kleine Stücke über.
Da schmunzelte der Löwe: „Ei, mein Bester, wer hat dich so richtig teilen gelehrt?" Der Fuchs antwortete: „Das Los des Esels!"

A Vermute, warum sich Kira durch diese Geschichte an ihre erinnert fühlt.

B Warum wird der Esel bestraft und der Fuchs nicht?

C Erläutere die Antwort des Fuchses: „Das Los des Esels!"

| Projekt | Fachübergreifendes | Büffel-Ecke |

3

Die Geschichte, die Kira in Kamenz kennen gelernt hat, ist schon sehr alt. Über ihren Verfasser, Äsop, weiß man kaum etwas. Man sagt, er habe im 6. Jh. v. Chr. auf der griechischen Insel Samos gelebt. Er sei ein Sklave gewesen, der später freigelassen wurde. Angeblich wurde Äsop auf eine falsche Beschuldigung hin zum Tode verurteilt und von einem Felsen gestürzt. Seine Geschichten aber lebten weiter. Autoren aller Jahrhunderte haben sie aufgegriffen, verändert und neu erzählt – so z. B. der berühmte Bibelübersetzer Martin Luther (1483–1546).

MARTIN LUTHER

Von dem Löwen, Fuchs und Esel

Ein Löwe, Fuchs und Esel jagten miteinander und fingen einen Hirsch. Da hieß der Löwe das Wildbret teilen. Der Esel machte drei Teile. Darüber ward der Löwe zornig und riss dem Esel die Haut über den Kopf, dass er blutrünstig dastand, und hieß danach den Fuchs das Wildbret
5 teilen. Der Fuchs stieß die drei Teile zusammen und gab sie dem Löwen. Da sprach der Löwe: „Wer hat dich so gelehret teilen?" Der Fuchs zeigte auf den Esel und sprach: „Der Doktor da im roten Barett*."
Diese Fabel lehrt zwei Stücke; zuerst: Herren wollen Vorteil haben, und dann: Man soll mit Herren nicht Kirschen essen, sie werfen mit den
10 Stielen.

* Kopfbedeckung, auch Teil einer Amtstracht

A Lies die Geschichte. Stelle danach die inhaltlichen Unterschiede zu Äsops Text (↗ S. 218) heraus.

B Der Fuchs zeigt auf den Esel und sagt: „Der Doktor da im roten Barett" (Zeile 7). Überlege, was er damit meint.

C Welche beiden Schlussfolgerungen sollen aus der Geschichte gezogen werden? Wählt zu zweit eine der folgenden Möglichkeiten aus. Begründet eure Wahl.
a) Es ist für Stärkere wichtig, mehr zu bekommen als andere, und: Lasse dich von einem Stärkeren nicht zum Essen einladen, es ist eine Falle.
b) Ein Stärkerer hat stets mehr Rechte und Ansprüche als du, und: Stärkere sollen sich das nehmen, was ihnen ohnehin zusteht.
c) Der Stärkere nimmt sich immer mehr, obwohl es ihm nicht zusteht, und: Lasse dich nicht mit einem Stärkeren ein, er wird es dir nicht danken.

D Für wen handeln und sprechen die Tiere? Wer könnte solch ein Stärkerer (Aufgabe C) sein? Versuche auch, Beispiele aus deinem Erfahrungsbereich zu finden, z. B.: *Familie, Klasse, Verein …*

4

Der Dichter, der 1729 in Kamenz geboren wurde und nach dem man das Museum benannte, ist Gotthold Ephraim Lessing. Er zählt zu den bekanntesten deutschen Autoren. Durch Äsop wurde er zu neuen Geschichten angeregt. Die folgende veröffentlichte er 1759 zusammen mit über 80 weiteren Geschichten solcher Art.

GOTTHOLD EPHRAIM LESSING

Der Hirsch und der Fuchs

Der Hirsch sprach zu dem Fuchse: „Nun wehe uns armen schwachen Tieren! Der Löwe hat sich mit dem Wolfe verbunden."
„Mit dem Wolfe?", fragte der Fuchs. „Das mag noch hingehen! Der Löwe brüllet, der Wolf heulet; und so werdet ihr euch noch oft beizei-
5 ten mit der Flucht retten können. Aber alsdenn, alsdenn möchte es um uns alle geschehen sein, wenn es dem gewaltigen Löwen einfallen sollte, sich mit dem schleichenden Luchse zu verbinden."

A Stelle dir vor, am Ende der Geschichte würde der Hirsch fragen: „Warum ist denn die Verbindung von Löwe und Luchs so gefährlich für uns?" Schreibe auf, was der Fuchs deiner Ansicht nach antworten könnte.

B Vergleiche die Tiere in der Geschichte mit dem, was du über wirkliche Tiere weißt. Nenne Unterschiede und Gemeinsamkeiten.

! Beachte, dass du die wörtliche Rede in Anführungszeichen setzt.

5

Geschichten wie die von Äsop, Luther oder Lessing werden „Fabeln" genannt. Äsop – sofern er wirklich gelebt hat – gilt sogar als ihr „Erfinder". Doch wodurch genau ist eine Fabel gekennzeichnet?

A Lies dir noch einmal die jeweiligen Fabeln von Äsop, Luther und Lessing durch. Notiere, welche Merkmale sie gemeinsam haben, z. B. so:
Fabeln sind Geschichten, in denen Tiere …
Am Schluss einer Fabel steht oft …

B Lies deine Merkmalliste zur Fabel deinen Mitschülerinnen und Mitschülern vor. Ergänze deine Liste, wenn notwendig.

C Man kann Fabeln auch „Stellvertretergeschichten" nennen. Versucht gemeinsam, diese Bezeichnung zu erklären.

| Projekt | Fachübergreifendes | Büffel-Ecke |

6 Kira fragt sich, ob es sich auch bei der folgenden Geschichte von Wilhelm Busch (1832–1908) um eine Fabel handelt. Vielleicht kannst du ihr helfen.

WILHELM BUSCH

Fink und Frosch

Im Apfelbaume pfeift der Fink
Sein: pinkepink!
Ein Laubfrosch klettert mühsam nach
Bis auf des Baumes Blätterdach
5 Und bläht sich auf und quakt: „Ja, ja!
Herr Nachbar, ick bin ooch noch da!"

Und wie der Vogel frisch und süß
Sein Frühlingslied erklingen ließ,
Gleich muss der Frosch in rauen Tönen
10 Den Schusterbass dazwischendröhnen.

„Juchheija, heija!", spricht der Fink.
„Fort flieg ich flink!"
Und schwingt sich in die Lüfte hoch.

„Wat!" – ruft der Frosch – „dat kann ick ooch!"
15 Macht einen ungeschickten Satz,
Fällt auf den harten Gartenplatz,
Ist platt, wie man die Kuchen backt,
Und hat für ewig ausgequakt.

Wenn einer, der mit Mühe kaum
20 Geklettert ist auf einen Baum,
Schon meint, dass er ein Vogel wär',
So irrt sich der.

! Wilhelm Busch ist vor allem als Zeichner und Dichter von Max und Moritz berühmt geworden. Schau dir dazu noch einmal die ↗ Seite 138 in Kapitel 9 an.

A Formuliere, durch welche äußeren Auffälligkeiten sich diese Geschichte von den bisherigen unterscheidet.

B Wie verhalten sich die beiden Tiere? Was macht der Frosch falsch?

C Schreibe den Text zu einer Geschichte ohne Strophen, Verse und Reime um. Finde möglichst für die letzten Zeilen eigene Worte.

D Beantworte Kiras Frage: Handelt es sich um eine Fabel oder nicht?

| Sprechen, Schreiben, Zuhören | Umgang mit Texten | Nachdenken über Sprache |

Adjektive als Attributive, Prädikative und Adverbiale

Dumme Gans, schlauer Fuchs? – Der Gebrauch der Adjektive

7

In Fabeln handeln meist Tiere stellvertretend für Menschen, d. h., sie werden vermenschlicht. Entsprechend werden ihnen über ihre tatsächlichen Eigenschaften hinaus, wie *schnell*, *groß*, *klein*, menschliche Eigenschaften, wie *dumm*, *klug*, *machtgierig*, *unbeherrscht* usw., zugeschrieben.

A Welche Tiere spielten bisher in den Fabeln eine Rolle (↗ S. 218–221) und welche Eigenschaften verkörpern sie? Achte darauf, wie sich die Tiere in den Fabeln verhalten.

B Nenne weitere Tiere und ordne ihnen Eigenschaften zu, die Menschen ihnen zuschreiben. Übertrage dazu die Tabelle in dein Heft und ergänze sie.

Tier	Eigenschaften, die Menschen ihnen zuschreiben
Löwe	wild, gewaltig, mächtig, gewalttätig, …
Esel	dumm, …
Fuchs	schlau, …
Hase	ängstlich, …

C Eigenschaften, die Tiere haben oder die ihnen von Menschen zugeschrieben werden, sind Grundlage für viele Vergleiche geworden. Bilde aus folgenden Tiernamen und Eigenschaften Vergleiche, z. B. so:
Ein starker Löwe → Er ist stark wie ein Löwe → die löwenstarken Männer.

Ziege • klug • Katze • fromm • schnell • Schlange • Elster • diebisch • Wiesel • anschmiegsam • Windhund • dürr • Lamm • flink • dumm • Esel

D Sieh dir deine Beispiele noch einmal an: In welchen Sätzen musstest du das Eigenschaftswort beugen? Worauf bezieht es sich unmittelbar?

! Mehr zum Erkennen und zum Umgang mit Adjektiven erfährst du in den ↗ Kapiteln 5, 10 und 17, S. 80, 155, 236–237.

Merke

Mithilfe von **Adjektiven** (Eigenschaftswörtern) können **Eigenschaften** von Lebewesen und Gegenständen bezeichnet werden, z. B.: *Der kleine Igel.* Sie können auch Dinge, die man nicht anfassen kann, wie Gedanken oder Begriffe, näher bestimmen, z. B.: *ein kluger Gedanke, eine alte Liebe.* Adjektive, die ein Substantiv näher bestimmen, werden im gleichen Fall dekliniert wie das Substantiv, z. B: *die süße Katze, die süßen Katzen.*

8

In der folgenden Fabel werden besonders viele Adjektive verwendet.

GOTTHOLD EPHRAIM LESSING

Der Löwe und der Hase

Ein Löwe würdigte einen drolligen Hasen seiner nähern Bekanntschaft. „Aber ist es denn wahr", fragte ihn einst der Hase, „dass euch Löwen ein elender Hahn, der laut kräht, so leicht verjagen kann?"
„Allerdings ist es wahr", antwortete der Löwe, „und es ist eine allgemeine Anmerkung, dass wir großen Tiere durchgängig eine gewisse kleine Schwachheit an uns haben. So wirst du, zum Exempel, von dem Elefanten gehört haben, dass ihm das Grunzen eines Schweins Schauder und Entsetzen erwecket." –
„Wahrhaftig?", unterbrach ihn der Hase. „Ja, nun begreif ich auch, warum wir Hasen uns so entsetzlich vor den Hunden fürchten."

Der Löwe und der Hase. Bild der 14-jährigen Schülerin Madlen Vogel aus Freital

A Der Löwe spricht von großen Tieren und kleinen Schwachheiten (Zeile 5–6). Welches Adjektiv bezieht der Hase auf sich? Was versteht er falsch?

B Schreibe den Text ab. Umrahme danach alle Adjektive.

C Welche Adjektive verraten dir etwas darüber, wie die Tiere sind? Kennzeichne diese Adjektive rot.
Welche Adjektive sagen dir, wie die Tiere etwas tun? Kennzeichne diese Adjektive blau.

Merke

Adjektive können Substantive näher bestimmen. Dann werden sie als **Attribute** verwendet und dekliniert: *Der kleine Hase, die kleinen Hasen.*
Nicht dekliniert wird ein Adjektiv in Verbindung mit *sein, werden, heißen bleiben*, z. B.: *Löwen sind stark.**
Sagt das Adjektiv etwas darüber aus, wie etwas getan oder gemacht wird, dann bezieht es sich auf das Verb. In diesem Fall handelt es sich um ein **Adverbial**, das nicht gebeugt wird, z. B.:
Die Löwen brüllten entsetzlich. Die Mäuse rannten schnell.

* In Verbindung mit *sein, werden, heißen, bleiben* spricht man vom prädikativen Gebrauch des Adjektivs.

ÜBEN, ÜBEN, ÜBEN

D Lies noch einmal die Fabel *Fink und Frosch* (↗ S. 221). Schreibe die Adjektive mit dem Wort heraus, das sie näher bestimmen.

E Finde eigene Beispiele: Verwende das Adjektiv als Attribut oder Adverbial.

| Sprechen, Schreiben, Zuhören | Umgang mit Texten | Nachdenken über Sprache |

**Texten Informationen entnehmen
Inhalte erschließen**

Ein komischer Vogel –
Fabel und Sachtext vergleichen

9

Kira findet, dass die Tiere in den Fabeln ganz schön merkwürdig dargestellt werden. Bei einer Geschichte aus dem Fabelbuch Lessings will sie es genauer wissen. Sie fragt ihre Freundin, ob sie erraten kann, um welchen Vogel es sich handelt, wenn sie beim Vorlesen den Namen des Tiers weglässt.

Gotthold Ephraim Lessing

So stellt sich der 13-jährige Sebastian Reißig aus Weimar den Vogel vor.

„Itzt will ich fliegen", rief der gigantische _____, und das ganze Volk der Vögel stand in ernster Erwartung um ihn versammelt.
„Itzt will ich fliegen", rief er nochmals; breitete die gewaltigen Fittiche aus und schoss gleich einem Schiffe mit aufgespannten Segeln auf dem
5 Boden dahin, ohne ihn mit einem Tritte zu verlieren.
Sehet da ein poetisches Bild jener unpoetischen Köpfe, die in den ersten Zeilen ihrer ungeheuren Oden*, mit stolzen Schwingen prahlen, sich über Wolken und Sterne zu erheben drohen und dem Staube doch immer getreu bleiben!

* Oden: feierliche Gedichte

A Um welchen Vogel handelt es sich? Lies die Textstellen vor, die dich auf die Spur gebracht haben.

B Schließe deine Augen und versuche, dir diesen Vogel genauer vorzustellen. Beschreibe deine Vorstellungen.

C Welche Menschen sollen mit den letzten Zeilen kritisiert werden? Wählt in Partnerarbeit eine Antwort aus. Begründet eure Entscheidung.
a) Menschen, die in einem Flugzeug fliegen wollen und doch nur Auto fahren.
b) Dichter, die gerne richtig dichten würden.
c) Menschen, die nicht erkennen, was sie können, aber große Reden führen.

10

Kira findet einen Sachtext, in dem sie mehr über den Vogel erfährt.

Ein klasse Läufer oder die Redensart: Den Kopf in den Sand stecken

Diese Redensart geht auf jeden Fall auf Beobachtungen an dem Vogel Strauß zurück. Mit einer Körperhöhe von drei Metern und einem Gewicht von 150 Kilogramm ist der Strauß nicht nur der größte

| Projekt | Fachübergreifendes | Büffel-Ecke |

Laufvogel unserer Zeit, sondern der mächtigste Vogel der Erde. […] So
5 groß und schwer, kann der Strauß natürlich nicht mehr fliegen. Wenn
auch die charakteristische Fortbewegungsart eines Vogels verloren
gegangen ist, so ist das Tier keineswegs hilflos. Das liegt an seinen langen Beinen, die ihm 3,5 Meter weite Schritte und bis zu 1,5 Meter hohe
Sprünge erlauben. Schnell ist er auch, mit einer Spitzengeschwindigkeit
10 von 70 Kilometern pro Stunde (km/h) läuft er den meisten seiner Feinde
locker davon. […] Ein Strauß-Gelege kann aus bis zu 42 Rieseneiern
von vier verschiedenen Weibchen bestehen. Es zu beschützen, hat der
Vogel selbstverständlich auch einige Tricks auf Lager. Dazu gehört, dass
das auffälligere Männchen hauptsächlich nachts auf dem Nest sitzt.
15 Wird der Eierfeind rechtzeitig entdeckt, tarnt der Strauß das Gelege mit
trockenen Gräsern und lenkt den Angreifer vom Nest ab, indem er zum
Beispiel durch Hinken einen verletzten Vogel vortäuscht. Bleibt dazu
keine Zeit mehr, legt sich der Vogel flach, mit ausgebreiteten Flügeln
und lang ausgestrecktem Hals auf sein Gelege und vertraut auf die Tarn-
20 farbe seines Gefieders. […] Dieses Verhalten wurde zur Grundlage für
das Märchen, der Strauß stecke bei Gefahr den Kopf in den Sand, was
wiederum die Voraussetzung lieferte für die Redewendung „den Kopf in
den Sand stecken wie ein Vogel Strauß".

A Was erfährst du über den Strauß und seine Eigenschaften? Schreibe alle Wortgruppen heraus, in denen das Adjektiv als Attribut gebraucht wird und das Substantiv näher erläutert (↗ S. 223, Merke).

B Suche aus dem Text alle Steigerungsformen heraus. Bestimme, ob sie in der Grundstufe, dem Komparativ oder Superlativ stehen, z. B.:

Positiv (Grundstufe)	**Komparativ (Mehr-/Vergleichsstufe)**	**Superlativ (Meiststufe)**
schwer	*auffälligere, …*	*größte, …*

Merke

Mithilfe von **Adjektiven** kann man Personen, Gegenstände oder Begriffe miteinander in Beziehung setzen und vergleichen. Unterscheide:
- **Positiv** (Grundstufe): *groß, schwer, gut*
- **Komparativ** (Steigerungs- und Vergleichsstufe): *größer, schwerer, besser*
- **Superlativ** (Meiststufe): *am größten, am schwersten, am besten*

ÜBEN, ÜBEN, ÜBEN

C Bilde jeweils zu den Adjektiven aus Text 10 die beiden anderen Formen.

D Welche Eigenschaften des Straußes finden sich in Lessings Fabel wieder?

| Sprechen, Schreiben, Zuhören | Umgang mit Texten | Nachdenken über Sprache |

Fabeln verstehen

Eine Geschichte, zwei Lehren – Fabeln vergleichen

Kira ist neugierig auf weitere Geschichten. Eine Museumsmitarbeiterin liest ihr eine von Phädrus vor. Phädrus gehörte neben Äsop zu den wichtigsten Fabeldichtern der Antike. Er lebte im 1. Jh. n. Chr.

PHÄDRUS

Der Fuchs und der Rabe

Wer gern sein Lob von falschen Schmeichlern hört,
bereut's zu spät oft, wenn ihn Strafe trifft.

Ein Rabe stahl durchs Fenster einen Käse.
Und setzte sich auf einen hohen Baum, den Käse zu verspeisen.
5   Der Fuchs, das sehend, redet ihn an:
„Oh, welch ein Glanz strahlt aus von deinen Federn!
Und welcher Anstand in Gestalt und Blick!
Besäßest du noch Stimme, wärst du Herr der Vögel!"
Da will der Dummkopf auch noch seine Stimme zeigen
10 Und lässt den Käse los, den rasch der Fuchs,
der ränkevolle, gierig aufschnappt.
Jetzt endlich merkt der geprellte Rabe den Betrug.

Wie viel Geld wert ist, wird hierdurch erkannt.
Die Weisheit geht doch immer über bloße Kraft.

A Erläutere, weshalb der Fuchs dem Raben schmeichelt.

B Wiederhole: Welche Merkmale machen diese Geschichte zu einer Fabel?

C Überlege, was man aus der Geschichte lernen soll. Beachte beide Lehren.

Merke

Geschichten, in denen Tiere oder manchmal Pflanzen (↗ S. 230) stellvertretend für Menschen handeln und sprechen, nennt man **Fabeln** oder Stellvertretergeschichten. Aus Fabeln soll man Lehren für das eigene Verhalten gegenüber anderen Menschen ziehen. Oft ist diese Lehre am Schluss formuliert. Fabeln können in Form einer kurzen Erzählung oder in Versen geschrieben sein.

12 Wie Äsops Geschichten wurden auch die von Phädrus neu erzählt und verändert.

GOTTHOLD EPHRAIM LESSING

Der Rabe und der Fuchs

Ein Rabe trug ein Stück Fleisch, das der erzürnte Gärtner für die Katzen seines Nachbarn hingeworfen hatte, in seinen Klauen fort.
Und eben wollte er es auf einer alten Eiche verzehren, als sich ein Fuchs herbeischlich und ihm zurief: „Sei mir gesegnet, Vogel des Jupiter*!" –
„Für wen siehst du mich an?", fragte der Rabe. –
„Für wen ich dich ansehe?", erwiderte der Fuchs. „Bist du nicht der rüstige Adler, der täglich von der Rechten des Zeus** auf diese Eiche herabkömmt, mich Armen zu speisen? Warum verstellst du dich? Sehe ich denn nicht in der siegreichen Klaue die erflehte Gabe, die mir dein Gott durch dich zu schicken noch fortfährt?"
Der Rabe erstaunte und freute sich innig, für einen Adler gehalten zu werden. Ich muss, dachte er, den Fuchs aus diesem Irrtume nicht bringen. –
Großmütig dumm ließ er ihm also seinen Raub herabfallen und flog stolz davon.
Der Fuchs fing das Fleisch lachend auf und fraß es mit boshafter Freude. Doch bald verkehrte sich die Freude in ein schmerzhaftes Gefühl; das Gift fing an zu wirken, und er verreckte.
Möchtet ihr euch nie etwas anderes als Gift erloben, verdammte Schmeichler!

*Der Rabe und der Fuchs.
Bild von Katja Sendler und Kathleen Horn,
beide 12 Jahre alt, aus Löbau.*

* Jupiter: höchster Gott der Römer, entspricht dem griechischen Gott Zeus
** Zeus: höchster Gott der Griechen

A Lies die Fabel mehrmals und kläre dir unverständliche Textstellen.

B Stelle dir vor, du wärst Augenzeuge dieser Begebenheit gewesen. Schließe das Buch und erzähle, was du gesehen und gehört hast.

C Vergleiche Lessings Fabel mit der von Phädrus: Was verändert Lessing schon zu Beginn der Fabel? Welche Folgen hat das für die Geschichte?

D Im letzten Satz der Fabel wird die Lehre formuliert. Erläutere, was du von dieser Lehre hältst.

Übrigens, man sagt, dass viele Dichter deshalb gern Fabeln erzählten, weil sie so den Menschen und vor allem den Mächtigen ihre Meinung sagen konnten, ohne sie direkt anzugreifen.

13

„Diese Trauben hängen zu hoch für dich". Diesen Satz hat Kira schon einmal von ihrem Vater gehört, als sie meinte, sie würde gern Sängerin werden. Nun findet sie dazu eine Fabel. In Verse gesetzt wurde sie von dem französischen Dichter Jean de La Fontaine (1621–1695).

JEAN DE LA FONTAINE

Der Fuchs und die Weintrauben

Ein Fuchs, der aus Gascogne war oder Normandie,
Halbtot vor Hunger schon, sah hoch einst am Spalier*
Weintrauben, reif erschienen die
Mit ihrer braunen Bäckchen Zier.
O, wie nach diesem Schmaus der Fuchs Verlangen trug!
Doch da er sie nicht konnt erreichen,
Sprach er: „Sie sind zu grün, für Buben gut genug."
War's besser nicht, als klagend weichen?

*Die Traube.
Bild der 15-jährigen Bianca Mücklich aus Kamenz*

* Spalier: Gerüst bzw. Holzgitter, an dem Pflanzen emporwachsen.

A Erläutere, wie der Fuchs zum Schluss der Fabel reagiert. Gib dazu die Situation wieder, in der er sich befindet.

B Was hättest du an der Stelle des Fuchses gemacht? Begründe.

C Die Fabel endet mit einer Frage. Wie würdest du sie beantworten?

14

Eine neuere Variante der Fabel vom „Fuchs und die Weintrauben" hat 1995 Gerd Künzel verfasst. G. Künzel wohnt in Dresden.

GERD KÜNZEL

Erfolg

Der Fuchs gierte dann doch noch mit einem gewaltigen Sprung nach den Trauben und hatte sie wirklich erhascht. Ihn durchfuhr der Triumph über diesen gelungenen Satz, wohl bedenkend, dass diesmal er nicht die Köstlichkeit der Frucht zu leugnen brauche. Während er voller Wonne die Beeren zerbiss, sagte er schmelzend: „Süße Trauben, süß, oh, so süß", und hatte Mühe, sein Gesicht dabei nicht zu verziehen.

A Sicher fallen dir Unterschiede zur Fabel von La Fontaine auf. Welche?

B Die Trauben sind dem Fuchs viel zu sauer. Warum lobt er sie dennoch?

Fabelhaft selbst gemacht – in der Fabelwerkstatt

15 Eine der Fabeln, die Kira gut gefallen hat, will sie ihrer Freundin vorlesen.

SYBIL GRÄFIN SCHÖNFELDT

Die Frösche in der Milch

In einem heißen Sommer hatte die Sonne den Teich ausgetrocknet und zwei Frösche mussten sich auf die Wanderschaft machen. Im benachbarten Bauernhaus fanden sie die Küche und die kühle Speisekammer und dort einen Topf mit frischer fetter Milch. Schwups, sprangen sie
5 hinein und tranken, dass es schmatzte. Als sie nun satt waren, wollten sie wieder heraus. Sie schwammen zum Rand des Kruges, doch weil sie so viel gesoffen hatten, kamen sie nicht mehr an ihn heran, sosehr sie auch hampelten und strampelten. Allmählich ließen auch ihre Kräfte nach. Da sagte der eine Frosch: „Es ist aus, Kamerad! Wir sind verloren!
10 Es hat keinen Sinn mehr, dass wir uns weiter abmühen!" Damit ließ er sich sinken und ertrank in der Milch.
Der andere Frosch aber gab die Hoffnung nicht auf. Er schwamm und strampelte die ganze Nacht, und als am Morgen die Sonne in die Kammer schien, saß der Frosch auf einem Butterklumpen. Er nahm all seine
15 Kraft zusammen und hupps, sprang er aus dem Milchkrug und davon.

A Lies die Fabel laut vor. Beachte dazu die folgende Arbeitstechnik:

Arbeitstechnik

Eine Geschichte vorlesen
1. Lies die Fabel zunächst mehrmals still und versuche, dir dabei die Situation vorzustellen, in der sich die Figuren befinden.
2. Schreibe den Text ab oder lege eine Folie über ihn. Unterstreiche die Wörter, die deines Erachtens besonders betont werden müssten.
3. Kennzeichne kurze Pausen, z. B. bei einem Komma, oder längere Pausen, z. B., wenn ein wichtiger Satz zu Ende ist. So liest du nicht zu hastig. Gleichzeitig steigerst du die Spannung.
4. Wechsle, abhängig vom Inhalt des Textes, zwischen lautem und leisem Sprechen. Lies die wörtliche Rede mit anderer Betonung.
5. Versuche, beim Vorlesen zu deinem Publikum zu sprechen. Halte dazu immer wieder Blickkontakt mit ihm. Übe das am besten zu Hause.

B Formuliere mit deinen Worten für die Fabel eine Lehre.

Sprechen, Schreiben, Zuhören | Umgang mit Texten | Nachdenken über Sprache

Fabeln zu Bildern umformen und selbst verfassen

16 Zu dem Malwettbewerb „fabelhaft aufgeklärt", der in Kamenz stattgefunden hat, haben zwei Schülerinnen Bilder zu folgender Fabel gemalt. Kira und die anderen in der Klasse finden, dass die Bilder ganz unterschiedlich sind.

GOTTHOLD EPHRAIM LESSING

Der Hamster und die Ameise

„Ihr armseligen Ameisen", sagte ein Hamster. „Verlohnt es sich der Mühe, dass ihr den ganzen Sommer arbeitet, um ein so Weniges einzusammeln? Wenn ihr meinen Vorrat sehen solltet!" – –
„Höre", antwortete eine Ameise, wenn er größer ist, als du ihn brauchst, so ist es schon recht, dass die Menschen dir nachgraben, deine Scheuren* ausleeren, und dich deinen räubrischen Geiz mit dem Leben büßen lassen!"

* Scheuren: die Scheunen

Links: Katrin Jurisch, 12 Jahre, aus Straßgräbchen
Rechts: Kristin Schultz, 11 Jahre, aus Königsbrück

A Sieh dir beide Bilder an. Welche in der Fabel beschriebene Situation wurde jeweils gestaltet? Wie hättest du die Situation gezeichnet?

B Male zu der folgenden Fabel von Lessing mit dem Titel *Der Dornstrauch* ein Bild. Du kannst die Fabel auch als Comic gestalten (↗ S. 142).

„Aber sage mir doch", fragte die Weide den Dornstrauch, „warum du nach den Kleidern des vorbeigehenden Menschen so begierig bist? Was willst du damit? Was können sie dir helfen?"
„Nichts!", sagte der Dornstrauch. „Ich will sie ihm auch nicht nehmen; ich will sie ihm nur zerreißen."

| Projekt | Fachübergreifendes | Büffel-Ecke |

17

In der Fabelwerkstatt von Kamenz kann man erproben, wie man mit einfachen Mitteln Fabeln verändern und neu erzählen kann:

A Suche dir eine der Fabeln aus diesem Kapitel aus und verändere die Rede und das Verhalten der Tiere so, dass eine andere Lehre herauskommt, z. B.:
Der Fuchs und die Weintrauben (↗ S. 228): *„Ich hole mir eine Leiter, dann …"*

B Tausche in einer der Fabeln die Tiere aus. Beachte dabei die Eigenschaften, die man diesen Tieren zuschreibt. Verfasse dann die Geschichte neu.

18

Ganz neue Fabeln lassen sich mithilfe von Sprichwörtern erfinden, z. B.:

KIRA

Der Pfau und das Entlein

Ein stolzer Pfau brüstete sich vor einem hässlichen Entlein: „Sieh nur, meine prächtigen Federn. Wie armselig ist doch dein Federkleid." Sprach's und ward von flinken Zoobesuchern gerupft.

A Überlege, welches Sprichwort Kira ausgewählt hat. Begründe.
– Hochmut kommt vor dem Fall.
– Wer anderen eine Grube gräbt, fällt selbst hinein.
– Lügen haben kurze Beine.
– Man soll den Morgen nicht vor dem Abend loben.

B Verfasse eine eigene Fabel. Nutze dazu die folgende Arbeitstechnik:

Arbeitstechnik

Fabeln selbst verfassen
1. Suche dir ein Sprichwort aus, das dir besonders gefällt. Du kannst auch deine Eltern fragen oder in ein Sprichwörterlexikon schauen.
2. Überlege, wann und in welchen Situationen du das Sprichwort gehört oder selbst verwendet hast – z. B.: *„Es ist nicht alles Gold, was glänzt"*.
3. Frage dich, welche beiden Tiere in dieser Situation am besten für Menschen handeln und sprechen könnten. Suche dir möglichst Tiere mit gegensätzlichen Eigenschaften aus.
4. Beginne mit der Situation und beschreibe sie. Entwirf ein Gespräch zwischen den beteiligten Tieren.

Wiederholung

19

ÄSOP

Der Wolf und der Kranich

Einem Wolf war ein Knochen im Schlund stecken geblieben. Er versprach daher einem Kranich eine Belohnung, wenn er ihm diesen herauszöge. Der Langhals steckte also seinen Kopf in des Wolfes Rachen, befreite ihn von dem Übel und forderte nun seinen Lohn. Da lachte der Wolf, wetzte die Zähne und sagte: …

A Schreibe auf, was der Wolf zum Kranich sagen könnte.

B Lest euch gegenseitig eure Fortsetzungen der Geschichte vor. Erläutert, welche Lehren ihr aus der Geschichte gezogen habt.

C Für welche Eigenschaften stehen die beiden Tiere in der Fabel? Notiere diese Eigenschaften in Form von Adjektiven.

D Welche Verhaltensweisen von Menschen aus deiner Umgebung oder aus den Medien stören dich? Denke z. B. an: *Eitelkeit, Streitsucht, Habgier, …* Überlege dir dazu eine Situation und wähle Tiere aus, die sich für die Darstellung dieses Verhaltens gut eignen. Schreibe deine Fabel.

Zusammenfassung

— In einer **Fabel** handeln und sprechen Tiere und manchmal auch Pflanzen anstelle von Menschen. Viele dieser Tiere und Pflanzen verkörpern menschliche Eigenschaften. So gilt z. B. der Fuchs als schlau, der Esel als dumm, der Wolf als gierig und verschlagen. Weil diese Tiere sich wie Menschen verhalten, wird die Fabel auch „Stellvertretergeschichte" genannt. Oft treten die Tiere in einer Fabel als Gegner auf (Fuchs und Rabe, Löwe und Esel), wobei der Stärkere oder Klügere gewinnt. Am Ende einer Fabel steht meist eine Lehre, aus der man etwas für sein eigenes Verhalten lernen soll.

— Fabeln können in Form einer kurzen Erzählung (Prosa) oder wie Gedichte in Versen geschrieben sein. Die ältesten Fabeln stammen von Äsop (↗ S. 219).

— Eigenschaften von Tieren und anderen Lebewesen sowie von Gegenständen und Begriffen können mit **Adjektiven** (Eigenschaftswörtern) näher beschrieben werden. Bestimmt ein Adjektiv ein Substantiv, so wird es als **Attribut** verwendet und dekliniert, z. B.: *Der listige Fuchs.* Ein Adjektiv kann sich aber auch auf ein Verb beziehen. Dann handelt es sich um ein Adverbial, das nicht gebeugt wird, z. B.: *Der Fuchs läuft schnell.* Die meisten Adjektive sind steigerbar: *klug* (Positiv), *klüger* (Komparativ), *am klügsten* (Superlativ).

Siebzehntes Kapitel

Ich finde mich ...
Gedichte lesen und schreiben

Woher kommst du? Wer bist du? Wer wirst du sein?
Wahrscheinlich hast du dir auch schon einmal solche Fragen gestellt.
Passt diese Abbildung deiner Meinung nach zu diesen Fragen?
Beschreibe sie oder entwirf ein eigenes Bild.

Höchst persönlICH – Gedichte einmal anders aufbewahren

1

Ein Leben lang hast du mit dir selbst zu tun, und immer wieder gilt es neu herauszufinden, wer du bist. Um das zu tun, gibt es viele Möglichkeiten. Eine der wichtigsten von ihnen ist die menschliche Sprache. Mit ihr kann man Aussagen über sich treffen, Erfahrungen und Gedanken formulieren. In diesem Kapitel lernst du solche Aussagen, Erfahrungen und Gedanken in Form von Gedichten kennen. Viele davon sind leicht nachzuahmen. Sie sollen dich anregen, Eigenes zu formulieren und künstlerisch zu gestalten. Diese eigenen Gedichte solltest du auch nicht einfach in dein Schulheft schreiben, sondern als kleine Kostbarkeiten in einer Gedicht- oder Schatzrolle aufbewahren.

A „*Geduldig und / Offen gebe ich Auskunft*" steht auf der Rolle. Stelle dir vor, dies stünde auf deiner Gedichtrolle. Was würde das für dich bedeuten?

B Ingo hat mithilfe der Anfangsbuchstaben seines Namens ein Gedicht geschrieben. Wie wird ein solches Gedicht genannt?
Namensgedicht • Komparation • Kasus • Akrostichon • Buchstabengedicht

C Gestalte eine eigene Gedicht- bzw. Schatzrolle (↗ Arbeitstechnik).

Arbeitstechnik

Eine Gedichtrolle gestalten
- Besorge dir eine Papprolle mit Deckel. Dazu eignet sich besonders gut eine Chipsrolle, die du mit weißem oder farbigem Papier beklebst.
- Sammle Fotos von dir oder Wörter und Sätze, die zu dir passen. Du kannst auch wie Ingo ein Gedicht zu deinem Namen verfassen oder Gedichte aussuchen. Gestalte mit diesen Materialien deine Rolle.
- Gestalte deine Rolle: Verziere sie z. B. mit farbigen Fingerabdrücken.

| Projekt | Fachübergreifendes | Büffel-Ecke |

Woher komme ich? – Gedichte zum Vortragen vorbereiten

2

MICHAEL ENDE

Ein Schnurps grübelt

Also, es war mal eine Zeit,
da war ich noch gar nicht da. –
Da gab es schon Kinder, Häuser und Leut'
und auch Papa und Mama,
5   jeden für sich –
bloß ohne mich!

Ich kann mir's nicht denken. Das war gar nicht so.
Wo war ich denn, eh es mich gab?
Ich glaub, ich war einfach anderswo,
10   nur, dass ich's vergessen hab',
weil die Erinnerung daran verschwimmt –
Ja, so war's bestimmt!

Und einmal, das sagte der Vater heut,
ist jeder Mensch nicht mehr hier.
15   Alles gibt's noch: Kinder, Häuser und Leut',
auch die Sachen und Kleider von mir.
Das bleibt dann für sich –
bloß ohne mich.

Aber ist man dann weg? Ist man einfach fort?
20   Nein, man geht nur woanders hin.
Ich glaube, ich bin dann halt wieder dort,
wo ich vorher gewesen bin.
Das fällt mir dann bestimmt wieder ein.
Ja, so wird es sein!

A   Lies das Gedicht mehrmals leise. Welche Textstelle gefällt dir am besten? Begründe.

B   Wie wirkt das Gedicht auf dich? Nenne Stimmungen wie z. B.: *heiter, unbekümmert, ernst, nachdenklich* … . Suche dazu auch Wörter aus dem Gedicht, durch die die Stimmung ausgedrückt wird.

C   Bereite das Gedicht für einen Gedichtvortrag vor (↗ Arbeitstechnik).

Arbeitstechnik

Einen Gedichtvortrag vorbereiten
1. Lies das Gedicht mehrmals durch. Versetze dich in seine Stimmung.
2. Markiere den Text mit Zeichen, die dich daran erinnern, wie du einzelne Wörter betonen willst. Kopiere dazu das Gedicht oder schreibe es ab:
   - Unterstreiche Wörter, die du besonders betonen möchtest, z. B.: Ja, so …
   - Markiere kurze Pausen mit /, längere Pausen mit //.
   - Wenn du lauter werden möchtest, setze ———, wenn du leiser werden möchtest, setze ——— z. B.: *Aber ist man dann weg?*

Wer bin ich? – Wörter für Eigenschaften

Hans Manz

Ich

Ich: Träumerisch, träge, schlafmützig, faul.

Und **ich:** Ruhelos, neugierig, hellwach, betriebsam.

5 Und **ich:** Kleingläubig, feige, zweiflerisch, hasenherzig.

Und **ich:** Unverblümt, frech, tapfer, gar mutig.

Und **ich:** Mitfühlend, zärtlich,
10 hilfsbereit, beschützend.

Und **ich:** Launisch, gleichgültig, einsilbig, eigenbrötlerisch. –

Erst wir alle zusammen sind **ich**.

A Hält sich das Ich im Gedicht für eine gute oder eine schlechte Person?

B Welche Wortart ist die wichtigste im Gedicht? Wozu dient sie?

C Denke – wie in dem Ich-Gedicht – über dich nach. Wer bist du? Sammle dazu viele verschiedene Adjektive, die dich treffend beschreiben. Als Hilfe kann dir ein Adjektiv-Abecedarium dienen. Dabei notierst du zu jedem Buchstaben des Alphabets mindestens ein zu dir passendes Adjektiv, z. B.:
A albern, aktiv   B beliebt, bescheiden   C chaotisch   D d…

D Nutze dein Abecedarium, um ein Ich-Gedicht über dich selbst zu verfassen. Du kannst dich an der Vorlage von Hans Manz orientieren oder auch eine eigene Darstellungsform deiner persönlichen Eigenschaften finden, z. B.:

| Projekt | Fachübergreifendes | Büffel-Ecke |

4

Auch Selma und Tom haben nach treffenden Adjektiven gesucht, um sich zu beschreiben. Doch etwas ist anders als in den Beispielen von Seite 236.

TOM
glücklich
glücklicher
am glücklichsten
bin ich, wenn ich ein Tor schieße

SELMA
zärtlich
zärtlicher
am zärtlichsten
bin ich, wenn ich meine Katze streichle

⚠️ Mehr zum Adjektiv und seiner Verwendung findest du in ↗ Kapitel 5 und 16, S. 80 und S. 222–223.

A Vergleiche diese Gedichte mit denen von Seite 236. Wie beschreiben Tom und Selma sich? Wie wird das Adjektiv von ihnen verwendet?

B Wiederhole, was du über das Adjektiv als Wortart weißt. Wie werden die Steigerungsformen genannt?

C Verfasse ein ähnliches Gedicht. Wähle ein Adjektiv und steigere es.

5

Ähnlich und doch anders haben Maria und Mirko ihre Gedichte verfasst.

MARIA
ängstlich
ängstlicher
am ängstlichsten
bin ich, wenn ich eine schwere Mathearbeit schreibe

MIRKO
ungeduldig
ungeduldiger
am ungeduldigsten
bin ich, wenn ich auf meinen nervigen Bruder aufpassen muss

A Diese Gedichte unterscheiden sich an einer Stelle von Selmas und Toms Gedichten. Welche Stelle ist gemeint? Wozu dient das Adjektiv hier?

B Verändere dein sowie Toms und Selmas Gedicht in der gleichen Weise.

Merke

Oft werden Adjektive einem Substantiv (Nomen) beigefügt, das dadurch näher bestimmt wird, z. B.: *eine schwere Arbeit, mein nerviger Bruder*. Im Satz wird eine solche Beifügung **Attribut** genannt (↗ Kapitel 16, S. 223).

| Sprechen, Schreiben, Zuhören | Umgang mit Texten | Nachdenken über Sprache |

Genremerkmale erkennen

Meine Familie und ich – Strophe, Vers, Reim

6

Ist es dir schon einmal so ergangen? Man entdeckt äußerliche und charakterliche Eigenheiten an dir, die du von anderen aus deiner Familie schon gut kennst. In dem folgenden Gedicht denkt ein Ich darüber nach, was es von wem hat.

JOHANN WOLFGANG VON GOETHE

Vom Vater hab ich die Statur,
Des Lebens ernstes Führen,
Vom Mütterchen die Frohnatur
Und Lust zu fabulieren.
5 Urahnherr war der Schönsten hold,
Das spukt so hin und wieder;
Urahnfrau liebte Schmuck und Gold,
Das zuckt wohl durch die Glieder.
Sind nun die Elemente nicht
10 Aus dem Komplex zu trennen,
Was ist denn an dem ganzen Wicht
Original zu nennen?

A Das Gedicht wurde vor über 170 Jahren verfasst. Weil es recht alt ist, kann es Wörter enthalten, die du nicht gleich verstehst. Erkläre dir Unverständliches aus dem Textzusammenhang oder nutze ein Wörterbuch.

!

Sammle zunächst, bevor du mit dem Reimen und Schreiben anfängst, Ideen. Notiere alles, was dir zur Frage, was du von wem hast, einfällt.

B Überlege, wie du die Frage am Ende des Gedichts beantworten würdest.

C Das Gedicht besteht aus einer Strophe. Aus wie vielen Versen besteht es?

D Wie wird die Reimform des Gedichts genannt, bei der sich zwei aufeinander folgende Verse reimen (vgl. z. B. S. 221)?
ab-Reime • Männlicher Reim • Paarreim • Kreuzreim • Zwillingsreim • Springreim • Doppelreim

E Versuche selbst, ein einstrophiges Gedicht in der Reimform von „Vom Vater hab ich …" zu verfassen. Frage dich, von wem du was hast, z. B.:
Von Mama hab ich ganz viel Mut
Und Lust, oft Sport zu machen.
Von Papa hab ich – das ist gut –
mein lautes, frohes Lachen.

Wen ich gern habe –
Vergleiche ziehen oder to draw a comparison

7

In dem amerikanischen Kinderbuch „Der beste Hund der Welt" von Sharon Creech geht es um den Jungen Jack, der von Gedichten nicht besonders begeistert ist. Doch das ändert sich bald. Er entdeckt, dass Worte etwas Wunderbares sind. Schließlich schreibt er seine eigenen Gedichte. Jack liebt besonders das folgende Gedicht, das du in der amerikanischen Originalfassung und ins Deutsche übersetzt lesen kannst.

WALTER DEAN MYERS

Love that boy

Love that boy,
like a rabbit loves to run
I said I love that boy
like a rabbit loves to run
Love to call him in the morning
love to call him
„Hey there, son!"

WALTER DEAN MYERS

Hab ihn gern

Hab ihn gern,
so gern, wie ein Hase rennt,
ich sagte, ich hab ihn gern, den Jungen,
so gern, wie ein Hase rennt,
ruf ihn immer morgens,
ruf ihm zu:
„Hallo, Sohn!"

A Vergleiche das amerikanische Original mit der deutschen Übersetzung. Überlege, warum es nicht „wortwörtlich" übersetzt wurde.

B Im Gedicht wird die Liebe eines Vaters zu seinem Sohn durch einen Vergleich ausgedrückt. Welcher ist es? Begründe, ob du ihn treffend findest.

C Angeregt durch Myers' Text, schreibt Jack ein eigenes Gedicht. Welchen Vergleich nutzt Jack? Gefällt dir dieser Vergleich? Begründe.

Love that dog

Love that dog,
like a bird loves to fly
I said I love that dog
like a bird loves to fly
Love to call him in the morning
love to call him
„Hey there, Sky!"

Hab ihn gern

Hab ihn gern,
so gern, wie ein Vogel fliegt,
ich sagte, ich hab ihn gern, diesen Hund,
so gern, wie ein Vogel fliegt,
ich ruf ihn immer morgens,
ich ruf ihm zu:
„Hallo, Sky!"

D Suche einen Vergleich und schreibe auf Deutsch oder Englisch ein ähnliches Gedicht, z. B.: *Hab ihn gern, / so gern wie der Wind weht, …*

| Sprechen, Schreiben, Zuhören | Umgang mit Texten | Nachdenken über Sprache |

**Bildhafte Ausdrücke
verstehen lernen**

Der Vogel Angst – sprachliche Bilder

8

Jeder Mensch kennt Angst. Das ist normal und gut so, denn Angst kann vor schwierigen oder gefährlichen Situationen warnen. Die Angst sollte nur nie übermächtig werden. Um mit den eigenen Ängsten umgehen zu lernen, ist es sinnvoll, sie einmal auszudrücken und genauer zu betrachten.

Franz Hohler

Der Vogel Angst
hat sich ein Nest gebaut
in meinem Innern

und sitzt nun manchmal da
5 und manchmal
ist er lange weg

oft kommt er nur
für einen Augenblick
und fliegt gleich wieder weiter

10 dann aber gibt es Zeiten
da hockt er tagelang
da drin
mit seinem spitzen Schnabel
und rührt sich nicht
15 und brütet
seine Eier aus.

A Lies das Gedicht mehrmals. Wie gefällt dir der Vogel als Bild für Angst? Beschreibe dazu, wie es sich im Körper anfühlt, wenn du Angst hast.

B Ergründe weitere Bilder des Textes. Stelle dazu deinen Mitschülerinnen und Mitschülern Fragen wie: *„Was ist gemeint mit ‚Nest'?" „Was ist gemeint mit ‚spitzer Schnabel'?"* Beantwortet anschließend diese Fragen gemeinsam.

C Fertige eine Zeichnung deines „Angstvogels" an. Veranschauliche, wie er in deinem Innern ein Nest baut und Eier ausbrütet. Wenn du willst, kannst du auch die Eier mit deinen persönlichen Ängsten beschriften.

9

Die 12-jährige Laura hat in Form des folgenden Gedichts beschrieben, wie ihrem Empfinden nach Angst riecht, schmeckt, aussieht ...

LAURA

Angst

Angst ist pechschwarz
Sie schmeckt nach schwarzer Tinte
und riecht nach kaltem Schweiß
Die Angst ist ein tiefes dunkles Loch
und macht Geräusche dumpfer Schritte
Sie fühlt sich messerscharf an

A Versucht in Partnerarbeit, euch Vers für Vers Lauras Bilder zu erklären. Geht so vor:
– Angst ist pechschwarz, weil sich alles verdunkelt, und Licht, das einem Mut machen könnte, fehlt.
– Angst schmeckt nach schwarzer Tinte, weil sie ebenso eklig ...

B Schreibe dein Gedicht über Angst. Gehe wie Laura vor. Ihr Gedicht folgt einem „Bauplan". Ergänze dazu mündlich mithilfe von Lauras Gedicht die Fragen für den 4., 5. und 6. Vers.

1. Vers: Angst (Überschrift)
2. Vers: Welche Farbe hat Angst?
3. Vers: Wie schmeckt sie?
4. Vers: ???
5. Vers: ???
6. Vers: ???
7. Vers: Wie fühlt sie sich an?

C Illustriere dein Gedicht passend zu seiner Stimmung und seinen Bildern. Wähle z. B. für den Hintergrund die von dir im Vers 2 genannte Farbe.

D Bereite dein Gedicht oder das von Franz Hohler für einen Gedichtvortrag vor. Nutze dazu die ↗ Arbeitstechnik auf Seite 235.

Merke

In Gedichten findet man viele bildhafte Wörter und Wendungen, die man **Sprachbilder** nennt. Beim Lesen oder Hören lassen sie sich mit Vorstellungen und Gefühlen verbinden, z. B.: *Der Vogel Angst.*

Sprechen, Schreiben, Zuhören | Umgang mit Texten | Nachdenken über Sprache

Schreiben nach Impulsen

Von Erinnerungen und Wünschen – Gedichte nachahmen und fortsetzen

10

Es gibt sicher viele Situationen, Erfahrungen und Erlebnisse, die du nicht vergessen möchtest. David hat wichtige Momente seines bisherigen Lebens in einem Gedicht zusammengestellt, das einen ganz besonderen „Bauplan" hat.

DAVID
Das vergesse ich nie

Papas Gute-Nacht-Geschichten
Das vergesse ich nie
Als ich meine Eltern am Strand verlor
Das vergesse ich nie
Den ersten Sprung vom Dreimeterbrett
Mein erster Tag in der neuen Schule
Das vergesse ich nie
Und niemals Charleys Freudengebell

A | Welche der in dem Gedicht genannten Erinnerungen kannst du gut oder gar nicht nachvollziehen? Weshalb erinnert man sich an solche Momente?

B | Betrachte Davids Gedicht. Was ist die Besonderheit in seinem Aufbau? Aus wie vielen Versen besteht es? Welche Verse wiederholen sich?

Übrigens, ein Gedicht, in dem sich ein bestimmter Vers an verschiedenen Stellen wiederholt, wird „Rondell" genannt. Es gibt ganz verschiedene Rondellformen. Die Bezeichnung leitet sich vom französischen Wort „rond" ab und bedeutet „rund". Es kann einem ganz schön schwindlig werden, wenn derselbe Vers immer wiederkommt …

C | Lege in deinem Heft eine Liste mit persönlichen Erinnerungen an. Unterstreiche fünf Erinnerungen, die dir besonders wichtig sind. Erinnere dich z. B. an ein Sportereignis, ein Haustier, einen Geburtstag, eine Reise …

D | Schreibe dein eigenes Erinnerungsgedicht mit einem Vers, der mehrmals wiederkehrt. Nutze dazu deine fünf wichtigen Erinnerungen. Gestalte den Text mit dem Computer oder der Hand und illustriere ihn.

E | Stelle dein Gedicht vor. Weshalb hast du diese Erinnerungen ausgewählt?

Anne Steinwart

Wünsch dir was

sagte die gute Fee

Alt und weise
möchte ich werden
und unerschrocken

5 Eine eigensinnige Alte
mit silbernen Haaren
ohne Strümpfe
in lila Sandalen
Und Lachfalten
10 möchte ich haben
Ganz viele

Martin Auer

Alles kann man nicht sagen

Wenn man eine Sternschnuppe sieht,
kann man sich etwas wünschen.
Aber man darf es nicht sagen,
weil es sonst nicht in Erfüllung geht.

5 Wenn ich mir wünsche, dass du mich
ganz unerwartet
an dich ziehst und mir über die Haare streichst,
kann ich es nicht sagen.

Wenn ich es sagen würde
10 und du es dann tätest,
wäre es überhaupt nicht,
was ich mir gewünscht habe.

A Jeder Mensch hat Wünsche, erfüllbare und weniger erfüllbare. Lies beide Gedichte. Welchen Wunsch kannst du besser nachvollziehen? Begründe.

B In beiden Gedichten sind einige Verse rot gekennzeichnet. Wähle eines der beiden Gedichte aus und ersetze die Verse durch deine Wünsche.

C Stellt euch die von euch veränderten Gedichte in einer Lesekonferenz vor.

Arbeitstechnik

In einer Lesekonferenz kommen drei bis vier Schülerinnen und Schüler zusammen. Dort können sie:
- sich gegenseitig Texte oder besondere Stellen aus Texten vorstellen,
- sich über Texte austauschen, indem sie z. B. ihre Gedanken und Gefühle zum Text ausdrücken,
- Fragen klären und Meinungen diskutieren,
- sich über sprachliche Besonderheiten oder Auffälligkeiten unterhalten.

D Diskutiert nach eurer Lesekonferenz folgenden Spruch eines chinesischen Weisen: „Wunschlosigkeit führt zu innerer Ruhe."

Tagträume – Gereimtes und Ungereimtes, Haiku und Limerick

Gereimtes und Ungereimtes

Vielleicht wurdest du auch schon eine Träumerin oder ein Träumer genannt. Sicher kennst du das Gefühl, manchmal am hellen Tag weit weg zu sein, sich in den eigenen Gedanken zu verlieren – zu träumen.

HERMANN HESSE

Eine schmale, weiße
Eine sanfte, leise
Wolke weht im Blauen hin.
Senke deinen Blick und fühle
Selig sie mit weißer Kühle
Dir durch blaue Träume ziehn.

HANS ARP

Ein großer blauer Falter ließ sich auf mich nieder
und deckte mich mit seinen Flügeln zu.
Und tiefer und tiefer versank ich in Träume.
So lag ich lange und vergessen
wie unter einem blauen Himmel.

A Gib jedem der beiden Gedichte eine Überschrift. Begründe sie.

B Versuche, die folgenden Originalüberschriften zu erklären. Hesses Gedicht trägt die Überschrift *Die leise Wolke* und Arps Gedicht heißt *Märchen*. Inwieweit unterscheiden sich die Originalüberschriften von deinen?

C Welche Vorstellungen weckt das Bild des blauen Falters im Gedicht von Hans Arp in dir? Passt das Bild für dich zum Thema „Traum"?

D Suche in beiden Gedichten alle Adjektive, die als Attribute verwendet werden. Lies die Gedichte einmal ohne diese Wörter. Was fällt dir auf?

E Lerne eines der beiden Gedichte auswendig. Trage es der Klasse vor.

Arbeitstechnik

Einen Gedichtvortrag bewerten – gegenseitig Rückmeldung geben

Folgende Fragen helfen bei der Einschätzung eines Gedichtvortrags:
- War der Vortrag flüssig und sicher oder gab es „Stolperer"?
- Wurde zu schnell oder zu langsam, zu laut oder zu leise gesprochen?
- Wurden Pausen gesetzt und passten sie zum Inhalt des Gedichts?
- Wurden einzelne Wörter und Verse verschieden betont? Wurde durch die Betonung der Inhalt des Gedichts besser verständlich gemacht?

14

Haiku

Um Tagträume geht es auch in den beiden folgenden Gedichten. Sie folgen einer sehr alten japanischen Gedichtform, dem Haiku. Ein Haiku besteht aus drei Zeilen und siebzehn Silben, die sich so verteilen:

1. Zeile: fünf Silben
2. Zeile: sieben Silben
3. Zeile: fünf Silben

Martina Sylvia Khamphasith

Am Tage träumen …
Mit ▬ Augen
abtauchen ins Nichts

Martina Sylvia Khamphasith

Tagträume laufen
nach eigenem Drehbuch ab –
in ▬ Farben

A Wähle jeweils eines der folgenden Wörter für die in beiden Haikus gekennzeichneten Lücken aus. Begründe deine Wahl. Beachte die Silbenzahl: *dunklen* • *weiten* • *hellen* • *offenen* • *tausend* • *geschlossenen* • *wachen*

B Versuche selbst, in einem Haiku deine Tagträume einzufangen. Notiere alles, was dir zum Wort „Tagtraum" einfällt. Beachte dann die Silbenzahl.

C Fotografiert euch gegenseitig träumend. Danach schreiben alle ihren Haiku zum persönlichen Traum-Foto.

 Gestaltet mit euren Foto-Texten eine Foto-Traum-Ausstellung im Klassenraum.

15

Limerick

Vielleicht träumst du hin und wieder davon, jemand ganz anderes zu sein. Auch Jan von der Insel Rügen hat so einen Traum.

Jan

Es lebte ein Junge auf Rügen,
der konnte kein bisschen lügen.
So träumt er allein
mal Münchhausen zu sein.
Das wäre sein größtes Vergnügen.

A Erläutere, weshalb sich der Junge wünscht, Münchhausen zu sein.

B Manche Wörter in den Versen sind mit einem Zeichen versehen. Lies das Gedicht langsam und sehr betont vor. Was könnte das Zeichen bedeuten?

 Geschichten über den Baron von Münchhausen findest du in ∕ Kapitel 4, S. 65–66.

| Sprechen, Schreiben, Zuhören | Umgang mit Texten | Nachdenken über Sprache |

Inhalte und Formen erfassen

16

Als Jan sein Gedicht schrieb, hat er versucht, sich an eine englische Gedichtform zu halten: den Limerick. Wie so ein Limerick aufgebaut ist, wird im folgenden Gedicht beschrieben.

IRMELA BRENDER

Limericks

In England hat man sie sich ausgedacht
und sie immer nur aus fünf Zeilen gemacht:
Die erste nennt stets am Schluss einen Ort,
die zweite und fünfte reimen sich auf das Wort.
5 Die dritte und vierte reimen sich auch,
so wie Rauch auf Brauch oder Lauch oder Bauch.
In der ersten und zweiten betont man je dreimal,
in der dritten und vierten aber nur zweimal
'ne Silbe; und in der fünften sind wie zu Beginn
10 wieder drei betonte Silben drin.

A Notiere in deinem Heft, wie der „Bauplan" eines Limericks aussieht. Lies dazu Irmela Brenders Gedicht noch einmal Vers für Vers. Ergänze:
1. Vers: Am Versende wird ein Ort genannt.
2. Vers: …

B Lies erneut Jans Gedicht (↗ S. 245). Überprüfe, ob es sich dabei um einen richtigen Limerick handelt. Beachte Reimschema, Betonungen usw.

Merke

Betonungen in Gedichten kann man durch Zeichen verdeutlichen. Oft wird dazu ein kleiner Strich (´) über der entsprechenden Silbe verwendet, ein so genannter Akzent. Der Wechsel von betonten und unbetonten Silben ergibt den **Rhythmus** (von griech. „Bewegungsfluss") eines Gedichts. Manche Gedichtformen, wie z. B. der Limerick, haben einen durch Betonungen festgelegten Rhythmus.

C Wie nennt man die Reimform, in der das Gedicht von Irmela Brender geschrieben ist?

D Verfasse selbst einen Limerick zu einem deiner Wünsche. Halte dich dabei genau an den „Bauplan" (↗ Arbeitsauftrag A).

Worte auf meinen Weg – gereimte Weisheiten

Lebensweisheiten beinhalten die Erfahrungen vieler Menschen. Oft findet man sie gereimt als kleine Gedichte, die Mut machen, Trost spenden oder Ratschläge geben.

17 Johann Wolfgang von Goethe

Lass nur die Sorge sein,
Das gibt sich alles schon;
Und fällt der Himmel ein,
Kommt doch eine Lerche davon.

18 Frantz Wittkamp

Das Leben ist ein Jenachdem,
ein stetes Hinundher.
Mitunter schrecklich angenehm
und manchmal schrecklich schwer.

19 Josef Guggenmos

Albumvers

„Verzweifle nicht bei Schwürigkeiten!"
Das ist ein Satz aus alten Zeiten.
Man sieht's ihm an. Jedoch, jedoch:
Nützlich ist er immer noch!

20 Volksmund

Der ist glücklich auf der Welt,
der sich selbst für glücklich hält.

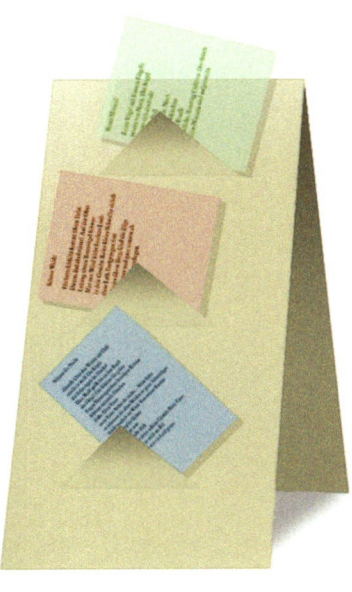

A In Goethes Gedicht findest du zwei sprachliche Bilder: „*und fällt der Himmel ein*" und „*kommt doch eine Lerche davon.*" Wie verstehst du diese Bilder?

B Ein Schüler hat das Gedicht von Frantz Wittkamp mit einer Pendeluhr illustriert (siehe Abbildung). Erläutere, ob du das Bild für passend hältst.

C In Guggenmos' Gedicht heißt es: „*Das ist ein Satz aus alten Zeiten. / Man sieht's ihm an.*" Erkläre, weshalb man es ihm ansehen soll.

D Bestimme die jeweilge Reimform der vier kleinen Gedichte.

E Wähle das Gedicht aus, das dir von den vieren am besten gefällt. Erläutere deine Wahl in einer Lesekonferenz (↗ S. 243).

F Schreibe den Text auf ein Blatt. Überlege, wo du es aufbewahren möchtest: in deiner Gedichterolle, als Schild an deiner Zimmertür, in deinem Portmonee …

Wiederholung

21 Suche dir aus den folgenden Aufgaben mindestens drei aus. Bearbeite sie.

A Erkläre jeweils mit eigenen Worten, was ein Paarreim und was ein Kreuzreim ist. Suche für beide Reimformen ein Beispiel in diesem Kapitel und schreibe es ab.

B Schreibe ein Gedicht über ein Gefühl, wie Liebe, Sehnsucht usw. Nutze dazu den „Bauplan" des Gedichts auf S. 241.

C Wiederhole den „Bauplan" eines Rondells (↗ S. 242) oder eines Haikus (↗ S. 245) und erfinde zu einer dieser Gedichtformen ein eigenes Beispiel.

D Wiederholt in Partnerarbeit den „Bauplan" eines Limericks und schreibt für eure Partnerin bzw. euren Partner einen Limerick. Lest euch danach eure Ergebnisse vor und überprüft, ob der Aufbau eingehalten wurde.

E Blättere noch einmal durch dieses Kapitel. Welches der darin enthaltenen Gedichte gefällt dir besonders, welches gar nicht?
Lies beide in der Lesekonferenz vor und begründe deine Wahl.

F Bereite eines der Gedichte aus diesem Kapitel, ein selbst geschriebenes oder ein anderes Gedicht deiner Wahl für einen Gedichtvortrag vor.

G Suche in den Gedichten dieses Kapitels oder deinen eigenen mindestens drei Sprachbilder, die du besonders gelungen findest. Begründe, weshalb.

H Wenn Deutsch nicht deine Muttersprache ist, dann übersetze doch eines deiner selbst geschriebenen Gedichte in deine Sprache.

Zusammenfassung

– In vielen Gedichten kommen **Reime** vor. Es gibt z. B. den Paarreim, bei dem sich zwei aufeinander folgende Versenden reimen: *gehen – wehen*. Beim Kreuzreim reimt sich jeweils ein Versende mit dem übernächsten: *Gedichte – hören – Wichte – stören*.
– Gedichte müssen sich nicht reimen. Manche folgen z. B. einem bestimmten **„Bauplan"**, wie Rondell oder Haiku (↗ S. 242, 245).
– Viele Gedichte enthalten **Sprachbilder**. Das sind Ausdrücke, die Gefühle, Gedanken und Vorstellungen bildhaft verdichten, wie z. B.: *Vogel Angst*.
– Gedichte haben einen **Rhythmus**, der sich aus dem Wechsel von betonten und unbetonten Silben ergibt (↗ S. 246).

Achtzehntes Kapitel

„Ich empfehle dir …"
Bücher kennen lernen, lesen, vorstellen

Notiere, welche Bücher dir gefallen, wie sie aussehen sollten und welche Bücher du gar nicht magst. Schreibe auch auf, welche Informationsquellen du kennst oder nutzt, um von Büchern zu erfahren, die möglicherweise interessant für dich sind.

| Sprechen, Schreiben, Zuhören | Umgang mit Texten | Nachdenken über Sprache |

Fragen untersuchen und unterscheiden

Was liest du? – Fragen stellen

1

Im Neubrandenburger Kultur- und Literaturzentrum für Kinder und Jugendliche treffen sich regelmäßig „Die Luftis". Das ist der Name einer Gruppe junger Buchkritikerinnen und -kritiker, die monatlich das ihrer Meinung nach beste Kinder- und Jugendbuch mit dem „Goldenen Lufti" auszeichnen. Das Buch hingegen, das man auf gar keinen Fall lesen sollte, bekommt von ihnen den „Lauen Lufti". Mittlerweile gehören „Die Luftis" zur Jury des Deutschen Jugendliteraturpreises. Was sagen sie selbst zu ihrer Arbeit?

Frage 1: Bitte ergänzt folgenden Satz: Lesen ist für mich wie ...
PETER Fliegen mit 100 Flügeln.
SARAH Smarties auf dem Schokoladenkuchen.

Frage 2: Ihr lest also gern?
PETER Ja.
SARAH Na, klar!

Frage 3: In den letzten Jahren habt ihr viele Bücher gelesen und bewertet. Was findet ihr am Lesen so spannend?
PETER Das Durchleben von Situationen, die möglichst aus verschiedenen Blickwinkeln beschrieben werden.
SARAH Für mich ist es so, dass ich eine andere Sicht auf meine eigene Welt bekomme. Da ist zum Beispiel das Prickeln eines Zitronenbonbons an der Zungenspitze, was du vorher noch nie bemerkt oder wahrgenommen hast. Und dann beschreibt ein Autor dieses Gefühl. Und du nimmst dir einen Zitronenbonbon und es prickelt genau so!

Frage 4: Was lest ihr am liebsten?
PETER Ich lese am liebsten Science-Fiction und Fantasy-Romane.

Frage 5: Du bist also Science-Fiction-Fan, Peter?
PETER Ja, absolut.

Frage 6: Und du, Sarah? Was liest du gern?
SARAH Ich lege mich nicht so gern fest. Ein Science-Fiction kann auch ein bisschen Liebesschnulze sein. Ich mag es auch, mich mit totalen Fehlgriffen auseinander zu setzen, z. B. mit Büchern, die ich geschenkt bekommen habe und wo derjenige völlig danebengelegen hat. Und dann so richtig auf das Buch eindreschen! Natürlich nur mit Worten. Das

| Projekt | Fachübergreifendes | Büffel-Ecke |

mache ich sehr gerne. Weil es auch sooooo viele schlechte Bücher gibt, und die müssen auch mal ihr Fett wegbekommen. Sonst könnte ja hier jeder doofe Bücher schreiben und verkaufen. Aber dafür sind ja die Luftis da und senken so die Rate möglicher Buch-Fehlkäufe.

Frage 7: Wie wichtig ist euch der Textanfang?

PETER Der Textanfang ist für mich sehr wichtig. Anhand der ersten Sätze beurteilt der Leser einen Text. Es ist dann sehr schwer, diesen schlechten Anfang zu überwinden und das Gute im Text zu sehen.

SARAH Ich finde es nicht so gut, wenn man gleich nach den ersten Seiten das Buch in die Ecke wirft. Dann hat man vielleicht das Buch verpasst und einfach weggelegt, weil der Autor zu Beginn nicht gleich in die Vollen gegangen ist. Natürlich soll man sich nicht durch zwei Drittel des Buches hindurchwälzen, um dann einen Mini-Höhepunkt zu erleben – aber sich in ein Buch hineinzufühlen ist schon wichtig.

A Stelle dir vor, ein Freund würde dich fragen, weshalb Peter und Sarah gerne lesen und welche Bücher ihnen gefallen. Was antwortest du ihm?

B Wie würdest du den Satz ergänzen? *Lesen ist für mich wie ...*

C Was fällt dir bei 2 und 5 im Vergleich zu den anderen Fragen und Antworten auf? Überlege, woran das liegen könnte.

D Welche der folgenden Fragen würdest du stellen, wenn du z. B. die Meinung deines Freundes über ein Buch erfahren möchtest. Begründe.
Findest du dieses Buch gut? *Warum findest du dieses Buch gut?*
Du empfiehlst mir dieses Buch? *Weshalb empfiehlst mir dieses Buch?*

Merke

Auf eine Frage erwartet man eine Antwort. Entweder man möchte nur ein Ja oder Nein hören oder aber Ausführlicheres erfahren. Dementsprechend ist zwischen **Entscheidungsfragen** und **Ergänzungsfragen** zu unterscheiden.
Entscheidungsfragen können mit Ja oder Nein beantwortet werden. Oft beginnen sie mit einer gebeugten Verbform, z. B.: *Liest du gern Bücher?*
Ergänzungsfragen verlangen eine ausführlichere Antwort. In der Regel beginnen sie mit einem Fragewort, z. B.: *Warum liest du gern Bücher?*

E Stellt euch Entscheidungs- und Ergänzungsfragen zum Thema „Lesen" und beantwortet sie.

| Sprechen, Schreiben, Zuhören | Umgang mit Texten | Nachdenken über Sprache |

Texten Informationen entnehmen

Sage mir, worum es geht – Klappentexte lesen

2

Bevor „Die Luftis" ein Buch lesen, wollen sie wissen, worum es darin geht. Sie orientieren sich anhand der Klappentexte auf Einband oder Umschlag.

Christoph Hein: Mama ist gegangen
Ulla ist Papas Liebling. Trotzdem liebt sie ihre Mama ungefähr einen Zentimeter mehr. Doch dann wird ihre schöne Mama krank und stirbt kurz darauf. Christoph Hein erzählt von Ulla, ihren Brüdern und dem Vater, für die nach dem Tod der Mutter ein neues Leben beginnt. Eine
5 traurigschöne Geschichte voller Trost und Heiterkeit.

Erik Orsenna: Die Grammatik ist ein sanftes Lied
Es ist eine seltsame Insel, auf die es Jeanne und Thomas nach dem Untergang ihres Schiffes verschlagen hat. Dort leben nicht nur Menschen, sondern auch Wörter. Sie kommen gut miteinander aus, obwohl sich die Wörter manchmal wünschten, die Menschen gingen sorgsamer
5 mit ihnen um. Der kleine Satz „Ich liebe dich" zum Beispiel liegt gerade im Krankenhaus, weil die Menschen ihn zu sehr strapaziert haben. Jeanne und Thomas haben beim Schiffbruch die Sprache verloren und müssen sie neu lernen. Da sind sie auf der Insel natürlich genau richtig. Doch es gibt dort auch den finsteren Gouverneur Nekrol, der Wörter
10 nicht ausstehen kann und findet, sie lenkten nur von der Arbeit ab. Vor dem müssen die Kinder sich hüten. Zum Glück haben sie Helfer, die schlauer sind als der Finsterling.

Gerhard Staguhn: Warum? fallen Katzen immer auf die Füße ... und andere Rätsel des Alltags
Warum ist der Himmel blau? Und warum funkeln die Sterne? Warum fällt der Gecko niemals von der Decke? Und warum verfliegen sich Zugvögel nie? Warum verlieben sich Menschen ineinander? Und warum können wir uns nicht selber kitzeln? Ständig stellen wir uns solche Fra-
5 gen. Jetzt werden sie endlich beantwortet: Klar und verständlich, nach dem Stand der Wissenschaft und immer mit einem Augenzwinkern. Damit Wissen Spaß macht.

Jerry Spinelli: Der Held aus der letzten Reihe
Inmitten der überschaubaren Schülerschar der Mittelschule wird Zinkoff unsichtbar. Selbst das, was ihn in der Grundschule von allen

| Projekt | Fachübergreifendes | Büffel-Ecke |

anderen abhob – das Verlieren – ist nicht mehr da. All das ist vergessen, fallen gelassen wie fortgeworfene Bonbonpapierchen. Hier sagen die
5 Uhren nichts anderes als die Zeit. Hier ist Zinkoff kein Versager. Er ist weniger als das. Er ist niemand.

A Für welches der vier Bücher würdest du dich entscheiden? Begründe deine Wahl.

B Überlege, welche Aufgabe die Klappentexte von Büchern haben. Worüber informieren sie im Einzelnen?

C Jemand fragt dich, worum es in den Büchern geht. Versuche mithilfe der Klappentexte, den Inhalt in ein bis zwei Sätzen wiederzugeben, z. B. so:
– *In Christoph Heins Buch „Mama ist gegangen" geht es um eine Familie, …*
– *Christoph Heins Kinderroman „Mama ist gegangen" handelt von Ulla, …*
– *In Christoph Heins Kinderroman „Mama ist gegangen" wird die Geschichte der kleinen Ulla und ihrer Familie erzählt.*

! Bei einem Klappentext für einen Roman beginnst du am besten mit dem Namen der Hauptfigur oder dem Ort, an dem die Geschichte spielt, bei Sachbüchern mit einer interessanten Frage.

D Überlege, was einen Klappentext von einer Inhaltsangabe unterscheidet.

E Schau dir die Umschläge auf ↗ S. 252 an. Sie sind durcheinander geraten. Welches Bild passt deines Erachtens am besten zu welchem Klappentext?

F Sieh dir Klappentexte von Büchern an, die du gern liest. Welche Informationen findest du noch auf ihnen (↗ Kap. 1, S. 22)?

> **Merke**
>
> Als **Klappentext** bezeichnet man Informationen, die meist innen auf dem Schutzumschlag oder hinten auf dem Einband zu finden sind. Seine Aufgabe ist es, mögliche Leserinnen und Leser auf den Inhalt neugierig zu machen. Dazu wird mit wenigen, einprägsamen Worten etwas über die Geschichte und die Figuren oder das Thema erzählt. Manchmal finden sich auch Hinweise zu Leben und Werk der Autorin bzw. des Autors und Pressestimmen zum Buch.

G Entwirf einen Klappentext für ein Buch, das deine Mitschüler und Mitschülerinnen deiner Meinung nach unbedingt lesen sollten (↗ Tipp).

Übrigens, bis zu Beginn des 19. Jahrhunderts wurden viele Bücher noch nicht eingebunden. Man bekam lediglich die bedruckten Seiten, die man dann zum Buchbinder bringen musste. So konnte man die Bücher ganz nach eigenem Geschmack binden und verzieren lassen.

| Sprechen, Schreiben, Zuhören | Umgang mit Texten | Nachdenken über Sprache |

**Einen ersten Texteindruck gewinnen
Inhalte erfassen**

Von Anfang an – einen Roman Schritt für Schritt kennen lernen

! Nicht nur Buchinhalte werden nach Sparten bzw. Ober- und Unterbegriffen geordnet. Das geschieht vielmehr in allen Lebensbereichen, wie z. B. auch Sport, Kapitel 2, S. 33.

3 Als Jury-Mitglieder müssen „Die Luftis" ihre Favoriten für verschiedene Sparten nominieren – das sind: *Bilderbuch, Kinderbuch, Jugendbuch, Sachbuch*.

A Ordne die Bücher von S. 252–253 den genannten Sparten bzw. Oberbegriffen zu. Begründe deine Zuordnung.

B Ordne eines deiner Lieblingsbücher einer Sparte zu. Du kannst auch in Form von Unterbegriffen weitere Zuordnungen wählen, z. B.: *Fantasy, Science-Fiction, Naturkunde, Allgemeine Wissenschaften, …*

4 Nach dem Lesen der Klappentexte haben sich „Die Luftis" für zwei Bücher entschieden. Diese finden sie am interessantesten. Damit sie einen weiteren Eindruck bekommen, liest Sarah den Textanfang des ersten Buchs vor.

JERRY SPINELLI

Der Held aus der letzten Reihe

Du wächst neben einem anderen Jungen heran, aber du bemerkst ihn nie wirklich. Er ist einfach da – auf der Straße, dem Spielplatz, in der Nachbarschaft. Er ist Teil der Umgebung, wie die geparkten Autos und die grünen Plastiktonnen am Tag der Müllabfuhr.

5 Die Schuljahre vergehen – erste Klasse, zweite Klasse – und da ist er, immer in deiner Nähe. Ihr seid weder Freunde noch Feinde. Ab und zu kreuzen sich zufällig eure Pfade. Vielleicht siehst du ihn auf dem Spielplatz im Park irgendwann auf dem anderen Ende der Wippe sitzen. Oder es ist Winter und du jagst mit dem Schlitten den Halftank Hill
10 hinunter, stapfst den Hügel wieder hinauf, und da kommt er angeschossen, schreit sich die Seele aus dem Leib, die Arme emporgerissen wie ein Turmspringer. Und vielleicht ärgert es dich ein bisschen, dass er daran noch mehr Spaß zu haben scheint als du selbst, aber das ist nur ein Gedankenblitz, der sofort wieder erlischt.

15 Du weißt nicht einmal, wie er heißt.
Und dann, eines Tages, weißt du es doch. Du hörst jemanden einen Namen rufen, und irgendwie weißt du, dass das sein Name, dass er dieser Junge ist.
Zinkoff.

| Projekt | Fachübergreifendes | Büffel-Ecke |

A Notiere deine ersten Gedanken oder Fragen zu diesem Romananfang.

B Macht dich der Anfang neugierig oder nicht? Begründe deine Meinung. Sage auch, um welche Probleme es in diesem Roman wohl geht.

C Was erfährst du durch den Textanfang über die Hauptfigur? Beziehe in deine Überlegungen auch den Romantitel ein.

D Vergleiche den Textanfang mit dem Klappentext (↗ S. 252–263). Welche Hinweise aus dem Klappentext finden sich im Textanfang wieder?

5

In Jerry Spinellis Roman „Der Held aus der letzten Reihe" geht es um den Jungen Donald, der mit Nachnamen „Zinkoff" heißt. Und weil nach „Z" im Alphabet kein Buchstabe mehr folgt, ist er stets der Letzte auf allen Listen und in der Schule derjenige, der in der hintersten Reihe sitzen muss. Zudem ist er ein schlechter Schüler und ein Tollpatsch. Keiner will ihn so richtig haben, auch das Sportteam der so genannten Violetten nicht. Denn beim Sport zählt eines – nur nicht Letzter werden.

Es versteht sich von selbst, dass sechs Violette nicht die geringste Lust haben, Zinkoff mitlaufen zu lassen. Wie es sich auch von selbst versteht, dass Gary Hobin als wichtigster, nämlich letzter Läufer der Staffel antreten und damit die Violetten in Ruhm und Ehren katapultieren wird.

5 Der Trainer hat allerdings seine eigenen Vorstellungen. „Zinkoff läuft als Letzter", sagt er zu den sieben versammelten Violetten.
Alle wenden sich Zinkoff zu, der Klappsprünge auf der Stelle macht, um sich in Form zu halten, und starren ihn an.
Gary Hobin quietscht: „*Wie bitte?*"

10 „Du läufst als Vorletzter", sagt der Trainer. „Verschaff ihm einen schönen Vorsprung." Und eilt davon, um die Roten, die Gelben und die Grünen zu beraten.
Sechs Violette blinken Zinkoff an. Gary Hobin ballt eine Hand zur Faust, die er Zinkoff zentimeterdicht drohend unter die Nase hält. „Ich

15 verschaff dir den größten Vorsprung, den je irgendwer gehabt hat. Vergeig's besser nicht!"
„Ich werde es nicht vergeigen", sagt Zinkoff. „Ich hebe mir *immer* das Beste für den Schluss auf."
Was in keinster Weise der Wahrheit entspricht, von Zinkoff aber dafür

20 gehalten wird, und außerdem klingt es so, als wäre es in diesem Moment das Beste, was er sagen kann. […]
Beim ersten Wechsel liegen die Violetten noch auf dem zweiten Platz. Als der zweite Läufer Hobin abschlägt, sind sie bereits mit fünf Metern Vorsprung in Führung. Hobin schnellt aus der Hocke und schießt

25 davon wie ein gelber Tornado. Er hält sein Wort und verschafft Zinkoff

| Sprechen, Schreiben, Zuhören | Umgang mit Texten | Nachdenken über Sprache |

Figurenverhalten vertiefend betrachten

einen Vorsprung, wie ihn an diesem Tag noch keiner hingelegt hat. Als er Zinkoff abschlägt, haben die übrigen Läufer erst die Hälfte der Teilstrecke hinter sich gebracht. „Lauf!", ruft Hobin, und Zinkoff läuft. Zinkoffs Beine wirbeln Staub auf. Seine Arme rotieren wie der Küchen-
30 mixer seiner Mutter. Sein Gesicht ist eine zitronenhaft verkniffene Maske purer Anstrengung. Und doch – irgendwie – kommt er nicht voran. Als die anderen Staffelletzten loslegen, ist sein Vorsprung auf knappe zehn Meter geschrumpft. „Lauf! Lauf!", schreit Hobin ihm nach. Unfähig, sich weiter zusammenzureißen, spurtet Hobin jetzt ebenfalls los,
35 läuft an Zinkoffs Seite und brüllt ihm ins Ohr: „Lauf gefälligst, du Schafskopf! Lauf!"
Zinkoff läuft und läuft, die Enden seines Stirnbandes wehen hinter ihm her wie kleine violette Schwänzchen, und er läuft immer noch, als alle anderen es längst über die Ziellinie geschafft haben. Die Violetten
40 machen den letzten Platz. Die Violetten verlieren die Meisterschaft.

A Anhand von Klappentext und Textanfang hast du bereits einen ersten Eindruck von Zinkoff gewonnen. Was denkst du jetzt über ihn? Begründe.

B Stellt euch vor, Zinkoff würde nach dem Wettlauf zu seiner Mannschaft gehen. Entwerft zu zweit einen Dialog zwischen ihm und seiner Mannschaft.

C Tragt eure Dialoge vor. Wer hat eurer Meinung nach die Figuren Zinkoff und Hobin besonders gut getroffen? Lest zur Begründung auch entsprechende Stellen aus dem Romanausschnitt vor.

D Wie würdet ihr euch in einem solchen Fall verhalten? Setzt eure Vorstellungen in Form eines Stegreifspiels um (↗ Arbeitstechnik).

Arbeitstechnik

Aus dem Stegreif spielen
- Für ein Stegreifspiel müssen keine Dialoge auswendig gelernt werden.
- Wichtig ist nur, dass sich jede und jeder einige Minuten auf die Situation und die zu spielende Rolle konzentriert.
- Dann wird ohne Proben die Situation spontan durchgespielt.
- Anschließend wird das Stegreifspiel besprochen: Konntet ihr eure Vorstellungen umsetzen? Zu welchen Lösungen seid ihr gekommen?

| Projekt | Fachübergreifendes | Büffel-Ecke |

6

Zinkoff bringt nichts aus der Fassung. Er macht stets weiter.

„Guck dir das an", sagt Tuttle. Er ruft nach einem Ball und wiederholt das Spiel, pfeffert den Ball mit Wucht auf den Jungen mit der gelben Kappe. Wie zuvor streckt der Junge die Hände aus, flitscht der Ball hindurch und prallte ihm heftig gegen die Brust.

5 Hobin scheint das nicht zu amüsieren. Er zieht eine Grimasse. „Hätte ich euch vorher sagen können."

Die drei beobachten, wie der Junge dieses Mal versucht, ihnen den Ball aus der Hand zurückzuspielen. Im ersten Anlauf verfehlt sein Fuß den Ball komplett. Beim zweiten Versuch segelt der Ball etwa drei Meter in
10 die Höhe.

„Also wie heißt der Typ?", sagt Bonce.

„Zinkoff", sagt Hobin. „Der ging früher mal auf meine Schule. Er ist ein Niemand."

„Ja, aber habt ihr das nicht von ihm gehört?", […] sagt Bonce. „Über
15 das verschwundene kleine Mädchen letzte Nacht." „Und?"

„Also, der Kleine marschiert los, um sie zu suchen, klar? Und in der Zwischenzeit wird sie gefunden, gar nicht lange, nachdem sie vermisst worden war, klar?" Die anderen nicken. „Also, die Kleine ist längst zu Hause und alles, und alle zischen ab, die Suche ist vorbei, okay? Aber
20 dieser Typ da" – […], der kriegt davon nichts mit. Die Suche ist längst vorbei, aber er weiß es nicht."

Alle vier drehen sich um und betrachten den Jungen.

Bonce sagt: „Die Kleine war schon ewig und drei Tage wieder zu Hause, aber er hat trotzdem weiter nach ihr gesucht?"

25 Janski grinst Bonce ins Gesicht. Er sagt es ganz langsam: „Sieben … Stunden … lang."

Tuttle kreischt auf. „Sieben Stunden?"

„Sieben … Stunden", wiederholt Janski. „Um zwei Uhr morgens hat ihn dann ein Schneepflug gefunden. Hat ihn um ein Haar überfahren.
30 Er war über drei Kilometer von zu Hause fort."

Bonce starrt auf den Jungen mit der gelben Kappe, der immer noch versucht, den Ball abzuspielen. „Der muss ziemlich fertig gewesen sein."

„Der muss ziemlich bescheuert gewesen sein", sagt Tuttle. „Wie blöde
35 muss man denn sein, um bis zwei Uhr morgens nach jemandem zu suchen, der schon längst gefunden wurde."

Hobin zieht eine Grimasse. „Hätte ich euch gleich sagen können."

„War er angefroren?", sagt Bonce.

Janski zuckt die Achseln. „Was für eine Nullnummer", sagt Tuttle. […]
40 Schließlich sagt Bonce: „Also lasst uns spielen."

18. Kapitel „Ich empfehle dir …" – Bücher kennen lernen, lesen, vorstellen

| Sprechen, Schreiben, Zuhören | Umgang mit Texten | Nachdenken über Sprache |

Figurenverhalten vertiefend betrachten
Erzählperspektiven kennen

Alle erwachen aus der Trance. Tuttle ruft: „Spiel! Spiel!"
Von allen Seiten kommen Jungen, die mitspielen wollen. Mannschaften werden gewählt. Tuttle und Bonce sind die Kapitäne. Sie spielen ein schnelles Papier-Schere-Stein, um festzulegen, wer als erster wählen
45 darf. Tuttle gewinnt.
„Hobin", sagt er. „Janski", sagt Bonce.
Sie wählen weiter ihre Mannschaften aus […], bis nur noch der Junge mit der gelben Kappe übrig ist. Die Gelbkappe ist überflüssig.
Aber dieser Junge verhält sich nicht so, als wäre er überflüssig. Jeder
50 andere würde merken, dass er zu viel im Spiel ist, dass, von ihm abgesehen, alle anderen gewählt wurden, weshalb er ein ziemlich hoffnungsloser Fall sein muss, weshalb er sich besser verkrümeln und irgendwas spielen sollte, das er wirklich kann, Monopoly zum Beispiel.
Aber dieser Junge da bleibt einfach stehen. Er gibt durch nichts zu
55 erkennen, dass er sich gleich umdrehen und verschwinden wird. Und er *steht* nicht nur einfach da, sondern er *starrt* Tuttle und Bonce an.
Tuttle sagt: „*Wir* sind genug." Also starrt der Junge jetzt nur noch Bonce an. Und Bonce will sagen: „*Wir* sind auch genug", aber irgendwie scheint ihm das nicht zu gelingen. Ginge es nach ihm, würde der
60 Junge sich einfach umdrehen und gehen. Merkt der denn nicht, dass er übrig ist? […]
Janski erhebt die Stimme: „Beide Mannschaften haben gleich viele Spieler. Wir brauchen keinen mehr."
Der Junge hört gar nicht hin.
65 Das ist völliges Neuland: einer, der übrig ist, aber nicht verschwinden will. Aber noch hat Bonce hier das Sagen. Er muss nichts weiter tun, als seinen Mund zu öffnen. *Bitte, geh doch*, denkt er. Der Junge starrt Bonce immer noch an. Der Junge ist *wirklich* bescheuert.

A Was sagst du zum letzten Satz? Wie denkst du über Zinkoffs Verhalten:
 a) bei der Suche nach dem Mädchen? b) nach der Mannschaftswahl?

B Die Gedanken Zinkoffs werden im Text nicht wiedergegeben. Zeichne eine Gedankenblase (↗ S. 130) in dein Heft und schreibe hinein, was er denkt, als er:
 a) das Mädchen sucht, b) „einfach stehen" (Z. 54) bleibt.

C Lest euch gegenseitig eure „Gedankentexte" vor. Wer hat besonders gut auf das geachtet, was im Romanausschnitt zu den näheren Umständen der Suche (*Dauer, Jahres- und Tageszeit*) und dem Verhalten der Jungen nach der Wahl (*ihre Äußerungen, Bonce' Schweigen*) steht?

| Projekt | Fachübergreifendes | Büffel-Ecke |

7

Peter von den „Luftis" meinte, dass ihn vor allem interessieren würde, wie Situationen aus verschiedenen Blickwinkeln erzählt werden (↗ S. 250).

A Aus wessen Sicht wird der letzte Textauszug (↗ S. 257–258) erzählt? Gehört er oder sie zu den handelnden Figuren?

B Lies die Textstellen vor, in denen du ausdrücklich etwas über die Gedanken der Figuren erfährst.

Merke

Erzählungen und Romane können aus verschiedenen Blickwinkeln erzählt werden. Es kann sich um einen **Er-/Sie-Erzähler** handeln, der als Person ganz im Hintergrund steht und darstellt, was geschieht. Er oder sie kann die Figuren sowohl von außen beobachten als auch ihr Inneres schildern.
Es kann aber auch eine **Ich-Erzählerin** oder ein **Ich-Erzähler** sein. Eine solche Figur ist unmittelbar am Geschehen beteiligt.

8

Nachdem die „Luftis" sich mit einigen Abschnitten aus Spinellis Roman näher befasst haben, sprechen sie darüber, wie ihnen das Buch bisher gefallen hat. Sicherlich hast du dir auch schon eine Meinung gebildet.

A Schreibe auf, ob du das Buch gern weiterlesen möchtest oder nicht. Folgende Sätze können dir helfen, deine Meinung zu begründen:
– *Mir hat das Buch gefallen, und ich würde es gern weiterlesen, weil …*
– *Mir hat das Buch nicht gefallen, und ich würde es nicht weitelesen, weil …*

Figur
… ich mich (nicht) in die Figur hineindenken kann.
… ich solche Jungen oder Mädchen kenne und …

Erzählweise
… ich gern mehr aus der Sicht Zinkoffs erfahren hätte.
… ich lieber Geschichten lese, in denen jemand von sich erzählt.

Geschichte
… mich die Geschichte (nicht) interessiert.
… ich lieber Sachbücher oder … lese.

B Stellt euch gegenseitig eure Meinungen zum Buch vor. Stellt fest, ob mehr in der Klasse das Buch weiterlesen wollen oder nicht.

C Welche weiteren Gründe habt ihr für oder gegen das Buch genannt?

Sprechen, Schreiben, Zuhören | Umgang mit Texten | Nachdenken über Sprache

Konjunktionen kennen und anwenden

Wörtergeheimnisse – ein Grammatik-Roman

9

Peter von den „Luftis" hat sich mit einem anderen Buch beschäftigt. Es handelt sich um Erik Orsennas *Die Grammatik ist ein sanftes Lied*. Damit auch die anderen wissen, was in diesem Buch geschieht, informiert er sie:

Ihr wisst vom Klappentext, dass Jeanne und Thomas nach ihrem Schiffbruch die Sprache wieder neu lernen müssen. Das ist nicht einfach. Dann aber wird Jeanne in einer Wörterfabrik fündig. Deren Direktor, ein ellenlanger Kerl mit dem Aussehen einer Giraffe, führt sie in die Geheimnisse seiner Fabrik ein. Zuerst besorgt sie sich die Wörter „Blume", „fressen", „anknabbern" und zuletzt „Rhinozeros". Die ersten Sätze, die sie mit diesen Wörtern bildet, lauten:
1. „Die Blume fressen das Rhinozeros."
2. „Das Rhinozeros fressen die Blume."

A Überlege, was Jeanne im 1. und im 2. Satz falsch gemacht hat.

B Schreibe den Satz inhaltlich und grammatisch richtig auf.

10

Als Jeanne den Satz richtig gebildet hat, ist sie sehr froh. Nun kann es weitergehen. In der Stadt der Wörter kommt sie ihrer verlorenen Sprache wieder auf die Spur. Bald ist sie in der Lage, auch aus dem einfachen Satz vom Rhinozeros einen sehr langen zu machen.

ERIK ORSENNA

Die Grammatik ist ein sanftes Lied

Ich spielte den ganzen Tag. Ich hatte das Gefühl, die Bauklötze meiner Kindheit wiedergefunden zu haben. Ich suchte zusammen, türmte aufeinander, baute aus. Beim Herumstöbern in der Fabrik hatte ich noch andere Automaten entdeckt. Einen für die *Ausrufe*, die *Interjektionen*
5 (Oh! Gut! Verdammt!), und einen für die *Bindewörter*, die *Konjunktionen* (aber, und, oder, denn, weil, …). Bei ihnen konnte man sich lauter kleine Wörter holen, die dabei helfen, die verschiedenen Teile des Satzes miteinander zu verbinden. Im Laufe der Stunden breitete sich mein Rhinozeros immer mehr aus, es wurde länger, es nahm an Größe
10 zu, schlängelte sich wie ein Strom dahin und floss über den Rand des Blatts, bis es sich schließlich verdoppelte …

| Projekt | Fachübergreifendes | Büffel-Ecke |

Der Giraffendirektor traute seinen Augen nicht, als er meine fertige Arbeit betrachtete: „Tief im undurchdringlichen Urwald vertraute das
15 plumpe und gepanzerte Rhinozeros seinen Freunden weinend an, dass es die zarte, gelbe, weder europäische noch amerikanische, sondern asiatische Blume, die ihm ein verängstigter Hausierer für fast nichts verkauft hatte und auf die seine Braut, eine hellhäutige, händelsüchtige, cholerische Rothaarige, die es trotzdem sehr liebte, seit vielen Jahren
20 ungeduldig wartete, aus Versehen gefressen hatte. / Das von Großwildjägern verfolgte Rhinozeros, das sich auf seiner Flucht verirrt und seine Frau verloren hatte, stand erschöpft und durchnässt auf einer einsamen Lichtung und knabberte, um sie zu versuchen, hungrig und verzweifelt eine fremdartige, hochstängelige, lila Blume, deren Stacheln ihn aber wie
25 ein Reibeisen im Rachen kratzten, sodass es einen Hustenanfall bekam, an."

! Weitere Ausschnitte aus Orsennas Roman findest du in ↗ Kapitel 5, S. 77–88.

A Erinnere dich noch einmal an den Klappentext zu Orsennas Buch (↗ S. 252) und deine Überlegungen zu dessen Inhalt (↗ S. 253, Aufgaben C, E). Inwieweit entsprechen diese ersten Auszüge deinen Erwartungen?

B Erkläre, weshalb der Fabrikdirektor seinen Augen nicht traut, als er Jeannes Sätze liest.

11

In Orsennas Grammatik-Roman werden die Wortarten lebendig, indem sie wie richtige kleine Lebewesen beschrieben werden. Wie jeder Schüler und jede Schülerin muss auch Jeanne sie im Einzelnen kennen und richtig anwenden lernen, z. B.:

! Übungen und Hinweise zum Gebrauch der Konjunktionen findest du in ↗ Kapitel 5, S. 85–86.

A In Zeile 6 werden einige Wörter wie *aber, und, oder, weil,* usw. als Konjunktionen (Bindewörter) bezeichnet. Wozu dienen sie genau?

B Schreibe Jeannes Sätze über das Rhinozeros ab (Zeile 14–26) und unterstreiche alle Konjunktionen.

C Ordne die im Text aufgeführten Konjunktionen nach unterordnenden und nebenordnenden Konjunktionen. Benenne den Unterschied.

ÜBEN, ÜBEN, ÜBEN **D** Verbinde schriftlich die folgenden Sätze mithilfe von Konjunktionen:
1. Der Direktor rieb sich die Augen. Das hatte er nicht erwartet.
2. Jeanne freute sich sehr über ihren Satz. Sie zeigte ihn ihrem Bruder.
3. Auch Thomas runzelte die Stirn. Er sagte nichts. Er ging fort.
4. Jeanne hatte sich wieder beruhigt. Sie ging zurück in die Fabrik.
5. Dort schrieb sie weiter. Sie wollte üben.

| Sprechen, Schreiben, Zuhören | Umgang mit Texten | Nachdenken über Sprache |

Sätze überarbeiten

12

Der Fabrikdirektor gibt Jeanne noch einige Hinweise zum Bau von Sätzen.

„Sätze sind wie Weihnachtsbäume. Du hast zuerst nur die nackte Tanne, und dann schmückst du sie, du behängst sie mit allem, was dir gefällt …, bis sie umfällt. Vorsicht mit dem Satz: Wenn du ihn mit Girlanden und Kugeln, ich meine mit Adjektiven […] und Relativsätzen, überlädst,
5 dann kann auch er zusammenbrechen."
Ich schwor mir, meine Sätze in Zukunft leichter zu bauen.
„Sei unbesorgt. Die Anfänger überladen immer. Die Fabrik steht dir zur Verfügung. Ebenso wie allen Bewohnern der Insel, die sich mit Sätzen vergnügen wollen."

A Auch bei den Sätzen Jeannes über das Rhinozeros (↗ S. 261) handelt es sich um „überladene Weihnachtsbäume". Erläutere diesen Vergleich.

B In Zeile 4 wird u. a. der Fachbegriff „Relativsatz" erwähnt. Finde dafür einige Beispiele in Jeannes Sätzen und erläutere, woran du Relativsätze erkennst.

C In Sätzen können Substantive (Nomen) durch Attribute (↗ S. 223, 241) näher bestimmt werden. Finde dafür Beispiele in Jeannes Sätzen.
Frage z. B.: *Wie ist das Rhinozeros?*

D In Sätzen können Verben durch Adverbiale (↗ S. 223) näher bestimmt werden. Finde dafür Beispiele in Jeannes Sätzen.
Frage z. B.: *Wie stand das Rhinozeros?*

E Überarbeite Jeannes Sätze, sodass sie leichter lesbar werden. Überlege dazu, welche Attribute in Jeannes Sätzen zu viel sind, z. B:
Tief im Urwald stand ein Rhinozeros und weinte. Es vertraute …

F Löse die Sätze über das Rhinozeros so auf, dass aus jedem Satz mindestens drei Sätze entstehen.

! Hinweise und Übungen zum Erkennen und zur Verwendung von Relativsätzen findest du in ↗ Kapitel 5, S. 83–84.

13

Nachdem Peter von den „Luftis" den anderen das Buch von Orsenna vorgestellt hat, tauschen sie sich über ihre ersten Eindrücke aus.

A Wie gefällt dir das Buch bisher? Notiere, weshalb du es weiterlesen oder lieber weglegen würdest.

B Überlege, an welche Leserinnen und Leser sich das Buch richtet.

| Projekt | Fachübergreifendes | Büffel-Ecke |

„Das solltest du lesen!" – Bücher vorstellen

14 Täglich erscheinen viele neue Bücher. Dabei geht einem schnell der Überblick verloren. Es ist daher sehr hilfreich, wenn man Leseempfehlungen bekommt. Die „Luftis" haben sich daraus eine richtige Aufgabe gemacht. Aber auch ihr könnt euch gegenseitig auf Bücher neugierig machen oder dringend von ihnen abraten.

A Überlegt zu zweit, welche der folgenden Angaben eine Buchvorstellung enthalten sollte und welche vielleicht überflüssig sind. Begründet.

Seitenzahl Erscheinungsort Verlagsname
Name der Autorin oder des Autors Textauszug
Vollständige Inhaltsangabe (Anfang, Hauptteil, Schluss)
Buchtitel Erscheinungsjahr Handelt es sich um eine Übersetzung?
Ist das Buch für Mädchen, Jungen oder Erwachsene?
Ist das Buch verfilmt worden? Biografische Angaben zu Autorin oder Autor
Persönliche Wertung Für welches Lesealter?
Inhalt des Buches (Klappentext) Art des Buches: Sachbuch, Roman ...
Erzählperspektive Preis Schwachstellen im Buch
Beschreibung der Buchgestaltung (Umschlag) Genaue Beschreibung der Hauptfigur
Wer empfiehlt das Buch noch?

B Womit sollte eine Buchvorstellung eurer Meinung nach beginnen, womit enden? Bringt in euren Heften die von euch gewählten Angaben in eine entsprechende Reihenfolge bzw. Checkliste.

C Suche dir ein Buch aus, das du vorstellen möchtest. Es kann sich um ein Buch handeln, das du schon kennst oder das du gerade erst kennen lernst.

D Notiere die Informationen, die du laut deiner Reihenfolge (Aufgabe B) benötigst, um das Buch anderen vorzustellen.

E Stellt euch gegenseitig eure Bücher vor. Tauscht euch nach jeder Vorstellung darüber aus, ob euch noch Angaben zum Buch fehlen.

F Erstellt eine Hitliste eurer persönlichen Lieblingsbücher. Ihr könnt auch eine Liste der Bücher erstellen, die ihr gar nicht mögt.

Wiederholung

15

Jerry Spinelli

Taubenjagd

Es gibt nur einen Menschen, dem Palmer sein großes Geheimnis anvertrauen kann – Dorothy, seiner Freundin von nebenan. Ihr kann er erzählen, wie viel Angst er um seine Taube „Picker" hat. Dass er wünschte, der Jugendbande nie beigetreten zu sein. Und dass er nie, nie ein Tier töten könnte. „Dann lass es", antwortet Dorothy. Als ob das so einfach wäre! Denn wenn sich Palmer vom größten Ereignis im Jahr, dem Taubenschießen fernhält, riskiert er, zum Außenseiter zu werden. Palmer muss eine schwere Entscheidung treffen …

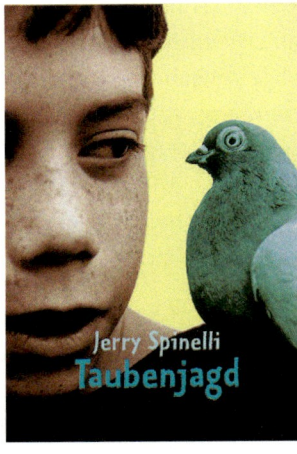

A Worum geht es laut Klappentext in diesem Buch? Mit welchen Problemen muss sich Palmer wahrscheinlich auseinander setzen?

B Betrachte die Umschlaggestaltung und beschreibe sie. Inwieweit passt sie deiner Meinung nach zum Klappentext?

C Suche mindestens vier Konjunktionen aus dem Text heraus.

Zusammenfassung

– Bei einem Interview, z. B. zum Thema „Lesen", kann man **Entscheidungsfragen** und **Ergänzungsfragen** stellen. Entscheidungsfragen sind mit Ja oder Nein beantwortbar. Ergänzungsfragen verlangen eine ausführlichere Antwort: Sie beginnen meist mit einem Fragewort, z. B.: *Warum? Wie?*

– Viele Bücher weisen auf dem Einband oder Umschlag einen **Klappentext** auf, der die Leserinnen und Leser neugierig machen soll. Darin wird mit wenigen, einprägsamen Worten etwas über den Inhalt und die Hauptfiguren verraten. Es finden sich ebenso Hinweise zum Autor oder zur Autorin.

– Erzählungen und Romane können aus verschiedenen Blickwinkeln erzählt werden. Ein **Er-/Sie-Erzähler** steht im Hintergrund und stellt das Geschehen beobachtend dar. Auch das Innere der Figuren, ihre Gedanken und Gefühle, können geschildert werden. Ein/e **Ich-Erzähler/in** ist eine direkt am Geschehen beteiligte Figur, die aus ihrer Sicht die Dinge darstellt.

– Bei einer **Buchvorstellung** sollten stets mindestens folgende Angaben gemacht werden: Titel, Autor/Autorin, Erscheinungsjahr, Verlag, (Preis). Danach sollte eine knappe Inhaltsangabe gegeben sowie ein spannender oder interessanter Textausschnitt vorgelesen werden.

– Wer erzählt, sollte Sätze mithilfe von **Konjunktionen** und Relativsätzen verknüpfen und **Attribute** als nähere Bestimmung von Substantiven (Nomen) verwenden. Allerdings sollte das jeweils in Maßen erfolgen.

Projekt   Fachübergreifendes   Büffel-Ecke

NEUNZEHNTES KAPITEL | **Rechtschreibung –
Schreibhilfen und Tipps finden**

Auf der Klassenstufe 6 des Schiller-Gymnasiums soll in einem Wettbewerb die Klasse mit den besten Rechtschreibergebnissen ermittelt werden. Natürlich wollen alle gewinnen, auch die 6 a. Die Schülerinnen und Schüler beschließen, gemeinsam mit ihrer Lehrerin möglichst viele Rechtschreibhilfen zu sammeln, um auf alle Rechtschreibfälle vorbereitet zu sein.

1

Zunächst diktieren sich die Schülerinnen und Schüler die folgenden Wörter:
versehentlich, Geburtstag, stets, vielleicht, Kiste – Küste, Züge – Ziege, leider – Leiter, Garten – Karten, Dach – Tag, Seide – Seite, Apparat, Anorak, Interesse

A Diktiert euch die Wörter gegenseitig im Partnerdiktat. Sprecht deutlich.

B Bildet mit den Wörtern Wortgruppen und diktiert sie wieder dem Partner oder der Partnerin. Markiert anschließend die Buchstaben, bei denen ihr unsicher seid, farbig. Beispiel: *versehentlich etwas umwerfen*

Rechtschreibhilfe Nr.1: Deutlich sprechen und viel schreiben. Beim Schreiben das Wort leise mitsprechen.

2

Wörter mit ä, e, äu oder eu

Tim wendet ein, dass manche Laute ganz ähnlich klingen und deutliches Sprechen allein nicht hilft. Doch auch dafür findet die Klasse Hilfen.

e oder ä ?
Gel◆nde, W◆lder, F◆lder, Bl◆tter, verw◆lken, kr◆ftig, f◆rtig
eu oder äu ?
s◆bern, R◆ber, bet◆ben, Verk◆ferin, L◆fer, l◆chten, t◆er, Kr◆ter

A Überprüfe, ob es zu den Wörtern jeweils ein stammverwandtes Wort mit a oder mit au gibt (bei Substantiven kannst du den Singular bilden).
Beispiel: *Gelände – Land, säubern – sauber*
Schreibe die Wörter ab und ergänze den/die richtigen Buchstaben.

| Sprechen, Schreiben, Zuhören | Umgang mit Texten | **Nachdenken über Sprache** |

B Vervollständige die Rechtschreibhilfe Nr. 2 und schreibe sie in dein Heft.

Rechtschreibhilfe Nr. 2: Die Verwandtschaftsprobe.
Häufig geben verwandte Wörter Auskunft über die Schreibung.
Man schreibt äu, wenn es ein verwandtes Wort mit ** gibt.
Man schreibt ä, wenn es ein verwandtes Wort mit * gibt.

3

Das verlassene Haus (Teil 1)

Viele **Leute** haben Angst, wenn sie an dem verfallenen **Gebäude** vorbeigehen. Eigenartige **Geräusche** dringen manchmal aus den kaputten Fenstern. Jan und Hendrik haben sich dem **Gemäuer** von hinten **genähert**. **Heute** wollen sie das **Abenteuer** wagen und in das Haus ein-
5 steigen. Hendrik hat schon von einem Schatz **geträumt**, der in einem **Beutel versteckt** im **Keller** liegt. **Schnell** waren sie über ein **Fenster** eingestiegen. Ein **säuerlicher** Geruch drang ihnen aus den **feuchten Räumen** entgegen. Plötzlich vernahmen sie ein **seltsames Heulen** aus einem dunklen Raum. Jan leuchtete mit der Taschenlampe und erschrak
10 **mächtig**. Zwei rote Augen mit einem **bläulichen** Schimmer spiegelten sich in dem Schein. War das ein **Gespenst**? Beim näheren Betrachten erkannten die Jungen eine **ängstliche** und **scheue Eule**. Vom Licht aufgeschreckt, flog sie davon. Aber was war das? Aus den Kellerräumen drang ein furchtbares Stöhnen. (Fortsetzung folgt!)

A Lies die Geschichte und ordne die fett gedruckten Wörter in einer Tabelle nach Wörtern mit äu, eu und ä, e. Schreibe zu den Wörtern mit äu jeweils ein verwandtes Wort mit au und zu den Wörtern mit ä ein verwandtes Wort mit a. Beispiel:

ä	äu	eu	e
genähert – nah	Gebäude – bauen	Leute	versteckt

B Lies nun die Fortsetzung der Geschichte.

| Projekt | Fachübergreifendes | **Büffel-Ecke** |

Das verlassene Haus (Teil 2)

15 Das Stöhnen verst❖rkte sich, je n❖her sie dem K❖llergang kamen. Das Geh❖❖le der ❖❖le war nichts gegen dieses fast unmenschliche K❖❖chen. Dann gab es einen dumpfen Ton und Jan schrie ganz laut auf. Er war mit dem Kopf gegen eine Säule gestoßen und hatte nun eine m❖chtige B❖❖le. Aus einem der R❖❖me wankte ihnen eine kr❖ftige
20 Gestalt entgegen, mit beiden H❖nden eine große K❖❖le schwingend. Wie bet❖❖bt rührten sich die beiden Jungen nicht vom Fl❖ck. Sie zuckten ern❖❖t zusammen, als das unheimliche Wesen ihnen entgegensprang. Dabei verrutschte das br❖❖nliche Tuch und Jan erkannte im Schein der Taschenlampe seinen großen Bruder Ronny, der den beiden
25 m❖chtig Angst einflößen wollte. Am ❖nde lachten sie alle über diesen Streich.

C Schreibe Teil 2 der Geschichte ab und setze in die Lücken die oder den richtigen Buchstaben ein: ❖ = e oder ä, ❖❖ = äu oder eu

4

Wörter mit x, chs, gs, ks, cks (der x-Laut)

Jana findet die Verwandtschaftsprobe sehr hilfreich. Aber hilft sie auch bei Wörtern mit gleich oder ähnlich klingenden Konsonanten?

A Verflixt – wie wird denn dieses Wort geschrieben? Lies die folgenden Wörter laut. Merkst du einen Unterschied?
Hexe, Ochse, Knacks, Keks, unterwegs

B Stelle mit den folgenden Wörtern eine Tabelle zusammen, und zwar geordnet nach x, chs, gs, ks, cks

boxen, Ochse, Klecks, *mixen*, Büchse, Hexe, extra, Dachs, *Fuchs*, Knacks, Eidechse, fix, Keks, sechs, Text, links, unterwegs, Achse, Koks, *wechseln*

C Suche zu den schräg (*kursiv*) gedruckten Wörtern verwandte Wörter.
Beispiel: *boxen – Boxer, Boxhandschuhe, Boxkampf*

D Ergänze den folgenden Satz und schreibe ihn auf:

Statt x wird in einigen Wörtern _____ , _____ , oder _____ geschrieben.

Trick: Wenn du unsicher bist, dann schreibe das Wort auf verschiedene Art auf. Vielleicht hilft dir das Wortbild.
Beispiel: *Ogse – Okse – Ochse – Oxe?*

19. Kapitel Rechtschreibung – Schreibhilfen und Tipps finden

| Sprechen, Schreiben, Zuhören | Umgang mit Texten | **Nachdenken über Sprache** |

5

Wörter mit f, v, ph (der f-Laut)

Moritz hat noch weitere Wörter gefunden, die einen ähnlich klingenden Laut haben, aber verschieden geschrieben werden. Er hat sich ein Rätsel ausgedacht und ist gespannt, ob seine Mitschüler eine Schreibhilfe finden.

A Wörter mit f, v oder ph gesucht. Löse das Rätsel und schreibe die gesuchten Wörter heraus. Markiere oder unterstreiche den f-Laut farbig.

großes Tier mit Rüssel	E_____
nicht danach, sondern	da_____
ein schlimmes Ereignis	Kata_____
nicht wenig, sondern	_____iel
Arbeitsgerät	_____eile
schnell, geschickt	_____ink
Sammelbezeichnung für Nutztiere	_____ieh
die Zahl 40 in Buchstaben	_____ig
eventuell	_____lleicht

Beispiel: *Elefant*

B Buchstabenverwirrung: Bei den folgenden Wörtern sind die Buchstaben vertauscht. Die Wortgruppen in der Klammer helfen dir, jeweils das richtige Wort zu finden. Schreibe die Wörter richtig auf.

AVERT OFAS LOWF LUVEPR VARB YSIKPH NOHELF ANAFS
(enger Verwandter, Liege mit Lehne, Raubtier, sehr fein gemahlenes Material, artig, Unterrichtsfach, Pferdebaby, Federtier)

C Nun kannst du die Rechtschreibhilfe für den f-Laut vervollständigen:
Der f-Laut wird mit _____, _____ oder _____ geschrieben. Beispiele: …

Rechtschreibhilfe Nr. 3: Darauf achten, dass es manchmal für gleich oder ähnlich klingende Laute verschiedene Buchstaben gibt.
Für den x-Laut sind das chs, gs, ks, cks und x.
Für den f-Laut sind das f, v und ph.
Die Verwandtschaftsprobe kann helfen, z. B.: *Wachs, wachsen, wuchs* oder *Vater, Großvater, väterlich*.
Auch wenn die Verwandtschaftsprobe oft hilft, musst du dir die Schreibung einprägen (↗ Arbeitstechnik: Tipps zum Einprägen auf S. 269).

| Projekt | Fachübergreifendes | **Büffel-Ecke** |

Arbeitstechnik

Tipps zum Einprägen von Schreibungen

- Das Wort mehrfach aufschreiben und die schwierige(n) Stelle(n) farbig hervorheben, z. B.: *Fuchs, Knacks, Mix*.
- Mit dem Wort einige Wortgruppen oder kurze Sätze bilden, z. B. *Es kommen viele Vögel geflogen.*
- Eselsbrücken merken, z. B.: *stets* – dieses Wort wird vorwärts und rückwärts gleich geschrieben.
- Bei unbekannten Wörtern im Wörterbuch die Schreibung und die Bedeutung nachschlagen: *Anorak – Jacke mit Kapuze*.
- Das Wort mit geschlossenen Augen vorwärts und rückwärts buchstabieren, z. B.: *Interesse*.

6

Wörter mit ent- oder end?

Tom hat Probleme mit der Unterscheidung von end und ent-. Gregor sagt zu Tom: „Denk doch mal nach!" Was meint er wohl?

Endlauf, Endergebnis, Endstation, Endspurt, endlos, Endfassung, Endung

A Schreibe die Wörter ab. Unterstreiche die gemeinsamen Wortbestandteile.

B Schreibe zu jedem Wort einen Satz, in dem du die Bedeutung des Wortes erklärst, z. B. *Endspiel: Das ist ein Spiel am Ende einer Meisterschaft.*

C Lies die Wörter laut. Rahme die Silbe ein, die betont wird. Was stellst du fest?

D Lies die folgenden Wörter laut und achte auf die Betonung der Silben. Was stellst du fest?
Entfernung, entscheiden, entzweien, Enttäuschung, entgegnen, entnehmen

Rechtschreibhilfe Nr. 4: Auf die Bedeutung und die Betonung achten. Der Wortbestandteil end kommt von Ende. Er wird beim Sprechen immer betont, z. B.: *Endlauf, endlos*. Die Vorsilbe (Präfix) ent- wird beim Sprechen nicht betont, z. B.: *Entdeckung, entstehen*. Die Betonung liegt fast immer auf der folgenden Silbe: Entdeckung.

| Sprechen, Schreiben, Zuhören | Umgang mit Texten | **Nachdenken über Sprache** |

E Welche der folgenden Wörter lassen sich mit der Vorsilbe ent- verbinden? Schreibe sie auf.

stehen, lang, gültig, führen, Punkt, Erfolg, zwei, nehmen, schließen, gegen, sorgen, Täuschung, lassen, Zeit

F Schreibe ab und setze anstelle von ❖ end oder ent- richtig ein. Achte auf die Bedeutung und die Betonung.

Die ❖scheidung war gefallen.
Unsere Klasse hatte das ❖spiel erreicht.
❖lich hatte es einmal geklappt.
Das Spiel war ❖setzlich hart.
5 Die ❖scheidung war lange Zeit offen.
Aber ❖gegen allen Erwartungen führten wir kurz vor Schluss.
Die Minuten zogen sich bis zum Abpfiff ❖los hin.
Schließlich stand mit 2:0 das ❖ergebnis fest.
Unseren Jubel hörte man noch in großer ❖fernung.
10 Die ❖täuschung der Verlierer hielt sich in Grenzen.
Auch sie waren glücklich, die ❖runde erreicht zu haben.

7

Wörter mit -ig, -lich, -isch

„Was ist denn hier so kompliziert?", will Lisa wissen. Jan entgegnet, dass z. B. Wörter auf -ig ja wohl anders gesprochen als geschrieben werden, und außerdem gebe es einige Gebiete in Deutschland, in denen es Menschen schwer falle, zwischen -ig und -lich und -isch zu unterscheiden.

A Lies die folgenden Beispiele laut und achte darauf, wie du die Nachsilben sprichst. Was stellst du fest?

lustig, niedlich, freudig, freundlich, herzlich, freiwillig, listig

B Verlängere die Wörter: Bilde eine Wortgruppe mit einem Substantiv, in der du das Wort deklinieren musst, oder bilde einen Satz, in dem du das Wort steigerst.
Beispiel: *lustig – lustige Mädchen; Die Mädchen waren lustiger als die Jungen.*

Rechtschreibhilfe Nr. 5: Die Verlängerungsprobe nutzen. Verlängere das Wort, indem du es deklinierst oder steigerst, z. B.: *mutig – die mutigen Menschen – mutiger; freundlich – der freundliche Mann – freundlicher.*

| Projekt | Fachübergreifendes | Büffel-Ecke |

C Bilde mit den Bauteilen -ig, -lich, -isch aus den folgenden Wörtern Adjektive. Beispiel: *Freund – freundlich, Wind – windig, Neid – neidisch*

Berg, Mensch, Sommer, Salz, rot, Glück, Land, Teufel, Riese, Regen, Mut, Geduld, süß, König, Ecke, Mund, Automat, Öl, Jugend, Dieb

D Ordne diese Wörter nach -ig, -lich, -isch in eine Tabelle ein und füge die Verlängerungsform dazu:

-ig	-lich	-isch
windig – windige	*freundlich – freundliche*	*neidisch – neidische*

E Bilde mit je einem Wort aus den drei Spalten der Tabelle einen Satz. Schreibe ihn auf.

8

Kurzer oder langer Stammvokal?

Die Klasse 6 a fühlt sich nun schon ziemlich fit für den Rechtschreibwettbewerb. „Wie steht es aber mit den Lauten, die verschieden lang gesprochen werden und deshalb auch unterschiedliche Schreibungen nach sich ziehen?", wirft Anne ein. „Keine Angst", meint Teresa, „das kennen wir doch schon."

Katzen können *Vögel* fangen,
Haben Pfoten ganz wie *Zangen*,
schlüpfen durch die Bodenlöcher,
und zuweilen auch auf Dächer.

A Lies diesen Text laut und deutlich. Überlege, ob die betonten Vokale in den schräg gedruckten Wörtern lang oder kurz gesprochen werden. Wie hast du die langen und kurzen Vokale ermittelt? Warst du ganz sicher?

B Bestimme auch in den folgenden Wörtern, ob der Stammvokal kurz oder lang ist. Zerlege dazu die Wörter in Silben. Achte jeweils auf den letzten Buchstaben der ersten Silbe.

geben, Tage, Tante, Schule, Klasse, Liste, schlafen, Hase, Trommel, Mappe

Beispiel:

ge – ben	Tan – te
Die 1. Silbe endet auf einen Vokal	Die 1. Silbe endet auf einen Konsonanten

19. Kapitel   Rechtschreibung – Schreibhilfen und Tipps finden   271

C Formuliere eine Hilfe für die Unterscheidung von langen und kurzen Stammvokalen. Ergänze die folgenden Sätze und schreibe sie auf.

Ein Vokal wird lang gesprochen,
wenn die 1. Silbe auf einen _____ endet.
Ein Vokal wird kurz gesprochen,
wenn die 1. Silbe auf einen _____ endet.
Einsilbige Wörter muss man verlängern, z. B.:
hell – heller, Stamm – Stämme.

D Ordne die folgenden Wörter in einer Tabelle nach langem und kurzem Stammvokal. Schreibe darunter zu je drei Wörtern einen kurzen Satz.

raten, fallen, lesen, geben, schnell, Schule, Sommer, Tante, Hund, sparen, Rad, Heft, Ball, Wette, Wasser, Farbe, gelb, Lampe, Tennis, Kasten, wetten

Rechtschreibhilfe Nr. 6: Beim Schreiben auf lange und kurze Stammvokale achten. Zerlege das Wort in Silben und überprüfe, ob die erste betonte Silbe auf einen Vokal oder einen Konsonanten endet.

9

Kurzer Stammvokal – Doppelkonsonant?

Im Wechsel der Jahreszeiten
Brennt im *Sommer* die *Sonne* am *Mittag* vom *Himmel* herunter, kann ich mir kaum vorstellen, jemals wieder einen warmen *Mantel* anzuziehen. *Klirrt* dagegen im *Winter* das Glas in den Scheiben, und die *Pflanzen versinken unter* dem Schnee, glaube ich kaum, jemals in *kurzen* Hosen am *Fluss* gesessen zu haben.

A Schreibe die schräg gedruckten Wörter nach Silben getrennt auf. Das einsilbige Substantiv musst du verlängern, das gebeugte Verb in den Infinitiv umformen.

B Untersuche, wann dem kurzen Stammvokal zwei gleiche und wann zwei verschiedene Konsonanten folgen. Sprich die Silben laut und deutlich.

Rechtschreibhilfe Nr. 7: Die Sprechprobe durchführen.
– Hörst du am Ende der ersten betonten Silbe denselben Konsonanten wie am Anfang der zweiten Silbe, dann verbindet der Konsonant beide Silben, es entsteht ein Silbengelenk: So*m* – *m*er, So*n* – *n*e. Der Konsonant wird verdoppelt.
– Hörst du am Ende der ersten betonten Silbe einen anderen Konsonanten als am Anfang der zweiten Silbe, dann wird der Konsonant nicht verdoppelt, z. B.: Man – tel.

| Projekt | Fachübergreifendes | Büffel-Ecke |

10

Langer Vokal – mit h oder ohne h?

A Zerlege die folgenden Wörter in Silben und schreibe sie auf. Markiere das h farbig. Beispiel: *ge – hen, deh – nen*. An welcher Stelle steht das h jeweils?

gehen, dehnen, Bohne, kehren, mähen, Sahne, Kühe, wählen, Ruhe, kühlen

B Vervollständige: Es gibt zwei Arten von Wörtern mit h nach langem Vokal.
1. Das h steht am _____ der zweiten Silbe (silbenöffnendes h): *ge – hen*.
2. Das h steht am _____ der ersten Silbe (Dehnungs-h): *Boh – ne*.
Einsilbige Wörter musst du verlängern, z. B.: *Kuh – Kühe, Kahn – Kähne*.

C Zu welcher Silbe gehört das h in den folgenden Verben?
sehen, ruhen, wehen, mühen, krähen, nähen

D Bilde von den Verben in Aufgabe C jeweils die 2. und 3. Person Singular Präsens und schreibe noch mindestens ein verwandtes Wort dazu. Markiere das h. Beispiel: *gehen – du gehst, sie geht – umgehend, Gehweg*.

Rechtschreibhilfe Nr. 8: Von konjugierten (gebeugten) Verbformen den Infinitiv bilden oder weitere verwandte Wörter suchen. So stellst du fest, ob die Verbformen ein h enthalten müssen, z. B.: *sie sieht – sehen*.

11

Wörter mit h am Ende der ersten Silbe (Dehnungs-h)

A Übertrage das Rätsel in dein Heft und löse es. Die gesuchten Wörter enthalten alle ein h am Ende der ersten Silbe.

1. unterrichtet Schülerinnen und Schüler   L ✦ ✦ ✦ ✦ ✦ ✦
2. Gebäude, in dem z. B. Mehl gemahlen wird   M ✦ ✦ ✦ ✦
3. mit der Straßenbahn   f ✦ ✦ ✦ ✦ ✦ ✦
4. junges Pferd   F ✦ ✦ ✦ ✦ ✦
5. sollte man im Diktat nicht machen   F ✦ ✦ ✦ ✦ ✦
6. davon haben wir zwei am Kopf   O ✦ ✦ ✦ ✦
7. das Gegenteil von ‚mit'   o ✦ ✦ ✦
8. zu Schokoladeneis gehört   S ✦ ✦ ✦ ✦

| Sprechen, Schreiben, Zuhören | Umgang mit Texten | Nachdenken über Sprache |

B Füge in die folgende Tabelle die Wörter aus dem Rätsel (Aufgabe A) ein.

hl	hm	hn	hr

C Ergänze die Tabelle mit weiteren Wörtern.

Rechtschreibhilfe Nr. 9: Den Konsonanten nach dem langen Stammvokal anschauen: Dehnungs-h steht nur vor **l**, **m**, **n**, **r**, z. B.: *Mehl, nehmen, wohnen, Fähre*. Noch ein Tipp: Schau auch auf den Anfangsbuchstaben des Wortes: Kein Dehnungs-h steht, wenn Wörter mit kl, kr, qu, sch, sp und t beginnen, z. B.: *klar, Krümel, quer, Schule, sparen, Tal*.

D Dehnungs-h oder nicht? Schreibe die folgenden Wörter richtig auf.

fü❖ren, wä❖len, Kra❖n, Gefa❖r, berü❖mt, Qua❖l, Stro❖m, za❖m, Sö❖ne, Scha❖l, schä❖men, belo❖nen, Spa❖n, Spu❖ren, me❖r, To❖r, Tö❖ne, Ka❖n

12

s oder ß oder ss ?

Su❖i ra❖t im Krei❖ durch das Gra❖.
Mit blo❖en Fü❖en macht ihr das sehr gro❖en Spa❖.
Und zum Schlu❖ springt sie in den Flu❖
und wird ganz na❖.

A Lies den Text laut und deutlich. Füge beim Sprechen jeweils bei ❖ einen s-Laut ein. Welche s-Laute hast du stimmhaft, welche stimmlos gesprochen? Schreibe die Wörter geordnet nach stimmhaftem und stimmlosem s-Laut heraus:
Stimmhafter s-Laut: *Susi*, …
Stimmloser s-Laut: *bloßen*, …

Tipp: Einsilbige Wörter kannst du zur Probe verlängern, z. B. *Kreis – Kreise*. Bei Verben solltest du prüfen, ob der s-Laut im Infinitiv auch stimmhaft oder stimmlos klingt, z. B.: *sie ra❖t – ra❖en*.

B Schau deine geordneten Wörter noch einmal an. In welchen Wörtern wird der Stammvokal vor dem s-Laut kurz, in welchen lang gesprochen? (↗ S. 271, Aufgabe 8) Unterstreiche die langen Stammvokale rot und die kurzen blau.

| Projekt | Fachübergreifendes | Büffel-Ecke |

C Vervollständige die folgenden Regeln zur s-Schreibung und schreibe sie auf:
– Der stimm____ s-Laut wird immer mit einfachem s geschrieben, z. B.: *Susi*. Meist steht er nach einem ____ Stammvokal oder am Anfang eines Wortes.
– Der stimmlose s-Laut wird nach ____ Stammvokal mit ß geschrieben, z. B.: *bloße Füße*.
– Nach ____ Stammvokal wird der s-Laut verdoppelt, wenn er am Ende der ersten betonten Silbe und am Anfang der zweiten Silbe zu hören ist (↗ Rechtschreibhilfe Nr. 7, S. 272), z. B.: *Flüs - se*.

D Überprüft nun in Partnerarbeit, ob ihr alle s-Laute in der Aufgabe 12 A richtig zugeordnet und richtig geschrieben habt.

Rechtschreibhilfe Nr. 10: Sprich deutlich, sodass du die s-Laute nach stimmhaften und stimmlosen unterscheiden kannst. Achte auf lange und kurze Stammvokale.

E Setze aus den folgenden Wortteilen sinnvolle Wörter mit **s**, **ß** oder **ss** zusammen.

Wie-	Rü-	-e	drau-	sü-	-en	Rei-	-en	Me-
-e	-er	Ei-	-en	-en	schmu-	vermi-	-en	-en
flei-	Rie-	pa-	-en	flie-	-el	-ig	wei-	

Beispiel: Wie + s + -e = *Wiese*.

F Bei einigen Wortfamilien wechseln manchmal ss und ß, z. B.: *fließen – fließt – floss – geflossen – Fluss*. Erkläre, worauf der Wechsel der s-Laute zurückzuführen ist. Achte auf die Stammvokale.

G Schreibe zu den folgenden Verben jeweils die Leitformen auf und suche mindestens ein weiteres verwandtes Wort: *wissen, schließen, beißen, essen, schließen*. Beispiel: *wissen – wusste – gewusst – Wissenschaft*

H Füge statt ❖ ein s oder ß ein. Begründe deine Entscheidung.

MIRA LOBE

Deutsch ist schwer.
Das kann ich bewei❖en,
bitte sehr!
Herr Mau❖ hei❖t zum Beispiel Mäu❖erich
Herr Lau❖ aber keineswegs Läu❖erich …

19. Kapitel Rechtschreibung – Schreibhilfen und Tipps finden

Wiederholung

13 Zehn Rechtschreibhilfen hat die 6a nun zusammengetragen. Alle wissen, dass es noch viel mehr gibt. Aber nun wollen sie erproben, ob die Regeln und Tipps wirklich helfen. Die Lehrerin hat ihnen einen Fehlertext mitgebracht. Sie sagt, 22 Fehler mache ja keiner, aber als Test sei das gut.

Vorsicht Fehler! – Eine nicht sehr glaubwürdige Geschichte

Wie ihr vieleicht wisst, geht es in unserer Klasse manchmal ganz schön merkwürdich zu. Hat doch neulich Lisa eine Ku von der Wiese mitgebracht. Ihr hättet unseren Lehrer sehen sollen. Er bebte fast vor Wut und Erger. Aber Lisa meinte, der Oxe sei so nass vom Regen gewesen,
5 da habe sie es einfach nicht fertig gebracht, ihn drausen stehen zu lassen. Natürlich muste Lisa einsehen, dass das nicht geht. Sie sah entteuscht von einem zum anderen und fürte das mechtige Tier dann wieder aus der Schule. Kurze Zeit später erschien sie erneut, nun mit einem Vogel auf der Schulter. Von seinen Vedern perrlte Regenwasser.
10 Ausserdem machte er sehr komische Gereusche. In der Klasse wurde es ganz ruhich. Alle waren gespannt, was nun passieren würde. Unser Lehrer zeigte aber kein Intresse mehr an Lisas fixen Ideen. Er ging gemütlich zum Fenster und öffnete es. Könnt ihr euch denken, was geschah? Na klar. Der Endführte wollte nicht lenger eingesperrt sein
15 und flog hinaus. Der Lehrer lechelte freundlich, wir aber waren schon ein bischen enttäuscht.

A Lies den Text. Finde alle 22 fehlerhaft geschriebenen Wörter heraus und berichtige sie. Schreibe sie auf und unterstreiche jeweils, welchen Fehler du verbessert hast.

B Sieh deine Unterstreichungen genau an. Ordne die Wörter nach Fehlerschwerpunkten, z. B. Schwerpunkt: -ig, -lich, -isch oder Wörter mit end oder ent- oder …

C Schreibe zu jedem Fehlerschwerpunkt eine Rechtschreibhilfe oder Regel.

D Nun überprüfe, ob du den Text ohne Fehler schreiben kannst. Schreibe mit einem Partner oder einer Partnerin ein Diktat. Lies jeweils den ganzen Satz vor und diktiere dann bis zum Satzzeichen (Punkt oder Komma). Sprich deutlich. Wechselt anschließend die Rollen.

E Tauscht eure Diktate aus und berichtigt die Fehler. Stellt fest, ob es bei eurem Partner einen Fehlerschwerpunkt gibt.

ZWANZIGSTES KAPITEL | # Freiarbeit – unsere Welt von morgen

Hast du nicht auch schon überlegt, wie unsere Welt von morgen sein wird und was wir tun können, um sie lebenswert zu erhalten? Vielleicht hast du dich auch gefragt,
– welche technischen Geräte es geben wird und wie sie funktionieren,
– wie die Häuser und Geräte mit Energie versorgt werden,
– wie die Landschaft, die Städte oder die Verkehrsmittel aussehen werden,
– wohin eine Ferienreise führen könnte oder
– wie du dir eine Fantasiereise in die Welt von morgen vorstellst.

Beim *Berichten* über die gegenwärtige Nutzung von Energie, beim *Beschreiben* von Energiequellen der Zukunft, beim *Erzählen* von Geschichten, die in der Zukunft spielen, und beim Ausprobieren von *kreativen Schreibformen* kannst du deine Überlegungen und Vorstellungen zu Papier bringen.

Dafür werden dir Angebote und Aufgaben in vier Stationen vorgestellt:

1. Station: Energiequellen der Zukunft beschreiben
2. Station: Über die Nutzung von Energie berichten
3. Station: Geschichten von morgen erzählen
4. Station: Kreative Schreibformen ausprobieren

Du musst nicht alle Angebote und Aufgaben der Reihe nach bearbeiten. Du kannst einzelne Aufgaben auswählen und selbst entscheiden, wann und in welcher Reihenfolge du sie im Rahmen der vorgegebenen Zeit löst.

A Sieh dir zunächst alle Stationen und Aufgaben an und wähle aus, was du bearbeiten möchtest.

Name:
Mein Freiarbeitsplan

B Plane deine Arbeit und notiere deine Ergebnisse. Übernimm dazu die folgende Zeittabelle in dein Heft. Halte darin deine Arbeitsschritte fest.

Datum/Stunde	Station/Aufgabe	Zeit	Ergebnis/Lösung
7. 12. 2005/3.Std.	2. Station, Aufgabe 2 A+B	30 min	Interview vorbereitet
9. 12. 2005	2. Station, Aufgabe 2 C	45 min 30 min	Interviews durchgeführt, Bericht geschrieben

| Sprechen, Schreiben, Zuhören | Umgang mit Texten | Nachdenken über Sprache |

Sachtexten Informationen
entnehmen und wiedergeben

1. Station:
Energiequellen der Zukunft beschreiben

1

Ökostrom, erneuerbare Energie – was ist denn das?

Erstmals zehn Prozent des Stroms aus erneuerbaren Energien

Durch Ökostrom aus Sonne, Wind, Wasser oder Biomasse wurden im ersten Halbjahr 2004 erstmals zehn Prozent des deutschen Stromverbrauchs gedeckt. Die deutliche Steigerung gegenüber dem extrem trockenen und windarmen Vorjahr ist zum einen witterungsbedingt.
5 Zum anderen geht die Zunahme entscheidend auf den kräftigen Ausbau der Windenergienutzung zurück. Die Windenergie hat sich am Strommarkt als stärkste Kraft der erneuerbaren Energien entwickelt und die traditionelle Wasserkraft klar überholt. Zusätzlich hat es die Windindustrie geschafft, 2004 rund 30 Prozent der Produktion windtechnischer
10 Anlagen zu exportieren. Erfolgreich ist auch die Entwicklung in der Solarbranche. So hat die Fläche bei Solaranlagen im ersten Halbjahr in Deutschland erstmals die Grenze von 6 Millionen Quadratmetern überschritten. Das sorgt auch für Aufschwung am Arbeitsmarkt.

A Lies den Zeitungsbericht. Welche Energieformen werden als erneuerbar oder als Ökostrom bezeichnet? Was wird im Text über ihre Entwicklung gesagt? Notiere dir Stichpunkte.

B Wähle eine erneuerbare Energieform aus, beschreibe (mithilfe der Zeichnungen), wie aus dieser Energieform Strom wird. Beziehe auch solche Fachwörter wie *Bewegungsenergie, Turbine* … ein. Erkläre, weshalb man diese Energieform erneuerbare Energie nennt.

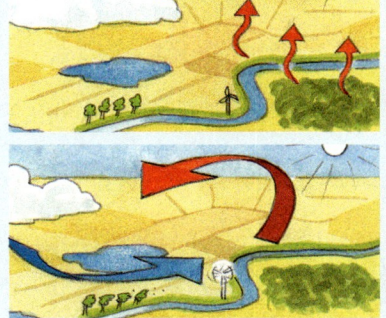

Luft wird durch Sonne erwärmt.

Wasser verdunstet.

Es entsteht Wind.

Regenwasser sammelt sich in Flüssen und Seen.

| Freiarbeit | Fachübergreifendes | Büffel-Ecke |

2

Ein Windpark ist ein Park voll Wind? – Eine Windkraftanlage beschreiben

A Beschreibe die auf dem Foto abgebildete Windkraftanlage, z. B.: die Anzahl der Windräder, die Anzahl der Flügel an einem Windrad, die Art der Landschaft, in der die Anlage steht, die Nähe zu einer Ortschaft …

B Gibt es in deiner näheren Umgebung auch eine Windkraftanlage? Sieh sie dir genau an und informiere dich beim Betreiber über technische Angaben.

C Beschreibe die *Lage* (wo steht die Anlage?), die *Anzahl der Windräder*, den *Abstand voneinander*, die *Höhe eines Windrades*, die *Größe der Propeller*, die *Anzahl der Flügel* eines Windrades, die *Leistung*, …

D Ergänze die Beschreibung durch deine Beobachtungen und Eindrücke *(Geräusche, Aussehen, Erscheinungen bei Nacht)*.

3

Wie man ein Windrad selber baut – eine Bastelanleitung schreiben

A Schreibe eine Bastelanleitung für ein Windrad. Beachte das zur Verfügung stehende Material, das Werkzeug und die Skizze.

Material	Werkzeug
dünnes Sperrholz	Laubsäge
Rundholz	Messer
Korken	Bohrer
Holzperlen	Zange
Klebeband	
Kupferdraht	

B Baue zu Hause das Windrad nach deiner Anleitung.

C Überarbeite anschließend deine Bastelanleitung: Korrigiere Fehler und Ungenauigkeiten, z. B. im Ablauf deiner Bastelanleitung.

| Sprechen, Schreiben, Zuhören | Umgang mit Texten | Nachdenken über Sprache |

Gegenstände und Vorgänge beschreiben

Die Sonnenwärme messen – eine Experimentieranleitung bearbeiten

– Fülle die Schüssel halb mit kaltem Wasser.
– Lass die Farbe trocknen.
– Nimm eine alte Plastik-Schüssel oder Plastik-Badewanne.
– Streiche sie innen schwarz an.
– Stelle sie morgens an einem sonnigen Tag im Hochsommer in die pralle Sonne.
– Fasse das Ergebnis deines Experiments in einem Satz zusammen.
– Lass eine kleine Ritze offen, damit die Scheibe nicht beschlägt.
– Miss nach dem Mittag die Temperatur erneut und vergleiche sie mit deinen Notizen vom Morgen.
– Miss mit einem Badethermometer die Temperatur und notiere sie dir.
– Lege eine passende Glasscheibe oder ein altes Fenster über die Schüssel.

A Überlege, ob das Experiment nach dieser Beschreibung funktionieren kann. Achte besonders auf die Reihenfolge der Schritte.

B Bearbeite die Experimentieranleitung: Beschreibe die Durchführung des Experiments in der richtigen Reihenfolge.

C Führe das Experiment nach Möglichkeit durch. Notiere das Ergebnis.

Umbau zum „ÖKO-Haus" – Bauwerke beschreiben

A Beschreibe das abgebildete Haus.

B Gestalte das Haus so um, dass Windkraft, Wasserkraft und Sonnenenergie für möglichst viele Zwecke sinnvoll genutzt werden können. Fertige hierfür eine Zeichnung an.

Wichtige Fachwörter sind z. B.:
*Sonnenkollektoren
(Sonnensammler),
Solarheizung,
Windrad,
Dynamo,
Wassermühle,
Wasserpumpe*

C Beschreibe das neue „ÖKO-HAUS". Gehe dabei insbesondere auf die Veränderungen durch die Nutzung der verschiedenen Energieformen ein. Beziehe die Fachwörter (in der Randspalte) mit ein.

| Freiarbeit | Fachübergreifendes | Büffel-Ecke |

2. Station: Von der Nutzung erneuerbarer Energien lesen und berichten

In Zeitungen und Zeitschriften, in Prospekten und im Internet werden häufig Berichte, Bilder und Fotos von der Nutzung so genannter nachwachsender Rohstoffe, man nennt sie auch Biomasse, veröffentlicht.

Europäische Biomasse-Tage der Regionen – Zukunft mit Natur

Institutionen und Firmen, die Biomasse nutzen oder erzeugen bzw. als Energiequelle oder Rohstoff erforschen, stellten der Öffentlichkeit ihre Einrichtungen und Projekte vor. Sie wollten auf den hohen technischen und wirtschaftlichen Entwicklungsstand bei nachwachsenden Rohstoffen hinweisen. Nicht nur die Energieerzeugung aus Holz, Holzpellets oder Biogas spielte dabei eine Rolle, auch über pflanzliche Öle als Treib- oder Schmierstoff, Dämmstoffe aus Flachs und Hanf oder Verpackungen aus Stärke wurde viel Neues vermittelt.
(http://www.biomasse-tage.org)

Landwirte müssen auch Energiewirte werden

Anklam (ddp). Mecklenburg-Vorpommerns Landwirte sollten sich nach Ansicht von Landwirtschaftsminister Till Backhaus (SPD) auch ein Standbein außerhalb ihrer „Urproduktion" suchen. Angesichts der sich wandelnden EU-Agrarpolitik müssten die Landwirte künftig nicht nur als Getreidelieferant, sondern auch als Energiewirt agieren, sagte er gestern.

Die Verstromung von Biomasse böte eine gute Perspektive, um auch künftig am Markt zu bestehen. In Mecklenburg-Vorpommern betrage der Anteil von Biomasse an den erneuerbaren Energieträgern derzeit nur zehn Prozent, sagte der Minister. Derzeit gebe es in Mecklenburg-Vorpommern etwa 35 Biogasanlagen. Die Verwertung nachwachsender Rohstoffe aus eigenen Betrieben erreiche eine Leistung zwischen 70 Kilowatt und einem Megawatt. 2002 wurden im Land 1,3 Milliarden Kilowattstunden Strom aus erneuerbaren Energieträgern erzeugt. Das seien 24 Prozent der gesamten Stromproduktion, die aus Wind-, Bio- oder Sonnenenergie stammt.
(Nordkurier, 6.7. 2004, S. 6)

A Lies die beiden Berichte aus der Zeitung bzw. aus dem Internet und beantworte die folgenden Fragen schriftlich:
– Was rechnet man alles zu Biomasse bzw. zu nachwachsenden Rohstoffen?
– In welchem Umfang werden Biogasanlagen gegenwärtig in Mecklenburg-Vorpommern genutzt?
– Welche neuen Aufgaben gibt es für Landwirte?

B Sammle Berichte über die Nutzung von Wind- und Wasserkraft, von Biomasse und Sonnenwärme sowie bildliche Darstellungen und Fotos. Notiere wichtige Informationen daraus. Fasse sie zu einem sachlichen Bericht über die gegenwärtige und zukünftige Nutzung erneuerbarer Energien zusammen.

| Sprechen, Schreiben, Zuhören | Umgang mit Texten | Nachdenken über Sprache |

Berichten

2

Was halten Sie von Windenergie? – Als Umwelt-Reporter unterwegs

A Interviewt zu zweit mit Kassettenrekorder und Mikrofon Leute in eurer Nachbarschaft. Fragt, was sie von der Nutzung der Windkraft zur Erzeugung von Strom halten.

B Überlegt euch zuvor, wonach ihr genau fragen wollt.
Fragt z. B. *nach der Meinung über Vor- und Nachteile der Nutzung von Windkraft, über geeignete Standorte, …*

C Schreibt, bevor ihr losgeht, eure Fragen auf einen „Spickzettel".

D Fasst das Ergebnis der Interviews in einem sachlichen Bericht zusammen. Der Bericht sollte folgende Informationen enthalten:
– den Zeitpunkt des Interviews,
– den Ort des Interviews,
– die Anzahl der befragten Personen,
– die genauen Fragen an die Personen,
– die unterschiedlichen Antworten der Befragten.

3

Wind- und Wassermühlen – einen Exkursionsbericht verfassen

A Führt eine Exkursion zu einer historischen Wind- oder Wassermühle bzw. zu einem Wasserkraftwerk in eurer Nähe durch.

B Sammelt vorher Fragen zur Nutzung der Wind- bzw. Wasserkraft, die ihr bei der Besichtigung beantwortet haben möchtet,
z. B.: *Wann wurde die Mühle in Betrieb genommen? Wofür wurden Wind oder Wasser benötigt?*

C Schreibe einen Bericht über die Besichtigung.
Dein Bericht sollte u. a. die folgenden Informationen enthalten (Beantwortung der W-Fragen):
– Wann fand die Besichtigung statt?
– Wer nahm daran teil?
– Wo befindet sich das Bauwerk?
– Was hast du über das Bauwerk erfahren? (Siehe Aufgabe B)
– Wie und warum wird es heute genutzt?

| Freiarbeit | Fachübergreifendes | Büffel-Ecke |

4 Du liebe Zeit(form)! – Einen Bericht korrigieren

Über die Besichtigung der Windmühle Pahrenz im Landkreis Riesa-Großenhain hat Steven einen Bericht für die Klassenchronik geschrieben.

Windmühle Pahrenz

Am 12. Juni 2005 fahren Kevin, Jana, Tim und ich mit unseren Fahrrädern nach Pahrenz. Dort werden wir eine Holländerwindmühle besichtigen. Schon von weitem sehen wir die Mühle. Sie stand auf dem 141,5 m hohen Windmühlenberg. Die Mühle war ein technisches Denk-
5 *mal. Bereits im Jahre 1850 wird an dieser Stelle eine hölzerne Windmühle errichtet, die aber 1865 abbrennen wird. Später wurde an dem gleichen Standort eine Mühle in massiver Steinbauweise gebaut. Die Mühle wird in den folgenden Jahren ständig auf den neuesten Stand gebracht. Bei der Besichtigung hatte uns der Müller die Mehlproduktion*
10 *in der Windmühle erklärt. Er zeigte uns dabei die Maschinen und erläutert den Verarbeitungsablauf des Getreides. Wir hatten so anschaulich erfahren, wie die Windkraft die Maschinen antreiben wird. Bevor wir nach Hause fuhren, erfrischen wir uns nach der interessanten Führung durch die Mühle bei Eis, Limo und frisch gebackenem Brot in dem*
15 *kleinen Gartenlokal bei der Mühle.*

A Schätze ein, wie Steven die inhaltlichen Anforderungen an einen Bericht erfüllt hat. Schreibe alle Antworten auf W-Fragen heraus.

B Welche sprachliche Regel für das Berichten hat der Verfasser nicht beachtet?

C Korrigiere die fehlerhaften Zeitformen und schreibe den überarbeiteten Bericht in dein Heft.

| Sprechen, Schreiben, Zuhören | Umgang mit Texten | Nachdenken über Sprache |

Sätze vervollständigen und verknüpfen

5

Wie war das doch? – Aus Stichpunkten Sätze machen

Bei der Besichtigung einer Mühle hat sich Lisa die folgenden Stichpunkte zur Geschichte des Bauwerks gemacht. Nun will sie ihre Informationen über die Mühle schriftlich zusammenfassen.

1864 Bau einer hölzernen Holländerwindmühle
1883 Übergabe der Mühle an den Sohn
1889 Errichtung einer massiven Holländermühle,
        100 Pferdefuhren Bruchstein
        Preis des Mauerwerks *1000* Mark
        Stundenlohn des Maurers *14* Pfennig
1911 Einbau eines Elektromotors
1931 Umbau der Mühleneinrichtung mit neuen Müllereimaschinen
1971 Einstellung der Mehlmüllerei durch Sturmschäden
        Weiterführung der Futterschroterei
1990 Stilllegung des Mühlbetriebes

A Sieh dir die Stichpunkte an. Welche Wortart musst du hinzufügen, um daraus vollständige Sätze zu machen?

B Bilde aus den Stichpunkten vollständige Sätze.
Einige der fehlenden Wörter kannst du im Text finden, Lisa hat sie beim schnellen Schreiben in der Mühle zu Substantiven gemacht; z. B.:
Übergabe – darin steckt: *übergeben*.
Finde weitere Wörter in Lisas Stichpunkten, die du beim Sätzeformulieren gut verwenden kannst.
Beispiel: *1864 wurde eine hölzerne Holländerwindmühle gebaut*.
Du kannst natürlich auch weitere Wörter hinzufügen. Beispiel:
1864 wurde mit dem Bau einer hölzernen Holländerwindmühle begonnen.

C Unterstreiche alle Verbformen, die du gebildet oder hinzugefügt hast.
In welcher Tempusform hast du sie jeweils verwendet? Begründe, warum du diese Tempusformen gewählt hast.

D Verbinde die Sätze zu einem zusammenhängenden Text. Nutze dazu entsprechende Pronomen und Konjunktionen (↗ Kapitel 5, S. 81–86).
Beispiel: *1889 wurde eine massive Holländermühle errichtet. Dazu benötigte man 100 Pferdefuhren Bruchstein. Diese kosteten …*

3. Station: Geschichten von der Zukunft erzählen

1

Martin findet beim Herumstöbern in der Schulbibliothek ein Buch, in dem eine Seite durch ein Eselsohr geknickt ist. Dort beginnt eine Geschichte mit der Überschrift: Harald auf dem falschen Gleis. „Wie langweilig. Was soll da schon passieren?", denkt er. Auf einmal fällt ihm die Jahreszahl 2010 auf. Die Geschichte beginnt so:

Eigentlich hätte das alles gar nicht passieren können, weil alle Schulkinder laut Erlass des Kultusministers vom 1. April 2010 ein satellitengesteuertes Funkleitsystem zu tragen hatten.

A | Lies die Überschrift sowie den Anfang der Geschichte mehrmals und notiere beides auf einem Blatt Papier.

B | Was wird deiner Vorstellung nach geschehen? Schreibe deine Gedanken dazu und zeichne passende Bilder. Fertige daraus eine Bildgeschichte an.

2

RUDOLF HERFURTNER

Harald auf dem falschen Gleis

Eigentlich hätte das alles gar nicht passieren können, weil alle Schulkinder laut Erlass des Kultusministers vom 1. April 2010 ein satellitengesteuertes Funkleitsystem zu tragen hatten. Das war in die Armbanduhr eingebaut und fing sofort an zu piepsen, wenn ein Kind mal den
5   falschen Weg zur Schule nahm.
Das Funkleitsystem wusste genau, wo Harald werktags um halb acht zu sein hatte. Es piepste auch, als Harald in den falschen Zug einstieg. Aber er hörte es nicht, weil er seine Uhr nicht anhatte. Er hatte am Morgen sein Geodreieck aus dem Goldfischglas fischen müssen, das da irgend-
10 wie reingefallen war. Und dazu hatte er die Uhr abgemacht.
Sie lag zwischen seinen alten Socken und das war der falsche Platz werktags um halb acht. Die Uhr piepste und konnte ihm doch nicht helfen.
Er hätte natürlich auch so merken können, dass er in den falschen Zug
15 einstieg. Der Zug, der ihn jeden Tag von Gleis 7 in Bitzbach aus zur Schule nach Butzbach brachte, war alt und grau und verbeult. Dieser Zug hier war aus blitzendem Stahl und hatte ein Dach aus Glas. Das hätte Harald merken müssen. Aber Harald war ein Leser. Ein wirklicher Leser. Immer und überall hatte er ein Buch vor der Nase und sah

| Sprechen, Schreiben, Zuhören | Umgang mit Texten | Nachdenken über Sprache |

Geschichten weitererzählen, schriftlich erzählen

20 und hörte dann nichts mehr um sich herum. Sogar beim Gehen. Und darum hörte er auch die Lautsprecherdurchsage nicht: „Der Nahverkehrszug von Bitzbach nach Butzbach fährt heute ausnahmsweise am Gleis 8 ab."
Harald las sein Buch und verließ sich auf seine Beine. Seine Beine gingen
25 von selber zu Gleis 7, stiegen in den Waggon und suchten seinen Platz. Erst als Harald sich setzte, merkte er, dass etwas nicht in Ordnung war. Er saß nicht auf einer der vertrauten, abgewetzten Polsterbänke, sondern in einem Rennfahrersitz. Ihm gegenüber saßen zwei Typen aus Plastik. Aus ihrer Brust hingen lauter Drähte heraus. Dann ertönte ein
30 Pfeifen, und ein Sicherheitsbügel wie bei der Achterbahn schloss sich um Haralds Bauch. Und dann fuhr der Zug los.
Es wurde eine Fahrt, die Harald so schnell nicht vergessen sollte …

A Lies die Geschichte. Notiere dir Stichpunkte zum Handlungsverlauf, z. B.:
Es ist der 1. April 2010, morgens um halb acht, Harald steigt in einen Zug, …

B Gibt es Textstellen, die dich überrascht haben? Schreibe sie auf.

C Notiere dir Wörter und Wortgruppen, die deiner Meinung nach zum Weiterlesen anregen.

D Erzähle die Geschichte weiter. Orientiere dich an folgender Checkliste:

Eine Geschichte weiterschreiben – eine Checkliste
– Überlege, in welcher **Zeit** und an welchem **Ort** die Geschichte spielt.
– Notiere, welche **Figuren** vorkommen. Was weißt du über sie?
– Schreibe (noch ungeordnet) deine **Ideen zur weiteren Handlung** auf: Was könnte geschehen, wie könnten die Hauptfigur und mögliche andere Beteiligte handeln?
– Notiere **Gedanken und Gefühle**, die die handelnden Personen beim Fortgang des Geschehens haben könnten.
– Überlege, welche **Sinneseindrücke** eine Rolle spielen könnten, z. B.: Geräusche, Gerüche, Berührungen, besondere Farben, so wird deine Geschichte anschaulicher.
– Ordne deine Ideen so, dass deine Geschichte einen **roten Faden** erhält.
– Überlege, in welcher **Zeitform** du die Geschichte weitererzählen solltest. Lies dazu noch einmal den Anfang und achte auf die Verbformen.
– Denke dir einen **Schluss** für die Geschichte aus.

Tipp zur Arbeit mit dem PC:
Gib den Text ein und markiere die von dir ausgewählten Textstellen entsprechend den Aufgaben A–C. Kopiere die Textstellen in ein neues Dokument, das dein „Stichwortzettel" wird.

| Freiarbeit | Fachübergreifendes | Büffel-Ecke |

3

Ein „Wortschatzkästchen" zum Erzählen

Für die eigene Schreibtätigkeit ist es günstig, interessante Wörter und Wendungen zu sammeln, auf die man zu jeder Zeit zurückgreifen kann.

! Tipp zur Arbeit mit dem PC: „Bastele" ein solches „Kästchen" mit dem PC: Lege einen Ordner „Wortschatzkästchen" an. Schreibe deine Wörter in zwei verschiedene Dokumente, die du beschriftest (siehe Aufgabe C). Speichere die Dokumente in dem Ordner „Wortschatzkästchen".

A Lies den Ausschnitt aus dem Buch *Harald auf dem falschen Gleis* aus Aufgabe 2, S. 285–286.

B Schreibe Wörter und interessante Wortgruppen aus dem Text einzeln auf farbiges Papier.
1. Grünes Papier: Wortgruppen, die mir gefallen, z. B.:

> *zwei Typen aus Plastik*   *seine Beine gingen von selber*
> *der Zug war aus blitzendem Stahl*

2. Rotes Papier: Wörter, die Wortgruppen und Sätze miteinander verknüpfen bzw. Sätze einleiten können, z. B.:

> *weil* *und* *wenn* *sodass* *erst* *danach* *drinnen*

C Richte in einer leeren Schachtel zunächst zwei Fächer für deine Wortschatzsammlung ein und beschrifte sie, z. B.: *interessante Wortgruppen und Redewendungen, Satzverknüpfungen und Satzanfänge*

D Übe nun für das Schreiben einer eigenen Geschichte. Verbinde zwei oder drei Wortgruppen aus dem grünen Fach mit Wörtern aus dem roten Fach zu vollständigen Sätzen, z. B.: *Der Zug war aus blitzendem Stahl und drinnen saßen zwei Typen aus Plastik.*

E Schreibe selbst eine Erzählung, die, ähnlich wie die Geschichte über Harald, eine Fahrt zur Schule im Jahre 2010 beinhaltet. Du kannst z. B. so beginnen: *Kurz bevor Anne ihre Schultasche griff, hörte sie folgende Nachricht im Radio …*
Verwende die Wörter aus deinem „Wortschatzkästchen".

F Lies das Buch *Harald auf dem falschen Gleis*. Vergleiche dein Arbeitsergebnis (Aufgabe E) mit dem Buch. Was erlebt Harald, was deine Figur?

G Ergänze dein „Wortschatzkästchen" mit Wörtern, die dir beim Schreiben eingefallen oder beim Lesen des Buches aufgefallen sind.

Sprechen, Schreiben, Zuhören — Umgang mit Texten — Nachdenken über Sprache

Kreativ schreiben

4. Station: Die Welt von morgen braucht unsere Fantasie und unsere Kreativität

1 Eine Fantasiereise unternehmen

Such dir einen Platz in diesem Raum, leg dich auf den Boden und mach es dir bequem. Atme ein paar Mal kräftig ein und aus, dann lass deinen Atem ruhiger werden. Wenn du ganz bequem liegst, schließ deine Augen – du hörst meine Stimme – andere Geräusche von draußen, Kin-
5 derstimmen, Vogelgezwitscher.
Und während du mit geschlossenen Augen daliegst, stehst du jetzt in deiner Fantasie auf – du gehst in deinen Gedanken hinaus aus diesem Zimmer, auf die Treppe hinaus, raus aus dem Haus in den Garten – du triffst auf einen Weg, den du entlanggehst.
10 Plötzlich entdeckst du ein Tor – du gehst auf dieses Tor zu – nun stehst du vor dem Tor – schau es dir genau an: Ist es aus Holz oder aus Eisen? Welche Farbe hat es? Wie kannst du es öffnen? – Und während du so dastehst, weißt du plötzlich, dass hinter dem Tor die Zeit eine andere ist. 50 Jahre sind dort schon vergangen, und es hat sich alles so verän-
15 dert, wie du es dir als junger Mensch gewünscht hast.
Öffne nun das Tor und geh hinein in diese Welt – schau dich da nun einfach um: Vielleicht bist du in einer Stadt oder auf dem Land? Vielleicht begegnest du Menschen oder vielleicht auch nicht? Wie sieht es dort aus? Welche Geräusche hörst du? Was riechst du? Wie fühlt es
20 sich an? – Ich lass dir jetzt ein wenig Zeit, dich umzuschauen in dieser Welt. (ca. 2 Minuten Stille)
Denk nun allmählich wieder ans Zurückkehren, aber lass dir Zeit – geh zum Tor zurück, schau dich noch einmal um – dann geh durch das Tor hindurch und schließ es fest hinter dir zu – dann geh den Weg, den du
25 gekommen bist, wieder zurück, in dieses Zimmer, und wenn du wieder hier angekommen bist, öffne die Augen, streck dich und atme kräftig durch.
Wie geht es dir jetzt? Was hast du alles gesehen und erlebt?

A Lies den Text mehrmals ruhig und betont und sprich ihn auf Kassette.

B Begib dich in die beschriebene Position, höre dir die Aufnahme an und folge de[n] Anweisungen.

C Schreibe auf, wie es dir auf deiner Fantasiereise in die Zukunft ergangen ist un[d] was du erlebt hast.

Freiarbeit | Fachübergreifendes | Büffel-Ecke

2

Urlaub auf dem Mond? – Einen Reisewunschzettel schreiben

Martin und Max erleben folgende Situation: Die Sommerferien stehen vor der Tür. Alle Mädchen und Jungen der 6 b träumen schon seit Wochen von Abenteuern. In einer Deutschstunde lassen sie ihren Fantasien freien Lauf. Martin ruft: „Habt ihr schon gehört? Es gibt jetzt schon Urlaubsreisen zum Mond."
„Ja, ja, die Farbe des Raumschiffs kann man sich auch aussuchen", winkt Max ab. Max denkt dabei an eine Geschichte, die er kürzlich in seinem Lesebuch entdeckt hatte. Er liest vor:

Salah Naoura

Die fliegende Orange

Ich bin so enttäuscht.
Wir fahren schon wieder zur Krabbeninsel, wie jedes Jahr. Nichts ist so öde wie Ferien auf der Krabbeninsel. Es gibt keine Palmen, keine Orangenbäume, keine Fleisch fressenden Pflanzen, keine Haie, Schlangen und
5 Tiger. Es gibt nur Krabben – morgens zum Frühstück und abends zum Abendbrot. Und ich hasse Krabben, denn es sieht so aus, als hätte man Würmer auf dem Teller. Ich will auch nicht mit der Fähre in den Urlaub fahren. Ich will fliegen. Übers Meer. Neben mir Wattewolken und unter mir Glitzerwellen. Das habe ich mir zum Geburtstag gewünscht. Ich
10 habe auf meinen Wunschzettel geschrieben:

A Lies diesen Text mehrmals und notiere die Gründe für die Enttäuschung des Ich-Erzählers.

B Schreibe einen Wunschzettel aus der Sicht des Erzählers.
Wähle selbstständig eine geeignete Form, z. B.: *Erzähltext, Gedicht, Comic, Notizzettel.*
Nutze die Wörter *fliegen, Wattewolke* und *Glitzerwelle* aus dem Text als Anregung, z. B.:

– *fliegen: Am Strand liegen, in den Himmel schauen und die Gedanken weit in die Zukunft fliegen lassen …*

– *Wattewolke: Ich möchte im Urlaub eine Kissenschlacht mit der ganzen Familie machen …*

– *Glitzerwelle: Am Meer will ich mit meinem Bruder auf riesigen Wellen reiten …*

| Sprechen, Schreiben, Zuhören | Umgang mit Texten | Nachdenken über Sprache |

**Stimmungen ausdrücken,
Parallelgedichte schreiben**

C In der Geschichte „Die fliegende Orange" wird der folgende Wunschzettel ausgefüllt. Wie gefällt dir dieser Wunschzettel? Welche Form wurde gewählt?

Ich will in den Ferien nicht schon wieder zur Krabbeninsel, die kenne ich auswendig. Ich will endlich mal fliegen, mit einem richtigen Flugzeug. Am liebsten in ein heißes Land, wo einem nicht die Zähne klappern, wenn man aus dem Meer kommt. Das wünsche ich mir zum Geburtstag.

3 Gedanken und Gefühle aus Vergangenheit und Zukunft

JOSEPH VON EICHENDORFF

Der Morgen

Fliegt der erste Morgenstrahl
Durch das stille Nebeltal,
Rauscht erwachend Wald und Hügel:
Wer da fliegen kann, nimmt Flügel!

Und sein Hütlein in die Luft
Wirft der Mensch vor Lust und ruft:
„Hat Gesang doch auch noch Schwingen,
Nun, so will ich fröhlich singen!"

Hinaus, o Mensch, weit in die Welt,
Bangt dir das Herz in krankem Mut;
Nichts ist so trüb in Nacht gestellt,
Der Morgen leicht macht's wieder gut.

A Lies dieses Gedicht aus dem 19. Jahrhundert. Kläre Wörter und Wortgruppen, die du vielleicht nicht kennst, aus dem Zusammenhang.

B Beschreibe die Stimmung, die im Gedicht am Morgen und bei Nacht empfunden wird.

C Wir leben zu Beginn des 21. Jahrhunderts. Entwirf ein Parallelgedicht, das deine Gedanken zum Thema „Morgen" ausdrückt. Beginne z. B. so:
*Fliegt der erste Morgenstrahl
in mein Kinderzimmer …*

| Freiarbeit | Fachübergreifendes | Büffel-Ecke |

D Wie könnte ein solches Gedicht zum Ende des 21. Jahrhunderts klingen? Versuche es. Beginne z. B. so:
*Schrillt der erste Morgenton
in unsrer neuen Mondstation …*

E Lege alle 3 Versionen nebeneinander. Welche Gemeinsamkeiten und welche Unterschiede kannst du feststellen?

„Mutproben" jetzt und später mal – eine Situation nachempfinden

SHEL SILVERSTEIN

Auf dem Sprungbrett

Du stehst auf dem 5-Meter-Brett,
Und alles ist soweit ganz nett.
Das Sprungbrett ist auch nicht zu glatt,
Sodass man einen Halt drauf hat,
5 Und was ist, wenn das Sprungbrett bricht?
Nein, es hält spielend dein Gewicht.
Das Sprungbrett federt gerade richtig.
Die Hose sitzt; auch das ist wichtig.
Nur was das Sprungbrett echt nicht bringt,
10 Ist, dass man auch mal runterspringt.

A Lies das Gedicht. Stelle dir die Situation vor. Welche Gedanken und Gefühle hast du beim Lesen der beiden letzten Verse? Benenne sie.

B Wie könnte ein Sprungbrett der Zukunft aussehen, das alle Angst vor dem Springen nimmt? Notiere deine Ideen, z. B.: *eingebauter Mutwasserautomat, Lachautomatik, …*
Füge entsprechende Verszeilen hinzu, z. B.:
Doch irgendwann, ihr werdet sehn …

C Vertone das Gedicht (z. B. als Rap) und trage es vor.

D Finde eigene Erlebnisse, die dieses Gedicht in dir wachrufen, z. B.:
– *vor dem Zusammentreffen mit einer neuen Klasse*
– *vor einem Wettkampf*
– *…*
Verfasse ein Gedicht, orientiere dich dabei an der Form des Gedichts
Auf dem Sprungbrett.

Auswertung der Freiarbeit

A Kontrolliere in deinem persönlichen Freiarbeitsplan (siehe S. 277), ob du die von dir ausgewählten Aufgaben gelöst hast. Schätze deine Arbeitsweise und die Ergebnisse selbst ein: Was ist dir schon gut gelungen, womit bist du nicht so gut zurechtgekommen?

B Wähle einen von dir verfassten Text aus, der dir am gelungensten erscheint und den du der Klasse vorstellen möchtest.

C Schätzt eure Texte (in Partnerarbeit) gegenseitig ein und gebt euch Tipps zum Überarbeiten. Achtet auf folgende Punkte:
– Beim **Beschreiben**: Ist der ausgewählte Gegenstand umfassend und genau beschrieben, wurden entsprechende Fachwörter verwendet? Sind die Schritte eines Vorgangs/Experiments in der richtigen Reihenfolge notiert?
– Beim **Berichten**: Wurden die Informationen aus den Sachtexten, Interviews oder von einer Exkursion sachlich und knapp zusammengefasst? Gibt der Bericht Antworten auf die W-Fragen? Wurden Zeitformen der Vergangenheit gewählt?
– Beim **Erzählen**: Wie wurden die Punkte aus der Checkliste von S. 286 berücksichtigt?
– Beim **kreativen Schreiben**: Enthält der Text originelle Ideen zum Thema? Wurde eine geeignete Form gefunden bzw. wurden die Vorgaben berücksichtigt?
Für alle Texte gilt: Wurden interessante Wörter und Wortgruppen verwendet, Wortwiederholungen vermieden, die Sätze richtig verknüpft? Wurden die Regeln der Rechtschreibung beachtet?

D Fertige eine überarbeitete Reinschrift des von dir ausgewählten Textes an. Du kannst den Text natürlich am Computer schreiben und gestalten.

E Überlegt gemeinsam, wie ihr eure Texte über die Welt von morgen weiter nutzen könnt, z. B.:
– gelungene Texte vorlesen,
– Mappen für die einzelnen Stationen anlegen und die Texte darin sammeln,
– eine Wandzeitung über die Welt von morgen gestalten.

F Besprecht zum Abschluss, wie euch das Thema und die Aufgabenstellungen in den einzelnen Stationen gefallen haben.

Anhang

Mini-Lexikon

Ableitung *(lat. dērīvātiō – Ableitung)* Möglichkeit der Wortbildung. Abgeleitete Wörter entstehen durch ↗ Vorsilben *(versuchen, einüben)* oder ↗ Nachsilben *(Übung, Heiterkeit)*, die einem ↗ Wortstamm hinzugefügt werden.
↗ Zehntes Kapitel, S. 148–149, 152

Adjektiv *(lat. adiectīvum – das Hinzugefügte)* Eigenschaftswort. Wird als nähere Bestimmung eines ↗ Substantivs mit diesem zusammen gebeugt (dekliniert) *(das neue Kleid, des neuen Kleides …)*. Steht es bei einem ↗ Verb *(Er kann schnell laufen.)*, dann wird es nicht gebeugt, sondern in der Grundform verwendet. Adjektive sind meist steigerbar (komparierbar). Die Steigerungsstufen lauten: Positiv (Grundstufe, z. B.: *groß*) Komparativ (Steigerungs-/Vergleichsstufe, z. B.: *größer*), Superlativ (Meiststufe, z. B.: *am größten*).
↗ Zweites Kapitel, S. 42–43
↗ Drittes Kapitel, S. 55
↗ Fünftes Kapitel, S. 80
↗ Siebentes Kapitel, S. 111
↗ Zehntes Kapitel, S. 155
↗ Sechzehntes Kapitel, S. 222–223, 225
↗ Siebzehntes Kapitel, S. 236–237

Adverbiale *auch Adverbialbestimmung bzw. Umstandsbestimmung* ↗ Satzglied, das angibt, unter welchen Umständen etwas geschieht oder jemand etwas tut. Es gibt die Temporalbestimmung (Angabe der Zeit, Fragen: Wann? Seit wann? Wie lange?), Lokalbestimmung (Angabe des Ortes, Fragen: Wo? Wohin? Woher?), Modalbestimmung (Angabe der Art und Weise, Fragen: Wie? Woraus? Womit?), Kausalbestimmung (Angabe des Grunds, Fragen: Warum? Wozu?).
↗ Zwölftes Kapitel, S. 176–177
↗ Vierzehntes Kapitel, S. 206–207
↗ Sechzehntes Kapitel, S. 223

Akkusativ *(lat. accūsātum – Angeklagtes)* Einer der vier ↗ Kasus (Fälle) des Deutschen. 4. Fall/Wen-oder-Was-Fall *(Er lobt ihn. Wen lobt er? Ihn. Sie nimmt den Stift. Was nimmt sie?)*.
↗ Fünftes Kapitel, S. 79, 87
↗ Zwölftes Kapitel, S. 177
↗ Vierzehntes Kapitel, S. 205

Akrostichon *(griech. ákron – Spitze; stichos – Vers)* Aus den Anfangsbuchstaben von aufeinander folgenden ↗ Versen oder ↗ Strophen werden senkrecht lesbare Wörter, Namen oder Sätze gebildet.
↗ Sechzehntes Kapitel, S. 234

Aktiv *(lat. āktīvus – tätig, wirksam)* Tatform des ↗ Verbs. Drückt im Unterschied zum ↗ Passiv aus, wer eine Tätigkeit ausführt *(Peter liest.)*.
↗ Drittes Kapitel, S. 49–50
↗ Vierzehntes Kapitel, S. 201–202

Argument *(lat. argūmentum – Darstellung, Beweis)* Dient zur Begründung einer Meinung oder Behauptung. Argumente können sein: Beispiele, Zitate, Aussagen von Fachleuten.
↗ Siebentes Kapitel, S. 106–107, 112

Artikel *(lat. articulus – Gelenk, Glied)* Deklinierbarer (beugbarer) Begleiter des ↗ Substantivs, kennzeichnet dessen grammatisches Geschlecht (männlich, weiblich oder sächlich) sowie dessen grammatische Zahl im Singular (Einzahl) oder Plural (Mehrzahl). Es gibt bestimmte Artikel *(der, die, das)* und unbestimmte Artikel *(ein, eine)*.
↗ Fünftes Kapitel, S. 78–79
↗ Zehntes Kapitel, S. 153–155

Attribut *(lat. attribuere – zuteilen, zuweisen)* Beifügung. Teil eines ↗ Satzglieds, der nicht selbstständig vorkommt. Attribute stehen vor oder hinter ihren Bezugswörtern. Als Attribute dienen z. B. ↗ Adjektive *(neue Filme)* oder ↗ Partizipien *(ein gesungenes Lied)*.
↗ Sechzehntes Kapitel, S. 223
↗ Siebzehntes Kapitel, S. 237
↗ Achtzehntes Kapitel, S. 264

Autor, Autorin *(lat. au(c)tor – Urheber, Verfasser)* Verfasser von Texten; Verfasser von literarischen Werken bezeichnet man auch als Schriftsteller, Lyriker oder Dramatiker.
↗ Erstes Kapitel, S. 21
↗ Viertes Kapitel, S. 65
↗ Achtes Kapitel, S. 114–128
↗ Sechzehntes Kapitel, S. 219, 220, 226

Bericht Text, in dessen Mittelpunkt die knapp und sachlich formulierte, genaue Abfolge eines Geschehens (z. B. *Unfall, Vorfall, [festliches] Ereignis*) steht. Berichtet wird im ↗ Präteritum (schriftlich) oder Perfekt (mündlich). Durch den Bericht sollten folgende W-Fragen beantwortet werden: Was geschah? Wann? Wo? Wer war beteiligt? Welchen Grund gab es für das Ereignis? Wie geschah es genau?
↗ Fünfzehntes Kapitel, S. 209–216
↗ Zwanzigstes Kapitel, S. 281–283

Beschreibung Sachliche, von persönlichen Wertungen möglichst freigehaltene Darstellung eines Lebewesens, einer Sache, eines Weges oder Vorgangs.
↗ Drittes Kapitel, S. 48–56
↗ Zwölftes Kapitel, S. 176–180
↗ Zwanzigstes Kapitel, S. 278–280

Beugung ↗ Deklination ↗ Komparation ↗ Konjugation

Comic *(engl. Kurzform für Comicstrip – komischer Bildstreifen)* Schwarz-weiß oder farbig gezeichnete Bildergeschichten in Fortsetzungen bzw. Serien. Was die oft an typischen Merkmalen zu erkennenden Figuren sagen oder denken, wird in Sprechblasen ausgedrückt. ↗ Ausdrucks- bzw. Ausrufwörter (Interjektionen) wie *uff, röchel, zack* und Bewegungsstriche veranschaulichen das Geschehen. Der japanische Manga wird im Buch von hinten nach vorn und je Seite von rechts oben nach links gelesen.
↗ Neuntes Kapitel, S. 129–144

Dativ *(lat. datum – Gegebenes)* Einer der vier ↗ Kasus (Fälle) des Deutschen. 3. Fall/Wem-Fall *(Ich danke dem Freund. Wem danke ich?)*.
↗ Fünftes Kapitel, S. 79, 87
↗ Zwölftes Kapitel, S. 177
↗ Vierzehntes Kapitel, S. 205

293

Anhang

Deklination (*lat. declīnatiō – Biegung, Formveränderung*) Spezielle Art der Beugung. ↗ Substantive (Nomen), ↗ Adjektive, ↗ Pronomen und ↗ Artikel werden im Satz dekliniert, d. h., in einen bestimmten ↗ Fall/Kasus und eine grammatische Zahl im Singular (Einzahl) oder Plural (Mehrzahl) gesetzt. (*Das schöne Haus, des schönen Hauses, die schönen Häuser*)
↗ Fünftes Kapitel, S. 79, 82, 84, 87–88
↗ Zwölftes Kapitel, S. 176–177

Demonstrativpronomen ↗ Pronomen

Dialog (*griech. diálogos – Wechselrede, Zwiegespräch*) Unterredung zwischen zwei oder mehreren Personen. Vor allem Theaterstücke, ↗ Hörspiele und Filme bauen auf Dialogen auf.
↗ Erstes Kapitel, S. 20
↗ Fünftes Kapitel, S. 83
↗ Achtes Kapitel, S. 121
↗ Dreizehntes Kapitel, S. 182–187, 189–190

Direkte Rede ↗ Wörtliche Rede

Eigenschaftswort ↗ Adjektiv

Einfacher Satz Besteht aus einem ↗ Subjekt und einem ↗ Prädikat.

Einstellungsgrößen Beim ↗ Film Bezeichnung für den Abstand einer ↗ Figur, eines Gegenstandes, eines Ortes zur Kamera, z. B.: Groß, Nah, Halbnah, Weit.
↗ Achtes Kapitel, S. 119–125

Epos ↗ Heldensagen

Erbwörter Wörter im deutschen Wortschatz, die bereits mehr als 5000 Jahre alt sind und in der ↗ germanischen Sprache ihren Ursprung haben, z. B.: *Berg, Land, Sonne, Tag, Sohn, Tür.*
↗ Sechstes Kapitel, S. 90–92, 96

Erzähler Erdachte Gestalt in Romanen und Erzählungen; nicht zu verwechseln mit dem ↗ Autor. Kann das Geschehen z. B. aus dem Blickwinkel eines Beobachters, eines Er-/Sie-Erzählers, darstellen oder aus dem Blickwinkel eines Beteiligten, eines Ich-Erzählers.
↗ Zweites Kapitel, S. 36–39
↗ Viertes Kapitel, S. 67–68

Fabel (*lat. fābula – Erzählung*) Auch: Stellvertretergeschichte. In einer Fabel handeln und sprechen Tiere und manchmal Pflanzen anstelle von Menschen. Oft ist zum Schluss eine Lehre formuliert. Fabeln können als kurze Erzählung oder in ↗ Versen geschrieben sein.
↗ Sechzehntes Kapitel, S. 217–232

Fachwörter Wörter oder Wortgruppen eines Sachbereichs (z. B. Sport, Medizin, Wissenschaft), die oft aus einer anderen Sprache ↗ Fremdwort kommen, z. B. *Computer, surfen.*
↗ Zweites Kapitel, S. 35
↗ Sechstes Kapitel, S. 95
↗ Zwanzigstes Kapitel, S. 280

Fall ↗ Kasus

Figur (*lat. figūra – Gestalt, Wuchs*) Person in einem literarischen Text, Theaterstück, Hörspiel, Film, Comic. Träger der Handlung, unterscheidet sich von anderen Figuren durch äußere (Alter, Aussehen, Beruf, Sprache, Handlungsweise) und innere (Denken, Fühlen, Wünsche, Handlungsabsichten) Merkmale. Die Figuren eines Erzähltextes, Stückes, Films bilden zusammen das Figurenensemble.
↗ Erstes Kapitel, S. 16–20
↗ Zweites Kapitel, S. 38
↗ Drittes Kapitel, S. 54–56
↗ Viertes Kapitel, S. 64
↗ Siebentes Kapitel, S. 98–102
↗ Achtes Kapitel, S. 119–122
↗ Neuntes Kapitel, S. 139, 142
↗ Dreizehntes Kapitel, S. 189–190
↗ Achtzehntes Kapitel, S. 255–259

Film Mit der Filmkamera aufgenommene Abfolge von bewegten Bildern (in verschiedenen ↗ Einstellungsgrößen und ↗ Sequenzen), Szenen, Handlungsabläufen, die zur Vorführung im Kino oder Fernsehen bestimmt ist. Film als Kunstform vereinigt viele Künste: die Kunst des Erzählens, des Schauspiels, der Malerei und Musik, des Tanzes sowie die Baukunst. Film entsteht im Team, dazu gehören: Drehbuchautoren, Schauspieler, Regisseure, Kameraleute, Ton- und Lichttechniker, Cutter (Schnittmeister) und viele mehr.
↗ Achtes Kapitel, S. 119–125

Fremdwörter Wörter oder Wortgruppen nicht deutscher Herkunft, die im Unterschied zu ↗ Lehnwörtern ihre ursprüngliche Aussprache, Schreibung und grammatische Form weitgehend beibehalten, z. B.: *Baguette, Fan, Pizza.*
↗ Sechstes Kapitel, S. 94–96

Gedicht Sprachliches Kunstwerk in ↗ Versen, ↗ Reimen oder in besonderem ↗ Rhythmus. Dazu zählen auch Gedichte zum Anschauen (konkrete Poesie) bzw. Lautgedichte, in denen es vorrangig um den Klang von Buchstabenfolgen, Lauten und Wörtern geht.
↗ Achtes Kapitel, S. 116–117
↗ Sechzehntes Kapitel, S. 221
↗ Siebzehntes Kapitel, S. 234–248
↗ Zwanzigstes Kapitel, S. 290–291

Genitiv (*lat. genetīvus – angeboren, von Geburt her*) Einer der vier ↗ Kasus (Fälle) des Deutschen. 2. Fall/ Wes-Fall (*Er bediente sich eines Zauberstabes. Wessen bediente er sich?*).
↗ Fünftes Kapitel, S. 79, 87

Genus (*lat. genus – Geschlecht*) Grammatisches Geschlecht des ↗ Substantivs. Im Deutschen gibt es drei Formen, die man am bestimmten ↗ Artikel eindeutig erkennen kann: männlich (*der Baum*), weiblich (*die Blume*), sächlich (*das Haus*).
↗ Fünftes Kapitel, S. 79

Germanisch Bezeichnung für eine Sprache bzw. Sprachgruppe, aus der sich vor etwa 1500 Jahren nach und nach Einzelsprachen entwickelten. Zum Germanischen zählen die deutsche, englische, niederländische, schwedische, dänische und norwegische Sprache.
↗ Sechstes Kapitel, S. 92

Geschlecht, grammatisches ↗ Genus

Gestik ↗ Körpersprache

Haiku Alte japanische Gedichtform, die aus drei ↗ Versen und insgesamt siebzehn Silben (5:7:5) besteht.
↗ Siebzehntes Kapitel, S. 245

Hauptsatz Unabhängiger, selbstständiger, grammatisch vollständiger Satz. (*Das Buch ist spannend.*) Unterschieden werden Aussage-, Aufforderungs- und Fragesätze. ↔ Nebensatz
↗ Viertes Kapitel, S. 71–73
↗ Fünftes Kapitel, S. 86

Heldensage Zunächst mündlich überlieferte Texte, die später niedergeschrieben wurden. Das Fachwort dafür lautet Epos. Inhalt sind die Taten und Kämpfe von Helden und Göttern. Heldensagen haben meist wirkliche Personen, Ereignisse und Orte zum Hintergrund.
↗ Elftes Kapitel, S. 157–172

Hörspiel Eine, den technischen Mitteln des Hörfunks angepasste Form des szenischen Spiels, die sich über das Hören (gesprochenes Wort, Musik, Geräusch) erschließt. Es wird direkt für den Hörfunk verfasst oder entsteht als Bearbeitung literarischer Vorlagen.
↗ Dreizehntes Kapitel, S. 182–196

Imperativ (*von lat. imperāre – herrschen, befehlen*) Aufforderungs- bzw. Befehlsform des ↗ Verbs. (*Komm! Kommt! Kommen Sie!*)
↗ Drittes Kapitel, S. 59

Indirekte Rede ↗ Nichtwörtliche Rede

Interjektion (*lat. interiectiō – Einwurf, Zwischenruf*) Ausrufewort, mit dem eine Empfindung ausgedrückt (*au! oh! verflixt!*), ein Hinweis gegeben (*hallo! heda! hopp!*) oder ein Laut nachgeahmt (*schwupps! ratsch!*) wird.
↗ Zweites Kapitel, S. 41
↗ Neuntes Kapitel, S. 131, 144

Internet (*lat. inter – zwischen; engl. net – Netz*) Weltweites Computernetzwerk bzw. größtes internationales Datennetz, das eine Vielzahl von Rechnern miteinander verbindet. Diese Verbindung kann z. B. mittels Telefonkabel und Glasfaserleitung, aber auch durch Satellit und Funk hergestellt werden.
In der Anwendung kann man schnell Informationen suchen, weitergeben oder empfangen.

Interview (*engl. Unterredung*) Besondere Form des Gesprächs. Befragung von Personen. Oftmals für die Öffentlichkeit bestimmt, wofür es schriftlich, auf Kassette oder auf Video festgehalten wird.
↗ Erstes Kapitel, S. 21
↗ Dreizehntes Kapitel, S. 191
↗ Achtzehntes Kapitel, S. 250–251
↗ Zwanzigstes Kapitel, S. 282

Kameraperspektive Sicht, aus der eine Person oder ein Geschehen mithilfe der Kamera betrachtet bzw. aufgenommen wird. Unterschieden werden: Normalsicht (Aufnahme in Augenhöhe), Aufsicht (Vogelperspektive) und Untersicht (Froschperspektive).
↗ Achtes Kapitel, S. 125

Kasus (*lat. cāsus – Fall, Sturz, [Wort-]Ausgang*) Grammatische Form bei der ↗ Deklination (Beugung). Im Deutschen gibt es vier Kasus (Fälle): ↗ Nominativ, ↗ Genitiv, ↗ Dativ, ↗ Akkusativ. Sie kennzeichnen Beziehungen zwischen Wörtern im Satz.
↗ Fünftes Kapitel, S. 79

Klappentext Knappe Informationen zu Inhalt, Thema, Figuren und Autorin bzw. Autor eines Buches. Meist sind sie hinten auf dem Einband oder im Innenteil des Schutzumschlags zu finden.
↗ Erstes Kapitel, S. 22
↗ Achtzehntes Kapitel, S. 252–253

Konjugation (*lat. coniugātiō – Verknüpfung*) Beugung des ↗ Verbs. Gebeugte Verben unterscheiden sich u. a. nach Person (*ich, du, er, sie, es, wir, ihr, sie*), Zahl (↗ Singular, ↗ Plural) und Zeitform (↗ Tempus: Gegenwärtiges, Vergangenes, Zukünftiges).
↗ Vierzehntes Kapitel, S. 197, 199–200

Konjunktion (*lat. coniūnctiō – Verbindung*) Binde- bzw. Fügewort. Zu unterscheiden sind nebenordnende Konjunktionen, die gleichrangig Wörter, Wortgruppen oder Teilsätze miteinander verbinden (*Peter und Karin sind hier*), und unterordnende Konjunktionen, die einen ↗ Haupt- und ↗ Nebensatz verbinden (*Ich hoffe, dass du mich bald besuchst.*).
↗ Viertes Kapitel, S. 71–73
↗ Fünftes Kapitel, S. 85–86
↗ Achtzehntes Kapitel, S. 261

Körpersprache Mitteilungsart, bei der im Unterschied zur gesprochenen Sprache keine Wörter benutzt werden; oft unbewusst. Zur Körpersprache zählen Mimik (Gesichtsausdruck), Gestik (Bewegung des Kopfes, der Arme, Hände), Körperhaltung (z. B. *die Art zu sitzen oder zu stehen*) und die äußere Erscheinung (z. B. *Art der Kleidung, Frisur*).

Lehnwörter Aus anderen Sprachen übernommene Wörter, die sich im Unterschied zu ↗ Fremdwörtern in Aussprache, Schreibung und grammatischer Form dem Deutschen angepasst haben, z. B.: *Mauer* von lat. *murus*
↗ Sechstes Kapitel, S. 59, 93, 96

Limerick Aus England stammende Gedichtform. Es besteht aus fünf Zeilen, wobei am Ende der ersten ein Ort genannt wird. Das Reimschema lautet: aabba, wobei die a-Zeilen je drei und die b-Zeilen je zwei Betonungen aufweisen.
↗ Siebzehntes Kapitel, S. 245–246

Literatur (*lat. litterātūra – Buchstabenschrift, Schrifttum*) Sammelbezeichnung für alle geschriebenen Texte. Meist versteht man darunter die sog. künstlerische oder belletristische Literatur, also ↗ Romane, Erzählungen, ↗ Gedichte, Theaterstücke u. a..

Märchen (*von mhd. mære – Bericht, Kunde*) Sehr alte, mündlich überlieferte Erzählform, die bei allen Völkern verbreitet ist. Seit etwa 200 Jahren werden sie gesammelt und auch gedruckt. Merkmale: Ort und Zeit der Handlung sind nicht genau bestimmt, die ↗ Figuren sind

Anhang

auf Gegensätze beschränkt *(gut/böse, arm/reich, klug/dumm)*; häufig müssen Rätsel gelöst, Aufgaben bestanden werden; Gegenstände erhalten Zauberkraft, Tiere, Menschen werden verwandelt; Zahlen spielen eine wichtige Rolle *(drei Wünsche, sieben Raben)*, am Ende siegt das Gute; Anfang und Ende ähneln sich oft *(Es war einmal … Und wenn sie nicht gestorben sind …).*

Manuskript *(lat. manū scrīptus – von Hand geschrieben)* Jede Art der Druckvorlage. Das kann ein handschriftlicher oder mit Schreibmaschine oder Computer geschriebener Text sein, der dann zur Veröffentlichung aufbereitet wird.
↗ Zweites Kapitel, S. 30
↗ Dreizehntes Kapitel, S. 182–187

Mimik ↗ Körpersprache

Mind-Map *(engl. Gedanken-Landkarte)* Eine anschauliche Anordnung von Gedanken und Ideen zu einem Thema. Um einen zentralen Begriff oder Hauptgedanken werden weitere Ideen und Gedanken sortiert und je nach Zusammenhang durch Linien miteinander verbunden. Eine Mind-Map hilft, einen Überblick über ein Thema zu gewinnen und Arbeitsschritte zu planen.
↗ Achtes Kapitel, S. 127

Moderator, Moderatorin *(lat. für Lenker, Leiter)* Person, die z. B. durch eine Rundfunk- oder TV-Sendung führt und Programmpunkte ankündigt.
↗ Zweites Kapitel, S. 30, 34

Nachsilbe ↗ Suffix

Nebensatz Teilsatz, der von einem übergeordneten Satz abhängig ist und diesen näher erläutert. Nebensätze beginnen meist mit einem Einleitewort und enden mit dem gebeugten (finiten) ↗ Verb. *(Das Buch, das ich mir gestern kaufte, ist spannend.)* ↔ Hauptsatz
↗ Viertes Kapitel, S. 71–73
↗ Fünftes Kapitel, S. 86

Nichtwörtliche Rede Wiedergabe einer schriftlichen oder mündlichen Aussage, ohne diese wörtlich zu wiederholen. *(Er sagte, dass heute ein toller Film in die Kinos kommen soll.)*
↗ Wörtliche Rede

Nomen ↗ Substantiv

Nominativ *(lat. [cāsus] nōminātīvus, zu lat. nōmināre – [be]nennen, bezeichnen)* Einer der vier ↗ Kasus (Fälle) des Deutschen. 1. Fall/Wer-oder-Was-Fall *(Er kommt. Wer kommt? Das Rad rollt. Was rollt?).*
↗ Fünftes Kapitel, S. 79

Objekt *(lat. obicere – entgegenwerfen)* ↗ Satzglied, das das ↗ Prädikat ergänzt. Es gibt: Genitiv-, Dativ-, Akkusativ- und ↗ Präpositionalobjekte.
↗ Fünftes Kapitel, S. 81
↗ Vierzehntes Kapitel, S. 204–205

Partizip *(lat. particeps – Anteil habend)* Infinite, d. h. ohne die Endung der 1., 2. oder 3. Person auftretende Verbform. Es gibt das Partizip des Präsens oder Partizip I *(singend)* und das Partizip des Perfekts oder Partizip II *(gesungen)*. Oft wird das Partizip als ↗ Attribut gebraucht *(ein gesungenes Lied).*
↗ Vierzehntes Kapitel, S. 198, 201

Passiv *(lat. pati – erdulden)* Sog. Leideform. Im Unterschied zum ↗ Aktiv wird beim Passiv nicht gesagt, wer etwas tut. Es stellt vielmehr die Handlung oder das Geschehen aus der Sicht des Betroffenen vor. Oft wird es in Anleitungen verwendet *(Erst wird das Blatt gefaltet.).*
↗ Drittes Kapitel, S. 49–50
↗ Vierzehntes Kapitel, S. 201–202

Personalpronomen ↗ Pronomen

Possessivpronomen ↗ Pronomen

Prädikat *(lat. praedicāre – aussagen)* Satzaussage. ↗ Satzglied, das zusammen mit dem ↗ Subjekt einen einfachen, grammatisch vollständigen Satz bilden kann. Im ↗ Satz stimmt es mit dem Subjekt in Person und Zahl (Numerus) überein und stellt den Aussagekern bzw. -rahmen dar. Es gibt einteilige Prädikate *(Paul geht.)* und mehrteilige Prädikate *(Paul geht einkaufen.).* Das mehrteilige Prädikat kann andere Satzglieder einrahmen; es bildet so den prädikativen Rahmen *(Er ging heute weg.).*
↗ Fünftes Kapitel, S. 81
↗ Vierzehntes Kapitel, S. 203–204, 205

Prädikativ *(von lat. praedicāre – aussagen)* Satzglied zur näheren Bestimmung eines ↗ Verbs. Das Prädikativ kommt nur mit den Verben *sein, werden, heißen, bleiben* vor. *(Peter bleibt ruhig. Vater ist Koch.).* Das Prädikativ tritt meist auf als ↗ Substantiv im ↗ Nominativ *(Ich bin die Verantwortliche.)* oder als ↗ Adjektiv *(Sandra wird besser).*
↗ Sechzehntes Kapitel, S. 223

Präfix *(lat. praefīgere – vorn anheften)* Vorsilbe, die vor ein Wort oder einen Wortstamm gesetzt wird, wodurch eine Ableitung entsteht. Häufige Präfixe sind: *ab-, an-, be-, ent-, er-, un-, ver-, vor-, zer-.*

Präposition *(lat. praepōnere – voranstellen)* Verhältniswort, das zwei Wörter oder Wortgruppen verbindet *(ein Souvenir aus dem letzten Urlaub).* Eine Präposition fordert den ↗ Kasus des folgenden Bezugswortes *(Das Bild hängt über dem Sofa. Ich gehe über die Straße.).*
↗ Fünftes Kapitel, S. 87–88
↗ Zwölftes Kapitel, S. 176–177

Präpositionalobjekt *(von lat. praepōnere – voranstellen; obicere – entgegenwerfen)* Satzglied. Einige ↗ Verben fordern eine Ergänzung, die mit einer ↗ Präposition beginnt *(an den Freund erinnern, auf die Uhr achten).*
↗ Vierzehntes Kapitel, S. 205

Pronomen *(lat. prō – für, nōmen – Name, Benennung)* Fürwort. Stellvertreter oder Begleiter eines ↗ Substantivs. Pronomen stehen für ein Nomen (Substantiv) und verweisen auf etwas Gemeintes bzw. etwas zuvor Genanntes. Man unterscheidet u. a.: Personalpronomen *(ich, du er, sie, es, wir, ihr, sie)*, Possessivpronomen *(mein, dein, ihr, sein, unser,*

euer Hund). Demonstrativpronomen (*diese* Frau, *jener* Mensch, *das* Buch da) und Relativpronomen (*Der Mann, dem das Auto gehörte, …*). Sie werden im Text gebeugt (↗ dekliniert).
↗ Fünftes Kapitel, S. 81–84
↗ Achtzehntes Kapitel, S. 262

Reim Gleichklang von Wörtern (*Hut – gut*). Die häufigste Reimform ist der Endreim, d. h., zwei Wörter reimen sich am Ende zweier ↗ Verse. Endreime sind z. B. der Paar-, der Kreuz- und der umarmende Reim. Beim Paarreim reimen sich zwei Verse unmittelbar aufeinander (Form: *aa bb*). Beim Kreuzreim stehen die Reimwörter jeweils am Ende des 1. und 3. Verses sowie am Ende des 2. und 4. Verses (Form: *abab cdcd*).
↗ Achtes Kapitel, S. 116–117
↗ Siebzehntes Kapitel, S. 238, 244–247

Relativpronomen ↗ Pronomen

Rhythmus (*griech. rhythmós – Bewegungsfluss*) An Vorgänger wie Herzschlag oder Tag und Nacht orientierte Bezeichnung für den Wechsel von Spannung und Lösung in der sprachlichen Gestaltung eines Kunstwerks. In ↗ Gedichten kann es sich dabei um eine bestimmte Folge von Betonungen handeln.
↗ Siebzehntes Kapitel, S. 246

Roman Bezeichnung für ein umfangreiches Werk (in der Regel ein Buch), in dem von ↗ Figuren, Handlungen, Ereignissen erzählt wird und die Leser Einblicke in ein Stück erdachte (fiktive) Welt bekommen. Der Roman entwickelte sich insbesondere im 18. und 19. Jahrhundert und tritt bis in die Gegenwart in vielen Formen auf. Dazu zählt auch der Kinderroman.
↗ Erstes Kapitel, S. 16–20, 23–27
↗ Zweites Kapitel, S. 37–38
↗ Drittes Kapitel, S. 52–55
↗ Siebentes Kapitel, S. 98–102
↗ Achtes Kapitel, S. 119–121, 123–124
↗ Neuntes Kapitel, S. 139–141
↗ Zwölftes Kapitel, S. 174–178
↗ Dreizehntes Kapitel, S. 182–187
↗ Achtzehntes Kapitel, S. 254–262
↗ Zwanzigstes Kapitel, S. 285–286

Sachbuch, Sachtext Anders als im ↗ Roman, in einer erdachten Geschichte oder Erzählung, werden im Sachbuch oder Sachtext nachweisbare Erkenntnisse und Informationen aus einem Wissensgebiet (z. B. Bereich: *Sport, Naturwissenschaften*) vermittelt.
↗ Zweites Kapitel, S. 31–33
↗ Neuntes Kapitel, S. 136–137
↗ Vierzehntes Kapitel, S. 197–208
↗ Sechzehntes Kapitel, S. 224–225
↗ Zwanzigstes Kapitel, S. 278, 281

Sage ↗ Heldensage

Satz Er enthält mindestens ein ↗ Subjekt und ein ↗ Prädikat. Die Bauteile eines Satzes werden ↗ Satzglieder genannt. Man unterscheidet zwischen dem ↗ einfachen Satz und dem ↗ zusammengesetzten Satz.

Satzart Entsprechend der Aussageabsicht unterscheidet man drei Satzarten: den Aussagesatz, den Aufforderungssatz und den Fragesatz.

Satzgefüge Form des ↗ zusammengesetzten Satzes mit einem ↗ Hauptsatz und mindestens einem ↗ Nebensatz. (*Das Modellflugzeug ist mir gut gelungen, weil ich die Bauanleitung genau befolgt habe.*) Zu unterscheiden von der ↗ Satzverbindung.

Satzglied Bauteil eines Satzes. Es kann aus einem oder mehreren Wörtern bestehen. Beim Erkennen von Satzgliedern hilft die Umstellprobe (↗ S. 203). Satzglieder, die aus mehreren Wörtern bestehen, bleiben beim Umstellen immer zusammen. Man unterscheidet vier Satzglieder: ↗ Subjekt, ↗ Prädikat, ↗ Objekt und ↗ Adverbiale.
↗ Fünftes Kapitel, S. 81
↗ Vierzehntes Kapitel, S. 197–208

Satzverbindung Form des ↗ zusammengesetzten Satzes mit mindestens zwei ↗ Hauptsätzen. (*Conny isst gerne Klöße, aber ihr Bruder kann Klöße nicht ausstehen.*) Zu unterscheiden vom ↗ Satzgefüge.

Schelmengeschichte Hauptfiguren, in diesen bei vielen Völkern vorkommenden Geschichten (Schwänke), sind Narren oder Schelme, die mit ihren meist lustigen Streichen oder schlagfertigen Äußerungen z. B. Mächtige, Dumme oder Geizige entlarven. Bekannte Schelmenfiguren sind z. B. Till Eulenspiegel und Nasreddin Hodscha.
↗ Viertes Kapitel, S. 62–64

Sequenz (*lat. sequens – folgend*) Beim Film eine aus verschiedenen ↗ Einstellungsgrößen bestehende Handlungseinheit bzw. Szene. Der Wechsel und die Reihenfolge der Einstellungen wird in einem Sequenzprotokoll erfasst.
↗ Achtes Kapitel, S. 122

Sprachbilder Bildhafte Wörter und Wendungen, die beim Lesen oder Hören Vorstellungen und Gefühle freisetzen (*Himmelstau*).
↗ Siebzehntes Kapitel, S. 241

Stammvokal (Stammselbstlaut) ↗ Vokal im ↗ Wortstamm.
↗ Neunzehntes Kapitel, S. 271–273

Strophe (*griech. Wendung, Drehung*) Anordnung der Verse in einem Gedicht zu einer klar erkennbaren Einheit.
↗ Siebzehntes Kapitel, S. 238

Subjekt (*lat. subiectum – das Daruntergelegte; in der Grammatik: Satzgegenstand*) ↗ Satzglied. Antwortet auf die Frage: Wer? (oder Was?). Es bildet mit dem ↗ Prädikat den Satzkern. Das Subjekt stimmt mit der gebeugten Verbform im Prädikat in Person und Zahl (Numerus) überein (*Ich* lese. *Jana* liest. *Wir* lesen. *Der Baum* wächst.).
↗ Fünftes Kapitel, S. 81
↗ Vierzehntes Kapitel, S. 204–205

Substantiv (*lat. substantia – Wesen, Substanz*) Dingwort. Wortart, mit der Gegenstände (*der Tisch, die Tasse*), Lebewesen (*die Frau, der Wolf*), Empfindungen (*die Freude*) und andere nicht gegenständliche Dinge und Erscheinungen (*das Wunder, der Erfolg*) bezeichnet werden. Substantive können ↗ dekliniert werden,

Anhang

sie haben einen ↗ Genus (Geschlecht: männlich, weiblich oder sächlich); ihnen können ↗ Artikel zugeordnet werden. Substantive werden immer großgeschrieben.
↗ Fünftes Kapitel, S. 78–79
↗ Zehntes Kapitel, S. 152–156

Suffix (*lat. suffixum – Angeheftetes*) Nachsilbe, die an ein Wort oder einen Wortstamm angefügt wird, wodurch eine Ableitung entsteht. Häufige Suffixe, die ein Substantiv kennzeichnen, sind: *-heit, -keit, -ung, -nis, -schaft, -er, -ei*. Suffixe, die Adjektive kennzeichnen, sind vor allem: *-ig, -lich, -haft, -bar, -sam*.
↗ Zehntes Kapitel, S. 148–149, 152
↗ Neunzehntes Kapitel, S. 270–271

Tätigkeitswort ↗ Verb

Tempus (*lat. tempus – Zeit*) Zeitform des ↗ Verbs. Zu unterscheiden sind einfache Tempusformen (Präsens und Präteritum) von den zusammengesetzten Tempusformen (Perfekt, Plusquamperfekt, Futur), die mithilfe von Hilfsverben (*sein, waren, haben, hatten, werden*) gebildet werden.
↗ Vierzehntes Kapitel, S. 199–200

Text (*lat. textum – Gewebe, Geflecht*) Folge von Wörtern und Sätzen mit einem inhaltlichen Zusammenhang.

Verb (*lat. verbum – Wort*) Tätigkeitswort. Wortart, mit der Tätigkeiten (*arbeiten*), Vorgänge (*wachsen*) oder Zustände (*schlafen*) ausgedrückt werden. Verben sind ↗ konjugierbar und bilden im ↗ Satz das ↗ Prädikat.
↗ Fünftes Kapitel, S. 78
↗ Vierzehntes Kapitel, S. 197–208

Umstandsbestimmung ↗ Adverbiale

Vers (*lat. versus – Wendung, Linie*) Bezeichnung für die einzelne Zeile im ↗ Gedicht.
↗ Siebzehntes Kapitel, S. 238, 242

Vorsilbe ↗ Präfix

Wortart Wörter, die bestimmte Eigenschaften gemeinsam haben, z. B. ↗ Adjektive, ↗ Artikel, ↗ Pronomen, ↗ Präpositionen, ↗ Substantive, ↗ Verben.
↗ Fünftes Kapitel, S. 77–88

Wortfamilie Gruppe von Wörtern, die aufgrund des gleichen ↗ Wortstammes miteinander verwandt sind (*Zauber, Zauberer, Zauberei, zaubern, verzaubert, zauberhaft, Zauberkünstler*).

Wörtliche Rede Auch: Direkte Rede. Wörtliche Wiedergabe von meist mündlichen, aber auch schriftlichen Aussagen. Oft eingeleitet durch einen Begleitsatz (*Er sagte: „Heute kommt ein toller Film."*). Der Redebegleitsatz kann aber auch in der Mitte oder am Ende des Satzes stehen. Dient der lebendigen, unmittelbaren Redewiedergabe. ↔ Indirekte Rede. Die wörtliche Rede steht immer in Anführungszeichen.
↗ Neuntes Kapitel, S. 134–135
↗ Elftes Kapitel, S. 166

Wortstamm Der Teil der Wörter, der in allen Wörtern einer ↗ Wortfamilie gleich ist (*Zauber, Zauberer, Zauberei, zaubern, verzaubert, zauberhaft, Zauberkünstler*).

Zeitformen des Verbs ↗ Tempus

Zusammengesetzter Satz ↗ Satz, der aus mindestens zwei Teilsätzen besteht. Zu unterscheiden sind ↗ Satzgefüge und ↗ Satzverbindung.
↗ Viertes Kapitel, S. 71–73

Autoren und Textquellen

Äsop (6. Jh. v. Chr.): *Die Teilung der Beute (S. 218).* Aus: Fabeln der Völker aus drei Jahrtausenden. Hg. v. Anni Carlsson. Heidelberg: Lamberg u. Schneider 1951. *Der Wolf und der Kranich (S. 232).* Aus: Der Ochse und das Harfenspiel. Fabeln aus aller Welt. Hg. v. Ingrid u. Klaus-Dieter Sommer. Berlin: Neues Leben 1974, S. 13.

Appel, René (geb. 1945): *Gefangen in Kids City* (Ausschnitte) *(S. 52–55).* Aus dem Niederl. v. Monica Barendrecht u. Thomas Charpey. München: dtv 2002, S. 94 ff. © 2003 Nagel & Kimche, Carl Hanser Verlag, München – Wien

Arp, Hans (1887–1966): *Märchen (S. 244).* Aus: Ges. Gedichte. Gedichte 1903–1939. Wiesbaden: Limes 1963, S. 11.

Auer, Martin (geb. 1951): *Alles kann man nicht sagen (S. 243).* Aus: Überall und neben dir. Gedichte für Kinder in sieben Abteilungen. Hg. v. Hans-Joachim Gelberg. Weinheim/Basel: Beltz & Gelberg 1986, S. 145.

Brecht, Bertolt (1898–1956): *Was ein Kind gesagt bekommt (S. 110).* Aus: B. B., Ges. Werke in 20 Bde., Bd. 9: Gedichte 2: 1933–1938, Frankfurt a. M.: Suhrkamp 1967, S. 585.

Brender, Irmela (geb. 1935): *Limericks (S. 246).* Aus: War einmal ein Lama in Alabama. Hamburg: Oetinger 2001, S. 22.

Browne, Dik (geb. 1918–1989): *Hägar der Schreckliche (S. 144).* © King Features Syndicate, Inc./Distr. Bulls, Nr. 937.

Busch, Wilhelm (1832–1908): *Max und Moritz. Dritter Streich* (Auszug) *(S. 138).* Aus: Dieses war der erste Streich. Berlin: Eulenspiegel Verlag 1971, S. 18 f. *Fink und Frosch (S. 221).* Aus: Wilhelm Busch Album. Ausgewählt v. Anneliese Kocialek. Berlin: Kinderbuchverlag 1984, S. 242.

Creech, Sharon (geb. 1945): *Hab ihn gern (S. 239).* Aus: Der beste Hund der Welt. Aus dem Amerikan. v. Adelheid Zöfel. Frankfurt a. M.: Fischer 2003, S. 52, 92. *Love that dog (S. 239).* Aus: S. C., Love that dog. New York: HarperCollins Publishers, © Sharon Creech 2001, S. 86.

David: *Das vergesse ich nie (S. 242).* Schülergedicht.

Eichendorff, Joseph von (1788–1857): *Der Morgen (S. 290).* Aus: J. v. E., Neue Ausgabe der Werke und Schriften. Hg. v. Gerhard Baumann, in Verbindung mit Siegfried Grosse. Bd. 1. Stuttgart: Cotta o. J., S. 36.

Ende, Michael (1929–1995): *Ein Schnurps grübelt (S. 235).* Aus: Das Schnurpsenbuch. Stuttgart: Thienemann 1979, S. 120 ff.

Feiffer, Jules (geb. 1929): *Der Mann an der Decke* (Ausschnitt) *(S. 139–141).* Aus dem Amerikan. v. Brigitte Jakobeit. Weinheim/Basel: Beltz 1999, S. 18 ff.

Fühmann, Franz (1922–1984): *Irrfahrt und Heimkehr des Odysseus* (Auszüge) *(S. 158–165).* Rostock: Hinstorff 1998, S. 5 f., 38 ff.

Funke, Cornelia (geb. 1958): *Ein Fremder in der Nacht (S. 16), Sie wusste später nicht (S. 17), Als sie ganz sicher war (S. 20).* Aus: C. F., Tintenherz. Hamburg: C. Dressler 2003, S. 9 ff., 165 ff., 307. *Herr der Diebe* (Auszüge) *(S. 174–176, 182–187).* Hamburg: C. Dressler 2000, S. 50 ff., 184 ff.

Gellman, Marc: *Trag immer 'ne saubere Unterhose!* (Zitate) *(S. 105).* Frankfurt a. M.: Fischer 2003, S. 97 f.

Goethe, Johann Wolfgang von (1749–1832): *Lass nur die Sorge sein (S. 247).* Aus: Goethe, Berliner Ausgabe, Bd. 1. Berlin u. Weimar: Aufbau 1965, S. 442. *Vom Vater hab ich … (S. 238).* Ebenda, S. 712.

Gräfin Schönfeldt, Sybil (geb. 1927): *Die Frösche in der Milch (S. 229).* Aus: Das Fabelbuch. Von Äsop bis heute. Wien: Annette Betz 2003, S. 44.

Guggenmos, Josef (1922–2003): *Albumvers (S. 247).* Aus: Katzen kann man alles sagen. Weinheim/Basel: Beltz 1997, S. 30.

Hein, Christoph (geb. 1944): *Mama ist gegangen (S. 252).* Weinheim/Basel: Beltz 2003, Klappentext.

Hein, Jakob (geb. 1971): *Jawohl, mein Sportlehrer (S. 36).* Aus: J. H., Mein erstes T-Shirt. München: Piper 2001, S. 52 ff.

Herfurtner, Rudolf (geb. 1947): *Harald auf dem falschen Gleis* (Auszug) *(S. 285).* Aus: Ich schenk dir eine Geschichte. Neue Reisegeschichten '99. Hg. v. Verlagsgruppe Bertelsmann/Omnibus, gemeinsam mit der Deutschen Bahn AG, MITSUBISHI MOTORS Deutschland und der Stiftung Lesen. München: Omnibus 1999.

Hesse, Hermann (1877–1962): *Die leise Wolke (S. 244).* Aus: Die Gedichte. Frankfurt a. M.: Suhrkamp 1992, S. 90.

Heynen, Jim (geb. 1940): *Die Mädchen (S. 14).* Aus: J. H., Geschichten über Jungs. Aus dem Engl. v. Dirk van Gunsteren. München/Wien: Nagel & Kimche i. Carl Hanser Verlag 2002, S. 189.

Hohler, Franz (geb. 1943): *Der Vogel Angst (S. 240).* Aus: Vierzig vorbei. Gedichte. Darmstadt: Luchterhand 1989, S. 10.

Jan: *Es lebte ein Junge auf Rügen (S. 245).* Schülergedicht.

Kästner, Erich (1899–1974): *Die wunderbaren Reisen und Abenteuer zu Wasser und zu Lande des Freiherrn von Münchhausen (S. 65).* Aus: E. K., Erich Kästner erzählt Till Eulenspiegel, Münchhausen, Don Quichotte, Die Schildbürger, Gullivers Reisen. Hamburg: C. Dressler 1982, S. 106 ff., 113., Atrium-Verlag, Zürich 1951. *Als ich ein kleiner Junge war* (Ausschnitte) *(S. 114).* Berlin: Eulenspiegel 1974, S. 6 ff., 81. © Atrium Verlag, Zürich 1957. *Verzweiflung Nr. 1 (S. 116).* Aus: E. K., Ein Mann gibt Auskunft. In: Ges. Schriften. Band 1 (Gedichte). Zürich: Atrium 1959, S. 171. *Pädagogik spaßeshalber (S. 117).* Aus: E. K., Gedichte. Frankfurt a. M.: Büchergilde Gutenberg 1997, S. 189 f. *Ich war jung und hatte tausend Pläne (S. 118).* Aus: E. K., Ges. Schriften für Erwachsene. Vermischte Beiträge III. Band 8. Zürich: Atrium 1969, S. 330 f. *Das fliegende Klassenzimmer* (Auszüge) *(S. 119–121, 123–124).* Hamburg: C. Dressler 1987, S. 91 ff., 96, 103 ff. © Atrium Verlag, Zürich 1935.

Khamphasith, Martina Sylvia (geb. 1959): *Am Tage träumen (S. 245), Tagträume laufen (S. 245).* Aus: www.fotohaiku.com [19. 06. 2004].

Kira: *Der Pfau und das Entlein (S. 231).* Schülertext.

Knigge, Adolf Freiherr von (1751–1796): *Über den Umgang mit Menschen* (Zitate) *(S. 109).* Stuttgart: Reclam 1991.

Künzel, Gerd (geb. 1945): *Erfolg (S. 228).* Aus: Die Last der Tugend. Hans Boldt Literaturverlag: Winsen/Luhe, 1995, S. 8.

La Fontaine, Jean de (1621–1695): *Der Fuchs und die Weintrauben (S. 228).* Aus: Die Fabeln. Übers. v. Johanna Wege. Hg. v. Jürgen Grimm. Stuttgart: Reclam 1991, S. 79.

Laura: *Angst (S. 241).* Schülergedicht.

Lechner, Auguste (1905–2002): *Wie Herakles die Äpfel der Hesperiden holt* (S. 167–169).* Aus: Herkules. Würzburg: Arena 1988, S. 171 ff.

Lessing, Gotthold Ephraim (1729–1781): *Der Dornstrauch (S. 230).* Aus: Lessings Werke in fünf Bänden. Hg. v. den Nationalen Forschungs- und Gedenkstätten der klassischen deutschen Literatur in Weimar. Berlin u. Weimar: Aufbau 1978, Bd. 5, S. 143. *Der Hamster und die Ameise (S. 230).* Ebenda, S. 121. *Der Hirsch und der Fuchs (S. 220).* Ebenda, S. 143. *Der Löwe und der Hase (S. 223).* Ebenda, S. 121. *Der Rabe und der Fuchs (S. 227).* Ebenda, S. 138 f. *Der Strauß (S. 224).* Ebenda, S. 127.

Lobe, Mira (1913–1995): *Deutsch ist schwer (S. 275).* Nach: M. L., in: Das Sprachbastelbuch. Hg. v. Hans Domenego. Wien u. München: Jugend u. Volk 1975.

Luther, Martin (1483–1546): *Von dem Löwen, Fuchs und Esel (S. 219).* Aus: Theodor Etzel, Fabeln und Parabeln der Weltliteratur. Augsburg: Bechtermünz 1990, S. 88.

Manz, Hans (geb. 1931): *Ich (S. 236).* Aus: Großer Ozean. Gedichte für alle. Hg. v. Hans-Joachim Gelberg. Weinheim/Basel: Beltz & Gelberg 2000, S. 77.

Maria: *ängstlich (S. 237).* Schülergedicht.

Mirko: *ungeduldig (S. 237).* Schülergedicht.

Moers, Walter (geb. 1957): *Käpt'n Blaubär* (Auszüge) *(S. 68–70, 74, 75).* Aus: W. M., Die 13 1/2 Leben des Käpt'n Blaubär. Frankfurt a. M.: Eichborn 1999, S. 84 f., 530 ff., 533.

Myers, Walter Dean (geb. 1937): *Love that boy (S. 239).* Aus: W. D. M., Brown Angels: An Album of Pictures and Verse. © Walter Dean Myers 1993. Zitiert nach Sharon Creech: Love that dog. New York: HarperCollins Publishers, © Sharon Creech 2001, o. S.

Naoura, Salah (geb. 1964): *Die fliegende Orange* (Auszug) *(S. 289).* Aus: Das große Ferienbuch. Hg. v. Maria Rutenfranz.

Anhang

München: dtv 1999, S. 93 f.
Nöstlinger, Christine (geb. 1936): *Das Austauschkind* (Auszug) *(S. 98–102)*. Weinheim/Basel/Berlin: Beltz & Gelberg, S. 53 ff.
Orsenna, Erik (geb. 1947): *Die Grammatik ist ein sanftes Lied* (Auszüge) *(S. 77–79, 81–82, 260–262)*. Aus dem Französ. v. Caroline Vollmann. Mit Bildern v. Wolf Erlbruch. München/Wien: C. Hanser 2004, S. 17 f., 67 f., 77 f., 82 f., 114 ff. u. Klappentext.
Phädrus (1. Jh. n. Chr.): *Der Fuchs und der Rabe (S. 226)*. Aus: Antike Fabeln. Hg. u. übers. v. J. Irmscher. Berlin u. Weimar: Aufbau 1987, S. 171 f.
Richter, Jutta (geb. 1955): *Ein Gespräch (S. 21)*. Das Gespräch wurde von Carsten Gansel geführt, Dezember 2004. *Hechtsommer* (Auszüge) *(S. 22, 23–27)*. Mit s/w-Bildern v. Quint Buchholz. München/Wien: C. Hanser 2004, Klappentext, S. 7 ff., 11 ff., 62 ff.
Roth, Eugen (1895–1976): *Das Hilfsbuch (S. 145)*. Aus: Das Eugen Roth Buch. München/Wien 1966: Hanser, S. 20 f.
Selma: *zärtlich (S. 237)*. Schülergedicht.
Siemes, Christof (geb. 1964): *Das Wunder von Bern* (Auszug) *(S. 37)*. Berlin: Ki-Wi 2003, S. 235 ff.
Silverstein, Shel (geb. 1932–1999): *Auf dem Sprungbrett (S. 291)*. Aus: S. S., Raufgefallen. Aus dem Amerikan. v. Harry Rowohlt. Zürich: Haffmans 1998, S. 24.
Spinelli, Jerry (geb. 1941): *Der Held aus der letzten Reihe* (Auszug) *(S. 254–258)*. Aus dem Amerikan. v. Andreas Steinhöfel. Hamburg: Dressler 2004, S. 5 f., 102 ff., 209 ff. u. Klappentext. Taubenjagd (S. 264). München: dtv 2001, Klappentext.
Staguhn, Gerhard (geb. 1952): *Warum? Fallen Katzen immer auf die Füße … und andere Rätsel des Alltags (S. 252)*. Illustrationen v. Jochen Widmann. München: dtv 2004, Klappentext. © 2002 Carl Hanser Verlag, München – Wien
Steinhöfel, Andreas (geb. 1962): *Beschützer der Diebe* (Auszug) *(S. 177–178)*. Hamburg: Carlsen 1995, S. 115 f.
Steinwart, Anne (geb. 1945): *Wünsch dir was (S. 243)*. Aus: Nicht aufzuhalten.

Brigitte-Buch. München: Goldmann 1995, o. S. © Anne Steinwart
Tom: *glücklich (S. 237)*. Schülergedicht.
Tome & Janry (geb. 1957): *Die Abenteuer des kleinen Spirou (S. 132)*. © Ed. Dupuis und Carlsen 1992.
Werner, Nina (geb. 1986): *Manga: „Tataaa" (S. 143)*.
Wittkamp, Frantz (geb. 1943): *Das Leben ist … (S. 247)*. Aus: Alle Tage immer wieder. Kalendermerkbuch mit Versen. Weinheim/Basel: Beltz 1990, o. S.
Zimmermann, Herbert (1917–1966): *Bozsik, immer wieder Bozsik (S. 39)*. Aus: H. Z., Rundfunkreportage zum Fußball-WM-Finale von 1954. In: Thomas Böker, Gänsehaut für Generationen. Kicker. Edition. Das Wunder von Bern. Nürnberg: Olympia-Verlag 2004, S. 54 f.

Texte unbekannter oder im Buch nicht genannter Autoren

Alle anderen (S. 76). Aus: Idries Shah, Die fabelhaften Heldentaten des weisen Narren Mulla Nasrudin. Aus d. Engl. v. Inge von Wedemeyer. Freiburg i. Br.: Herder Spektrum 2001, S. 42.
Berg (S. 92). Nach: Wahrig, Gerhard, Deutsches Wörterbuch. Neu hrsg. v. Renate Wahrig-Burfeind. Gütersloh/München: Bertelsmann, S. 256.
Der ist glücklich … (S. 247). Aus: Ich wünsch dir was! Hg. v. Anna Karoli. Ravensburg: Ravensburger 1989, S. 79.
Ein klasse Läufer: Was ist dran an der Redensart? – Heute: Den Kopf in den Sand stecken (Auszug) *(S. 224–225)*. Aus: Sächsische Zeitung v. 7. 8. 2004.
Eine Fantasiereise unternehmen (S. 288). Nach: Steffi Kreuzinger/Kathrin Meister: Blauer Planet Erde: Kinder machen Zukunft. München: Prokon 2000, S. 108.
Europäische Biomasse-Tage der Regionen – Zukunft mit Natur (S. 281). Nach: http://www.biomasse-tage.org [11. 12. 2004]
Gesinde (S. 91). Nach: Wahrig, Gerhard, Deutsches Wörterbuch. Neu hrsg. v. Renate Wahrig-Burfeind. Gütersloh/München: Bertelsmann, S. 549.

Guter Start von Franziska van Almsick (S. 42). Aus: ARD-Fernsehbericht vom 17. 8. 2004.
Interview mit einem professionellen Geräuschemacher (S. 191). CD „Mikado – Radio für Kinder". Redaktion: Jörgpeter Ahlers. © NDR 1998. Track Nr. 20.
Katzen können Vögel fangen (S. 271). Frei nach: http://www.iseline.de/gedichte/kinderreim/kinder_reim_10.htm [03. 01. 2005]
Landwirte müssen auch Energiewirte werden (S. 281). Aus: ddp. Nordkurier v. 6. 7. 2004, S. 6.
Nasreddin spielt Meister Reineke einen Streich (S. 63), Wie Nasreddin höchst billig zu einer Decke kam (S. 64). Aus: Der türkische Eulenspiegel. Närrische Anekdoten um Nasreddin Hodscha. Ges. u. hg. v. Gerd Frank. Freiburg i. Br.: Herder 1980, S. 44, 139.
Oh, ist das eine Dramatik! … (S. 40), Kein Fehlstart. Gatlin … (S. 41). http://olympia.ard.de/nachrichten [05. 11. 2004]
PISA-Studie (Tabelle) (S. 15). Nach: PISA 2000. Basiskompetenzen von Schülerinnen und Schülern im internationalen Vergleich. Hg. v. Deutsches PISA-Konsortium. Opladen: Leske + Budrich 2001, S. 263.
Quiz (S. 208). Nach: Helga Hofmann/Ursula Kopp, Das große Buch der Antworten auf Kinderfragen. Niedernhausen/Ts.: Bassermann 1997, S. 49.
Respekt dem Respekt (S. 108). http://www.vvv.de/02_dt/rap_gewinn.html [14. 12. 2004]
Ritter (S. 91). Nach: Nach: Wahrig, Gerhard, Deutsches Wörterbuch. Neu hrsg. v. Renate Wahrig-Burfeind. Gütersloh/München: Bertelsmann, S. 1057.
Was ist ein UFO? (S. 208). Helga Hofmann/Ursula Kopp, Das große Buch der Antworten auf Kinderfragen. Niedernhausen/Ts.: Bassermann 1997, S. 151.
Was ist ein Urwald? (S. 203). Nach: Ebenda, S. 127.
Was macht das Gehirn? (S. 206). Nach: Ebenda, S. 14.
Wie Eulenspiegel in Magdeburg verkündete, vom Rathauserker fliegen zu wollen, und wie er die Zuschauer mit Spottreden

zurückwies (S. 62). Aus: Hermann Bote: Ein kurzweiliges Buch von Till Eulenspiegel aus dem Lande Braunschweig. Hg. v. Siegfried H. Sichtermann. Frankfurt a. M.: Insel tb 1978, S. 58 f.

Wie hat man früher die Zeit gemessen? (S. 199). Nach: Nach: Helga Hofmann/Ursula Kopp, Das große Buch der Antworten auf Kinderfragen. Niedernhausen/Ts.: Bassermann 1997, S. 166.

Wie Ludwig die Wartburg bekam (S. 90). Nach: www.sagen.at/texte/sagen/grimm/wieludwigwartburg.html [22. 11. 2004]

Wie wird eigentlich Schokolade hergestellt? (S. 198). Nach: Helga Hofmann/Ursula Kopp, Das große Buch der Antworten auf Kinderfragen. Niedernhausen/Ts.: Bassermann 1997, S. 138.

Woher kommen die Wellen? (S. 207). Nach: Ebenda, S. 57.

Woraus besteht die Milchstraße? (S. 197). Nach: Ebenda, S. 143.

Woraus wird Papier gemacht? (S. 202). Nach: Ebenda, S. 139.

Wozu braucht man eine Schleuse? (S. 202). Nach: Ebenda, S. 177.

*Titel der Redaktion

Alle hier nicht verzeichneten Texte sind Originalbeiträge für dieses Buch.

Bildquellenverzeichnis
Fotonachweis: Einband: Gerhard Medoch, Berlin, unter Verwendung der Abb. E. Kästner aus: ullstein bild, des Faksimiles aus: Erich Kästner Archiv, RA Peter Beisler, München, des Filmplakats v. CINETEXT. **S. 31/32:** picture-alliance/dpa/dpaweb; **S. 33:** picture-alliance/ASA; **S. 38:** o., u.: Cinetext Bildarchiv; **S. 39:** picture-alliance/dpa; **S. 40/41/42 o./42 u.:** picture-alliance/dpa/dpaweb; **S. 43:** BONGARTS/ Lutz Bongarts; **S. 45:** Privatfoto P. Ebert, Berlin; **S. 47–49:** Screenshots aus: Sim City 4; **S. 57, 58:** Screenshots aus: *Deutschbuch 6, interaktiv.* Cornelsen Verlag, Berlin; **S. 69:** Feldbusch, Berlin; **S. 76:** Kellner, Bremen; **S. 89, 93, 94:** nestlers.com; **S. 108:** VWV; **S. 109:** ullstein bild; **S. 114 o., u.:** ullstein bild; **S. 115/118:** Erich-Kästner Archiv, RA Peter Beisler, München; **S. 116:** ullstein bild; **S. 119–121/ 123–125:** Bavaria Film/Lunaris Film, München; **S. 128:** picture-alliance/dpa; **S. 151:** picture-alliance/ akg-images; **S. 197/ 199/200:** Corel Bilddatenbank; **S. 202:** akg-images; **S. 203/205:** Corel Bilddatenbank; **S. 220:** picture-alliance/ZB; **S. 222:** Corel Bilddatenbank; **S. 225:** picture-alliance/dpa/ dpaweb; **S. 232:** aus: Luthers Fabeln und Sprichwörter. Wiss. Buchgesellschaft, Darmstadt 1995; **S. 247 o.r.:** picture-alliance/ZB; **S. 250/251:** www.lufti-pegasus.de; **S. 278:** A. Rumpelt; **S. 279:** picture-alliance/ZB; **S. 280/282 u.:** picture-alliance/ dpa; **S. 283/284:** Falk Jenichen, Pahrenz

Buchcover folgender Verlage:
S. 14: © 2002 Nagel & Kimche i. Carl Hanser Verlag, München-Wien; **S. 16:** 2003 C. Dressler, Hamburg; **S. 22:** © 2004 Carl Hanser Verlag, München-Wien; **S. 37:** 2003 Kiepenheuer & Witsch, Köln; **S. 52:** © 2003 Nagel & Kimche i. Carl Hanser Verlag, München-Wien; **S. 65 u.:** 1982 C. Dressler Verlag, Hamburg; **S. 68 o., 70:** 1999 Eichborn Verlag, Frankf. a. M.; **S. 91:** 2004 Bertelsmann; **S. 113:** © Atrium Verlag, Zürich; **S. 139:** 1999 Beltz, Weinheim & Basel; **S. 174:** 2000 C. Dressler, Hamburg; **S. 239:** 2001 Fischer Verlag, Frankfurt a. M., **S. 246:** 2001 Oetinger, Hamburg; **S. 252:** © 2002 Nagel & Kimche i. Carl Hanser Verlag, München-Wien; 2004 C. Dressler, Hamburg; 2003 Beltz, Weinheim/Basel; © 2004 Nagel & Kimche i. Carl Hanser Verlag, München-Wien; **S. 264:** 2001 dtv, München

Kapitelauftaktseiten von Gerhard Medoch: S. 13, 29, 45, 61, 89, 97, 113, 129, 157, 173, 181, 209, 217, 233, 249

Fotografiken und Collagen von Gerhard Medoch: S. 2, 15, 21, 28, 34, 36, 44, 46, 50–51, 59, 60, 71, 80, 81, 84, 85, 88, 94–96, 103–105, 111, 112, 134–136, 146–150, 152, 153, 155, 156, 175–178, 180, 182, 191, 192, 196, 201, 204, 206–208, 210–216, 234, 242, 243, 245, 247, 248, 259, 263, 277, 282, 284–292

Illustrationen von:
Roland Beier: S. 265–276

Katja Gehrmann: S. 17–20, 23–26, 53, 54, 56, 62–65 o., 66, 67, 74, 75, 77, 79, 82, 83, 87, 98–102, 106, 107, 130, 131, 133, 142, 161–165, 167–171, 185, 186, 189, 218, 219, 229, 231, 236, 238, 240, 241, 244, 254–258, 260–262
Nina Werner: S. 143
Steffen Walentowitz: S. 278
Hans Wunderlich: S. 194, 195, 279, 280
Kinderzeichnungen:
S. 223, 224, 227, 228, 230: © Lessing-Museum Kamenz, 1998

Karten von Volkhard Binder: S. 159, 173, 179

Wir danken allen Rechteinhabern für die Abdruckgenehmigung. Da es uns leider nicht möglich war, alle Rechteinhaber zu ermitteln, bitten wir, sich gegebenenfalls an den Verlag zu wenden.

Anhang

Verzeichnis der Sach- und Methodenkompetenzen

Arbeitstechniken
Arbeitsgruppen bilden S. 188
Argumentieren, eigene Meinung begründen S. 107
Bildgeschichte mit eigenen Worten wiedergeben S. 133
Erzählplan aufstellen S. 73
Fabeln selbst verfassen S. 231
Fremdwörter schreiben lernen S. 150
Gedichtrolle gestalten S. 234
Gedichtvortrag bewerten S. 244
Gedichtvortrag vorbereiten S. 235
Geräusche für ein Hörspiel auswählen S. 192
Geschichten als Comics gestalten S. 142
Geschichten mit verteilten Rollen vorlesen S. 70
Geschichten mündlich nacherzählen S. 166
Geschichten vorlesen S. 229
Geschichten weiterschreiben (Checkliste) S. 286
Hörspielmanuskript anfertigen S. 187
Inhalt eines Textes schriftlich wiedergeben S. 19
Lesekonferenz S. 243
Lesemethoden anwenden S. 24
Lesevortrag vorbereiten S. 20
Mind-Map erstellen S. 127
Nacherzählrunde vorbereiten und durchführen S. 172
Nachschlagen im Wörterbuch oder Lexikon S. 146
Rollenspiele durchführen S. 110
Schreibungen einprägen S. 269
Spannung erzeugen mit neuen Klängen S. 193
Sportart vorstellen S. 35
Sportwettkampf mündlich darstellen S. 40
Sprechprobe S. 272
Standbilder bauen S. 100
Stegreifspiele S. 256
Tabellen lesen S. 15
Textverständnis (erstes) verdeutlichen S. 137
Umstellprobe S. 208
Verlängerungsprobe S. 270
Verwandtschaftsprobe S. 266, 268
Vorgänge beschreiben S. 51

Sprechen, Schreiben, Zuhören
Sprechen und Hören
Arbeitsgruppen bilden, organisieren, Arbeitsschritte planen S. 188, 195, 277, 292
Argumentieren (einfache Argumentationstechniken) S. 103–110, 112, 124, 218, 219, 259
Berichten (mündliches) S. 40–43, 209–211, 216
Beschreiben (mündliches) von
– Bildern S. 119–125, 132–133, 233, 264, 143–144, (Karten) S. 159, 173, 176
– Computerspielen S. 48–51, 60
– Gefühlen, Stimmungen S. 17, 36, 42–43, 54–56, 102, 117, 124, 184, 235, 290
– Vorgängen/Abläufen S. 42–43, 49–51, 60, 69, 115, 194, 280
– Wegen/Orten S. 68, 173, 176–180
Erzählen (mündliches)
– Erzählplan aufstellen S. 73
– von Erlebnissen S. 37, 89, 97, 113, 178
Entschuldigungen S. 104–105
Fragen formulieren
– für Gespräche (Interviews) S. 251, 282
– zum Text S. 25, 137, 163, 211
Hörspiele erstellen S. 187–196
Kurzvortrag halten/Vorstellen von
– Autoren S. 126–128
– Büchern S. 19, 20, 22, 28, 263
Nacherzählen von
– Heldensagen S. 166–169, 172
– Bildgeschichten S. 132–135, 138, 141
– Geschichten S. 67, 227
Präsentieren von Ergebnissen / Vorstellen von Ergebnissen
Stimmungen ausdrücken/Vortragen von
– Gedichten S. 235, 241, 244, 291
– Geschichten S. 20, 64, 70, 74–75, 229
– Sportberichten S. 34–35, 39–41
– Szenischen Texten (Hörspiel) S. 83, 189–190, 192, 193
Szenisches Spiel S. 100, 109, 110, 256
Vorstellen von
– Büchern S. 19, 20, 22, 28, 263
– Computerspielen S. 48
– Ergebnissen S. 196
Vorträge bewerten S. 28, 34, 172, 244
Zuhören (aktives) S. 30–34, 180, 181, 191–193, 288

Schreiben
Anleitungen S. 279–280
Berichte S. 41, 43, 211–214, 216, 281–282
Beschreibungen (schriftliche) von
– Bildergeschichten S. 132–133
– Computerspielen S. 51, 60
– Gegenständen und Vorgängen S. 43, 49–51, 56, 278–280
Briefe S. 102, 107, 112, 124
Comics gestalten S. 138, 142, 285
Erzählungen S. 19, 27, 80, 88, 287–289
Fabeln S. 230–232
Fragen formulieren
– für Gespräche (Interviews) S. 282
Gedichte S. 108, 110, 221, 234, 236–239, 241, 242, 245, 246, 290–291
Gedichtrollen gestalten S. 234
Hörspielmanuskript S. 187
Lügengeschichten S. 71–73
Mind-Map S. 127
Nacherzählungen / Erzählungen
Rechtschreibung / Nachdenken über Sprache (Sprache thematisieren)
Schreiben, fortsetzen, gestalten, umformen von
– Ankündigungen S. 30, 34
– / Anleitungen S. 279–280
– / Berichten S. 41, 43, 211–214, 216, 282
– / Beschreibungen S. 33, 51, 49, 51, 60, 279–280
– / Briefen, Entschuldigungen, E-Mails S. 102, 107, 112
– Dialogen S. 27, 106, 138, 144, 256
– / Erzählungen S. 19, 27, 80, 88, 287–289
– / Fabeln S. 230–232
– / Gedichten S. 108, 110, 221, 234, 236–239, 241, 242, 245, 246, 290–291
– / Hörmanuskripten S. 30, 187
– Klappentexten S. 253
– / Lügengeschichten S. 71–73
Strategien der Fehlerkorrektur
– Rechtschreibhilfen S. 156, 265–276
– Umgang mit Wörterverzeichnissen S. 27, 63, 91–92, 94, 96, 145–149
Stichwörter (Notizen) S. 17, 19, 47, 115, 117, 118, 127, 163, 169, 211, 220, 242, 249, 255, 263, 286, 287
Texte produzieren / Schreiben ... von
Texte (eigene und fremde) überarbeiten S. 35, 44, 56, 71–73, 150, 153–155, 215, 260, 262, 283

Umgang mit Texten
Lesen und Verstehen
Berichte aus Zeitschriften, Zeitungen und Internet lesen und bewerten S. 41–43, 212–214, 278, 281, 283
Bild- und Textinformationen in Beziehung setzen S. 61, 87, 89, 93, 97, 113, 119–125, 130–133, 138, 139–141, 143, 144, 157, 170–171, 217, 233, 278–280
Bildhafte Ausdrücke (Sprachbilder) verstehen lernen S. 67, 133, 240–241, 247
Briefe lesen, verstehen S. 106–107, 112
Comics lesen, untersuchen und gestalten
– Comicstrips untersuchen S. 132–133, 140–141
– Genremerkmale kennen, anwenden S. 130–131, 136–138, 142–144
Erzählperspektiven erkennen S. 39, 67, 68, 259, 289
Fabeln lesen, verstehen und gestalten
– Fabeln verstehen S. 218–232
– Genremerkmale erkennen S. 218–221, 226, 232
Film analysieren (Text-Bild-Verhältnisse) S. 119–125
Fragen zum Text S. 25, 137, 163, 211
Gedichte lesen, verstehen und gestalten
– Gedichte gestalten S. 234, 236–242, 245–246, 290–291
– Genremerkmale erkennen S. 117, 234, 244–247
– Grundstimmungen von Gedichten erfassen S. 117, 235, 290–291
– Haikus und Limericks S. 245–246
Heldensagen (Sage) lesen und verstehen
– Genremerkmale kennen lernen S. 160
– Heldensagen lesen S. 90, 158–165, 167–169
Hörspiel gestalten und inszenieren
– Genremerkmale erkennen S. 182–187
– sprachliche und außersprachliche Mittel einsetzen S. 185, 189–193
– technische Umsetzung S. 194–196
Interpretieren (textbezogenes)
– Gliedern eines Textes in Sinneinheiten S. 19, 48–49, 67, 106, 107, 136–137
– Inhalte erfassen, Zusammenfassungen S. 14, 17, 19, 28, 53–55, 70, 80, 81, 85, 90, 102, 108, 110, 112, 118, 121, 136–137, 139, 141, 145, 152, 162–165, 167–169, 197–199, 202, 218–221, 223–232, 254–258, 261, 264
– Sinngestaltendes Lesen S. 28, 229, 235

– Szenisches Lesen S. 70, 121, 182–187, 189, 256
Interviews lesen S. 21, 191, 250–251
Karten lesen S. 159, 173, 179
Klappentexte lesen und untersuchen S. 22, 252–253, 255, 256, 261, 264
Lesekonferenz durchführen S. 243, 247
Lesetechniken und Strategien
– auswendig lernen S. 110, 244
– Orientierendes und verweilendes Lesen S. 23–25, 27, 163, 169
– ↗ Texten Informationen entnehmen
Lügengeschichten lesen, untersuchen und verstehen S. 65–70, 74
Nachschlagewerke nutzen S. 91–92, 96, 145–151, 158
Romane (Auszüge) / Erzählungen lesen und verstehen S. 14, 16–20, 23–27, 36–39, 52–55, 62–70, 74, 77–82, 98–102, 114–115, 119–121, 123–124, 139–141, 174–176, 177–178, 182–187, 254–258, 260–262, 285–286
Sach- und Gebrauchstexte lesen und verstehen S. 15, 31–33, 46, 48–49, 96, 136–137, 278, 279, 281, 283
Schelmengeschichten lesen, untersuchen und verstehen S. 62–64, 76
Texten Informationen entnehmen S. 22, 37–39, 115, 117, 118, 126–127, 136–137, 159–165, 167–169, 170–171, 210–216, 224–225, 278, 281, 253, 278, 281
– Informationen / Inhalte vergleichen S. 38, 46–47, 64, 117, 281

Nachdenken über Sprache
Sprache thematisieren
Aktiv S. 50–51, 201–202
Ausdrucksweise (persönliche, unpersönliche) S. 48–51, 59
Fachwörter verstehen und anwenden S. 35, 51, 94–95
Fragesätze S. 251
Grammatische Verfahren anwenden
– Erfragen von Satzgliedern S. 79
– Umstellprobe S. 203
– Verlängerungsprobe S. 270
– Verwandtschaftsprobe S. 266, 268
Imperative S. 59
Interjektionen S. 131, 144
Kasus erkennen S. 79, 84, 88
Laut-Buchstaben-Beziehungen kennen
– Dehnungs-h S. 273–274
– Doppelkonsonanten S. 271–272

– Schreibung der s-Laute S. 274–275
– Wörter auf -ig, -lich, -isch S. 270–271
– Wörter mit ä, e, äu, eu S. 265–267
– Wörter mit ent- oder end S. 269
– Wörter mit f, v, ph S. 268
– Wörter mit x, chs, gs, ks, cks S. 267
Mündlichkeit S. 32, 34, 39–44, 49–51
Oberbegriffe verwenden S. 33
Partizipien S. 198, 201
Passiv S. 50–51, 201–202
Prädikativer Rahmen S. 204
Präpositionalobjekt S. 205
Rechtschreibung üben und erweitern
– Fremdwörter S. 148–151
– Groß- und Kleinschreibung S. 57–58, 152–156
Sätze verknüpfen und vervollständigen S. 71–73, 86, 261, 284
Satzglieder unterscheiden
– Adverbialbestimmungen S. 176–177, 206–208, 214–215, 223
– Attribute S. 223, 237, 262
– Objekte S. 81, 204–205, 208
– Prädikate S. 81, 203–204, 208
– Prädikativ S. 223
– Subjekte S. 81, 204–205, 208
Sprachgeschichte S. 91–96
– Erbwörter S. 92, 96
– Fremdwörter S. 94–96, 146–151
– Lehnwörter S. 93, 96
Substantivierungen S. 154–156
Tempusformen erkennen und anwenden S. 166, 172, 199–200, 283–284, 286
Vergleiche mit wie und als S. 111
Wortarten
– Adjektive S. 42–43, 55–56, 77, 80, 111, 222–223, 225, 236–237
– Artikel S. 77, 79
– Konjunktionen (nebenordnende und unterordnende) S. 71–73, 85–86, 261, 264, 284, 287
– Präpositionen S. 87–88, 176–177
– Pronomen (Personal-, Possessiv-, Demonstrativ- und Relativpronomen) S. 77, 81–84, 262, 284
– Substantive (Nomen) S. 77, 78–79, 152–156
– Verben S. 77, 78, 197–198, 208
Wörtliche Rede S. 121, 134–135, 166, 190, 220
Zeichensetzung
– direkte Rede S. 134–135
– Satzgefüge und Satzverbindung S. 71–73, 84, 86

**Zu diesem Buch gibt es ein passendes Arbeitsheft
(Bestellnummer 100672).**

Redaktion Thorsten Feldbusch, Ulrich Kellner, Dietlinde Thomas
Bildrecherche Kirsten Greve
Illustrationen Roland Beier, Katia Gehrmann, Hans Wunderlich
Karten Volkhard Binder
Umschlaggestaltung und Grafik Gerhard Medoch
Layoutkonzept Wladimir Perlin
Layout und technische Umsetzung Marina Goldberg

 http://www.cornelsen.de

Die Internetadressen und -dateien, die in diesem Lehrwerk angegeben sind,
wurden vor Drucklegung geprüft (Stand: August 2005). Der Verlag übernimmt
keine Gewähr für die Aktualität und den Inhalt dieser Adressen und Dateien
oder solcher, die mit ihnen verlinkt sind.

Dieses Werk berücksichtigt die Regeln der reformierten Rechtschreibung
und Zeichensetzung. Ausnahmen bilden Originaltexte, bei denen die
Rechteinhaber einer Anpassung widersprochen haben.

1. Auflage, 2. Druck 2005

Alle Drucke dieser Auflage sind inhaltlich unverändert
und können im Unterricht nebeneinander verwendet werden.

© 2005 Cornelsen Verlag, Berlin

Das Werk und seine Teile sind urheberrechtlich geschützt.
Jede Nutzung in anderen als den gesetzlich zugelassenen Fällen bedarf
der vorherigen schriftlichen Einwilligung des Verlages.
Hinweis zu § 52a UrhG: Weder das Werk noch seine Teile dürfen ohne eine
solche Einwilligung eingescannt und in ein Netzwerk eingestellt werden.
Dies gilt auch für Intranets von Schulen und sonstigen Bildungseinrichtungen.

Druck: CS-Druck, CornelsenStürtz, Berlin

ISBN 3-06-100671-0

Bestellnummer 100671